GOTTES WORT
IM KIRCHENJAHR
2021

GOTTES WORT
IM KIRCHENJAHR
2021

DAS WERKBUCH
FÜR VERKÜNDIGUNG
UND LITURGIE

LESEJAHR B – BAND 2
FASTEN- UND OSTERZEIT

echter

Imprimi potest: Mainz, den 12. November 2020
P. Felix Rehbock, Provinzial

Herausgegeben im Auftrag der Mitteleuropäischen Ordensprovinz
der Oblaten der Makellosen Jungfrau Maria
von P. Christoph Heinemann OMI,
Merkurweg 21 · D-55126 Mainz · E-Mail: heinemann@oblaten.de
Begründet 1939 von Bernhard Willenbrink OMI †

Redaktion: P. Christoph Heinemann OMI (verantwortlich)
Maria-Theresia Brantzen · Elisabeth Hardt
Kristina Unger

Redaktionsbeirat: Prof. Dr. Thomas Hieke
Pastoralreferentin Stephanie Rieth · Pfarrer Tobias Schäfer · P. Jens Watteroth OMI

Die Tagesgebete wurden mit Erlaubnis der Ständigen Kommission für die
Herausgabe der gemeinsamen liturgischen Bücher im deutschen Sprachgebiet
dem Messbuch für die Bistümer des deutschen Sprachgebietes entnommen.
Das Deutsche Liturgische Institut erteilte für die aus ‚Wort-Gottes-Feier'
entnommenen Perikopenorationen die Abdruckerlaubnis.

Verlag: Echter Verlag GmbH · Dominikanerplatz 8 · D-97070 Würzburg,
Telefon 0931/66068-0 · Telefax 0931/66068-23 · E-Mail: info@echter.de,
Internet: www.echter.de/gottes-wort-im-kirchenjahr/

Druck und Bindung: Friedrich Pustet · Regensburg

Bezugspreise:
Band 1+2/2021: je 16,90 EUR (D) · 17,40 EUR (A)
Band 3/2021: 21,00 EUR (D) · 21,60 EUR (A)
Jahresabo: 49,00 EUR (D) · 50,40 EUR (A)
jeweils zuzüglich Versandkosten

Gottes Wort im Kirchenjahr ist auch digital erhältlich:
www.echter.de/gottes-wort-im-kirchenjahr/

Zu beziehen durch alle Buchhandlungen oder direkt beim Verlag.
Abonnementkündigungen sind nur zum Ende des jeweiligen Jahrgangs möglich.

Auslieferung: Brockhaus/Commission, Kreidlerstraße 9, D-70806 Kornwestheim.
Auslieferung für die Schweiz: AVA Verlagsauslieferung AG, Centralweg 16,
CH-8910 Affoltern am Alibs.
Auslieferung für Österreich: Mohr Morawa Buchvertrieb GmbH, Sulzengasse 2,
A-1232 Wien.

ISBN 978-3-429-05571-4

Eine Stunde bei uns selbst

Auf ein Wort unter uns – *Christoph Heinemann* 9
Wird uns Corona verändern? – Wegmarken und Entwicklungen –
   Bischof Georg Bätzing. 10

Zu den Sonn- und Festtagen (B)

Aschermittwoch · 17. Februar 2021
Zur Liturgie, Anregungen und Auswahltexte – *Robert Solis* 15
Sehen und gesehen werden [Kurzpredigt zu Mt 6,1–6.16–18] – *Beate Kowalski* ... 18
Aschermittwoch – Neubeginn: „Jetzt ist sie da, die Zeit der Gnade" (2 Kor 6,2b)
   [zu 2 Kor 5,20–6,2] – *Stefan Barton* 19
Mein Leben spricht zu mir: „Kehr um zu mir!" [zu Mt 6,1–6.16–18] –
   Gottfried Bitter. 21
Macht die Welt bunt [für Kinder] – *Katrin Kayenburg* 23

Erster Fastensonntag · 21. Februar 2021
Zur Liturgie, Anregungen und Auswahltexte – *Albert L. Miorin* 25
Die dreifache Botschaft des Regenbogens [Kurzpredigt zu Gen 9,8–15] –
   Christoph Buysch. 28
Alles wird gut? [zu Gen 9,8–15] – *Norbert Tillmann* 29
Warum Engel, Teufel und wilde Tiere? [zu Mk 1,12–15] – *Klaus Heizmann* 31
Woran uns der Regenbogen erinnern will [für Kinder] – *Thomas Hieke* 33

Zweiter Fastensonntag · 28. Februar 2021
Zur Liturgie, Anregungen und Auswahltexte – *Daniel Bidinger* 35
Herrlichkeit nicht am Leiden vorbei [Kurzpredigt zu Mk 9,2–10] – *Jürgen Jagelki* 38
Christus, unserem Retter, vertrauen [zu Röm 8,31b–34] – *Elmar Busse*. 39
Eine Kunde vom Berg [zu Mk 9,2–10] – *Heinz Geist* 41
Eine ganz besondere Erfahrung mit Jesus [für Kinder] – *Brigitte Schmidt* 43

Dritter Fastensonntag · 07. März 2021
Zur Liturgie, Anregungen und Auswahltexte – *Marlies Lehnertz-Lütticken*. 45
Gott [Kurzpredigt zu Ex 20,1–17] – *Hermann Kast* 48
Die Zehn Gebote – alt, aber anregend und immer aktuell! [zu Ex 20,1–17] –
   Robert Jauch. 49
Ein Wutausbruch für Gott und Menschen [zu Joh 2,13–25] – *Stephanie Rieth* 51
Entweiht nicht das Haus des Vaters! [für Kinder] – *Elisabeth Hardt* 53

Vierter Fastensonntag · 14. März 2021
Zur Liturgie, Anregungen und Auswahltexte – *Katrin Kayenburg* 55
Ein misslungenes Gespräch [Kurzpredigt zu Joh 3,14–21] – *Beate Kowalski* 58
Hört auf die Propheten! [zu 2 Chr 36,14–16.19–23] – *Beate Hirt*. 59
Auf die Beziehung kommt es an [zu Joh 3,14–21] – *Hans-Werner Günther* 61
Das größte Geschenk der Welt [für Kinder] – *Brigitte Goßmann* 63

Fünfter Fastensonntag · 21. März 2021
Zur Liturgie, Anregungen und Auswahltexte – *Stephanie Kersten* 65
Ein neuer Bund [Kurzpredigt zu Jer 31,31–34] – *Martin Nitsche* 68

Gottes Wort be-herz-igen [zu Jer 31,31–34] – *Thomas Hieke* 69
Verwandelt [zu Joh 12,20–33] – *Heinz-Georg Surmund* 71
Bitte weitersagen [für Kinder] – *Michael Roos* 73

Palmsonntag · 28. März 2021
Zur Liturgie, Anregungen und Auswahltexte – *Robert Solis* 75
Vom Himmel auf die Weltbühne [Kurzpredigt zu Mk 11,1–10; Phil 2,6–11] –
   Athanasius Wedon 78
Entäußerung und Loslassen [zu Phil 2,6–11] – *Markus W. Konrad* 79
Zwischen „Hosanna" und „Kreuzige ihn" [zu Mk 11,1–10] – *Petra Gaidetzka* 81
Wer sind wir am Palmsonntag? [für Kinder] – *Clemens Kreiss* 83

Gründonnerstag · 01. April 2021
Zur Liturgie, Anregungen und Auswahltexte – *Carolin Trostheide* 85
Erinnerung an die Zukunft [Kurzpredigt zu Apg 4,32–35] – *Daniel Hörnemann* ... 89
Mit dem Tod ringen [thematische Kurzpredigt] – *Martin Birk* 90
Wer empfängt, muss geben! [zu Joh 13,1–15] – *Thomas Klosterkamp* 91

Karfreitag · 02. April 2021
Vater, vergib! [zu Jes 52,13–53,12; Joh 18,1–19,42] – *Klaus Leist* 93
Hoffnungszeichen [zu Jes 52,13–53,12] – *Kathrin Vogt* 95
Ave crux, spes unica! [thematische Predigt] – *Marcin Worbs* 97

Osternacht · 04. April 2021
Anders leben! [Kurzpredigt zu Röm 6,3–11] – *Hans-Werner Günther* 99
Das soll alles gut sein?! [Kurzpredigt zu Gen 1,1–2,2] – *Agnes Molzberger* 100
Sing nicht so schnell dein Glaubenslied [zu Mk 16,1–7] – *Clemens Kreiss* 101

Ostersonntag · 04. April 2021
Zur Liturgie, Anregungen und Auswahltexte – *Jens Watteroth* 103
Auferstehung. Sich keinen Reim machen können [Kurzpredigt zu Joh 20,1–9] –
   Stefan Knobloch 106
Auferstehung hebt Grenzen auf [zu Apg 10,34a.37–43] – *Benedict Schöning* 107
Das Grab ist leer! [zu Joh 20,1–9] – *Wolfgang Hartmann* 109
Ostern geht uns alle an [für Kinder] – *Elisabeth Hardt* 111

Ostermontag · 05. April 2021
Zur Liturgie, Anregungen und Auswahltexte – *Albert L. Miorin* 113
Sehnsucht nach Ostern [Kurzpredigt zu Lk 24,13–35] – *Stephanie Rieth* 116
Denkzettel [zu Apg 2,14.22–33] – *Daniel Hörnemann* 117
Ostern bleibt Ereignis und Weg [zu Lk 24,13–35] – *Thomas Klosterkamp* 119
Ostern – kein „Happy End", sondern ein neuer Anfang [für Kinder] –
   Elisabeth Hardt 121

Zweiter Ostersonntag · 11. April 2021
Zur Liturgie, Anregungen und Auswahltexte – *Norbert Wilczek* 123
Gelebte Gemeinschaft [Kurzpredigt zu Apg 4,32–35] – *Siegfried Modenbach* 126
Durch Wasser und Blut [zu 1 Joh 5,1–6] – *Stephan Lauber* 127

Ein Nachzügler [zu Joh 20,19–31] – *Heinz-Georg Surmund* 129
Verschlossene Türen [für Kinder] – *Michael Roos* 131

Dritter Ostersonntag · 18. April 2021
Zur Liturgie, Anregungen und Auswahltexte – *Marlies Lehnertz-Lütticken*...... 133
Gottesdienst als Bekenntnis [Kurzpredigt zu Apg 3,12a.13–15.17–19] –
　Hermann Kast... 136
Sehnsucht nach der Fülle des Lebens [zu 1 Joh 2,1–5a] – *Norbert Klinger* 137
Was ist Auferstehung? [zu Lk 24,36–48] – *Markus Lerchl* 139
Dass alles gut wird [für Kinder] – *Brigitte Goßmann* 141

Vierter Ostersonntag · 25. April 2021
Zur Liturgie, Anregungen und Auswahltexte – *Burkard Rottmann* 143
„Der Mensch is' gut, aber die Leut' san a G'sindel!" [Kurzpredigt zu 1 Joh 3,1–2] –
　Robert Jauch... 146
Immer ähnlicher? [zu 1 Joh 3,1–2] – *Klaus Heizmann* 147
Hirte in Wort und Tat [zu Joh 10,11–18] – *Cornelius Roth* 149
Aus Pflicht oder aus Überzeugung? [für Kinder] – *Tobias Sauer*................. 151

Fünfter Ostersonntag · 02. Mai 2021
Zur Liturgie, Anregungen und Auswahltexte – *Stephanie Kersten* 153
Grundlegend – aus gutem Grund [Kurzpredigt zu Apg 9,26–31] – *Michael Kinnen* 156
Nur viele Wege führen in das Reich Gottes [zu Apg 9,26–31] – *Benedict Schöning* 157
Ich bin der Weinstock [zu Joh 15,1–8] – *Martin Nitsche*........................ 159
Wir gehören zu Jesus [für Kinder] – *Elisabeth Hardt*........................... 161

Sechster Ostersonntag · 09. Mai 2021
Zur Liturgie, Anregungen und Auswahltexte – *Josef Katzer*..................... 163
Freude will tiefe Ewigkeit [Kurzpredigt zu Joh 15,9–17] – *Athanasius Wedon*..... 166
Gute Beziehungen von Mensch zu Mensch in Gottes Plänen [zu Apg 9,26–31] –
　Konrad Schmidt... 167
Gottes Liebe als Kraftquelle [zu Joh 15,9–17] – *Tobias Schäfer* 169
Geliebt sein und lieben [für Kinder] – *Franziska Rauh*......................... 171

Christi Himmelfahrt · 13. Mai 2021
Zur Liturgie, Anregungen und Auswahltexte – *Dominik Schmitt* 173
Was steht ihr da und schaut zum Himmel? [Kurzpredigt zu Apg 1,1–11] –
　Franziska Rauh 176
Aschenputtel und Königin [zu Eph 1,17–23] – *Norbert Wilczek* 177
Erde in Bewegung setzen [zu Mk 16,15–20] – *Dirk Salzmann* 179
Heut' ist so ein schöner Tag! [für Kinder] – *Kathrin Vogt* 181

Siebter Ostersonntag · 16. Mai 2021
Zur Liturgie, Anregungen und Auswahltexte – *Karsten-Johannes Kruse* 183
Checkliste für Gottes Geist? [Kurzpredigt zu 1 Joh 4,11–16] – *Michael Kinnen* 186
Kennen [zu 1 Joh 4,11–16] – *Dirk Salzmann*.................................. 187
Der Name Gottes ist Heil und Leben [zu Joh 17,6a.11b–19] – *Christoph Ohly*..... 189
In den Fußstapfen der Apostel [für Kinder] – *Florian Kunz* 191

Pfingsten – Am Vorabend · 22. Mai 2021
Zur Liturgie, Anregungen und Auswahltexte – *Christoph Heinemann* 193
Hoffnung für die Kirche? [Kurzpredigt zu Röm 8,22–27] – *André Kulla* 196
Wenn die Wüste zu blühen beginnt [zu Joh 7,37–39] – *Tobias Schäfer* 197

Pfingstsonntag · 23. Mai 2021
Zur Liturgie, Anregungen und Auswahltexte – *Ruth Lazar* 199
Geist des Friedens von Pfingsten [Kurzpredigt zu Joh 20,19–23] –
   Thomas Stephan 202
So begann die Kirche [zu Apg 2,1–11] – *Paul Jakobi* 203
Pfingsten anders erzählt [zu Joh 20,19–23] – *Sebastian Büning*................... 205
Besser als Kopfkino! [für Kinder] – *Kathrin Vogt*................................ 207

Pfingstmontag · 24. Mai 2021
Zur Liturgie, Anregungen und Auswahltexte – *Dominik Schmitt* 209
Was verändert Glauben? [Kurzpredigt zu Lk 10,21–24] – *Tobias Sauer* 212
Der Ewige möge Kraft geben [zu Ez 37,1–14] – *Florian Kunz* 213
Pfingstliche Gemeinschaft [zu Lk 10,21–24] – *Konrad Schmidt*................... 215
Ist die Party gut, feiert man auch länger [für Kinder] – *Daniel Bidinger* 217

Gottesdienstmodelle

Bußgottesdienst in der österlichen Bußzeit,
Du stellst meine Füße auf weiten Raum [zu Lk 13,10–17] – *Petra Gaidetzka* 219

Thematische Reihen

Predigtreihe: Elemente der Eucharistiefeier
Teil 3: Gloria – *Martin Birk*... 223
Teil 4: Tagesgebet – *Martin Birk* 225

Zu besonderen Gelegenheiten

Über das Vertrauen I, Was für ein Vertrauen?! [thematische Predigt] –
   Klaudia Maria Dederichs.. 227
Über das Vertrauen II, Vertrauen – trotz Gegenwind [thematische Predigt] –
   Klaudia Maria Dederichs.. 229
Zur Goldenen Hochzeit, Glück mit Gottes Hilfe [zu Röm 12,1–2.9–13; Mt 19,3–6] –
   Klaus Leist 231
Zum Begräbnis, Der Tod ist ein Doppelpunkt [zu Mt 7,24–29a] – *Hans Amann*.... 234
Zum Karfreitag, Das Scheitern wird zur Heilsgeschichte
   [Kurzpredigt zu Joh 18,1–19,42] – *Jürgen Jagelki*............................. 236
Zum 5. Ostersonntag, Schlüsselworte [Kurzpredigt zu 1 Joh 3,18–24] –
   Michael Kinnen 237
Zur Gestaltung von Wort-Gottes-Feiern mit GWiK......................... 238

Anschriften der Mitarbeiterinnen und Mitarbeiter dieses Bandes 240

EINE STUNDE BEI UNS SELBST

Liebe Mitbrüder,
liebe Haupt- und Ehrenamtliche in Liturgie und Verkündigung!

Ich hoffe, Sie sind wohlauf und haben die letzten Monate gut überstanden. Immer noch hält uns COVID-19 in Atem und beeinträchtigt unseren Alltag ganz erheblich. In unserem Redaktionsteam geht es uns im Vergleich zu vielen anderen Arbeitnehmerinnen und Arbeitnehmern wirklich gut. Wir sind in der privilegierten Situation, sehr viel im Homeoffice arbeiten zu können. Das macht zwar manche Abläufe etwas umständlicher, der Austausch ist nicht mehr so unkompliziert möglich wie sonst, aber eigentlich haben wir bzgl. unserer Abläufe wirklich keinen Grund zu klagen.

Das größte Problem, das wir bei unserer Arbeit für GOTTES WORT IM KIRCHENJAHR (GWiK) haben, ist die Frage, was wir in unseren Vorschlägen zur Gestaltung der Liturgie anbieten können. Sollen wir noch Liedvorschläge machen, braucht es noch Einladungen zum Friedenszeichen und sollte man nicht lieber auf Verehrung des Wortes Gottes durch die Gemeinde verzichten?

Ganz ehrlich, wir wissen es nicht. Es gibt so viele unterschiedliche Bestimmungen und Regelungen, dass wir keine Entscheidung treffen können. GWiK wird nicht nur in deutschsprachigen Ländern gelesen, auch darüber hinaus gibt es Seelsorgerinnen und Seelsorger, die es gerne nutzen. Wir haben deshalb beschlossen, unser „normales" Programm anzubieten, um Ihnen alle Möglichkeiten der Nutzung an die Hand zu geben.

Mit COVID-19 und den Auswirkungen auf den Glauben und das kirchliche Leben beschäftigen sich auch die Leitartikel des aktuellen Jahrgangs. Wir freuen uns sehr, dass wir für diesen Band Bischof Georg Bätzing, Bischof von Limburg und Vorsitzender der Deutschen Bischofskonferenz, gewinnen konnten. Seinen Beitrag finden Sie auf den folgenden Seiten, ich darf ihn Ihnen herzlich empfehlen.

Seit Beginn des Jahrgangs 2021 ist GWiK nun zusätzlich als Online-Abonnement verfügbar. Neben dem üblichen Download des Bandes können Sie die Inhalte direkt online auf dem PC, Tablet und Smartphone nutzen. Mehr dazu unter: www.echter.de/gottes-wort-im-kirchenjahr/. Wir hoffen, dass GWiK so nun noch hilfreicher für Ihre Dienste in Liturgie und Verkündigung ist.

Mit freundlichen Grüßen
Ihr P. Christoph Heinemann OMI

Wird uns Corona verändern? – Wegmarken und Entwicklungen

Wie wird man sich in künftigen Generationen, in zehn, zwanzig, in hundert Jahren an diese langen Tage, Wochen und Monate von Corona erinnern? Simon Strauß hat in einer bemerkenswerten Betrachtung[1] den Lockdown mit der Wiedervereinigung Deutschlands vor 30 Jahren verglichen und diese Frage gestellt. Damals ging es um Freiheit, diesmal geht es um Sicherheit. Wie wird das gewesen sein, wenn wir einmal durch die bis dahin verstrichene Zeit auf Abstand gebracht worden sind? Damals Tage der Euphorie – diesmal Tage der Angst; eigentlich unvergleichlich bis auf diesen einen Punkt: Man wird sich immer an sie erinnern. Die Mondlandung, der 11. September, der Mauerfall – das sind Ereignisse, bei denen jeder weiß, wo er da gerade gewesen ist, jeder, der „dabei gewesen ist". Sie sind eingraviert ins individuelle, aber auch ins kollektive Gedächtnis, mythische Wendepunkte, an die dann auch die Nachgeborenen noch lange denken werden. Für die große Pandemie haben wir noch kein solches Datum. Vielleicht kandidiert die Freigabe eines Impfstoffes dafür, allein schon, weil alle darauf warten – auf ein solches Datum, die erlösende Wende, an die wir uns dann immer erinnern würden.

Der menschliche Geist hat die einzigartige Fähigkeit, mitten im Präsens so zu tun, als sei man schon in der Zukunft angelangt. Das Futur II ist das seltenste Tempus der deutschen Grammatik und gerade deshalb besonders wertvoll. Die Frage „Wie wird es gewesen sein?" ist freilich mehr als ein grammatisches Konstrukt, denn sie erschafft eine Denkfigur, die es in sich hat und unsere Handlungsweise schon jetzt hinterfragt. Die Frage erzeugt mancherlei, zum Beispiel jenen speziellen Ehrgeiz, den man gerade dem ambitionierten politischen Personal nachsagt: den Wunsch, einmal eine große Spur gezogen zu haben. Von dem vorausgefühlten Eintrag in die Geschichtsbücher geht ein mächtiger Magnetismus aus. In Goethes Drama erwärmt sich der alte blinde Faust an der Vorstellung, dass „die Spur von meinen Erdentagen nicht in Äonen untergeh[t]"[2]. Übergehen wir einmal die tragische Pointe, dass es im Drama dann doch anders kommt; eine solche Hoffnung kann ja auch einmal in Erfüllung gehen. Auch wenn es nicht jedem Politiker gelingen wird, sich in das Buch der Geschichte einzutragen, über ihre Legislaturperiode hinaus an die Zukunft des Ganzen zu denken, zeichnet sie gerade die Besten aus. Erst recht in Schicksalstagen wie diesen, in denen große Entscheidungen anstehen, die Mut und Tatkraft erfordern.

EIN HISTORISCHER WENDEPUNKT

„Wir sind an einem historischen Wendepunkt, an dem es tatsächlich um das Erbe und die Zukunft Europas geht. Corona hat Europa gespalten, wir müssen es wieder zusammenführen." So oder so ähnlich konnte man es vielfach aus der entscheidungsfreudigen Politik hören. „Von hier und heute geht eine neue Epoche der Weltgeschichte aus und ihr könnt sagen, ihr seid dabei gewesen." Das will Goethe nach jenem anderen Wendepunkt der europäischen Geschichte formuliert haben, als nämlich der Feldzug der alliierten Fürsten gegen die Truppen der französischen Revolution im Schlamm der Champagne stecken geblieben war.³

Ob es auch diesmal eine neue Epoche der Weltgeschichte werden wird, bleibt abzuwarten, auf jeden Fall aber werden wir alle sagen können: „Wir sind dabei gewesen." Schon jetzt meinen wir den Wind zu spüren, der den Mantel der Geschichte bewegt. Wird Corona einst eine entscheidende Wegmarke für Europa gewesen sein? Und was wird mit den besonders betroffenen und wenig vorbereiteten Ländern der südlichen Hemisphäre gewesen sein? Mit unvorstellbaren Summen kämpfen nach der Vollbremsung die nationalen Regierungen zusammen mit der europäischen Kommission gegen Rezession und grassierende Arbeitslosigkeit. Es sind neben der gesundheitlichen Bedrohung weltweit die nachhaltigsten existenziellen Gefährdungen der Corona-Zeit. Werden da alle mitziehen? Wird diese beispiellose Intervention auch den erhofften Erfolg gebracht haben? Und wird sie gleichzeitig den großen Kurswechsel im Kampf gegen den Klimawandel zur Bewahrung der Schöpfung eingeleitet haben? Werden wir uns einmal an einen Digitalisierungsschub erinnern, der nicht durch Computerviren, sondern durch genauso unsichtbare, aber echte Viren in Gang gekommen war? Werden wir eine „Kulturrevolution des Lernens"⁴ und einen radikalen IT-gestützten Wandel der Arbeitswelt erlebt haben?

Was wird Corona mit der Kirche gemacht haben? Werden Klagen und Empörung über geschlossene Kirchentüren am Ende dazu geführt haben, dass die Kirchen sich nach dem Entzug wieder füllten? Ein Pädagoge würde von einer „paradoxen Intervention" sprechen. Ich wäre sehr dafür! Und die interessanten neuen virtuellen Formate, die Streaming-Gottesdienste an den Bildschirmen, in die so viel Kreativität investiert worden ist – was wird sich davon gehalten haben?

NICHTS WIRD MEHR SO SEIN WIE VORHER

Wie oft war schon der Satz zu hören: „Nach Corona wird nichts mehr so sein wie vorher." Das ruft kein einsamer Prophet aus der Wüste, sondern ein vielköpfiger Chor von Kommentatoren. Dabei ist das Risiko, damit falsch zu liegen, nicht wirklich hoch.

Von diesem Gedanken ist es nicht weit zu der vorsichtig hoffnungsvollen Erwartung, dass überhaupt die große Krise als kraftvoller Innovationsimpuls am Ende zu Gutem geführt haben wird. Könnte nicht ein langgezogener Moment der Besinnung und der Entbehrungen das Wir-Gefühl gestärkt haben, den Blick auf das Wesentliche gelenkt und für den Zusammenhalt Europas sowie die Herausforderungen des Klimawandels die richtigen Weichen gestellt haben?

Erst einmal aber wird es schlimm gewesen sein. Die vielen Toten! Vielleicht wird man noch an die einsam gestorbenen Alten von Bergamo denken oder an die Ärzte, Pflegenden und Priester, die sich ansteckten, weil sie den Sterbenden beigestanden hatten, oder an eine einsame, weiß gekleidete Gestalt, versunken im Gebet in den menschenleeren Straßen von Rom; an nie Dagewesenes, die Einsamkeit in Altenheimen, an Künstler und Selbstständige, die um ihre Existenz bangten, an eine Wirtschaft am Abgrund, an Insolvenzen, verlorene Arbeitsplätze, Gewalt in Familien, Hunger und Not in der Welt, an eine Zeit der Masken, an das Paradox, dass man einander nicht berühren durfte und doch auf seltsam neue Art verbunden war. Es wird schlimm gewesen sein. Aber wird es nur schlimm gewesen sein? Was alles wird es am Ende gewesen sein?

VOM SELTSAMEN ZAUBER DES ABSTANDS

Futur II – die Denkfigur, die Abstand schafft. Von diesem Abstand geht ein seltsamer Zauber aus. Es ist ein einzigartiger Abstand, irgendwie irreal und ganz aus deinem Kopf – aus dem Kopf, der Wirklichkeiten erzeugt, die es noch nicht gibt, die aber auf andere Art existieren, einfach weil sie wirken. Bevor wir diese Grammatik des Abstands näher ins Auge fassen, muss natürlich der andere, der lebensrettende und ganz geheimnislos konkrete Abstand erwähnt werden, der das Hier und Jetzt regiert: mindestens anderthalb Meter, besser mehr. Denn immer noch liegt das Virus unsichtbar in der Luft und hat zudem diese tückisch lange Inkubationszeit.

Blicken wir nun noch einmal genauer auf das Mysterium der Zeit. Bevor ich mich wieder meinem leitenden Gedanken, dem großen Tempus, dem Futur II oder „Futurum exactum", zuwende, muss die Zeit im Ganzen, die ganze Spanne zwischen Alpha und Omega, von der niemand weiß, wie groß sie ist, aufgerufen werden. Wenn es um das Mysterium der Zeit geht, gehört der Blick in die Vergangenheit unbedingt dazu. Marcel Proust hatte mit seinem siebenteiligen Roman „Auf der Suche nach der verlorenen Zeit"[5] der untergegangenen Welt seiner Kindheit und Jugend ein Denkmal gesetzt. Darin sollte aufgehoben sein, was längst untergegangen war. Wenigstens hier sollte das gelebte Leben überleben. Würde ihm die Zeit dann nichts mehr anhaben können? Ein wehmütiger Rettungsversuch vor den Taten der Zeit – er war am Ende doch vergeblich. Aufgehobene Zeit, kann es das geben? Für Ernst Bloch, und nicht nur für ihn, ist „Heimat" das, „was allen in die Kindheit scheint und worin noch niemand war"[6].

Der unerbittliche Zeitpfeil zeigt nur in eine Richtung und er wird uns alle einmal tödlich treffen. Dass wir das wissen, stellt uns, stellt jeden Menschen vor die große, vielleicht die größte aller Fragen: Es ist die Frage nach Tod und Leben, die Frage nach der künftig gewesenen Zeit. Als Christinnen und Christen setzen wir auf das Versprechen von Ostern, einmal bei Gott zu sein, in der aufgehobenen Zeit, ihn zu schauen, nicht mehr nur wie in einem Spiegel und in rätselhaften Umrissen, sondern ihm gegenüber, vis-a-vis, „von Angesicht zu Angesicht" (1 Kor 13,12).

Zu dem reichen Erbe, das wir Israel verdanken, gehört sein einzigartiger Umgang mit der Zeit. „Bereschit", „Im Anfang" lautet das erste Wort der hebräischen Bibel (Gen 1,1). Schon dieser Begriff sprengt unsere Vorstellungskraft. Wenn wir fragen: „Was war vor dem Anfang?", haben wir dieses große Alpha nicht ernst genommen. Dieser Anfang war nicht ein Anfang von etwas, es war der Anfang von allem. Gott war, er ist vor der Zeit. Er hat sie erschaffen. Im Buch Genesis folgt nach diesem buchstäblich unvorstellbaren Auftakt das fei-

erliche Schöpfungslied der sechs Tage und dann heißt es: „Am siebten Tag vollendete Gott das Werk, das er gemacht hatte, und er ruhte am siebten Tag, nachdem er sein ganzes Werk gemacht hatte. Und Gott segnete den siebten Tag und heiligte ihn" (Gen 2,2–3).
Was für ein Bild! Erstmals in der Religionsgeschichte hatte der Kosmos ein Gegenüber, das ihn anschaute. Schon Pharao Echnaton (Regierungszeit etwa 1351–1334 v. Chr.) hatte die Sonne als einzige Gottheit verehrt, aber die Sonne war immer noch ein Teil des Kosmos, der spektakulärste vielleicht, aber doch ein Teil der sichtbaren Welt. Im Buch der Genesis heftet sie der Schöpfer als eine Lampe ans Firmament.

VOM WESEN DER ZEIT LERNEN

Auch den Menschen trifft der segnende Blick des siebten Tages. Als „sein Bild" hatte Gott ihn erschaffen. „Männlich und weiblich erschuf er sie" (Gen 1,27). Dann aber der Tag der Ruhe. Was für eine erhabene Ruhe! Es ist die Ruhe nach der Vollendung, sie kommt aus dem Jenseits der Zeit und wird nun eingelassen in den Takt der Tage. Der Sabbat, das Zeitdenkmal der Differenz zwischen der Arbeitswelt der Zwecke und dem Übernützlichen. Die Ruhe Gottes, den großen Sabbat, feiert Israel bis heute an jedem siebten Tag.
Der Tag ohne Arbeit ist das Geschenk Israels an die Menschheit. Der Takt der Tage, die Woche, ist seine von Gott verfügte Erfindung. Wie Gott auf seine Schöpfung, kann nun auch der Mensch auf seine Arbeit blicken, auf die schon getane und auf die, die er noch vor sich hat. Arbeiten heißt Zwecke verfolgen. Am Sabbat, in der aus dem Kontinuum der Zwecke herausgehobenen arbeitsfreien Zeit, wird der Mensch zwar zu einer Art Nachahmer des ruhenden Schöpfers, dafür dankt, lobt und preist er ihn. Aber nachparadiesisch weiß er auch, dass die letzten Zwecke ihm vorenthalten sind. Die Schlange im Paradies hatte die Kenntnis von Gut und Böse versprochen, aber sie hatte gelogen. Wenn wir darüber nachdenken, verstehen wir ein wenig vom Zusammenhang zwischen Vorenthaltung und Heiligkeit.

SELTSAMER NUTZEN DES ÜBERNÜTZLICHEN

Dann aber entdecken wir das Sabbatparadox, den seltsamen Nutzen des Übernützlichen. Ein Mensch, der sich ausruht und nicht schläft, reflektiert, überprüft: Was war gut, was schlecht? Vielleicht macht er Pläne. Der Sabbat wirkt. Auch am Tag des Herrn ticken die Uhren weiter. Wann werden die Ökonomen und Lobbyisten des Einzelhandels endlich merken, dass sich Unterbrechung und Auszeit auf lange Sicht sogar rechnen?
Vom alten Israel ist viel über das Wesen der Zeit zu lernen. Am Sederabend, dem Höhepunkt des jüdischen Pessachfestes, versetzt sich die um den Tisch des Festmahls versammelte Hausgemeinschaft von einer auf die andere Sekunde zurück in das Sklavenhaus Ägypten: „Das ist heute", so heißt es im liturgischen Text. Zwölf Söhne hatte der Stammvater Jakob, zwölf Stämme das Volk Israel und mit zwölfen seiner Jünger hat dann auch Jesus das Ostermahl gehalten. Seinen nahen Tod ahnt er voraus und er nimmt das ungesäuerte Brot

der Freiheit, das an den Exodus, die Befreiung aus dem Sklavenhaus Ägypten, erinnert. Brot war seitdem zum großen Sinnträger Israels geworden. Um das Brot Gottes für jeden Tag zu bitten, das hatte Jesus die Seinen schon im Vaterunser gelehrt: „Unser tägliches Brot gib uns heute", damit war mehr gemeint als eine Magenfüllung.[7] Und nun spricht er „Das ist mein Leib", bricht das Brot, verteilt es und erklärt es zu einer Nahrung, die im Mittelpunkt eines neuen Erinnerungsmahls stehen soll: „Tut dies zu meinem Gedächtnis." Wir tun es seitdem jeden Sonntag. Mit diesem zweckfreien Tag ohne Arbeit stellen auch wir uns in die Tradition des Sabbats.

Vielleicht ließen sich Corona, der Lockdown, die langen Tage und Wochen danach wegen der zugegeben höchst unfreiwilligen, aber doch offensichtlichen Verwandtschaft mit dem Sabbat tatsächlich aus der Perspektive der künftig gewesenen Zeit im Auge behalten? Ein tödliches Virus ist schrecklich. Ob Corona aber auch einmal für etwas gut gewesen sein wird, liegt auch an uns.

Das Futurum exactum übt uns ein in den göttlichen Blick des siebten Tages. Als höchst fehlbare Menschen leben wir vom göttlichen Atem, den Adam von seinem Schöpfer empfangen hat. Er öffnet uns das Mysterium der Zeit und macht, dass wir heute schon, wenn auch nur „wie in einen Spiegel", auf das blicken können, was einmal gewesen sein wird. Es kann alles enthalten, unsere ganze Wirklichkeit, zu der auch gehört, dass wir uns ausstrecken über die Grenzen des physischen Lebens hinaus.

Dr. Georg Bätzing, Bischof von Limburg,
Vorsitzender der deutschen Bischofskonferenz

---

[1] Vgl. Simon Strauß, „Einheit auf Abstand", in: FAZ Nr. 116 vorn 19. Mai 2020, 9.
[2] Johann Wolfgang von Goethe, Faust II, 5. Akt, Vers 11837.
[3] Vgl. Johann Wolfgang von Goethe, Kampagne in Frankreich 1792, 19. September, in: Sämtliche Werke, Propyläen-Ausgabe, Bd. 34, 232. Das berühmte Dictum, das einen tiefen Vorausblick in die kommenden Zeitläufte dokumentieren soll, will Goethe 1792 ausgesprochen haben. Aufgeschrieben hat er es 1820. Handelt es sich hier womöglich um ein Vaticinium ex eventu? Die rückdatierte Voraussage von bereits Geschehenem ist das verdächtig schillernde unseriöse Gegenstück zum Futur II.
[4] Vgl. Ada Pellert, Rektorin der Fernuniversität Hagen, in einem Gespräch mit Christian Füller, „Die Revolution des Lernens hat begonnen", 111: FAZ Nr. 132 vom 9. Juni 2020, 9.
[5] Vgl. Marcel Proust, Auf der Suche nach der verlorenen Zeit (Frankfurt: Suhrkamp 1979).
[6] Vgl. Ernst Bloch, Das Prinzip Hoffnung (Frankfurt: Suhrkamp 1959), Bd. 2, 1628, letzter Satz: „[...] so entsteht in der Welt etwas, das allen in die Kindheit scheint und worin noch niemand war: Heimat."
[7] Vgl. Eckhard Nordhofen, Corpora. Die anarchische Kraft des Monotheismus (Freiburg: Herder 22019), Kap. X: Die vierte Bitte: Das neue Gottesmedium, 229–257.

ZU DEN SONN- UND FESTTAGEN (B)

17. Februar 2021 · Zur Liturgie

Aschermittwoch (B)

LIEDVORSCHLÄGE

Gesänge zur Eucharistiefeier
Eröffnungsgesang: Erbarme dich, erbarm dich mein (GL 268,1–3); *Antwortgesang:* Erbarme dich meiner, o Gott (GL 639,1) mit den Psalmversen; *Ruf vor dem Evangelium:* Herr Jesus, dir sei Ruhm und Ehre (GL 176,3) mit dem Vers; *zur Austeilung der Asche:* Bekehre uns, vergib die Sünde (GL 266); *zur Gabenbereitung:* O Mensch, bewein dein Sünde groß (GL 267); *Danklied:* Wer leben will, wie Gott auf dieser Erde (GL 460); *zur Entlassung:* O Herr, nimm unsere Schuld (GL 273,1–3).

Gesänge zur Wort-Gottes-Feier
Eröffnungsgesang: O Mensch, bewein dein Sünde groß (GL 267); *Predigtlied:* Jetzt ist die große Gnadenzeit (Diözesanteil z. B. HH GL 753 *oder* MZ GL 789).

ERÖFFNUNG

Liturgischer Gruß
Der Herr, der uns zur Umkehr und Buße ruft, sei mit euch / ist mit uns allen.

Einführung
Mit dem heutigen Tag, dem Aschermittwoch, beginnt die österliche Bußzeit. Schon diese Bezeichnung erschließt den Sinn und das Ziel dieser vierzigtägigen Fastenzeit: Besinnung und Vorbereitung auf Ostern, das größte Fest unseres Glaubens. Das Kreuz auf der Stirn mit der Asche, die aus den im Osterfeuer verbrannten Palmzweigen des Vorjahres gewonnen wurde, erinnert uns an die Vergänglichkeit unserer Existenz: „Bedenke, Mensch, dass du Staub bist und wieder zum Staub zurückkehren wirst." Dieses Zeichen fordert uns aber auch auf, den Weg der Umkehr anzutreten, uns von Gott anschauen zu lassen, in der Begegnung mit ihm seine liebende Nähe von Neuem zu erfahren und das gläubige Vertrauen auf ihn zu stärken: „Bekehrt euch und glaubt an das Evangelium." Erst dann, wenn wir uns auf Gott und seine Kraft verlassen, spüren wir, dass unser Leben einer Kurskorrektur bedarf: einer Abwendung vom Bösen und einer Entschiedenheit für das Gute (vgl. Tagesgebet).

Kyrie-Litanei
Herr Jesus Christus, du rufst uns zur Umkehr und Änderung des Lebens. Herr, erbarme dich.
Du lädst uns ein, durch Fasten, Almosen und Gebet unseren Glauben an dich zu stärken und zu vertiefen. Christus, erbarme dich.
Du schenkst uns die Heiligen Vierzig Tage, um unser eigenes Leben erneut von Gottes Licht erleuchten zu lassen. Herr, erbarme dich.

Tagesgebet
Getreuer Gott, im Vertrauen auf dich
beginnen wir
die vierzig Tage der Umkehr und Buße.
Gib uns die Kraft zu christlicher Zucht,
damit wir dem Bösen absagen
und mit Entschiedenheit das Gute tun.
Darum bitten wir durch Jesus Christus.

ZU DEN SCHRIFTLESUNGEN

1. Lesung: Joël 2,12–18
Der Prophet Joël ruft ein Fasten aus und fordert sein Volk zur Bekehrung auf. Umkehr des Herzens bedeutet bewusste Hinwendung zum gütigen und barmherzigen Gott.

2. Lesung: 2 Kor 5,20–6.2
Die Gemeinde in Korinth wird vom Apostel Paulus ermahnt, im Hier und Jetzt ihren Glauben zu bezeugen. Christsein bewährt sich im täglichen Leben und Handeln, in Wort und Tat.

Evangelium: Mt 6,1–6.16–18
Jesus erklärt seinen Jüngern, dass die echte Umkehr im Verborgenen geschieht. Ihre Früchte: Almosen, Fasten und Gebet sollten nicht zur Schau gestellt werden.

FÜRBITTEN

Unser Gott ist gnädig und barmherzig, langmütig und reich an Güte (vgl. Joël 2,13). Zu ihm kommen wir mit unseren Anliegen und bitten:
V/A: Herr, unser Gott, erhöre unser Rufen.

- Für unsere Kirche, um mutige Reformschritte zur Erneuerung nach deinem Willen. Herr, unser Gott ...
- Für die Sinnsuchenden und Verzweifelten, um Zeichen der Orientierung und Hoffnung. ...
- Für die unter Schuldgefühlen Leidenden, um Erfahrung deiner verzeihenden Liebe. ...
- Für unsere hier versammelte Gemeinde, um echte Umkehr und Besinnung aus der Kraft des Glaubens. ...
- Für die Verstorbenen, heute denken wir besonders an N. N., um Teilnahme an deinem ewigen Leben in deiner Herrlichkeit. ...

Erhöre, gütiger Gott, unsere Bitten und hilf uns, die Fastenzeit als Zeit der Umkehr zu gestalten und zu erfahren. Dich loben und preisen wir jetzt und in Ewigkeit.

ELEMENTE FÜR DIE EUCHARISTIEFEIER

Kommunionvers
Wer über die Weisung des Herrn nachsinnt bei Tag und Nacht, bringt seine Frucht zur rechten Zeit (Ps 1,2–3).

ELEMENTE FÜR DIE WORT-GOTTES-FEIER

Zum Predigtlied
„Siehe, jetzt ist sie da, die Zeit der Gnade; siehe, jetzt ist er da, der Tag der Rettung", versichert der Apostel Paulus die Christen in Korinth. Seine Worte können wir auch als einen eindringlichen Appell an jeden von uns verstehen, die beginnende Fastenzeit ernst zu nehmen und uns durch Bekehrung zu Gott für Ostern zu bereiten.
Es folgt das Predigtlied (s. o.).

Vor der Austeilung der Asche
Die Asche steht symbolisch für das Sterben, die Vergänglichkeit unseres irdischen Lebens. Sie ist ein Zeichen des unausweichlichen Todesschicksals und der erschütternden Einsicht in unsere irdische Endlichkeit. Die die Austeilung des Aschenkreuzes begleitenden Worte machen es deutlich: „Bedenke, Mensch, dass du Staub bist und wieder zum Staub zurückkehren wirst." Das heißt, vergiss nicht, dass du Mensch bist, deine Jahre, Tage und Stunden gezählt sind, dass du einmal nicht mehr hier sein wirst und alles, was du hier erreicht hast und noch erreichen wirst, vergeht irgendwann und wird zu Staub. Wir werden gleich das Aschenkreuz empfangen. Es ruft uns, im Wissen um die irdische Vergänglichkeit, zur Umkehr und damit zum Leben, zur erneuten Hinwendung zu Jesus Christus auf. In seiner Auferstehung ist sichtbar geworden, dass unser Gott aus dem Tod das Leben schafft. Das ist seine Zusage und gilt auch unserem persönlichen Leben. Bitten wir Gott, unseren Vater, um seinen Segen und Beistand in diesen heiligen vierzig Tagen der österlichen Bußzeit:

Barmherziger Gott, du bist den Demütigen nahe
und lässt dich durch Buße versöhnen.
Neige dein Ohr unseren Bitten.
Hilf uns, die vierzig Tage der Buße
in rechter Gesinnung zu begehen,
damit wir das heilige Osterfest
mit geläutertem Herzen feiern.
Darum bitten wir durch Christus, unseren Herrn.

Das Aschenkreuz wird ausgeteilt mit den Worten: „Bedenke, Mensch, dass du Staub bist und wieder zum Staub zurückkehren wirst."
Robert Solis

Aschermittwoch · Zu Mt 6,1–6.16–18 (B)

Sehen und gesehen werden

Sehen und gesehen werden – nach diesem Motto leben viele Menschen. Die ständige Online-Präsenz verstärkt diese Lebensweise noch. Viele machen sich abhängig von der Anzahl ihrer Follower, von Likes und der Zahl der täglichen Emails. Auch das religiöse Leben macht nicht Halt vor dieser Tendenz. Sehen und Gesehen werden ist eine Haltung, die sich auch bei Frömmigkeitsübungen aller Art erkennen lässt. Wer schaut inbrünstiger aus, wer faltet besonders andächtig seine Hände ... In Erinnerung geblieben ist ein Gespräch mit einer Gemeindegruppe, die ihre jährliche Wallfahrt organisierte. Da sie bereits alle Orte in der Nähe in ihrem Jahresprogramm besucht hatte, wurde ich um Rat gefragt. Die Antwort: „Waren Sie schon einmal beim lieben Gott zur Wallfahrt?" hätte ich gerne gegeben.

Die Gratwanderung ist schmal: Frömmigkeit braucht Riten, Rituale, Programme und Strukturen. Es besteht schnell die Gefahr, in ein oberflächliches Absolvieren abzudriften oder schlimmstenfalls in einen zur Schau gestellten Glauben, der wie ein Mantel übergezogen wird und nicht wirklich wärmt. Kennen Sie nicht auch beide Formen von Frömmigkeit in Ihrem Leben?

Die Bergpredigt, aus der das heutige Evangelium stammt, rüttelt uns zu Beginn der Fastenzeit auf, die eigene Frömmigkeit zu überdenken und zu ordnen. Radikal sind die Forderungen Jesu und daher sehr anschaulich. Jeder veräußerlichte Kult wird kritisiert. Frömmigkeit bekommt ein leises, unsichtbares und diskretes Gesicht:

Wer Almosen gibt, soll darüber schweigen. Gutes Tun und nicht darüber reden. Wer betet, soll dies in seiner Gebetskammer tun. Beten und nicht Gebete sprechen. Wer fastet, soll nicht finster dreinschauen. Fasten und Freude ausstrahlen – trotz knurrendem Magen. Gar nicht so einfach. Es geht um die Motivation, um das, was sich tief im Herzen verborgen abspielt:

Warum geben Sie Almosen? Wegen der steuerlichen Vorteile? Oder weil Sie barmherzig sind mit Menschen, deren Not Sie anrührt? Die Sie nachts nicht schlafen lassen? Warum beten Sie? Weil Sie es von Kindesbeinen an gelernt haben und es einfach zum Alltag dazu gehört? Das sind nicht die schlechtesten Voraussetzungen. Aber wie steht es mit Ihrer Gottesbeziehung wirklich? Ist diese lebendig? Und warum fasten Sie? Weil Sie nach der Weihnachtszeit immer noch Übergewicht haben oder es medizinisch angeraten ist? Auch das sind keine schlechten Gründe. Aber fasten Sie auch, um Ihre Sehnsucht nach Gott tiefer zu spüren?

Die Coronapandemie, die unsere Welt fest im Griff hat, kann uns lehren, den Blick mehr nach innen zu werfen. Der Blick wird auf das Wesentliche gelenkt. Viele räumen in ihrer Wohnung auf, bleiben eher zuhause, anstatt auf Reisen zu gehen. Ob diese Menschen auch bei sich selbst daheim sind? Ob sie auch in ihrer Seele aufräumen und mit ihrem Glauben ernst machen? Die Fastenzeit ist eine Einladung, innen aufzuräumen und nicht draußen zu leben!

Beate Kowalski

Aschermittwoch – Neubeginn: „Jetzt ist sie da, die Zeit der Gnade" (2 Kor 6,2b)

„Am Aschermittwoch ist alles vorbei ...", so tönte einst ein Karnevalslied. Die ausgelassene Freude der Fastnachtstage wandelt sich plötzlich von einem Tag auf den anderen und dies scheint uns der Freude am Leben zu berauben. Der Aschermittwoch begegnet uns heute in den Medien häufig zu allererst als der Tag der politischen Auseinandersetzung der Parteien. Positionen werden vorgestellt, der politische Gegner kritisiert und die Berichterstattung damit bestimmt. Dabei ist der Aschermittwoch alles andere als ein Tag der Abkehr von der Freude am Leben oder von Abrechnungen mit dem politischen Gegner. Der Aschermittwoch ist für die Gläubigen sicher ein Tag der Umkehr, ein Tag, der in die Zukunft weist. Jetzt beginnt eine besondere Zeit. Die „Vierzigtagezeit", die mit ihm beginnt, ist eine Zeit der vielen Möglichkeiten: beim Fasten angefangen, kann sie eine Zeit der Umkehr von falschen Wegen werden, auch eine Zeit der Versöhnung mit Gott und auch eine Zeit der besonderen Besinnung auf die Taufe und ihre Erinnerung in der Feier der Osternacht.

„ENTSCHIEDENHEIT UND IHRE UNAUFSCHIEBBARKEIT"

Die prophetischen Worte Joëls und die ermahnende Predigt des Paulus aus den Lesungen machen deutlich, dass der Aschermittwoch ein Tag für Entschiedenheit ist, Umkehr und Versöhnung nicht aufgeschoben werden können. Es geht um nicht weniger als das neue und größere Leben in der Gemeinschaft mit Gott. Die Entschiedenheit, die Joël in der Umkehr fordert „Zerreißt eure Herzen, nicht eure Kleider, und kehrt um zum Herrn, eurem Gott!" (Joël 2,13), und der drängende Hinweis des heiligen Paulus „Siehe, jetzt ist sie da, die Zeit der Gnade; siehe, jetzt ist er da, der Tag der Rettung" (2 Kor 6,2) bringen das zum Ausdruck. Diese innere Verbindung der beiden Lesungen macht deutlich: Es geht nicht um die Vergangenheit, sondern um die Zukunft. Jetzt ist der Beginn einer neuen Zeit. Jetzt ist die Zeit der Gnade und sie erfordert Umkehr und Entschiedenheit, sie fordert Versöhnung mit Gott, damit das neue Leben möglich wird.

„LASST EUCH MIT GOTT VERSÖHNEN" (2 KOR 5,20 B)

Die Korinther leben in einer für antike Städteverhältnisse großen Hafenstadt und haben Verbindungen in die ganze bekannte Welt. Korinth ist ein Schmelztiegel von Menschen aus eben dieser ganzen Welt. Aus aller Herren Länder kommen sie und leben hier. Die christliche Gemeinde, die Paulus gründete, wird aus einer solchen bunten Versammlung von Menschen aus aller Welt zusammengekommen sein. Wir wissen, dass der zweite Brief an die Korinther kein durchkomponiertes theologisches Schreiben darstellt. Vielmehr scheint er eine eher fortlaufende Korrespondenz zu Fragen eines gemeindlichen Alltags zu sein, die hier zusammengefasst werden. Paulus sieht die Lebenswirklichkeit der Gemeinde und versucht sie vor einem Bruch zu bewahren. Es scheint ihm dabei wichtig zu sein, den sich anbahnenden Konflikt in der Weise zu befrieden, dass sich die Gemeindemitglieder einer steten Versöhnungsbereitschaft zwischen Gott und den Menschen nicht entziehen. In einer theologisch begründeten Paränese, einer Mahnpredigt, will er die Gemeinde dazu bewegen, „ihre Herzen weit zu machen" (2 Kor 6,11), wie er es einige Verse später formulieren wird. Er stellt sich der Gemeinde als einer vor, der an Christi statt, als Gesandter, als Botschafter Jesu selbst handelt und der damit nicht seine eigene Vorstellung vorträgt. Dieser Auftrag beinhaltet für ihn, auch die Vollmacht Gottes und Christi in Anspruch nehmen zu können, die sein Apostelamt begründet. Jeder Apostel hat die Sendung Christi auf Erden weiterzutragen, die Menschheit mit Gott zu versöhnen: „Wir bitten euch an Christi statt: Lasst euch mit Gott versöhnen!" (2 Kor 5,20b).

„SIEHE, JETZT IST DIE ZEIT DER GNADE" (2 KOR 6,2 B)

Wie lässt sich diese Aufforderung des Paulus zur Versöhnung mit Gott begreifen und leben? Versöhnung kann beschrieben werden mit dem Vorgang der Heilung zwischenmenschlicher Beziehungen von Konflikt, Entzweiung und Feindschaft. Sie hat zum Ziel, das Heilshandeln Gottes durch Jesus Christus unter den Menschen sichtbar zu machen. Denn allein mit Jesus Christus vermag der Mensch aus der Sünde und der Verstrickung in das Böse wieder vor Gott zu bestehen, sich mit Gott zu versöhnen.
Diesen Zustand erlange ich durch meine Bereitschaft zur Umkehr und durch Gottes Gnade. Solche Versöhnung kommt mir zu durch die Annahme der apostolischen Verkündigung und des damit untrennbar verbundenen Aktes der Taufe. Gott bestätigt mich in meiner Gotteskindschaft. Ein solches Leben braucht steten Willen zu Umkehr und Entschiedenheit. Für Paulus geht es in diesen Worten nicht nur um eine theologische Fragestellung. Es geht ihm um das Leben selbst. Er hat konkrete Menschen vor Augen, die er hier versucht mit Gott zu versöhnen. Es kann deshalb nicht einfach nur um Erinnerung an die Heilstaten Gottes gehen, die er gewirkt hat in der Geschichte mit seinem Volk, die er gewirkt hat in Leiden, Tod und Auferstehung Jesu. Es geht um Bekehrung, Umkehr und Glauben, damit das neue Leben Wirklichkeit werden kann. Im Markusevangelium bringt Jesus das auf den Punkt, wenn er sagt: „Bekehrt euch und glaubt an das Evangelium" (Mk 1,15). Vielleicht sollten wir das Zeichen dieses Tages, das Aschenkreuz, mehr zukünftig deuten und abrücken von der alttestamentlichen Deutung von „Gedenke Mensch, dass du Staub bist und zum Staub zurückkehrst" (Gen 3,19), hin zum Wort Jesu von der Bekehrung und dem Glauben.
Der Aschermittwoch erinnert uns daran, dass es Zeit ist, aufzubrechen, entschieden Versöhnung mit Gott und den Menschen zu leben, damit wir Zukunft haben, ein Leben in Fülle. Dann wird die „Vierzigtagezeit" zu einer Zeit des Aufbruchs, des Neuanfangs, eine Zeit der Gnade und der Rettung.

Stefan Barton

Aschermittwoch · Zu Mt 6,1–6.16–18 (B)

Mein Leben spricht zu mir: „Kehr um zu mir!"

Wir wohnen am Mittelrhein. Und eine Stunde am Rheinufer entlangzugehen, das tut uns allen gut. Hier treffen wir viele Bekannte und Nachbarn; sie alle erzählen hier ihre neuen und alten Geschichten. Manchmal gönnen wir uns auch eine Viertelstunde Pause auf einer Bank. Und wir schweigen. Der Rhein ist hier nur drei, vier Meter entfernt von unsrer Lieblingsbank. – Die Wasser ziehen vorbei, fast lautlos und stetig in Richtung Westen, in Richtung Abend, in Richtung Nacht. Nach einem Platzregen oder einem Gewitter schaukeln viele Plastikflaschen, dicke Äste und auch Baumwurzeln vorbei. – Jetzt hängt jede und jeder den Tagesgedanken nach. Das Murmeln oder auch manchmal ein Singen der Wellen stoßen ein Nach-Denken an. Auch unser ganz normaler Tagesmüll schaukelt hier vorbei, Sorgen und Ängste, auch Hoffnungen und auch ein Lächeln. Und wir schweigen. – Aus der Tiefe meines Herzens tauchen Fragen auf: Wohin fließen meine Tage, meine Jahre mit kostbaren und schwierigen Menschen, mit mir selbst? Kann ich meine Lebenswellen steuern, haben sie ein Ziel im Strom der Zeit oder zerfließen sie in einem Meer des Vergessens? So bringt mich die Viertelstunde am Rhein oft zu einer Gewissenserforschung: Wohin treibt mein Leben? Wieviel Überflüssiges, wieviel Verpasstes, wieviel Unerfülltes mischt sich hier in das Gelungene, das Dankenswerte meiner Lebenswellen stromabwärts? Und wohin geht das Ganze der ungezählten Lebenswochen? Ich weiß es nicht. Doch eine Stimme, eine leise, aber eine unüberhörbare Stimme spricht: ‚Kehr um zu mir!' Dieser Anruf ist mir nicht so ganz neu. Aber zu oft geht er unter im Tagesgewühl. Auch weiß ich nicht so genau: Wer ist hier der Sprecher dieses Rufes? Wer will mich hier rufen? Kommt diese Stimme aus mir selbst oder ist da etwas anderes oder ein jemand anders im Spiel? Ich weiß es nicht. Es muss auch jetzt nicht geklärt werden. Aber ich will noch heute auf diesen Ruf antworten. Ich werde noch heute versuchen, eine Kehre zu machen – hin zu einem Leben, das ich ausdrücklich will:
Ich will die Menschen, denen ich heute begegne, ausdrücklich anschauen und sie an mich herankommen lassen.
Ich will die Aufgaben, die heute für mich anstehen, ganz gründlich besorgen, auch wenn sie mir gar nicht passen.
Ich werde heute nicht danach fragen: ‚Was hab' ich davon?', sondern mich damit begnügen, am Abend zu wissen: Ich habe mein Tagespensum gründlich erledigt.
Ich trage heute mein Aschenkreuz aufrichtig in mein Leben.

GOTT SPRICHT ZU MIR: ‚KEHR UM ZU MIR VON GANZEM HERZEN!'
(JOËL 2,12)

Viele Menschen heute meinen: ‚Gott, ach Gott, wer ist das schon? Ich brauche keinen Gott. Gott hat mir noch nie sein Du angeboten. Gott braucht mich wohl auch nicht.' Dagegen sagen weitsichtige Leute: Gott wird heute nicht Schritt für Schritt abgeschafft (vgl. im Jahr 2019 verließen eine halbe Million Christen in Deutschland ihre Kirche), sondern die Erfahrungsfelder des Göttlichen verändern sich. Ich bin überzeugt: Die Stimme Gottes in den Herzen verstummt nicht. Die Gottes-Sehnsucht in unserem Leben verkümmert nicht. Nein, diese Sehnsucht nimmt heute andere Formen an. So lässt unsere Zeit viele Menschen fragen: Was ist in unseren Tagen der Sinn des großen Ganzen? Wenn Gott tatsächlich Gott ist, wo ist er heute? Viele spüren: Unsere Zeit, unser Alltag ist ein stiller Bote Gottes. – Ein weiteres Feld der Gottes-Sehnsucht heute ist die wachsame Liebe der Menschen zueinander: zu den ganz Nahen in der Familie, im Bekannten- und Freundeskreis, aber auch für die Menschen in Not weltweit. Diese Liebe zeigt sich in der wachsenden Bereitschaft zu helfen – mit Geldspenden und im ehrenamtlichen Einsatz. Eine anonyme Gottes-Sehnsucht zeigt sich heute oftmals in „samaritanischer Praxis" (vgl. Lk 10,25–37). Darum wage ich zu sagen: Viele Nicht-Christen und Christen heute folgen dem leisen Ruf Gottes „Kehr um zu mir mit ganzem Herzen" – mit ihren helfenden Händen und Herzen – mit und ohne Aschenkreuz auf der Stirn. – Viele Menschen suchen nach alternativen Lebens-Formen, sie spüren, eine ganz private Selbstkultur macht einsam, sie suchen nach einer Kehre, vielleicht sogar nach einer Aschermittwochs-Kehre. Aber wohin kehren? In welche Richtung?

JESUS SPRICHT: „KEHRT UM ZU MIR MIT GANZEM HERZEN!"

Mitten in der vielgestaltigen Gleichgültigkeit heute ist eine neue tatkräftige Solidarität erlebbar, so wie es das wachsende Spendenaufkommen und die vielen spontanen Corona-Hilfen zeigen. Offensichtlich wird heute von vielen Zeitgenossen – mitten im breiten Selbstverwirklichungs-Trend – der Andere, der Nächste neu entdeckt. Das ist – so finde ich – eine erfreuliche Kehre, eine Aschermittwochs-Kehre. Ist das vielleicht sogar eine Jesus-Kehre, der doch so herzhaft für das Wohl des Nächsten wirbt? Vielleicht! Vielleicht ein erster Schritt. Gerade heute wirbt Jesus im Tagesevangelium für eine ehrliche Sorge um den Nächsten im Zusammenspiel mit dem zweiten Schritt, auf Gott zu. Denn aus Gottes Herzen kommt die Liebe Gottes zu uns Menschen, die wir in Jesus Christus erkennen und erleben. So ist auch alle unsere Nächstenliebe – ausdrücklich oder versteckt – ein Stück Jesus-Praxis. – Gerade zu Beginn der österlichen Umkehrzeit will uns der Ruf Jesu neu locken: „Kehrt um zu mir mit ganzem Herzen", auf dem Weg zum Nächsten und zum Vater, jede und jeder nach ihren/seinen jeweiligen Kräften.

Gottfried Bitter

Aschermittwoch · Für Kinder (B)

Macht die Welt bunt

Vorbereitung: Farbige Zettel mit kurzen Impulsen vorbereiten und in drei Körbchen bereithalten: rot (Gutes anderen sagen und Gutes tun), grün (Rücksicht nehmen auf Umwelt und Natur, Ess- und Mediengewohnheiten verändern), gelb (mit Gott sprechen); drei größere Blätter in den gleichen Farben sichtbar in der Nähe des Ambos platzieren.

ZUR ERÖFFNUNG

Heute ist der Start in den jährlichen 40 Tage dauernden Marathon der Christen: die Fastenzeit. Das Ziel ist Ostern. Wir brauchen einen langen Atem. Aber wir haben auch die Chance, auf diesem Weg zum Osterfest aus dem gewohnten Trott auszubrechen. Wir können bewusst entscheiden, dass wir in diesen Wochen Licht und Farbe in den Alltag bringen wollen. Wir haben hier drei farbige Blätter aufgehängt: Gelb, Rot, Grün sind die symbolischen Farben, hinter denen sich Ideen für die Gestaltung des Alltags verbergen. Wie das gehen kann, wollen wir in diesem Gottesdienst erfahren. Nehmen wir Jesus mit auf unserem Weg durch die nächsten Wochen und rufen ihn schon jetzt in unsere Mitte:

Jesus Christus, du bist für das Licht auf unseren Wegen: Herr, erbarme dich.
Du schenkst uns Kraft, unser Verhalten zu verändern: Christus, erbarme dich.
Du befreist uns von unserer Ich-Bezogenheit: Herr, erbarme dich.

ZUR VERKÜNDIGUNG

Evangelium: Mt 6,1–6.16–18

IM VERBORGENEN GUT SEIN

Strenge Worte Jesu haben wir gerade im Evangelium gehört, die beim ersten Hören nicht freundlich wirken, sondern wie eine Warnung klingen. Wovor warnt uns Jesus? (–) Wir sollen nicht angeben, wenn wir etwas Gutes tun. Wir sollen nicht damit prahlen, wenn wir einem Freund ein großes Geschenk zum Geburtstag machen. Wir sollen uns nicht besser als andere darstellen, weil wir sonntags in den Gottesdienst gehen. Die Liste ließe sich fortsetzen. Am Ende fasst Jesus zusammen, wie wir uns verhalten sollen: Macht keine großen Worte darüber, wenn ihr anderen Gutes tut, wenn ihr fastet oder wenn ihr betet. Tut alles Gute im Verborgenen. Gott sieht auch das Verborgene.
Dabei mögen wir Menschen es doch, wenn wir gelobt werden. Wir wünschen uns zuweilen auch, dass wir etwas Besonderes sind und andere uns toll finden. Diese heimlichen Wünsche sind auch verständlich, denn jeder Mensch braucht Anerkennung von anderen. Das ist ein ganz natürliches Bedürfnis. Jesus warnt uns nur davor, immer nach Gelegenheiten zu suchen, in denen wir uns mit un-

serem Erfolg oder unserem guten Tun in den Mittelpunkt stellen können. Angeber sind keine wirklichen Botschafter für die frohe Botschaft Jesu.
Mir fällt ein Mädchen ein, das zwei Brüder hat. Theresa ist eine sehr gute Schülerin und schreibt nur Einsen und Zweien. Ihr großer Bruder tut sich schwer mit den schriftlichen Klassenarbeiten und leidet darunter. Seine Schwester spürt das. Und um ihm nicht weh zu tun, erzählt sie gar nicht erst, wenn sie wieder eine gute Arbeit zurückbekommen hat. Sie möchte nicht, dass ihr Bruder traurig ist. Sie freut sich viel mehr, wenn ihr Bruder beim Hockeyturnier die meisten Tore schießt.

BESCHEIDENHEIT, VERZICHT, STILLE

Sich mit anderen über deren Erfolg freuen und die eigene gute Leistung nicht in den Vordergrund stellen, ist ein Zeichen für Bescheidenheit. Wer bescheiden ist, achtet auf den anderen, hört ihm zu, schenkt ihm Zeit und freut sich mit ihm, wenn ihm etwas gut gelingt. In einer solchen Haltung leuchtet auch ein Stück der Liebe auf, die wir Nächstenliebe nennen. Man schenkt anderen Anerkennung und Zuwendung, ohne etwas zurückzuerwarten. Das kann auch die Hälfte des Schulbrotes sein, weil einer aus der Klasse sein Pausenbrot vergessen hat. Die Farbe Rot ist auch ein Symbol für Liebe und Wärme. Darum steht auf der roten Karte geschrieben: Gutes anderen sagen und Gutes tun.
Bescheidenheit ist eine Form des Verzichtens. Verzichten bedeutet aber auch, nicht täglich am Kiosk Süßigkeiten kaufen zu müssen oder beim nachhausekommen direkt den Computer anzustellen. Eine Strecke zu Fuß gehen oder mit dem Fahrrad zu fahren, anstatt sich mit dem Auto bringen zu lassen, ist zugleich Verzicht und auch Rücksichtnahme auf Umwelt und Natur. Sicher habt ihr eigene Ideen, worauf ihr verzichten könntet. Grün steht symbolisch für die Natur und steht auch für Hoffnung. Darum steht auf der grünen Karte geschrieben: Rücksichtnahme auf Umwelt und Natur, Ess- und Mediengewohnheiten verändern.
Wer seinen Alltag verändern möchte, muss erst einmal darüber nachdenken. Denn es ist nicht so einfach, bequeme Gewohnheiten aufzugeben. Darum ist es für das Nachdenken gut, einen ruhigen Ort zu suchen. Still sein. Den eigenen Herzschlag spüren, bewusst atmen. Manchmal kommen dann Gedanken wie von selbst. Oder man merkt auf einmal, dass man betet. Vor Gott denken und sprechen ist eine Form von Beten. Es schenkt innere Ruhe, Frieden und Freude. Und dann hat man auf einmal auch gute Ideen für den Alltag. Eine wäre: Morgens nach dem Wachwerden ein kurzes Gebet an Gott richten und ihn in den Tag mitzunehmen. Darum steht auf der gelben Karte: mit Gott sprechen. Ein Marathonlauf verlangt viel von den Läuferinnen und Läufern. Der vorösterliche Marathon ist auch eine Herausforderung. Der Aschermittwoch heute gibt den Startschuss mit dem Zeichen des Aschenkreuzes, das uns gleich auf die Stirn gezeichnet wird. Wir wollen nicht im schwarz-weißen Alltag stecken bleiben, sondern selber Farbe in den Alltag bringen. Wir starten gemeinsam und kennen unser Ziel: Ostern. Am Ende des Gottesdienstes kann sich jeder als Ansporn eine rote, grüne und gelbe Karte mitnehmen.

Katrin Kayenburg

21. Februar 2021 · Zur Liturgie

Erster Fastensonntag (B)

LIEDVORSCHLÄGE

Gesänge zur Eucharistiefeier
Eröffnungsgesang: Zeige uns, Herr, deine Allmacht und Güte (GL 272,1–3); *Antwortgesang:* Die ihr ihn fürchtet, vertraut auf den Herrn (GL 64,1 mit den Psalmversen *oder* Zu dir, o Gott, erheben wir (GL 142,2); *Ruf vor dem Evangelium:* Lob dir, Christus, König und Erlöser (GL 176,5); *zur Gabenbereitung:* Du hast, o Herr, dein Leben (GL 185); *Danklied:* Dank sei dir, Vater, für das ewge Leben (GL 484,1–2+5).

Gesänge zur Wort-Gottes-Feier
Eröffnungsgesang: Zu dir, o Gott, erheben wir (GL 142); *Antwortgesang:* Selig der Mensch, der seine Freude hat (GL 31,1) mit den Psalmversen; *Danklied:* Wer leben will wie Gott auf dieser Erde (GL 460).

ERÖFFNUNG

Liturgischer Gruß
Die Gnade unseres Herr Jesus Christus, die Liebe Gottes, des Vaters, und die Gemeinschaft des Heiligen Geistes sei mit euch / ist mit uns allen.

Einführung
„Die Zeit ist erfüllt, das Reich Gottes ist nahe. Kehrt um und glaubt an das Evangelium!" – Diese Worte ruft uns Jesus im heutigen Evangelium zu.
Unsere Welt sieht oft ganz und gar nicht nach Reich Gottes aus – es tut also gut, dass er uns an diese Tatsache erinnert. Umkehren, das meinen wir oft nicht nötig zu haben. Und dem Evangelium glauben, das tun wir doch, oder? Also, was soll diese Aufforderung?
Lassen wir uns auf Jesu Einladung ein. Gönnen wir uns diese 40-tägige Intensivzeit. Klopfen wir unseren Glauben ab, stärken wir ihn und entdecken wir, dass Gottes Reich überall dort ganz nahe ist, wo Menschen sich auf den Weg des Suchens, des Liebens und des Helfens einlassen.

Kyrie-Litanei
Herr Jesus Christus,
du kennst Wüstentage, Versuchung und existentielle Bedrohung.
Herr, erbarme dich.
Du hast die fürsorgliche Nähe Gottes immer wieder erfahren.
Christus, erbarme dich.
Du lädst zur Umkehr und zum Vertrauen in die Frohe Botschaft ein.
Herr, erbarme dich.

Tagesgebet
Allmächtiger Gott, du schenkst uns die heiligen vierzig Tage
als eine Zeit der Umkehr und der Buße.
Gib uns durch ihre Feier die Gnade,
dass wir in der Erkenntnis Jesu Christi voranschreiten
und die Kraft seiner Erlösungstat
durch ein Leben aus dem Glauben sichtbar machen.
Darum bitten wir durch ihn, der in der Einheit des Heiligen Geistes
mit dir lebt und herrscht in alle Ewigkeit.

ZU DEN SCHRIFTLESUNGEN

1. Lesung: Gen 9,8–15
Noach und seinen Söhnen kündigt Gott an, dass er einen Bund aufrichtet, dessen Inhalt lautet: nie wieder Untergang und Zerstörung! Der Regenbogen vor den drohenden Wolken soll das Zeichen für beide Bundespartner sein.

2. Lesung: 1 Petr 3,18–22
Christus hat sein Leben hingegeben, um Gerechte und Ungerechte zu Gott hinzuführen. Rettung aus der Chaosmacht des Todes, Befreiung aus der Macht der Sünde schenkt die Taufe. Alle sollen teilhaben an seiner Auferstehung.

Evangelium: Mk 1,12–15
Jesus sieht sich in der Wüste Versuchungen ausgesetzt. Mitten in aller Bedrohung erfährt er die Fürsorge Gottes. So kann der auch seine Sendung annehmen, sich unter Leute begeben und die Nähe des Gottesreiches verkünden.

FÜRBITTEN

Mitten in den Sorgen und Nöten unseres Alltags dürfen wir der Gegenwart Gottes gewiss sein und ihm ans Herz legen, was uns bewegt. Wir beten:

- Für alle, die Gewalt und Tod, Terror und Krieg ausgeliefert sind, Flucht auf sich nehmen oder voller Angst vor dem Morgen leben.
- Für alle, die sich Auszeiten gönnen, Orientierung suchen, ihre Lebenspraxis hinterfragen, Sehnsucht spüren und irgendwie neu anfangen wollen.
- Für alle, die mitten in den Herausforderungen, Aufgaben und Problemen unserer Zeit Mut machen, Hilfe anbieten und ihren Glauben überzeugend leben.
- Für alle, die die vor uns liegenden 40 Tage als Chance annehmen, der Liebe vielfältig Gestalt schenken und mit anderen teilen wollen.
- Für unsere Verstorbenen, denen Christus ihren Anteil an seinem Leben der Auferstehung schenken möge.

Gott, deine Liebe lässt uns leben. Deine Barmherzigkeit macht uns Mut. So sei gepriesen in Ewigkeit.

ELEMENTE FÜR DIE EUCHARISTIEFEIER

Kommunionvers
Mit seinen Flügeln schirmt dich der Herr, unter seinen Schwingen findest du Zuflucht.

Zur Besinnung
Jesus Christus hat für uns gelebt – aus Liebe.
Er ist gestorben, um uns gerecht zu machen – aus Liebe.
Er hat jene befreit, die in ihrem Egoismus oder ihrer Schuld gefangen waren – aus Liebe.
Er hat uns in der Taufe geheiligt und rein gemacht – aus Liebe.
Er ist zum Vater heimgekehrt, um uns eine Wohnung zu bereiten – aus Liebe.
Danken wir ihm von Herzen!

ELEMENTE FÜR DIE WORT-GOTTES-FEIER

Zum Schuldbekenntnis
L: Wir wissen um unsere Fehler und Schwächen. Wir hoffen auf Gottes Güte und Vergebungsbereitschaft, deshalb bitten wir:
L: Erbarme dich, Herr, unser Gott, erbarme dich.
A: Denn wir haben vor dir gesündigt.
L: Erweise uns, Herr deine Huld
A: Und gewähre uns dein Heil.

Zum Friedenszeichen
Ein ermutigender Blick, ein gutes Wort wollen uns helfen, einander Frieden zu wünschen. Lassen wir uns von Christus her zusagen, dass er uns von Herzen gut ist und Versöhnung schenkt.

Albert L. Miorin

1. Fastensonntag · Zu Gen 9,8–15 (B)

Die dreifache Botschaft des Regenbogens

„Ich bin es." So beginnt Gott in der neuen Einheitsübersetzung seine Rede an Noah und seine Söhne. „Ich bin es." Wenn Gott so beginnt, dann offenbart er auch ein Stück von seinem Wesen. Das kennt man von der Dornbuschgeschichte. Es bedeutet: „Schaut her! So bin ich!"
Gott zeigt sich am Ende der biblischen Urgeschichte als der, der die Menschen nicht mehr bestrafen, sondern mit ihnen verbunden bleiben will. So schließt er mit dieser neuen Menschheit – bestehend aus Noahs Familie – einen Bund für alle Zeiten. Diesem Bund wohnt ein großer Ernst inne, denn mehrfach betont Gott in seiner Rede das Miteinander von ihm, dem Schöpfer, mit seiner Schöpfung: mit euch, ihr Menschen, mit allen bei euch, allen Lebewesen, mit allen, die nach euch kommen werden. Und so umfassend dieser Bund mit allen Lebewesen ist, so klar schließt er alle vergangenen Handlungen Gottes nun kategorisch aus: „Nie wieder" soll es eine solche Vernichtung wie in der Sintflut geben. Fast meint man, Gott habe mit der von ihm geschaffenen Welt einen Lernprozess durchgemacht: die große Sünde der Menschen, die Gott festgestellt hatte, lässt sich nicht (noch einmal) mit Sintflut bekämpfen.
Als Zeichen für diesen Bund mit den Menschen setzt Gott den Regenbogen. Und dieser lässt sich direkt dreifach deuten, dass Gott es ernst meint und die Menschen in diesem Bund mitverpflichtet.
Erstens lässt sich der Regenbogen im Sinne altorientalischer Religionen als Bogen eines kriegerischen Gottes deuten, der nun aber niedergelegt ist. Mit der Sehne zur Erde, dem Bogen in den Wolken ist er ein Zeichen des Waffenstillstands, des Friedens. Gott kämpft nicht mehr, er hat seine Waffen niedergelegt. Zweitens ist der Regenbogen – wie in vielen Religionen über die ganze Welt hin – Zeichen der Verbindung zwischen Himmel und Erde, zwischen Menschen und Gott. Gott handelt nicht einseitig von oben herab, sondern will Bewegung zwischen Himmel und Erde, will Verbindung, Kommunikation, Liebe. Eine umfassende Bestrafung aller Menschen ist nicht (mehr) in seinem Sinn. Drittens ist der Regenbogen früher wie heute in Flaggen, Bildern und Symbolen ein Sinnbild für die Zusammengehörigkeit der Menschen geworden.
Zusammengenommen bedeutet dies, dass Gott nie wieder den Tod der Menschen will, auch wenn sie gegen seinen Willen handeln. Er will vielmehr mit ihnen verbunden sein, er will ihre Verschiedenartigkeit und ihren je eigenen Weg zu ihm, ihre je eigene Form der Zuneigung zu ihm. Und dieser Bund zwischen Gott und Menschen ist dann auch Urbild und Vorbild für die Gemeinschaft der Menschen untereinander: „Nie wieder" sollen sich Menschen gegenseitig vernichten, weil sie ihren Willen bei den anderen nicht durchsetzen können. Vielmehr sollen sie in Verbindung bleiben, ihre Verschiedenartigkeit aushalten und sich in Liebe begegnen können. Dafür stand der Regenbogen zu Noahs Zeiten. Und dafür steht er noch heute.

Christoph Buysch

1. Fastensonntag · Zu Gen 9,8–15 (B)

Alles wird gut?

„Alles wird gut!" Mit diesen Worten beschloss die Fernsehmoderatorin Nina Ruge jeden Abend ihre Sendung „Leute heute". Worte wie diese tun gerade in Krisenzeiten gut, auch wenn der Realist ihren Wahrheitsgehalt wohl nicht sehr hoch einschätzt. Liest man die biblische Sintflutgeschichte (Gen 6–9) bis zum Ende, und damit auch die heutige Lesung, hat man den Eindruck, dass es auch Gottes Schlusswort über seine Schöpfung sein könnte. Der Realist in uns bleibt auch hier skeptisch und denkt an Goethes Faust: „Die Botschaft hör' ich wohl, allein mir fehlt der Glaube". Angesichts weltweiter Pandemien, Klimawandel und Flüchtlingskrise sind wir nicht mehr so sicher, ob dieses Schlusswort noch gilt. Die Verhältnisse gleichen sich – damals vor der Sintflut wie heute in der Klimakrise. Das „Experiment Mensch" scheint misslungen. In seinem Egoismus, seiner Gier, Rücksichtslosigkeit und Dummheit hat er die Schöpfung an den Rand des Untergangs gebracht. Als Lebenshaus für alle Geschöpfe war sie gedacht. Doch Menschen haben sie ausgebeutet und große Gebiete als Lebensraum vernichtet. Die Ozonschicht wurde zerstört und das Meer zum Müllhaufen. Der Mensch hat versagt! Ein Segen sollte er sein und ist stattdessen zum Fluch für die Schöpfung geworden. Als Repräsentant Gottes sollte er Verantwortung übernehmen und die Schöpfung als Lebenshaus für alle schützen.
Er sollte den Schwachen zu ihrem Recht verhelfen und die Starken in ihre Schranken weisen. Kein Lebewesen sollte auf Kosten eines anderen leben. Deshalb wurde Menschen und Tieren ursprünglich nur pflanzliche Nahrung gestattet. Gottes Schöpfung sollte eine Welt ohne Blutvergießen sein. Aber alle diese göttlichen Weisungen wurden missachtet. Die Erde war in Gottes Augen verdorben, sie war voller Bosheit und Gewalttat (Gen 6,11). Zu Noahs Zeiten antwortete Gott auf die Gewalttaten seiner Geschöpfe mit Gegengewalt. Die große Flut beendete das „Experiment Mensch".

EIN NEUER ANFANG MIT NOAH

Solche radikalen Maßnahmen sind keine gute Lösung. Auch dann nicht, wenn Gott sie verhängt. Sie treffen nicht nur Schuldige, sondern auch Unschuldige, nicht nur Täter, sondern auch Opfer. Die Bibel berichtet, dass sich Gottes Einstellung wandelt. Während er vor der Sintflut bereute, den Menschen geschaffen zu haben, bereut er angesichts der Flut, so viele Menschen ins Unglück gestürzt zu haben. Es sind doch seine Geschöpfe, die er in guten wie in bösen Tagen nicht aufgeben kann. Er kann doch nicht vernichten wollen, was er selbst geschaffen hat. Die Flut verwandelt nicht den Menschen, aber Gott! Er beauftragt Noah, eine Arche zu bauen. Und Noah folgt den Anweisungen, obwohl ihn seine Zeitgenossen dafür verspotten. Er handelt auf Treu und Glauben ohne Beweise und ohne Sicherheiten. Er tut das scheinbar Absurde und baut eine Arche auf dem Trockenen. Seine Zeitgenossen ruft er immer wieder zur Umkehr auf. Aber sie sind unbelehrbar, weil sie sich in falscher Sicherheit wähnen. Sie machen weiter wie bisher und ignorieren das drohende Unheil. Während der Flutkatastrophe ist Noah auf seinem Rettungsschiff ein guter Kapitän und kümmert sich um seine Schützlinge. Aber als er die Arche verlässt, ist er ein anderer Mensch. Wie viele Überlebende des Holocaust wird er von Schuldgefühlen gepeinigt: Warum wurde ich gerettet und nicht die vielen anderen, die auch nicht schlechter waren als ich selbst? Auf diese Frage bekommt er keine Antwort und schlägt sich sein Leben lang mit ihr herum. Manchmal ertränkt er sie im Alkohol. Aber er hat gelernt: Gehorsam gegenüber Gott bedeutet, der Herrschaft von Menschen über Menschen zu widerstehen. Im Menschen gibt es keine innere Begrenzung, die ihn hindert, alles zu machen, was machbar ist. Deshalb braucht der Mensch die Weisungen Gottes. Nur sie können verhindern, dass der Mensch sich selbst und die gesamte Schöpfung zugrunde richtet.

DER BOGEN IN DEN WOLKEN

Die nachsintflutliche Welt ist nicht mehr die beste aller möglichen Welten. Die Natur ist nicht mehr heil und die Welt nicht mehr nur „sehr gut", wie sie von Gott im ersten Schöpfungsbericht bewertet wurde. Der Mensch ist nicht perfekt. Gott findet sich damit ab, dass der Mensch zum Bösen neigt und ihm gesagt werden muss, was gut ist und was nicht. Dennoch soll es einen Neuanfang nach der Flut geben. Dieser steht unter dem Schutz Gottes, auch wenn viele Ideale, z. B. die vegetarische Lebensweise, aufgegeben wurden. Zeichen des göttlichen Schutzes ist der Regenbogen. „Meinen Bogen setze ich in die Wolken; er soll das Zeichen des Bundes werden zwischen mir und der Erde" (Gen 9,13), heißt es in der heutigen Lesung. Im hebräischen Urtext steht für „Regenbogen" das Wort „qäschät". Es bezeichnet ursprünglich einen Kriegsbogen. Gott hat seinen Kriegsbogen weggehängt und ihn in einen Regenbogen umgewandelt. Aus dem Kriegsbogen wird ein Zeichen des Gewaltverzichts. Gott macht selbst ernst mit dem jesajanischen Motto, Schwerter in Pflugscharen umzuschmieden. Er möchte die vielfältige Gewalt auf der Erde nicht mehr mit Gegengewalt beantworten. Das entspricht dem Wesen Gottes, wie der jüdische Gelehrte Benno Jacob in seinem Genesis-Kommentar schreibt: „Als Widerschein der Sonne in den Regenwolken spiegelt der Regenbogen die Gnade nach dem Gericht, er ist der durch Wolken und Himmelstränen hindurchschimmernde farbige Abglanz aus dem Hintergrund des göttlichen Wesens, das im letzten Grunde Liebe und Gnade ist, unter dunklen Brauen sein Gnadenblick"[1].
„Alles wird gut!" meint Nina Ruge und denkt vielleicht an Gottes Versprechen im Zeichen des Regenbogens. Ein guter Rat, wie der Mensch auf die Güte Gottes reagieren kann, findet sich bei den jüdischen Weisen. Rabbi Jizchak Meir von Ger sagte: „Der Psalmist mahnt uns in Ps 34,15, das Schlechte zu lassen und das Gute zu tun. Wenn man aber diesen Rat zu schwer zu befolgen findet, so soll man es meiner Meinung nach andersherum versuchen – nämlich zuerst das Gute zu tun; dann wird das Schlechte von allein verschwinden."

Norbert Tillmann

[1] Aus: Benno Jakob, Das Buch Genesis, 1. Auflage 2000, Seite 257 © Calwer Verlag GmbH Bücher und Medien, Stuttgart.

1. Fastensonntag · Zu Mk 1,12–15 (B)

Warum Engel, Teufel und wilde Tiere?

Das Sonntagsevangelium ist selten so kurz wie heute! Wenn man da nicht gleich genau hinhört, ist es schon vorbei! Aber es lohnt sich, mal in diesen Text gerade zum Beginn der Fastenzeit hineinzuschauen, denn er beschreibt die Fastenzeit Jesu. In den anderen Evangelien von Matthäus und Lukas erfahren wir mehr darüber, was Jesus da erlebt hat. Umso wichtiger sind diese wenigen Sätze, denn sie können uns helfen, unsere Fastenzeit, die in unseren Tagen ja viel stärker als Vorbereitungszeit auf Ostern hin verstanden wird, als eine solche Zeit zu gestalten.

HINEINGEWORFEN IN UNSERE MENSCHLICHKEIT

„Sogleich trieb der Geist Jesus in die Wüste." Nach dem griechischen Urtext müsste es eigentlich heißen: Der Geist vertrieb ihn, warf ihn hinaus (ekballein) in die Wüste. Jesus hat also nicht mal eine Auszeit genommen, etwas Outdoor vor seinen anstrengenden Touren, sondern es musste wohl so sein. 40 Tage – das erinnert an die 40 Jahre der Wüstenzeit des Volkes Israel. Die Zahl 40 finden wir in der Bibel ganz oft, wenn es um entscheidende Zeiten geht. Die Wüste, das ist der Ort der Stille, aber auch des Existenzminimums, der Gegensatz zu dem Trubel am Jordan, wenn die Scharen zu Johannes kamen. Die Beschreibung dieser Zeit ist auch nicht gerade Romantik: Er wurde von Satan versucht. Ob wir jetzt diesen Satan als das Böse in Person sehen oder nur, wie es in der jüdischen Tradition dieser Zeit auch viele sahen, als den Durcheinandermacher, als die bohrenden Zweifel – es war auf jeden Fall eine schwierige Prüfungszeit für Jesus. Wir hören ja im Hochgebet vor der Wandlung über Jesus: „Er war in allem uns gleich außer der Sünde." Deshalb musste er auch die Phasen der Hoffnungslosigkeit kennenlernen, die Rebellion elementarer Triebe in uns, Hunger und Durst, Machttrieb, Geltungsdrang, übermächtiges Bedürfnis nach Nähe, Müdigkeit. Das hat Jesus durchmachen müssen, damit er die Menschen versteht, mit ihnen fühlen kann.

JESUS GEHT NICHT OHNE RÜCKENDECKUNG

Er wurde versucht, er lebte bei den wilden Tieren und Engel dienten ihm. Warum lebt Jesus bei den wilden Tieren? Und wie sollen wir verstehen, dass Engel ihm dienten? Die ersten Hörerinnen und Hörer dieses Evangeliums kannten einen ähnlichen Satz aus den ihnen bekannten Schriften: „Der Teufel wird vor euch fliehen und die Tiere werden Respekt vor euch haben. Der Herr wird euch lieben und die Engel werden sich um euch kümmern" (Testament Náphtalis 8,4). Das zeichnet ein anderes Bild der Situation Jesu in der Wüste. Die wilden Tiere haben Respekt und die liebende Sorge Gottes ist greifbar. Das erinnert doch an den Zustand, der als das Paradies beschrieben wird. Und jetzt müssen wir im Evangelium des Markus einen Vers zurückgehen vor den Text, den wir heute gehört haben. Der letzte Satz vor unserem Evangelium lautet: „Und eine Stimme aus dem Himmel sprach: Du bist mein geliebter Sohn, an dir habe ich Wohlgefallen gefunden" (Mk 1,11) und davor im Vers (Mk 1,10) wird beschrieben, dass Jesus den „Geist wie eine Taube" auf sich herabkommen sah. Diese Zusage lässt Jesus die Zeit in der Wüste bestehen, denn dieser Geist hat ihn unmittelbar nach dieser Erfahrung in die Wüste getrieben. In dieser Geborgenheit nimmt er nicht nur die Versuchungen wahr, die schweren Erfahrungen, sondern auch die Zuwendung und Stärkung, den Dienst der Engel, der Boten des himmlischen Vaters. So vermittelt die Fülle dieser Erfahrungen wie im Zeitraffer Jesus eine Ahnung dessen, was er im Auf und Ab der kommenden drei Jahre erleben wird, in seiner Erdenzeit.

JESU WÜSTEN-ERFAHRUNGEN – EINE HILFE FÜR UNS?

Jesus wurde mit diesen Vorerfahrungen in die Wüste geschickt. Es war kein Hinauswerfen aus der Jugendzeit im trauten Nazareth sondern ein Hineinwerfen in die Fülle des Lebens, mit seinen Gefährdungen, Entbehrungen, Versuchungen, aber auch seinen Bestärkungen und mit der Gewissheit: Du bist mein geliebter Sohn, an dir habe ich Wohlgefallen gefunden! Kann für uns diese österliche Bußzeit vielleicht eine Besinnung darauf sein: Wer sagt mir denn diese tragenden Worte zu? Wann und wie habe ich solche Fundamente für mein Leben erfahren? Wo kann ich sie suchen, wer kann sie mir vermitteln? Über uns werden wir wohl nicht den Geist wie eine Taube sehen, wir werden wahrscheinlich keine Stimme aus dem Himmel hören.
Wir brauchen Menschen, wir brauchen einander, um ein wenig von dieser Bestätigung Gottes, von dieser Zusage, zu erfahren. Können wir einander helfen, wenn uns diese Erfahrungen fehlen, nach den Spuren der liebenden Sorge Gottes in unserem Alltag zu suchen? Geht es uns im Alltag nicht oft so, dass wir nur den Mangel unserer Wüste wahrnehmen, aber nicht die Ruhe, die Stille dieser Landschaft? Dass wir in den großen und kleinen Versuchungen nur unsere Grenzen, unsere Niederlagen sehen und das, was wir gern erreichen würden und so oft nicht schaffen, aber die vielen Engel übersehen, die uns dienen könnten, um uns selbst anzunehmen und an diesen Herausforderungen zu wachsen?
In der Wüste hat man vielleicht mehr Zeit. Nehmen wir uns doch in den nächsten Wochen öfter mal die Zeit, einfach nachzukosten: Was war heute schwer, was war heute schön, was hat mich gestärkt und froh gemacht?
Das heutige Evangelium schloss mit dem Satz: „Die Zeit ist erfüllt, das Reich Gottes ist nahe!" Diese Botschaft war Jesu Programm für die nächsten Jahre und ist es immer noch. Zu dieser Zuversicht sollen wir umkehren, die Spuren dieses Reiches Gottes suchen.
Der Evangelist Markus wusste, als er diese Botschaft für die junge Kirche aufschrieb, dass gerade der Tempel in Jerusalem durch die Römer zerstört worden war. Und der Feldherr dieser Aktion war inzwischen Kaiser in Rom. Es war keine leichte Zeit. Und dennoch: Suchen wir, wo für uns das Reich Gottes nahe ist, und helfen wir einander dabei!

Klaus Heizmann

1. Fastensonntag · Für Kinder (B)

Woran uns der Regenbogen erinnern will

Vorbemerkung: Man bringt eine „Arche Noach" (Spielzeug) mit. Ggf. könnte auf einer weißen Wand ein Beamer einen Regenbogen projizieren. Beim Vortragen der Lesung das Wort „Bund/Bundes" stärker als üblich betonen.

Lesung: Gen 9,8–15

Spielst du gern mit deiner „Arche Noach"? *(s. Regieanweisung; ggf. Kinder erzählen lassen)* – Kennt ihr die ganze Geschichte von der Arche Noach? – Wenn ich so eine Arche Noach sehe, als Spielzeug oder auf einem Bilderbuch, zucke ich immer etwas zusammen. Das ist doch eigentlich nichts für Kinder, denke ich dann. Jetzt würde ich mich gern mit den Eltern unterhalten, wie sie das sehen oder wie sie die Geschichte ihren Kindern erzählen. Die Geschichte hat eine brutale Seite: das viele böse Tun der Menschen und der Beschluss Gottes, alle Menschen und dazu die Tiere zu vernichten. Ja, bei dieser Sache ertrinken ganz viele Menschen und Tiere! Es gibt Bilder, auf denen Maler die Arche Noach gemalt haben, aber im Vordergrund auch ertrinkende Menschen, Pferde, Hunde und andere Tiere, denen die Verzweiflung anzusehen ist. Das ist wirklich nichts für Kinder! Ich will das jetzt gar nicht weiter ausmalen.

WAS DIE GESCHICHTE VON DER ARCHE NOACH IST

Menschen haben schon immer Überschwemmungen und Hochwasser erlebt. Diese Erfahrungen haben sich die Erzähler unserer Geschichte abgeschaut und sich so eine Flut dann noch viel, viel größer vorgestellt. „In echt" hat es die große Flut nicht gegeben. Die Geschichte ist ausgedacht, wie in einem Traum. Du träumst auch manchmal: Was wäre, wenn … ich fliegen könnte? *(nur als Beispiel)*. Der, der sich die Geschichte von der Arche Noach ausgedacht hat, hat sich Folgendes vorgestellt: Was wäre, wenn … alles Böse und alle Gewalt von der Welt mit einem Schlag weg wäre? Weil er aber so viel Gewalt und Böses um sich herum gesehen hatte, konnte er sich das nur so vorstellen: Gott lässt alle Bösen in einer riesigen Flut ertrinken. Schöner Gedanke? Aber wenn doch (fast) alle böse sind und Schlimmes tun? Und die Tiere? Weg damit, wir fangen neu an! Das ist eine Vorstellung, die mich einerseits freut *(„Ja, endlich werden alle bösen Menschen vernichtet!")*, die mir andererseits aber auch Angst macht *(„Was ist mit mir? Und die Tiere?")*. Insgesamt ist das gruselig und kein guter Weg, mit den bösen Menschen umzugehen. Das hat der Erzähler unserer Traumgeschichte auch gemerkt und den Schluss seiner Geschichte so erzählt, wie wir es eben in der Lesung gehört haben.

WAS GOTT WIRKLICH WILL

Gott hat erkannt – oder wir sollen es erkennen –, dass das ratzekahle Ausrotten der Bösen nicht funktioniert. Einfach mal alles ersäufen, Menschen und Tiere, und dann neu anfangen (mit Noach, seiner Familie und den Tieren in der Arche) – das kann nicht der richtige Weg sein. Daher sagt Gott ganz deutlich: „Nie wieder sollen alle Wesen aus Fleisch vom Wasser der Flut ausgerottet werden; nie wieder soll eine Flut kommen und die Erde verderben." Der Erzähler sagt uns damit: Es gibt zwar die Möglichkeit, dass Gott in einer großen Flut auf der ganzen Erde fast das gesamte Leben vernichtet, Gott kann das machen, Gott könnte so alle Bösen vernichten – aber Gott will das nicht tun und wird das nicht tun. Was Gott wirklich will, das hat unser Erzähler mit einem Wort ausgedrückt, das in unserem Abschnitt tatsächlich sieben Mal vorkommt. So oft – so wichtig ist dieses Wort. Es ist das Wort „Bund". In diesem geheimnisvollen Wort „Bund" steckt ganz viel drin: Gott möchte sich mit seiner Welt, mit den Menschen und allen Lebewesen verbinden, in Verbindung bleiben, eine Abmachung treffen, einen Vertrag schließen. Den „Bund" kennen schon die Raufbolde auf dem Schulhof: Wer in einer „Bande" ist, der bekämpft sich nicht gegenseitig – die Bande, eben der Bund, ist das Gegenteil von Krieg, Kampf, Gewalt. Wer verbunden ist, verbündet, der hilft sich gegenseitig und arbeitet mit, dass alle gemeinsam weiterkommen. Genau das möchte Gott: einen großen, gemeinsamen Bund zwischen allen Lebewesen, den Menschen, allen Tieren und Gott selbst – alle gehören zusammen und halten Frieden. Damit sich alle daran erinnern, Gott und Mensch und Tier, hat Gott ein schönes Zeichen gewählt: den Regenbogen. Gott sagt: „Meinen Bogen setze ich in die Wolken; er soll das Zeichen des Bundes werden zwischen mir und der Erde."

WAS WIR TUN SOLLEN

Kannst du dich erinnern, wann du zum letzten Mal einen Regenbogen gesehen hast? – Wenn wir einen Regenbogen sehen, sollen wir uns alle an Gottes Bund erinnern: Wir sind alle miteinander, mit den Tieren und den Pflanzen und mit Gott verbunden, in Gottes „Bande". Das hat aber Folgen für unser Verhalten. Wenn Gott beschlossen hat, diese Erde nie wieder zu verderben – dann dürfen wir sie auch nicht verderben! Willst du in „Gottes Bande", im Bund Gottes sein? Dann musst du achtsam werden: Die Erde, die Pflanzen, das Wasser, die Luft, die Tiere, all das braucht unseren Schutz. Wir müssen wieder neu lernen, dass wir uns so verhalten, dass diese Welt nicht mit Müll verdreckt wird, unser Plastik nicht die Wale und Delfine sterben lässt. Gott will die Erde nicht mehr zerstören, aber die Menschen verhalten sich so unvernünftig, dass sie selbst die Erde zerstören. Damit müssen wir aufhören, und da gibt es viele Kleinigkeiten: Fahrten mit dem Auto einschränken, weniger Fleisch essen, Müll vermeiden, kein überflüssiges Zeug kaufen ... (*ggf. wissen die Kinder noch mehr*). – Der Regenbogen erinnert uns, dass wir *alle*, wirklich alle, Menschen, Tiere und Pflanzen, in Gottes „Bande" sind. Gottes Bund umfasst uns alle, für Krieg und Gewalt gegeneinander ist da kein Platz, auch nicht für die grenzenlose Ausbeutung und Zerstörung der Natur. Mit dem Regenbogen sagt uns Gott: Hallo Bandenmitglied, meine Freundin, mein Freund, du gehörst zu mir, sorg dafür, dass diese Welt so schön bleibt, wie ich sie gemacht habe. Du hast viel zu tun!

Thomas Hieke

28. Februar 2021 · Zur Liturgie

Zweiter Fastensonntag (B)

LIEDVORSCHLÄGE

Gesänge zur Eucharistiefeier
Eröffnungsgesang: Zeige uns, Herr, deine Allmacht und Güte (GL 272); *Antwortgesang:* Der Herr ist mein Licht und mein Heil (GL 38) mit den Psalmversen; *Ruf vor dem Evangelium:* Ruhm und Preis und Ehre sei dir (GL 176,4) mit dem Vers; *zur Gabenbereitung:* Du rufst uns, Herr, an deinen Tisch (GL 146); *Sanctus:* Heilig (GL 197); *Danklied:* Herr, dir ist nichts verborgen (GL 428); *zur Entlassung:* Alles meinem Gott zu Ehren (GL 455).

Gesänge zur Wort-Gottes-Feier
Eröffnungsgesang: Du Sonne der Gerechtigkeit (GL 269); *Antwortgesang:* Wer unterm Schutz des Höchsten steht (GL 423); *Danklied:* Wer nur den lieben Gott lässt walten (GL 424); *zur Entlassung:* Komm, Herr, segne uns, dass wir uns nicht trennen (GL 451).

ERÖFFNUNG

Liturgischer Gruß
Der Glanz der Herrlichkeit Jesu Christi sei mit euch / ist mit uns allen.

Einführung
Wenn ich Probleme wälze, dann komme ich oft allein nicht weiter. Oft frage ich Vertraute um Rat, auch Experten; doch manchmal geht mir auch selbst ein Licht auf. Ein Lichtblick, der mir die Lösung für das Problem zeigt, der mich weiterbringt. Einen solchen Lichtblick erfahren heute die Jünger im Evangelium. Sie werden hören, was sie weiterbringt: Das ist mein geliebter Sohn.

Kyrie-Litanei
Herr Jesus Christus, du Sohn Gottes und unser Retter. Herr, erbarme dich.
Herr Jesus Christus, du bist Mensch geworden. Christus, erbarme dich.
Herr Jesus Christus, du bist auferweckt von den Toten. Herr, erbarme dich.

Tagesgebet
Gott, du hast uns geboten,
auf deinen geliebten Sohn zu hören.
Nähre uns mit deinem Wort
und reinige die Augen unseres Geistes,
damit wir fähig werden,
deine Herrlichkeit zu erkennen.
Darum bitten wir durch Jesus Christus.

ZU DEN SCHRIFTLESUNGEN

1. Lesung: 1 Gen 22,1–2.9a.10–13.15–18
Eine abgründige Geschichte ist die Aufforderung Gottes an Abraham: Nimm dein Liebstes, was ich dir geschenkt habe, Isaak, töte ihn und gib ihn mir als Opfer zurück. Parallelen finden wir auf dem Tempelberg mit Jesus. Im Motiv des rettenden Eingreifens Gottes auf einem Berg.

2. Lesung: Röm 8,31b–34
Paulus schildert uns seine Glaubenserfahrung, in der er sich unglaublich von Gott beschenkt und in tiefster Weise von Gott angenommen weiß. Das ist der Anfang und der Schlüssel zum Verstehen seiner Theologie, die in der Welt große Anerkennung findet.

Evangelium: Mk 9,2–10
Das heutige Evangelium nennt man auch Verklärungserzählung. In ihr öffnet sich der Himmel und es wird deutlich: Jesus ist der Sohn Gottes.

FÜRBITTEN

Gott ist in Jesus Christus Mensch geworden. Er kennt unsere Hoffnungen und Wünsche und ebenso unsere Sorgen und Nöte. Daher können wir uns in den Fürbitten vertrauensvoll an ihn wenden:

- Wir beten für alle Mütter und Väter, die auf harte Proben mit ihren Kindern gestellt werden. Wir bitten dich, erhöre uns.
- Wir beten für alle Kinder, die elternlos oder nur mit Mutter oder Vater aufwachsen und dadurch großes Unrecht erlebt haben und jetzt auch noch Ungerechtigkeit erleben.
- Wir beten für Lichtblicke für alle, die Verantwortung tragen und Entscheidungen für das Wohl aller treffen müssen.
- Wir beten für unsere Kranken und Sterbenskranken, die auf ein Eingreifen Gottes warten.

Herr Jesus Christus, du hörst alle unsere Gebete. Wir danken dir dafür, jetzt und in Ewigkeit.

ELEMENTE FÜR DIE EUCHARISTIEFEIER

Zum Vaterunser
Damit der Mensch in Würde leben kann, braucht er ausreichend Nahrung, Vergebungsbereitschaft von anderen und eine wohlwollende Gemeinschaft. Um all das dürfen wir beten:

Kommunionvers
Im Brot des Lebens begegnet uns der Herr, wer ihn empfängt, wird leben.

Zur Besinnung
Wenn Sie gefragt werden: Wie kann man angesichts des Leidens in der Welt überhaupt noch an Gott glauben? Dann könnten Sie antworten: Nur weil es einen Gott gibt, kann man das Leiden in der Welt überhaupt ansehen. Gott ist nah und fern zugleich. Für mich ist Gott unbegreiflich, ich halte dennoch an ihm fest. Mein Vertrauen wird dadurch herausgefordert.

ELEMENTE FÜR DIE WORT-GOTTES-FEIER

Zum Friedenszeichen
Der Friede, der in die Seelen der Menschen einzieht, wenn sie begreifen, dass sie von Gott anerkannt sind, ist der kostbarste Frieden – ein tiefer innerer Friede, den wir einander wünschen wollen, wenn wir uns in unserer Gottesdienstgemeinschaft umschauen und einander wohlwollend ansehen.

Segensbitte
L: Der Vater, der uns als Töchter und Söhne angenommen hat, sei in unserer Mitte.
A: Amen.

L: Der Sohn, der uns Herr und Bruder ist, sei uns Orientierung und Halt.
A: Amen.

L: Der Geist, der weht, wo er will, weise uns den rechten Weg.
A: Amen.

L: Und der Segen des allmächtigen Gottes, des Vaters, des Sohnes und des Heiligen Geistes, komme auf uns herab und bleibe bei uns allezeit.
A: Amen.

Daniel Bidinger

2. Fastensonntag · Zu Mk 9,2–10 (B)

Herrlichkeit nicht am Leiden vorbei

Ich habe mich gefragt, ob man dem Evangelium von der Verklärung die Überschrift geben könnte: Was muss man tun, damit man Freunde nicht verliert? Die Gefahr bestand ja durchaus, denn Jesus war mit seinen Jüngern auf einem Weg, von dem die Jünger am liebsten nichts hören wollten. Dieser Weg nach Jerusalem war für sie keine Frohbotschaft. Jesus hatte von Ablehnung, Verurteilung, Leiden und Tod, aber dann Auferstehung gesprochen. Auferstehung war das Entscheidende. Aber das konnten sich die Menschen damals und auch die Jünger gar nicht vorstellen. Leiden und Tod haben sie gekannt, und das hätte man am liebsten vermieden. Und darum ist der Apostel Petrus absolut nicht einverstanden, wenn Jesus von Leiden und Tod spricht. Eine solche Katastrophe macht doch keinen Sinn.
Was kann so ein Ereignis wie die Verklärung Jesu in einer solchen Krisensituation bedeuten? Von den Ikonenmalern der Ostkirche ist bekannt, dass sie am häufigsten das Bild der Verklärung malen. Sie sagen: Da zeigt Jesus sich in der Herrlichkeit des Auferstandenen. Das könnte also bedeuten, Jesus will seinen Jüngern zeigen, dass der Weg nach Jerusalem nicht im Tod endet, sondern in der Herrlichkeit der Auferstehung. Das könnte sie motivieren, mit ihm auf dem unerfreulichen Weg zu bleiben. Aber da bleiben dann doch einige Fragen, wenn man genauer auf die Worte des Evangelisten Markus hört. Jesus nimmt nicht alle Jünger mit auf den Berg, obwohl doch alle einen solchen Lichtblick hätten gebrauchen können. Markus sagt eigens: Nur diese drei. Und dann schaut man natürlich näher hin, wer diese drei sind und warum gerade diese drei. Hat Jesus eine Elite mitgenommen? Waren die andern nicht in der Lage, ein solches Ereignis richtig zu verstehen und zu deuten? Wenn man auf den Plan des Petrus hört, der Hütten bauen will, dann klingt das ja nicht gerade nach großem Verständnis. Wahrscheinlich war jeder Kommentar zum Weg nach Jerusalem ungeeignet. Sinnvoll war nur das Hören auf Jesus, den Gott als seinen geliebten Sohn bezeichnet, der weiß, was er tut und warum er so handelt. Aber die Verklärung hat die Jünger nicht vor dem Weglaufen im Leiden Jesu bewahrt. Und wenn man auf den Hinweis Jesu achtet, war die Verklärung nicht für die unmittelbare Verkündigung gedacht. Wahrscheinlich hätte niemand etwas damit anfangen können. Die Lösung für alles würde die Auferstehung sein. Und davon hatte noch keiner eine Ahnung. Man fragte sich, was das denn sei. Und was das mit Kreuz und Leiden zu tun haben könnte.
Diese Frage lässt mich an den Isenheimer Altar denken. In ergreifender Weise hat Matthias Grünewald Leiden, Tod, Auferstehung und Herrlichkeit gestaltet. Sein Werk war für Menschen gedacht, die von Leid betroffen waren. Zu ihrer Therapie gehörte es, den leidenden Christus zu betrachten und hindurchzuschauen in die Herrlichkeit seiner Auferstehung. Denn jetzt war die Auferstehung nicht mehr Utopie, sondern Wirklichkeit des Glaubens. Und Herrlichkeit war Zukunft, aber nicht am Leiden vorbei.

Jürgen Jagelki

2. Fastensonntag · Zu Röm 8,31b–34 (B)

Christus, unserem Retter, vertrauen

Am 17. Juli 1998 ereignete sich im obersteirischen Lassing ein schweres Grubenunglück. Zehn Bergleute starben bei dem Versuch, einen Bergmann zu retten, der den ersten Schlammeinbruch in einer höher gelegenen Stelle des Querstollens überlebt hatte. Ein weiterer Schlammeinbruch begrub die Retter. Menschen waren bereit, das eigene Leben zu riskieren, um ihren Kollegen zu retten. Vielleicht kann dieses tragische Unglück uns einen Zugang zu dem Lebensvorgang vermitteln, den Paulus beschreibt. Was hat sich Christus unsere Erlösung kosten lassen? Die Frage lässt sich nur beantworten, wenn wir im dreifaltigen Gott das Gegenüber der drei göttlichen Personen genauer unter die Lupe nehmen, ohne deren Einheit zu sprengen. Gott hat nicht nur die Welt erschaffen, er hat uns auch eine „Bedienungsanleitung" mitgegeben, wie wir Menschen mit uns selbst, mit anderen und mit der Schöpfung umgehen sollen.

LEBEN HEISST SCHULDIG WERDEN

Was passiert nun, wenn wir Menschen uns nicht an die „Bedienungsanleitung" halten, die der Schöpfergott in die Schöpfung hineingelegt hat? Es entstehen Ungerechtigkeiten, menschengemachtes Leid, unschuldige Opfer, Kriege, Grausamkeiten. Und auch wenn wir selber nicht unmittelbar einen Mitmenschen in unserer Nähe quälen – es gibt viele Formen, wie wir durch unser Verhalten ungerechte Strukturen stabilisieren: beispielsweise wenn wir im Discounter billige Textilien kaufen, die in Bangladesh genäht worden sind, wenn wir Kaffee trinken, dessen Bohnen von Pflückern geerntet werden für einen Lohn, der weit unter unseren Mindestlöhnen liegt. Wenn wir diese Beobachtungen verallgemeinern, dann müssen wir sagen: Leben heißt schuldig werden. Wir kommen nicht mit weißer Weste durch die Jahre. „Schuld gehört zum Leben wie das tägliche Brot." Dieser Ausspruch wird Alfred Delp zugeschrieben. Wir Menschen sind nicht perfekt. Es ist anstrengend und kostet Mut, den eigenen Verantwortungsanteil an dem, was passiert ist, zu übernehmen. Sich selbst kritisch zu hinterfragen kostet Mut. Erinnern wir uns an das drastische Bildwort Jesu vom Balken im eigenen Auge und vom Splitter im Auge des Bruders.
Paulus, der unter der Last seiner früheren fanatischen Christenverfolgung litt, erlebte es als befreiend, dass ausgerechnet er von Jesus erwählt wurde. Erinnern wir uns an seine Selbstaussage: „Doch durch Gottes Gnade bin ich, was ich bin!" (1 Kor 15,10). Wenn wir Gott-Vater mehr die Rolle des Gesetzgebers und des Richters zusprechen, der zu Recht die Schuld des Paulus feststellt, dann erwidert Christus sinngemäß: „Der gehört zu mir. Auch für ihn habe ich gelitten." Christus tritt beim Vater für Paulus ein.
Was sich zunächst als Spekulation über die Dreifaltigkeit fernab unseres Alltagsgeschehens darstellt, bekommt aber eine ganz praktische Konsequenz: Die Möglichkeit, die Schuld, sozusagen den Giftmüll des eigenen Lebens, bei Gott als Endlagerstätte sicher zu entsorgen, befreit von der Versuchung, die Schuld

auf andere Menschen zu schieben wie beim Schwarze-Peter-Kartenspiel. Auch Erwachsene spielen dieses Spiel der Schuldverschiebung.

Das fängt bei Adam an, der – von Gott zur Rechenschaft gezogen – seine Schuld auf Eva und auf Gott selber („Die Frau, die du mir gabst ...") schiebt, bis hin zu bösen Eltern, die an allem schuld sind, oder den Befehlenden, deren Befehle man ausführen musste. Und wenn sich keine Einzelperson benennen lässt, dann sind es irgendwelche Strukturen oder das System als solches. Schuldgefühle sind äußerst unangenehm. Keiner mag sie, jeder hat sie. Ein Philosoph sprach vom „geheimen Unschuldswahn", der das gegenwärtige Klima prägt.

Bedenklich sollte uns auch stimmen, dass das Wort „Verzeihung" aus dem aktiven Wortschatz vieler verschwunden ist zugunsten des Wortes „Entschuldigung". Bei einer Entschuldigung wird das, was zunächst wie Schuld aussah, wegerklärt. Ein Beispiel: In Deutschland gilt die Schulpflicht. Wenn nun ein Kind nicht zur Schule kommt, machen sich die Eltern strafbar. Wenn nach ein paar Tagen die Eltern ihrem Kind eine Entschuldigung mitgeben, in der dann steht: „Mein Kind konnte nicht zur Schule kommen, weil es krank war und 40°C Fieber hatte", dann ist aus dem „Schuldig" ein „Unmöglich" geworden. Wenn wir dagegen um Verzeihung bitten, dann gestehen wir unsere Schuld ein und bitten das Gegenüber, dass die eigene Schuld nicht länger die Beziehung belasten möge und dass so die Vergangenheit nicht mehr die Gegenwart und Zukunft vergiften kann.

Für Gott ist das Schuldigwerden des Menschen kein Problem. Seine Barmherzigkeit umfängt noch einmal seine Gerechtigkeit. Johannes drückt das prägnant aus, wenn er schreibt: „Auch wenn das Herz uns anklagt – Gott ist größer als unser Herz und er weiß alles" (vgl. 1 Joh 3,20). Auf der zwischenmenschlichen Ebene kennen wir die Freiwillige Feuerwehr oder das Technische Hilfswerk. Da sind Menschen bereit, entweder hauptberuflich oder in ihrer Freizeit anderen zu helfen, die sich aus Ahnungslosigkeit oder Leichtsinn in bedrohliche Situationen gebracht haben. Die Solidarität und die Einsatzbereitschaft dieser Retter sind bewundernswert.

CHRISTUS, DER RETTER

So, wie sich diese Retter manchmal selber in gefährliche Situationen begeben und eine mutige Einsatzbereitschaft an den Tag legen, so ist auch Gott. Im Auftrag des Vaters hat sich der Sohn in ein Erdenleben begeben und alle Notsituationen, die vorstellbar sind, selber durchlitten: die Armut bei der Geburt, das Flüchtlingsschicksal in Ägypten, das Unverständnis seiner Anhänger, der Verrat durch einen Freund, Opfer politischer Intrigen und schließlich ein qualvoller Tod am Kreuz. Nicht ein erzürnter Gott, der die Gerechtigkeit verletzt sieht, sondern ein rettender Gott, der alles ihm Mögliche einsetzt – das ist es, was Paulus immer wieder neu zum Staunen bringt. Und aus dem Staunen wird dankbare Hoffnung. Wenn Sie sich diese Sicht des Paulus zu eigen machen, dann wird nicht der Pessimismus über die Schlechtigkeit und die Unvernünftigkeit der Welt Ihnen die Freude rauben, sondern eine trotzige und weitsichtige Hoffnung Ihren Alltag prägen und das letzte Wort behalten.

Elmar Busse

2. Fastensonntag · Zu Mk 9,2–10 (B)

Eine Kunde vom Berg

„Der Berg ruft" – so ist ein alter Film von Luis Trenker betitelt, den wir Älteren noch kennen. Er kam mir sofort beim Lesen des heutigen Evangeliums in den Sinn. Wir haben uns damals von diesem Film für die Berge, zumindest zum Bergwandern, begeistern lassen. Ob wir alle, ob älter oder jünger, uns auch ansprechen lassen von jenem andern Berg, von dem das heutige Evangelium erzählt?

EINE MERKWÜRDIGE JESUSGESCHICHTE

Wie ein Berg, der diesen Namen verdient, nicht mühelos zu ersteigen ist, so wenig leicht ist auch diese Berg-Erzählung aus dem Markusevangelium zu verstehen. Trotzdem hat diese doch reichlich geheimnisvolle „Berggeschichte" schon viele fasziniert, zumal wenn man die Bibel ein bisschen kennt. An dieser Erzählung fällt einiges auf.
Diese Verklärungsgeschichte steht genau in der Mitte des ganzen Markusevangeliums, wie wenn es ihr Fokus wäre – innerlich verknüpft mit der Erzählung von der Taufe Jesu, wo dieser wie heute im Evangelium durch eine Himmelsstimme als „Sohn Gottes" bezeichnet wird, und noch verdeckter verbunden mit jener von Jesu Kreuzigung auf Golgota, wo ihn – im Kontrast dazu – nur der für die Hinrichtung zuständige heidnische Hauptmann, aber gerade der, ebenfalls „Sohn Gottes" nennt.
Die Zeitangabe der Berggeschichte „nach sechs Tagen", scheinbar aus der Luft gegriffen, erinnert sofort an Mose, der „am siebten Tag", nach sechs Tagen also, den Horeb ersteigt, um JHWH zu begegnen. Wie Mose nimmt auch Jesus nur drei Begleiter mit und schafft damit eine exklusive, auf etwas Geheimnisvolles verweisende Stimmung. Der Geheimnischarakter der Erzählung spitzt sich zu in der plötzlichen Verwandlung Jesu in eine Lichtgestalt wie in seinem Gespräch mit den geradezu aus heiterem Himmel erschienenen himmlischen Gestalten von Elija und Mose – Elija wohl zu verstehen als der Prophet des Glaubens an JHWH, den einen Gott, und Mose als jener, der von JHWH die Lebensweisung für sein Volk erhält. Verborgen bleibt auch, was die Drei besprechen. Die deplatzierte, etwas wirre Bemerkung des Petrus, drei Hütten zu bauen, verfremdet noch einmal die Verstörung erweckende Szene. Wie am Horeb überschattet auch hier eine Wolke, altes und bekanntes Symbol der Verborgenheit Gottes, die Gruppe. Und: Wie bei der Taufe erschallt aus der Wolke eine Stimme, die Jesus als den „Sohn Gottes" identifiziert, doch jetzt an die Drei gerichtet ist mit dem Appell, auf ihn zu hören. Länger als eine momentane Blitzlicht- und Tonaufnahme währt das ganze Phänomen nicht, sondern findet ein abruptes Ende: plötzlich, als sie um sich schauen, sehen sie nur Jesus bei sich, ihn allein. Nach dieser Verborgenes so betonenden Erzählung im Fokus des Evangeliums wundert es fast nicht, dass dieses auch ohne eine Erscheinung des Auferstandenen endet. Und nochmal nicht verwunderlich, dass

der Evangelist die geheimnisvolle Szene eingerahmt hat mit den eher dunklen Worten Jesu zur Kreuzesnachfolge und zur Andeutung seines eigenen Weges in die Passion.

DIE JESUSGESCHICHTE GAR AUCH EINE GOTTESGESCHICHTE?

Die ganze Berggeschichte – mehr erwartungsträchtiges Geheimnis als intensive Enthüllung! Das abrupte Ende scheinbar harte Realität: Verwiesensein auf Jesus allein! Das ist eine eindeutige Botschaft für alle, die sich bislang als Jünger verstanden haben und in Zukunft verstehen: Gott bleibt unserer Welt verborgen. Unser Leben verläuft nicht in eindeutigen, göttlichen „Höhen", sondern immer im Tal. Doch Gottes Verborgensein bedeutet nicht seine Abwesenheit. Und: Wir sind – Gott sei Dank! – auf Jesus, den Menschensohn, verwiesen. An ihn sollen wir uns halten, an ihm können wir uns festhalten. Der Gott, von dem die Bibel spricht, scheint auf in seinem Werk, in seiner Schöpfung, zuvorderst in seiner Menschwerdung in Jesus, aber er ist und bleibt für uns ein, das Geheimnis. Er ist kein „Es" und ist weder taub noch blind, weder gleichgültig noch stumm. Er gibt von sich nur seinen Namen preis: JHWH – „Ich bin, der ich je und je da sein werde."

Der tschechische Theologe und Philosoph Tomas Halík, noch während des kommunistischen Regimes heimlich zum Priester geweiht, schreibt einmal: „Mit dem Wort Gott gehe ich sparsam um; ich bezeichne mit ihm ausschließlich jenes höchste Geheimnis, jenes Unbekannte, das durch das Leben, so wie wir es kennen, hindurchschimmert ... Gott ist nicht inner- oder außerhalb des Universums zu finden. Er ist in allem und umgreift alles. Er ist die Tiefe der Wirklichkeit, ihr Geheimnis. Aber ansprechend und ansprechbar."

Ältere Israelpilger haben ihn wohl noch kennengelernt, wenn sie zum Berg Tabor, dem mutmaßlichen Berg der Verklärung fahren wollten – ich meine einen bestimmten, den mit ihrem Taxi bereitstehenden Fahrer: einen wohl christlichen Araber, den man nur den Halleluja-Billy nannte. In halsbrecherischer Fahrt und unter radebrecherischem Gequassel brachte er die Pilger hinauf zur Verklärungskirche und wieder hinunter ins Tal. In jeder Kurve der Serpentinen schlugen fromme wie nicht so fromme Fahrgäste ein Kreuz aus Angst, das Taxi könnte sich überschlagen und den Abhang hinabstürzen, Billy aber stieß jedesmal lachend ein schrilles Halleluja aus. War es nur sein Gag zur Kundenwerbung? Ich habe es immer verstanden als einen Freudenschrei, dass wir diesen Jesus noch haben ...

Heinz Geist

2. Fastensonntag · Für Kinder (B)

Eine ganz besondere Erfahrung mit Jesus

Evangelium: Mk 9,2–10 *(später verkündigen)*

Könnt ihr euch an ein besonders schönes Erlebnis erinnern, das ihr einmal hattet? Ganz bestimmt gäbe es da von vielen verschiedenen Ereignissen zu erzählen. Mag jemand ein Erlebnis hier in unserer Gottesdienstgemeinde kurz benennen? (–) Ihr habt sicher auch schon Erfahrungen damit, wie besondere Erlebnisse festgehalten werden können? Ja, sehr oft machen wir Fotos, ein Smartphone hat beinahe jeder zur Hand, da kann man schnell mal einen besonderen Augenblick im Bild festhalten und dieses Bild mit anderen teilen. Manche Kinder malen auch gerne selber ein Bild mit Farbstiften oder Wasserfarben, um etwas, was sie erlebt haben, auf diese Weise festzuhalten. Oder wir nehmen ein Erinnerungsstück an ein besonders schönes Erlebnis mit: eine ungewöhnliche Muschel, einen glitzernden Stein, vielleicht eine Blume, die wir pflücken und trocknen, je nachdem ... Manche sammeln solche Erinnerungsstücke in einer Schatzkiste.

Unsere Bibel ist auch eine Art Schatzkiste, denn in ihr sind Geschichten gesammelt von besonderen Erfahrungen, die Menschen vor langer Zeit mit Gott gemacht haben. *(An dieser Stelle eine schöne Bibelausgabe hochhalten und zeigen.)* Die vier Evangelien sind für uns Christen und Christinnen ein sehr kostbarer Schatz, weil in ihnen die Erfahrungen überliefert sind, die Frauen, Männer und auch Kinder mit Jesus gemacht haben. Heute gilt es, davon zu erzählen, welche ungewöhnliche Erfahrung drei der Jünger Jesu, nämlich Petrus, Jakobus und Johannes, machen durften, als sie einmal mit Jesus auf einen hohen Berg stiegen. Der Evangelist Markus hat es aufgeschrieben.
(Evangelium jetzt verkündigen)

MIT JESUS UNTERWEGS

Ich lade euch ein, das Gehörte nun einmal mit Bewegungen und Gesten nachzuvollziehen. Wir wollen uns innerlich mit den drei Jüngern verbinden und ihrer besonderen Erfahrung nachspüren. (*An einem zentralen Punkt, z. B. vor dem Altar oder vor dem Ambo, mit einem aufgerichteten Tuch einen Berg darstellen.)* Hier seht ihr den hohen Berg, auf den Jesus seine Jünger führte. Steht auf und bewegt eure Füße auf der Stelle, wir gehen gemeinsam. Der Weg ist steil und anstrengend; wir machen eine Pause, vielleicht muss sich jemand den Schweiß von der Stirn wischen. Wir gehen weiter und weiter, endlich haben wir den Gipfel erreicht. *(Kerze entzünden und zum Berg stellen.)* Die Kerze ist das Zeichen für Jesus. Dort auf dem Berg ist Jesus seinem himmlischen Vater ganz nah. *(Ein dünnes weißes Tuch um die Kerze oder auf den Berg legen.)* Jesus selber leuchtet für einen Augenblick ganz weiß und um ihn herum wird es sehr hell. Wir halten alle einmal die Hand vor die Augen, staunen, blinzeln in die Helligkeit hinein wie damals Petrus, Johannes und Jakobus. Und nun seid ganz Ohr *(Hand an ein Ohr legen und zum Nachahmen der Geste einladen)*, stellt eure Ohren auf Empfang, damit ihr die Stimme hören könnt, die die Jünger damals aus einer Wolke herausgehört haben: „Dieser ist mein geliebter Sohn; auf ihn sollt ihr hören." Dann war die Stimme wieder weg, auch die besondere Helligkeit. Schauen wir uns mit den Jüngern um, ob wir noch etwas erkennen können *(suchend und staunend umherschauen)*. Nur Jesus steht da, und er fordert die Jünger auf, wieder mit ihm den Berg hinabzugehen, so als ob gar nichts Besonderes passiert wäre. *(L und Kinder bewegen die Füße.)* Jesus bittet seine Freunde, niemandem davon zu erzählen, was sie gesehen haben. *(L und Kinder legen den Finger vor den Mund: Psst!)* Aber das können die Jünger gar nicht verstehen.

DEN AUGENBLICK BEWAHREN ...

Was denkt ihr, gab es damals für die Jünger ein Erinnerungsstück an dieses Ereignis? (–) Das, was sie mit Jesus auf dem Berg erfahren und gespürt haben, konnten sie nur in ihren Herzen bewahren. Aber was heißt „nur"? Schöne Erinnerungen in unseren Herzen sind ja etwas besonders Kostbares, wir tragen sie für eine lange Zeit, manche sogar für immer mit uns.

Ich möchte euch einladen, diese Stimme Gottes, die Worte, die Gott über seinen Sohn Jesus gesagt hat: „mein geliebter Sohn", ganz tief in eure Herzen sinken zu lassen. Denn bei eurer Taufe hat Gott auch zu jedem von euch das gesagt: Du bist mein geliebter Sohn! Du bist meine geliebte Tochter. Das dürfen wir nie vergessen, jede und jeder von uns ist ein geliebtes Kind Gottes.

... UND DEN AUFTRAG ERNST NEHMEN

Die drei Jünger erhielten damals von Gott her den Auftrag, auf Jesus zu hören. Dieser Auftrag gilt auch uns! Wenn wir ihn annehmen, in enger Verbindung mit Jesus bleiben, dann können wir immer besser, das heißt mutiger und stärker darin werden, der Lebensart Jesu zu folgen in unserem Handeln und Reden.

Das ist eine große Aufgabe, die Jünger haben dies auch erst nach und nach verstanden. Erst nach Jesu Tod und Auferstehung haben sie ganz erfasst, wer dieser Jesus wirklich war, unser Menschenbruder und der Sohn Gottes, und dann galt das „Psst" nicht mehr, ganz im Gegenteil. Dann sollten sie öffentlich von Jesus Christus sprechen, seine Botschaft von Gottes barmherziger Liebe weiterverkündigen und haben es aus voller Überzeugung getan. Erst dadurch wurde möglich, dass all die mündlichen Zeugnisse der besonderen Erfahrungen mit Jesus auch aufgeschrieben und in den Evangelien zusammengeführt wurden. Über viele Jahrhunderte hinweg hilft uns die Bibel bis heute, uns an Jesus und sein Leben zu erinnern.

Lied: Herr, du bist mein Leben (GL 456).

Brigitte Schmidt

7. März 2021 · Zur Liturgie

Dritter Fastensonntag (B)

LIEDVORSCHLÄGE

Gesänge
Eröffnungsgesang: Zu dir, o Gott, erheben wir (GL 142,1–2); *Antwortgesang:* Herr, du hast Worte ewigen Lebens (GL 584,4) mit dem Psalmvers *oder* Dein Lob, Herr, ruft der Himmel aus (GL 381,1–3); *zur Gabenbereitung:* Selig, wem Christus auf dem Weg begegnet (GL 275,1–4*); Danklied:* Manchmal feiern wir mitten im Tag (GL 472,1–4); *zur Entlassung:* Sonne der Gerechtigkeit (GL 481,1–2+5–6).

ERÖFFNUNG

Liturgischer Gruß
Der Herr, der uns den Weg zum Leben weist, sei mit euch / mit uns allen.

Einführung
Auf der Suche nach dem rechten Weg sind wir immer wieder. Auf wen und worauf sollen wir eigentlich dabei hören? Es gibt so viele Entwicklungen und Meinungen – unsere Welt ist sehr komplex geworden, kompliziert und schwer zu durchschauen. Woran können wir uns orientieren? Ratlos und hilflos stehen wir oft da, zögernd oder gar verzweifelt. Vielleicht kann uns das Vertrauen des Beters im heutigen (Antwort-)Psalm helfen: „Die Weisung des Herrn ist vollkommen, sie erquickt den Menschen. Das Zeugnis des Herrn ist verlässlich, den Unwissenden macht es weise. Die Befehle des Herrn sind gerade, sie erfüllen das Herz mit Freude. Das Gebot des Herrn ist rein, es erleuchtet die Augen" (Ps 19,8f).
Öffnen wir diesem Herrn Ohren und Herz.

Kyrie-Litanei
Herr Jesus, du Sohn des lebendigen Gottes. Kyrie, eleison.
Herr Jesus, du weist uns Menschen den Weg zum Leben. Christe, eleison.
Herr Jesus, du sendest uns als deine Boten aus. Kyrie, eleison.

Tagesgebet
Gott, unser Vater,
du bist der Quell des Erbarmens und der Güte.
Wir stehen als Sünder vor dir
und unser Gewissen klagt uns an.
Sieh auf unsere Not und lass uns Vergebung finden
durch Fasten, Gebet und Werke der Liebe.
Darum bitten wir durch Jesus Christus.

ZU DEN SCHRIFTLESUNGEN

1. Lesung: Ex 20,1–17
Den Weg zu einem Leben, in dem es dem Einzelnen und der Gemeinschaft gut geht, finden wir in den Zehn Geboten. Für die Israeliten sind diese vernunftmäßig einsichtigen Weisungen auch der Wille ihres Gottes, der sie befreit hat und es gut mit ihnen meint.

2. Lesung: 1 Kor 1,22–25
Theorien, Argumente, Zeichen, Beweise – das macht Aussagen glaubhaft. Doch die Weisheit Gottes offenbart sich anders.

Evangelium: Joh 2,13–25
Das Verhalten Jesu, wie es das heutige Evangelium schildert, ist eine klare Ansage. Aber letztlich zu verstehen ist sein Zeichen nur, wenn man sein ganzes Leben einbezieht.

FÜRBITTEN

Zu Jesus Christus, der uns den Weg zu Wahrheit und Leben weist, lasst uns beten:

- Für die Verantwortlichen in der Kirche: um eine stete Rückbesinnung auf den Geist des Evangeliums und ein konsequentes, mutiges Eintreten für die christliche Botschaft. Christus, höre uns – A: Christus, erhöre uns.
- Für uns selbst, wenn wir um Wahrhaftigkeit ringen; um Mut, zur eigenen Meinung zu stehen und diese auch gegen Widerstände zu verteidigen. ...
- Für alle, die in Politik und Gesellschaft Verantwortung tragen: um ein beherztes Eintreten für Menschenrechte, für Gerechtigkeit und Solidarität. ...
- Für unsere Jugendlichen und für alle Menschen, die nach Sinn und dem rechten Lebensweg suchen: um Begegnungen und Fügungen, die ihnen weiterhelfen. ...
- Um Trost und Hoffnung für alle, die um einen lieben Menschen trauern, und für unsere Toten um die Vollendung in deiner Fülle. ...

Herr Jesus Christus, zu dir führen alle Wege, du gibst Richtung und Ziel. Erleuchte uns Augen und Herz, dass wir das Gute erkennen und mutig tun. Darum bitten wir – heute und alle Tage unseres Lebens.

ELEMENTE FÜR DIE EUCHARISTIEFEIER

Zum Vaterunser
Gott, dein Reich komme, dein Wille geschehe. – Darum wollen wir heute ganz bewusst beten, wenn wir jetzt das Gebet sprechen, das Gott selbst uns durch Jesus Christus geschenkt hat: Vater unser ...

Kommunionvers
Ich bin der Weg, die Wahrheit und das Leben. – So spricht der Herr. Kommt und empfangt!

Zur Besinnung
Gott,
in deinem Sohn bist du uns ganz nah gekommen.
Er ist der lebendige Tempel, in dem die Fülle deiner Gottheit wohnt.
Wir wollen uns anstecken lassen von seinem Eifer, von seiner Kraft.
Lass uns einen Hauch deines Geistes spüren,
wenn wir zu dir kommen:
suchend und fragend,
ratlos und verzweifelt,
erschöpft, leidend, friedlos.
Gib uns den Mut zur Wahrhaftigkeit vor uns selbst und vor dir.
Lass Augen und Herz das Wahre erkennen
und gib uns die Kraft, es auch zu tun.

ELEMENTE FÜR DIE WORT-GOTTES-FEIER

Zum Friedenszeichen
Gottes Geist gibt uns die Kraft, wahrhaftige Menschen zu sein, zu unserem Glauben zu stehen und einzutreten für Gerechtigkeit und Frieden. Wünschen wir einander seinen und unseren Frieden.

Segensbitte
L: Der Vater, in dem Wahrheit und Leben ist, sei in eurer Mitte.
A: Amen.
L: Der Sohn, der uns den Weg zum Leben weist, sei euch stets nahe.
A: Amen.
L: Der göttliche Geist, der Leben schenkt und stets erneuert, entfache in euch seine Kraft und mache euch zu Zeichen Gottes in dieser Welt.
A: Amen.

L: Und der Segen des allmächtigen Gottes,
des Vaters, des Sohnes und des Heiligen Geistes,
komme auf uns herab und bleibe bei uns allezeit.
A: Amen.

Marlies Lehnertz-Lütticken

3. Fastensonntag · Zu Ex 20,1–17 (B)

Gott

Daran komme ich heute nicht vorbei: an der Lesung aus dem Buch Exodus. Es lohnt sich allemal, sich damit zu beschäftigen. Sie ist mehr als nur die Grundlage für einen Beichtspiegel, wie wir ihn auch im Gotteslob finden.
Die Zehn Gebote: Manchmal werden sie verstanden als Einschränkung, wie eine Fessel. Aber das sind sie nicht. Sie sind Weisungen zum Leben. Sie sind Weisungen, damit das Leben in einer Volksgemeinschaft gelingt, gelingen kann. Wie immer ist auf den Zusammenhang zu achten. Darauf macht der 1. Vers aufmerksam: „Ich bin der Herr, dein Gott, der dich aus dem Land Ägypten geführt hat, aus dem Sklavenhaus." Das ist die Überschrift über die zehn Weisungen. Gott hat sein Volk befreit. Und nun will er am Berg Sinai einen Bund mit ihm schließen. Es ist Gott, der zuerst gehandelt hat. Der Bund ist wie ein Vertrag, der abgeschlossen wird mit gegenseitigen Verpflichtungen. Wir Menschen sind wie Verbündete Gottes. Und wir haben Gott als Verbündeten. Ich möchte gerne mit Ihnen bei diesem ersten Vers verweilen, in dem Gott sagt: „Ich bin der Herr, dein Gott!"
Gott – das ist ein hochaktuelles Thema, oder etwa nicht? Im Herder-Verlag erschien 2018 ein interessantes Buch mit dem Titel: Gott – Fragezeichen. Untertitel: Die religiöse Frage heute. Darin sind 135 Beiträge von Autorinnen und Autoren aus allen Bereichen versammelt, die der Frage nach Gott aus den unterschiedlichsten Richtungen nachgehen. „Die Hauptaufgabe der Kirche sei es, die Gottesfrage wachzuhalten", heißt es im Vorwort. Und das ist wohl notwendig. Es gibt ja nicht wenige Menschen in Ost und West, die mittlerweile ganz gut ohne einen Glauben an Gott auszukommen scheinen und denen es offenbar gut damit geht. „Mir fehlt nichts", kann man dann zuweilen hören. Auch die Wochenzeitung „Christ in der Gegenwart" beschäftigt sich im Sommer und Herbst 2020 mit einer Artikelserie unter dem Titel „Gott und die Götter". Der Verfasser, ein Professor für Alttestamentliche Bibelwissenschaft, beschäftigt sich mit der Entwicklung des Gottesglaubens im Alten Testament. Wer ist Gott?
Zurzeit läuft der Synodale Weg. Kritiker meinen, es käme nicht so sehr auf die gestellten Themen an, auf die Fragen nach den Strukturen der Kirche. Es käme vor allem auf die Gottesfrage an, die beantwortet sein müsse. Daran hinge die ganze Reform der Kirche. Wer ist Gott? Auf diese Grundfrage unseres Glaubens gibt es mehr als die 135 Antworten in dem besagten Buch. Und jede Antwort wirft neue Fragen auf. Hier in der heutigen Lesung ist die Antwort klar: Gott sagt: „Ich bin der Herr, dein Gott ..." Sie stammt aus der Erfahrung Israels, die dieses Volk mit seinem Gott gemacht hat, nämlich die Grunderfahrung, dass Gott sein Volk aus der Sklaverei in Ägypten befreit hat. Er ist also, wenn man einen Aspekt Gottes betonen will, ein Gott, der in die Freiheit führt und seinem Volk Weisungen gibt, damit es gut leben kann. Denn das will Gott.

Hermann Kast

3. Fastensonntag · Zu Ex 20,1–17 (B)

Die Zehn Gebote – alt, aber anregend und immer aktuell!

Der – von vielen – unvergessene und hoch verehrte Joachim Kardinal Meisner (1933–2017) unterbrach eines Tages bei der Messe anlässlich einer bischöflichen Visitation seine Predigt, als ihn ein Pressefotograf mit großem Objektiv auf seiner Kamera nahezu bedrängte und bis zum Ambo vorgedrungen war; Meisner dann in seiner unnachahmlichen Direktheit: „Wenn der Bischof predigt, gehen die Fotolinsen zu und die Ohren auf!" – Wie steht es um unsere Zuhörbereitschaft und Hörfähigkeit? Was kann unsere Aufmerksamkeit in Zeiten von Spaßflut und Eventtrubel noch fesseln?
In der heutigen alttestamentlichen Lesung aus dem Buch Exodus spricht Gott zu uns, und wir tun gut daran, unsere Ohren zu spitzen und unser Herz bereitwillig zu öffnen. Von hoher Warte aus, auf dem Berg Sinai, spricht er Worte, die unser ganzes Interesse verdienen.

GOTT SPRICHT, GOTT, DER EINE UND EINZIGE

Es liegen Jahrtausende zwischen diesem Sinai-Ereignis und uns heute hier in der Kirche, und doch dürfen wir Zuhörer uns von der Aktualität und der Brisanz dessen überzeugen, was damals geschah. Freilich ist die konkrete historische Situation der Gottespredigt kaum zu erfassen und es gibt schon gar keine Videoaufzeichnung dieser Rede, aber die Menschen, die an Gott glauben, haben den Inhalt dieser den Bund Gottes mit den Menschen konstituierenden Verkündigung tief in sich aufgenommen und den Inhalt über Hunderte von Generationen bewahrt. Machen wir uns dankbar bewusst, dass in der Heiligen Schrift, die uns in den Gottesdiensten aller Zeiten immer wieder vorgelesen wird, Gott selbst zu uns spricht. In seinem Heiligen Geist ist er jetzt bei uns und die Worte, die er selbst oder Propheten in seinem Auftrag an uns richten, gelten uns und wollen uns mal ermahnen, mal bestärken in unserem Leben. In unserer medienüberfluteten Zeit stürmt eine derartige Fülle von Informationen und Meinungen auf uns Menschen ein, dass es wichtig erscheint, zu betonen: Wir wollen an Gottes Wort glauben und darauf bauen, nicht wahr? Es ist wichtig für unser Leben. Hier spricht Gott selbst, und er offenbart sich als JHWH, als mein Gott, der gut an den Seinen gehandelt hat, weil er sie in das verheißene Land geführt hat, raus aus der Sklaverei in Ägypten. Er duldet es nicht, dass ich ihn mir nach meinen Vorstellungen zurechtzimmere, mir mein eigenes Bild von ihm mache, ihn in eine Schublade neben anderen Idealen und Zielen für mein Leben lege. Er will, dass ich ihn vorbehaltlos liebe und seine Gebote achte. Ein hoher Anspruch an mich!

DIE ZEHN GEBOTE ALS RICHTSCHNUR FÜR GELEBTE BUNDESTREUE

Dieser Gott kann und darf fordern. Die Zehn Gebote, die uns heute in Erinnerung gerufen werden, sind die Einladung Gottes an uns, in unserem alltäglichen Leben zu erweisen, dass wir an ihn glauben und auf ihn ganz vertrauen. Wer bereit ist, sich an diese Gottesweisungen zu halten, der kann dadurch zum Ausdruck bringen, dass ihm Gott selbst wichtig und heilig ist. Nach den Geboten Gottes zu leben, ist menschlich bereichernd und erfüllend. Diese Gebote engen, recht betrachtet, nicht ein und nehmen niemandem die Freiheit, sondern ihre Befolgung hält die Beziehung zu Gott lebendig. Sie bringen uns Gläubige der Erkenntnis unseres Lebenssinns näher. Das Zusammenspiel von göttlicher Weisung und dem Streben des Menschen nach treuer Befolgung der Gebote trägt bereits den Lohn für unser Tun in sich, mag ich es im Einzelfall auch als mühsam und schwer empfinden, mich an die Gebote Gottes zu halten.

MIT DEN ZEHN GEBOTEN IST ABER NOCH NICHT ALLES GESAGT

Trauen wir uns heute noch, die Zehn Gebote als höchst relevante Regeln für das menschliche Leben zu verkünden? Was heißt es, den Sonntag als Tag des Herrn zu halten, zu heiligen? Wie sieht das aus, in der modernen Lebens- und Arbeitswelt Vater und Mutter zu ehren, also für sie da zu sein, wenn sie im Alter meine Aufmerksamkeit, meine Hilfe, ja meine Unterstützung brauchen? Dass Mord verboten ist, leuchtet bestimmt ein. Wie sieht aber meine Ehrfurcht vor dem eigenen geschenkten Leben und dem des anderen aus? Was bedeutet es mir, allem Leben in dieser Schöpfung zu dienen? Die Umwelt- und Klimadiskussion unserer Tage macht schnell deutlich, wie kontrovers Standpunkte aufeinanderstoßen können, wenn politische Auffassung quasireligiös überhöht wird und Meinung systematisch „gemacht" wird. Was bleibt von dem Verbot, die Ehe zu brechen, wenn Sex und Lust zum milliardenschweren Wirtschaftsfaktor geworden sind? Zumal die Ehe selbst als fester Bestandteil der Gesellschaftsordnung mittlerweile unter die Räder der Beliebigkeit geraten ist.
Gut, wir sollen das Eigentum des Anderen respektieren und dürfen in keiner Weise übergriffig werden. Das ist verständlich, aber wenn – wie im vorliegenden Text – die Frau zum „Eigentum" des Mannes gerechnet wird, dann begehrt nicht nur die feministisch empfindliche Seele auf. Hier wird deutlich, dass die Zehn Gebote, wie sie im Buch Exodus überliefert sind, durchaus auch als zeitbedingt zu verstehen, anzupassen und entsprechend weiterzuentwickeln sind, weil sich im Laufe der Jahrhunderte Menschen- und Weltbild verändert haben. Ein differenziertes Rollenverständnis und die Herausforderung der Gleichberechtigung existierten damals noch nicht. Aber trotzdem fordern die Zehn Gebote ein Denken und Verhalten des Menschen ein, das bei aller Zeitbedingtheit bleibende Bedeutung bewahrt hat. Die Liebe zur Wahrheit bleibt ein wichtiges Gebot, zumal wenn es darum geht, das falsche Zeugnis gegen den Nächsten zu vermeiden. Die Pilatusfrage (Joh 18,38) beim Prozess Jesu: „Was ist Wahrheit?" ist bis heute schließlich schwer zu beantworten. Wir werden einer Antwort näherkommen, wenn wir auf den hören und vertrauen, der sich geoffenbart hat als der Weg, die Wahrheit und das Leben (Joh 14,6). Bedenken wir auch morgen noch die Zehn Gebote und nehmen wir unser Herz in die Hand! Gott, der Herr, stehe uns Schwachen bei! Nicht die Leute sind entscheidend, sondern Sie und ich!

Robert Jauch

3. Fastensonntag · Zu Joh 2,13–25 (B)

Ein Wutausbruch für Gott und Menschen

So ein Wutausbruch hinterlässt in der Regel Eindruck – vor allem, wenn man ihn gerade nicht erwartet. Ein Wutausbruch in aller Öffentlichkeit gehört sich nicht, befremdet und verunsichert, sprengt gesellschaftliche Konventionen. Schnell ist das Urteil gefällt: Da hat sich jemand nicht im Griff. Oder aber der Wutausbruch trifft auf fruchtbaren Boden, zieht Menschen in seinen Bann. Oft gelingt es so, viele Menschen zu motivieren – wenn sich endlich einmal einer traut und mit der Faust auf den Tisch schlägt – im wörtlichen oder übertragenen Sinn, virtuell oder in der Wirklichkeit.

„How dare you!" – „Wie könnt ihr nur!" – dieser berühmte, zornige Halbsatz einer Jugendlichen vor den Vereinten Nationen hat viele Menschen beeindruckt. Mit vor Wut verzerrtem Gesicht hat Greta Thunberg ihn den Politikern und Machthabern der Welt entgegengeschleudert. Viele, vor allem junge Leute, hat sie damit berührt und für ihr Anliegen, die Rettung des Weltklimas, gewinnen können.

So ein Wutausbruch ist selten kontrolliert, manchmal überkommt es uns, weil sich Ärger zu lange aufgestaut hat, weil wir es satthaben, weil wir nicht länger schweigen können oder wollen. Manchmal ist er aber auch ein Zeichen der Hilflosigkeit oder großer Entschlossenheit.

Ein Wutausbruch ist pure Emotion und so korrigiert er oft auch das Bild, das wir von Menschen haben, denn er zeigt etwas von dem, was wir sonst gerne verbergen. Er zeigt etwas von dem, was wir fühlen.

VIELFALT DER JESUSBILDER

Es ist gut, dass es auch über Jesus die Geschichte von so einem Wutausbruch gibt – wie auch immer sie sich zugetragen haben mag. Offensichtlich war die Überlieferung von der sogenannten Tempelreinigung so wertvoll, dass man diese Erzählung unbedingt zum Kern der Botschaft Jesu dazurechnete. In alle vier Evangelien hat sie mit unterschiedlicher Färbung Eingang gefunden – heute haben wir sie in der Version von Johannes gehört.

Es ist gut, dass wir Jesus in dieser Erzählung einmal wütend erleben dürfen, zornig, aggressiv, als einer, der sich für einen Moment nicht unter Kontrolle hat. Das hinterlässt Eindruck, bei den Menschen damals, aber vielleicht auch bei uns heute. Wie passt das zu den Bildern, mit denen Jesus sonst beschrieben und dargestellt wird: als Lehrer, Prediger, Freund oder Meister, immer freundlich und sanftmütig und vor allem beherrscht? Schließlich ist er Gottes Sohn – diese Perspektive durch Ostern hindurch ist allen Evangelien zu eigen.

Die Evangelisten möchten nicht nur über das Leben Jesu erzählen, sondern sie möchten eine Theologie entfalten. Auch wenn jeder der vier einen eigenen Schwerpunkt hat, einen eigenen Stil verfolgt, so ist ihnen doch eine Überzeugung gemeinsam: Jesus ist nicht nur ganz Mensch, sondern immer auch ganz Gott. Das hat auch unsere Vorstellungen und Bilder von Jesus Christus geprägt, die wie in Gleichnissen über Jesus reden: Jesus als der gute Hirte, aber auch Jesus als der Pantokrator, der Weltenherrscher, der über allem steht und den Tod überwunden hat. Der zornige, sehr menschliche Jesus, der mal eben mit der Faust auf den Tisch schlägt, prägt unser Bild und unsere Vorstellungen weniger stark. Daher: Gut, dass wir diese Erzählung haben.

IM WUTAUSBRUCH DEN MENSCHEN NAHE

Die Geschichte von der Tempelreinigung zeigt uns eine ganz wichtige Seite von Jesus. Jesus – ganz Mensch – teilt in dieser Szene mit den Menschen, was ihm wichtig ist, wovon er zutiefst überzeugt ist. Er verbirgt sich nicht vor den anderen mit dem, was er denkt, und vor allem nicht mit dem, was er fühlt. In diesem einen unkontrollierten Moment schafft Jesus eine Nähe, die er mit keinem Gleichnis, mit keiner Predigt erreichen könnte.

Dieser zornige, grobe Jesus berührt die Menschen: Er verstört sie, bringt sie aus dem Takt, aber er berührt sie und kommt ihnen nahe.

Ein sympathischer Gott ist das, der keine Angst hat, den Menschen auf diese Weise so nahezukommen.

GOTT UND MENSCHEN WIEDER NAHEBRINGEN

Doch was ist der Grund für diesen Wutausbruch Jesu, der uns beeindruckt? Vielleicht werden wir, wenn wir diese Erzählung hören, zu Zeugen eines Kulturwandels. Jesus stellt durch sein Verhalten den damaligen Tempelkult in Frage, genauer gesagt die Rahmenbedingungen für diesen Kult. In der Darstellung des Johannes reist Jesus zum Paschafest nach Jerusalem. Das Opfern von makellosen, reinen Tieren gehört zu den Grundfesten in der Ausübung des jüdischen Glaubens – das stellt Jesus an dieser Stelle gar nicht in Frage. Das Geschäft jedoch, um diese Tradition erfüllen zu können, ist gottes- wie menschenverachtend. Aus allem wird Geld gemacht. Die Pilger können die Opfertiere nicht von weit her mitbringen, weil sie dann vielleicht Schaden nehmen und nicht mehr makellos wären, somit schafft man einen Markt möglichst nahe am Zentrum des Tempels in den Vorhallen. Und weil man dort mit römischem Geld nicht zahlen kann, finden sich zahlreiche Geldwechsler dort, die mit einem guten Aufpreis die Münzen aus aller Welt in tempelfähiges Geld wechseln, mit dem die Pilger dann die Opfertiere kaufen können. Aus einem religiösen Bedürfnis wird ein Geschäft gemacht und dieses Geschäft wird in den Bereich des Heiligen hineingezogen. Hier findet eine Entfremdung zwischen Gott und Menschen statt: Der Zugang zu Gott – zum Heiligen – wird geschäftsmäßig geregelt und damit in letzter Konsequenz verstellt.

Das spürt Jesus und es macht ihn so wütend, dass es aus ihm herausbricht. Ein Ziel seines Wutausbruchs könnte es gewesen sein, diese Entfremdung zu entlarven und Gott und Menschen einander wieder näherzubringen. Diesen Weg geht Jesus in aller Konsequenz durch Tod und Auferstehung hindurch.

Stephanie Rieth

3. Fastensonntag · Für Kinder (B)

Entweiht nicht das Haus des Vaters!

Vorbemerkung: In der Kirche werden vor dem Gottesdienst Gegenstände verteilt, etwa Putzutensilien, Sandeimerchen und Schaufeln, Bilderbücher, Bauklötzchen, Besen, alte Handtücher, evtl. sogar ein Tisch mit Verkaufsgegenständen – lauter Dinge, die nichts mit dem Gottesdienst zu tun haben, aber durchaus ablenken.

Evangelium: Joh 2,13–25 *(später verkündigen)*

Immer wenn wir einen Familiengottesdienst oder einen Kindergottesdienst feiern, freue ich mich sehr über euch Kinder! Und oft staune ich darüber, wie gut Kinder zuhören und mitmachen können! Heute habe ich den Eindruck, dass manche Kinder etwas mehr als sonst abgelenkt sind. Sie schauen auf den Gang *(Plätze nennen, an denen Dinge herumliegen)* und nicht nach vorne. Ja so was! Woran liegt denn das? *(Kinder nennen Sachen, die herumliegen und da nicht hingehören …)* Aha! Euch interessieren der Besen, das Spielzeug, … Sind denn diese Sachen so besonders interessant? (–) Schaut ihr zuhause in euren Besenschrank und betrachtet den Besen? (–) Da lacht ihr! Hier in der Kirche schaut ihr nach diesen Dingen, weil sie nicht hierhergehören! Die können einen schon mal ablenken. Um Dinge, die in der Kirche nichts zu suchen haben, geht es auch im Evangelium. Es geht um den Tempel, in dem die Juden beteten. Er ist die Kirche der Juden. Hört euch das Evangelium an und ihr werdet staunen – da ist nämlich jede Menge los! *(Evangelium verkündigen)*

EIN TEMPEL ALS MARKTPLATZ

Na, da ist ja einiges los, als Jesus in den Tempel kommt. Wozu ging Jesus in den Tempel? (–) Er wollte dort beten. Wir gehen auch in die Kirche zum Beten. Ist es in der Kirche leichter zu beten als woanders? (–) Ja, manchmal schon. Denn man geht genau zu dem Zweck in die Kirche. Hier ist es still und man fühlt sich Gott und den anderen Gläubigen nah. Und was sah Jesus da im Tempel, dem Haus Gottes – dem Haus seines Vaters? (–) Stellt euch das mal vor: Ein Gotteshaus, in dem Schafe und Ziegen herumlaufen! Nicht etwa, weil sie sich verlaufen hatten oder weil das einfach üblich war wie heute in manchen Ländern, dass auch Tiere in der Kirche herumlaufen. Nein; diese Tiere waren von Händlern mitgebracht, die sie verkaufen wollten. Die Menschen damals opferten Tiere im Tempel, und da schien es praktisch, sie auch gleich dort zu verkaufen.
Tauben in Taubenverschlägen waren auch da. Und weil die Menschen im Tempel auch Geld spendeten und Menschen aus mehreren Ländern mit verschiedenen Währungen zum großen Paschafest kamen, waren auch gleich Geldwechsler im Tempel. Bestimmt gab es auch Händler, die Essen verkauften, vielleicht sogar Kleidung oder andere Dinge, die die Menschen brauchten. Schließlich konnten sie in diesen Tagen ein gutes Geschäft machen!

Nun stellt euch das mal vor: Da sind viele Stände mit Tieren, Essen, Trinken, vielleicht sogar Kleidung und Stände, um Geld zu wechseln: Ist das spannend für die Menschen? (–) Ich habe gerade in meinem Kopf das Bild von einem bunten Marktplatz. Da sind lauter bunte Stände, viele Dinge, die mich interessieren könnten. Die Verkäufer preisen laut ihre Waren an. Welch ein buntes Gewimmel! Ich würde hier stehenbleiben, dort schauen, einiges begutachten, mir Zeit lassen, ausrechnen, wieviel Geld ich dabeihabe und was ich davon wohl kaufen könnte. Spaß macht das. Ging Jesus in den Tempel, um dem bunten Treiben zuzuschauen? (–) Natürlich nicht. Wir haben es ja schon festgestellt: Jesus ging in dem Tempel, um zu beten. Tja, ob man in so einem Gewimmel wohl in Ruhe beten kann? (–)

EIN WÜTENDER JESUS

Was tat Jesu? Jesus, der Menschenfreund, der verständnisvolle, mitfühlende Sohn Gottes – erklärte er den Menschen geduldig, dass die Stände im Tempel vielleicht nicht angemessen sind? Dass es schön wäre, wenn die Menschen ihre Waren außerhalb des Hauses Gottes verkaufen würden? (–) Oho. Im Evangelium haben wir gehört: „Er machte eine Geißel aus Stricken und trieb sie alle aus dem Tempel hinaus, samt den Schafen und Rindern; das Geld der Wechsler schüttete er aus, und ihre Tische stieß er um. Zu den Taubenhändlern sagte er: Schafft das hier weg, macht das Haus meines Vaters nicht zu einer Markthalle!"
Puh! Das sind ja deutliche Worte. Nichts mit liebevollem Verständnis. Es ist eine der wenigen Situationen, von denen wir hören, dass Jesus wütend war. Er machte eine Geißel aus Stricken! Also wirklich! Mit Schlägen trieb er die Händler aus der Kirche und stieß ihre Tische um. Randale im Tempel. Und Jesus ist derjenige, der randaliert?
Ja, offensichtlich war auch Jesus menschlich. Und als Mensch reagierte er mit Wut und Entrüstung; Gefühle, die wir alle kennen.
Im selben Abschnitt des Evangeliums hören wir seinen Hinweis darauf, dass er einst auferstehen werde. Aber zu diesem Zeitpunkt verstehen die Menschen noch nicht, was er damit meint.

UNS VON ÜBERFLÜSSIGEM BEFREIEN

In Erinnerung an Jesu Tod und Auferstehung feiern wir heute die Eucharistie. Lasst uns dabei ganz konzentriert sein auf das Wunderbare, das in dieser Feier geschieht und das Jesus für uns getan hat. Damit wir das können, wollen auch wir unsere Kirche von Überflüssigem befreien. So wie wir uns in der Fastenzeit von manchem befreien, das uns ablenkt von dem, was in unserem Leben wirklich wichtig ist.
Lasst uns aufräumen und das, was hier nicht hergehört, nach hinten *(an einen zu nennenden Platz)* sammeln. Wer hilft mit, unser Gotteshaus so herzurichten, dass wir nicht abgelenkt werden? (–)

Elisabeth Hardt

14. März 2021 · Zur Liturgie

Vierter Fastensonntag (B)

LIEDVORSCHLÄGE

Gesänge zur Eucharistiefeier
Eröffnungsgesang: Bekehre uns, vergib die Sünde (GL 266,1+3+7); *Antwortgesang:* Wie könnte ich dich je vergessen, Jerusalem (GL 74,1) mit den Psalmversen *oder* O Herr, aus tiefer Klage (GL 271,1–2+4); *Ruf vor dem Evangelium:* Lob dir, Christus, König und Erlöser (GL 176,5) mit dem Vers*; zur Gabenbereitung:* Du rufst uns, Herr, an deinen Tisch (GL 146,1–2); *Danklied:* Selig, wem Christus auf dem Weg begegnet (GL 275,1–4); *zur Entlassung:* Bewahre uns, Gott, behüte uns, Gott (GL 453,1+3–4).

Gesänge zur Wort-Gottes-Feier
Eröffnungsgesang: Ich steh vor dir mit leeren Händen, Herr (GL 422,1+2); *Predigtlied:* Der Herr hat uns befreit (GL 60,1) und Wechselgebet mit der Gemeinde (GL 670,5).

ERÖFFNUNG

Liturgischer Gruß
Jesus Christus, der uns mit Gott und untereinander versöhnt, er sei mit euch / ist mit uns allen.

Einführung
Heute ist Halbzeit auf dem Weg zum Osterfest. Wir sind eingeladen, innezuhalten und darüber nachzudenken, ob unser Vertrauen zu Gott gewachsen ist, ob unsere Beziehungen zu den nahestehenden Menschen sich positiv verändert haben und ob wir mit uns selbst in mehr Einklang gekommen sind. Es geht dabei nicht um das Aufzählen bestmöglicher Leistungen, sondern um den ehrlichen Blick auf sich selber, um die Bereitschaft, sich ändern zu wollen und sich für die Gnade und Liebe Gottes zu öffnen.
Wir können vor Gott hintreten und dürfen alles, was uns bewegt, ihm darbieten – das Gelungene und das Schwere.

Kyrie-Litanei
Jesus Christus, deine Liebe tröstet uns. Herr, erbarme dich.
Jesus Christus, dein Geist stärkt uns. Christus, erbarme dich.
Jesus Christus, deine Verheißung trägt uns. Herr, erbarme dich.

Tagesgebet der Eucharistiefeier
Herr, unser Gott, du hast in deinem Sohn
die Menschheit auf wunderbare Weise mit dir versöhnt.
Gib deinem Volk einen hochherzigen Glauben,
damit es mit froher Hingabe dem Osterfest entgegeneilt.
Darum bitten durch Jesus Christus.

ZU DEN SCHRIFTLESUNGEN

1. Lesung: 2 Chr 36,14–16.19–23
Wer Gott aus dem Blick verliert, ist in der Gefahr, Verhaltensweisen und Umgangston des Mainstreams anzunehmen. Die Weisungen Gottes werden dann leicht übersehen; der Willkür und der Überheblichkeit wird Raum gegeben. Wie das enden kann, erfuhr das Volk Israel schmerzlich, als es in babylonische Gefangenschaft geriet. Gottes Liebe und sein Erbarmen aber waren größer als alle Schuld.

2. Lesung: Eph 2,4–10
Wer glauben kann, ist ein von Gott beschenkter Mensch. Er weiß, dass er dazu bestimmt ist, Gutes zu tun und sein Leben im Horizont Gottes zu gestalten. Das ist die Antwort auf das Geschenk des Glaubens.

Evangelium: Joh 3,14–21
Der Sehnsucht des Menschen, aus Schuld und Ungewissheit gerettet zu werden, hält der Evangelist das Leben Jesu vor Augen: Jesus ist durch sein Wirken, seine Hingabe am Kreuz und in seiner Auferstehung zum Retter und Erlöser der Menschen geworden.

FÜRBITTEN

An Jesus Christus, der unser Retter ist, wenden wir uns und bitten ihn um Hilfe für unsere Nöte und unsere Unvollkommenheit:

- Wir bitten für Menschen, die von Glaubenszweifeln geplagt werden: Schenke ihnen neues Vertrauen in dich. Du Retter der Welt: A: Wir bitten dich, erhöre uns.
- Wir bitten für Menschen, die durch Gewaltanwendung und Machtmissbrauch schuldig geworden sind: Gib ihnen Einsicht und die Bereitschaft, dafür Verantwortung zu übernehmen. ...
- Wir bitten für Menschen, die durch ihr politisches oder gesellschaftliches Amt Einfluss nehmen können: Hilf ihnen, Entscheidungen zum Wohl aller Menschen zu treffen. ...
- Wir bitten für unsere Kinder und Jugendlichen, die nach Orientierung und Halt suchen: Stelle ihnen liebevolle Eltern und Großeltern zur Seite, die sich für ihre Fragen interessieren und ihre Unsicherheiten wahrnehmen. ...
- Wir bitten für die Schwerkranken und die Sterbenden: Zeige dich ihnen als Retter und Erlöser in ihrer letzten Stunde. ...

Du, Gott und Vater, bist der Herr unseres Lebens. In Jesus Christus erkennen wir, wie du bist: barmherzig und verzeihend. Dafür danken wir dir und loben dich, heute bis in Ewigkeit.

ELEMENTE FÜR DIE EUCHARISTIEFEIER

Zum Vaterunser
Das Herzensgebet der Christen ist zugleich ein Bekenntnis unseres Glaubens. Wir richten uns aus auf Gott, den wir vertrauensvoll mit Vater ansprechen.

Zum Friedensgebet
Frieden beginnt im eigenen Herzen. Wer ständig mit sich unzufrieden ist oder an anderen Anstoß nimmt, der hat keinen Raum für Versöhnung mit sich selber und mit seinen Mitmenschen. Darum beten wir:

Kommunionvers
„Seine Geschöpfe sind wir, in Christus Jesus zu guten Werken erschaffen, die Gott für uns im Voraus bestimmt hat, damit wir mit ihnen unser Leben gestalten" (Eph 2,10).

Zur Besinnung
Die Hingabe Jesu und seine Auferstehung
sind das unglaubliche Geschenk an uns Menschen.
Der Glaube an ihn schenkt uns Freude und Kraft.
Wir können unsere Bequemlichkeit in Anteilnahme wandeln,
unser Getrieben sein in Vertrauen,
unsere Selbstgefälligkeit in Aufmerksamkeit,
unsere Ohnmachtsgefühle in Gelassenheit.
Im Verändern des Gewohnten
öffnen sich neue Perspektiven.

ELEMENTE FÜR DIE WORT-GOTTES-FEIER

Dankgebet
Gott, wir danken dir,
dass du uns hier zusammengeführt hast.
Lass uns erkennen, wer wir sind.
Lass uns glauben, was wir beten.
Lass uns tun, was du uns sagst.
Darum bitten wir durch Jesus Christus,
deinen Sohn, unseren Herrn und Gott,
der in der Einheit des Heiligen Geistes
mit dir lebt und herrscht in alle Ewigkeit.

Segensbitte
L: Der Herr segne uns und behüte uns.
Der Herr lasse sein Angesicht über uns leuchten
und sei uns gnädig. Er wende uns sein Antlitz zu
und schenke uns seinen Frieden.
A: Amen.

Katrin Kayenburg

4. Fastensonntag · Zu Joh 3,14–21 (B)

Ein misslungenes Gespräch

Haben Sie das Evangelium verstanden? Oder haben Sie nach wenigen Sätzen abgeschaltet, weil es so kompliziert klingt? Dann wären Sie in guter Gesellschaft.
Das Evangelium ist ein kleiner Ausschnitt aus einem nächtlichen Gespräch zwischen Jesus und Nikodemus. Ein einflussreicher Pharisäer war Nikodemus, er hatte etwas zu verlieren. Daher schleicht er sich des Nachts zu Jesus und stellt ihm seine theologischen Fragen. Irritiert ist er, weil er Jesus, seinen Gesprächspartner, nicht richtig einordnen kann. Er passt einfach in keine Schublade. Und so eröffnet er das Gespräch mit ihm. Er teilt Jesus sein theologisches Wissen mit und das, was er über ihn gehört hat: Ein von Gott gekommener Lehrer, der Zeichen tut und mit dem Gott ist. Eine Frage stellt er nicht, er präsentiert sich als Wissender. Nur keine Schwäche zugeben, er ist ja schließlich ein angesehener Theologe.
Nun, das Gespräch verläuft nicht wunschgemäß. Es geht gründlich daneben. Auf das Kundtun seines theologischen Wissens antwortet Jesus ebenfalls mit einem theologischen Lehrsatz. Er eröffnet damit das Thema der Neugeburt, die notwendig ist, um in das Reich Gottes zu gelangen. Sie würden sicherlich sofort begreifen, dass es Jesus dabei um Umkehr geht. Aber Nikodemus ist so verkopft, dass er alles viel zu ernst und auch noch wörtlich nimmt. Er versteht gar nichts. Also kommt das, was zu erwarten war: Eine lange theologische Rede Jesu, in der er versucht, die Neugeburt zu erklären. Und damit alles noch komplizierter macht.
Leider gibt uns Johannes keinen Einblick in die Gefühlslage der beiden Gesprächspartner. Wir können sie nur erahnen. Da reden zwei aneinander vorbei und bewegen sich intellektuell auf theologischen Höhenflügen. Das geht auch noch ein drittes Mal so. Die Nachfragen des Nikodemus werden immer kürzer, die Antworten Jesu immer länger. Einfach misslungen. So sollte es nicht sein, wenn man so wichtige Themen erklärt. Also versuchen wir, die Worte Jesu einfach zu übersetzen:
Es geht Jesus um das ewige Leben. Leben ist im Johannesevangelium wichtig; es endet nicht mit dem biologischen Tod. Es geht um Rettung jedes Einzelnen. Und genau das ist die Aufgabe Jesu. Darum ist er in die Welt gekommen. Er will retten und nicht richten. Die wichtigste Voraussetzung ist der Glaube. Keiner soll verloren gehen. Jeden möchte er gewinnen. Aber jeder kann selbst entscheiden, ob er/sie sich für diese großartige Zusage entscheidet, oder ob er – mit den Worten des Johannes – im Dunkeln bleiben möchte. Es gibt nur ein Entweder – Oder: Licht oder Finsternis, ewiges Leben oder Gericht. Eigentlich ist es ganz einfach und die Entscheidung müsste klar sein. Aber: Ist Ihnen das wichtig? Glauben Sie an ein ewiges Leben? Glauben Sie daran, dass der Alltag in dieser Welt nicht alles ist? Wenn ja: Ändert das Ihre Lebensgestaltung? Wenn nein: Was hält Sie davon ab, sich Jesus ganz anzuvertrauen?

Beate Kowalski

4. Fastensonntag · Zu 2 Chr 36,14–16.19–23 (B)

Hört auf die Propheten!

Die Propheten hatten es schon immer schwer. Das Volk glaubt ihnen nicht gerne. Denn meistens haben die Propheten Unangenehmes zu verkünden: Wenn ihr so weitermacht, wird Unheil über euch kommen! So haben es Jesaja und Ezechiel, Amos und Hosea gepredigt – und auch die Propheten, von denen heute in der ersten Lesung die Rede ist. Da heißt es im Zweiten Buch der Chronik: „Immer wieder hatte der Herr, der Gott ihrer Väter, sie durch seine Boten gewarnt; denn er hatte Mitleid mit seinem Volk und seiner Wohnung. Sie aber verhöhnten die Boten Gottes, verachteten sein Wort und verspotteten seine Propheten."

PAPST FRANZISKUS UND GRETA THUNBERG

Die Menschen haben Hohn und Spott übrig für diejenigen, die sie warnen. Ehrlich gesagt: Mich erinnern diese alten Zeilen durchaus an aktuelle Erfahrungen. Es gibt ja auch heutzutage Menschen, die warnen, die fast prophetisch reden. Sie rufen uns angesichts der großen Krisen zu: So könnt ihr nicht weitermachen. Sonst gibt es eine Katastrophe! Papst Franziskus ist für mich einer dieser Warner und Propheten heute. Vor allem die Klimakrise macht ihm große Sorgen. Aber auch die Hungerkrise. Und natürlich: die Corona-Krise. All diese Krisen, darauf weist Papst Franziskus immer wieder hin, sind ja auch miteinander verbunden. Der Klimawandel sorgt in den armen Ländern dieser Erde für Dürren und Überschwemmungen, die Nahrungsmittel werden dadurch knapp. Und die armen Länder können auch mit einer Viruspandemie viel schlechter umgehen als wir hier im wohlhabenden Europa. Propheten sehen all das nicht nur mit Sorge – sie ziehen daraus auch Konsequenzen. Wir müssen etwas ändern!, sagen sie. Wir müssen uns ändern. Unser Verhalten, unseren Lebensstil. Nicht nur der Papst sagt das heute. Auch zum Beispiel die jungen Leute von „Fridays for Future". Greta Thunberg oder Luisa Neubauer und die vielen, die im Internet und auf der Straße für mehr Klimagerechtigkeit demonstrieren. Auch sie könnte man als Prophetinnen bezeichnen.

HOHN FÜR DIEJENIGEN, DIE UMKEHR PREDIGEN

Was solche Menschen, die andere warnen, miteinander verbindet, vom Papst bis zu den jungen Leuten der Klimabewegung: Oft werden auch sie mit Spott und Hohn überzogen, wie die Propheten damals zuzeiten der Bibel. Im Internet und den sozialen Medien kann man viel davon lesen. Ein lachendes Gesicht unter einer ernsten Meldung: Das kriegen diejenigen ab, die sagen: So geht es nicht weiter. Oder es heißt: Ihr habt ja keine Ahnung. Lasst mal die Experten ran. Geht doch zurück in die Steinzeit. Und: Wir lassen uns unser schönes Leben doch nicht von euch vermiesen.

DENEN GLAUBEN, DIE FORDERN: ÄNDERT EUCH!

Dabei gilt heute wie damals zu Zeiten von Jeremia oder Jesaja: Es lohnt sich, genauer hinzuhören, die Argumente und die Warnungen gut zu bedenken. Denn die Propheten damals wie heute warnen nicht, um uns zu ärgern. Sie warnen, weil ihnen etwas an uns liegt, an den Menschen, an der Welt. Im Buch der Chronik heißt es: Gott warnt durch seine Propheten, weil er Mitleid hat mit seinem Volk. Er will nicht, das sein Volk ins Verderben läuft. Er will Heil und Rettung für die Menschen. Und das ist nur zu erreichen, wenn sich die Menschen ändern. Schon damals, zuzeiten der Bibel, ging es dabei nicht nur darum, dass die Menschen sich von fremden Göttern zum wahren Gott bekehren. Das auch. Aber genauso eindringlich haben die Propheten damals gerufen: Ihr müsst euch zu anderen Menschen bekehren, zu mehr Solidarität und Gerechtigkeit. Ihr müsst euch um die Armen kümmern. Es geht nicht, dass ihr in Saus und Braus lebt, während andere verhungern. Damals drohten die Propheten: Wenn ihr so weiter macht, wird Gott euch strafen. Das würden wir heute nicht mehr so sagen. Aber klar ist: Auch wir laufen in eine Katastrophe, wenn wir uns nicht um mehr Gerechtigkeit, auch um mehr Klimagerechtigkeit kümmern. Diese Welt ist ein gemeinsames Haus aller Menschen, das ruft Papst Franziskus immer wieder in Erinnerung. Und er warnt, bestimmt im Sinne Gottes: Ihr müsst euch um dieses gemeinsame Haus kümmern! Wir alle gemeinsam müssen für dieses gemeinsame Haus Erde Sorge tragen!

ÄNDERT EUREN LEBENSSTIL, SORGT EUCH UMEINANDER!

Wie kann das nun gehen? Was müssen wir tun, wenn wir heute hören wollen auf die Prophetinnen und Propheten? Wir brauchen einen einfacheren Lebensstil hier bei uns in Europa, das sagt Papst Franziskus immer wieder. Einen Lebensstil, der weniger auf Konsum setzt, der weniger Ressourcen verbraucht und mit weniger auskommt. Weniger ist mehr! Das ist ein wichtiger prophetischer Satz. Papst Franziskus weist darauf hin: Es ist ebenso eine uralte spirituelle Erkenntnis. Mit weniger auskommen, um sich aufs Wesentliche auszurichten. Mit solch einem einfacheren Lebensstil nehmen wir Gott stärker in den Blick – und zugleich den anderen Menschen. Und solch ein Lebensstil, der sich um andere sorgt, der hat natürlich in Corona-Krisenzeiten auch mit Achtsamkeit im Alltag zu tun. All die Corona-Regeln, die wir seit fast genau einem Jahr befolgen: Sie sind auch ein Stück Nächstenliebe, Sorge um den anderen. Wir halten Abstand, achten auf Hygiene und die Alltagsmaske, damit wir niemand in unserer Umgebung mit dem Virus infizieren. In der Fastenzeit kommt noch besonders hinzu: Wir sollen auch an die Menschen denken, die weltweit vom Corona-Virus und von Armut und Hunger bedroht sind. Es ist nicht nur ein Almosen, wenn wir für sie beten und spenden. Es ist ein Zeichen biblischer Gerechtigkeit. Ändert euer Leben, sorgt euch umeinander! So rufen die Propheten seit Jahrtausenden. Und wir sollten sie nicht verspotten. Sondern: auf sie hören!

Beate Hirt

4. Fastensonntag · Zu Joh 3,14–21 (B)

Auf die Beziehung kommt es an

Ich habe einige Jahre im öffentlichen Dienst gearbeitet und war Beamtenanwärter und dann Beamter auf Probe. Ich komme aus einer Beamtenfamilie. Von daher weiß ich, wie es im Beamtentum zugeht. Da geht es auch um Beförderungen. Wer Dienst nach Vorschrift macht, wird vielleicht alle fünf Jahre befördert. Wer gute Noten erzielt hat und sich einsetzt, der wird auch schon nach drei Jahren befördert. Manche werden schon nach zwei Jahren befördert. Da denkt man: Das kann doch nicht mit rechten Dingen zugegangen sein. Hier war doch bestimmt „Vitamin B" im Spiel. Manchmal kommt es auch auf die Beziehung zum Chef an. Beziehungen spielen im Beamtentum eine große Rolle, wenn auch viele dies bestreiten. Ich habe sogar erlebt, dass ein Auszubildender später seinen Chef im Blick auf die Beförderung überholt hatte.
Wie komme ich jetzt vom Beamtentum, von der Beförderung und dem wichtigen „Vitamin B" zum heutigen Evangelium? Im Evangelium geht es um das Gericht Gottes. Auch vor Gott, so seltsam es klingen mag, kommt es am Ende vor allem auf Beziehungen an. Natürlich nicht die oberflächlichen und selbstsüchtigen Beziehungen, die nur den eigenen Vorteil suchen. Aber die Botschaft ist ganz klar: Das Reich Gottes, den Himmel, kann ich mir weder erkaufen noch verdienen. Es kommt allein auf Beziehungen an und zwar auf die Beziehung zu Jesus Christus. Den Himmel kann ich mir nicht durch gute Werke oder durch die Befolgung von Gesetzesvorschriften verdienen. Vor Gott zählt nicht zuerst, was wir tun, sondern wer wir sind, und vor allem: unsere Beziehung zu Jesus Christus.

BEZIEHUNGEN WOLLEN GEPFLEGT WERDEN

Wie sieht unsere, meine Beziehung zu Jesus Christus aus? Habe ich überhaupt eine? Ich bin getauft und gefirmt und gehe zur Kirche und versuche im Alltag ein guter Christ zu sein. Reicht diese Beschreibung eines Christen? Die Fastenzeit lädt ein, einmal diese meine Beziehung zu Jesus Christus anzuschauen, ehrlich und offen. Kann man meine Beziehung zu Jesus Christus mit einer Freundschaft vergleichen? In einer Freundschaft ist das Gespräch ganz wichtig. Gebet ist nichts anderes als Gespräch mit Jesus. All das, was ich meiner Frau, meinem Mann, meiner Freundin, meinen Freund etc. erzähle am Frühstückstisch, beim Spaziergang, beim Fernsehen oder im Bett, all das kann ich auch Jesus erzählen. Ich kann mein Leben vor ihn tragen, es ausschütten wie einen Koffer nach einer langen Reise. Ich kann beten, wenn ich froh oder auch wütend bin. Vor Gott brauche ich nichts zu verheimlichen. Wenn ich so mit Jesus lebe und bete, ihn an meinem Alltag teilnehmen lasse, wird es eine gute und stabile Beziehung sein und bleiben.
Beim Gespräch, beim Beten darf ich aber nicht stehenbleiben. Leben mit Jesus in einer guten Beziehung bedeutet auch, sich klar und eindeutig sich zu ihm zu bekennen. Mehr noch: Es geht auch darum, ihm im Alltag nachzufolgen. Jesus

hat nicht nur gepredigt, sondern auch Menschen geheilt, ihnen zugehört, ihnen geholfen, sie aufgerichtet und bei der Hand genommen. Christsein bedeutet nicht nur zu beten, sondern auch in Jesu Sinne zu handeln. Wie begegnen wir Menschen in unserem Alltag? Jesus ist Menschen begegnet und sie sind gestärkt und ermutigt wieder nach Hause gegangen. Können wir das von uns auch sagen? Es geht nicht darum, Jesus nur einfach zu kopieren. Wir sind alle Originale und Geschöpfe Gottes, und jeder hat von Gott Gaben und Talente mitbekommen. Keinem gab er nichts und keinem gab er alles. So gilt es, diese Gaben und Talente im Alltag, in der Begegnung mit den Menschen einzusetzen, damit auch von uns Menschen gestärkt und ermutigt nach Hause gehen können. Die Fastenzeit lädt auch ein, dass wir einmal über diese unsere Gaben und Talente nachdenken, sie wieder neu entdecken, sie aus dem Keller in unserem Herzen hervorholen und sie einsetzen zum Wohl unserer Mitmenschen.

BEZIEHUNG LEBT VON TREUE UND LIEBE

Übrigens erwartet Gott von uns nichts, was er nicht selbst zuallererst einbringt. Echte Beziehung kostet etwas, man muss auch bereit sein, etwas zu opfern. Auch das macht Jesus in diesem Gespräch mit Nikodemus deutlich: Aus Liebe zu uns Menschen ist Gott in Jesus Christus Mensch geworden. Aus Liebe wird er den Weg des Leidens und Kreuzes gehen. Aus Liebe weicht er am Ende auch dem Tod nicht aus. Aus unendlicher Liebe lässt Gott zu, dass sein Sohn am Kreuz endet: „So sehr hat Gott die Welt geliebt, dass er seinen Sohn dahingab, damit jeder, der an ihn glaubt, nicht zugrunde geht, sondern das ewige Leben hat!"
Wir haben in Jesus Christus die besten Beziehungen. Wir müssen sie nur nutzen und bereit sein, diese Beziehung auch zu leben. Das heißt: nicht nur unseren Vorteil aus dem Glauben ziehen, ein bisschen Trost, wenn es uns mal schlecht geht, ein bisschen Halt, wo wir ihn nötig haben. Aber wenn es gut geht, dann geht es ganz gut auch ohne Gott. So funktioniert das nicht. Beziehung in der Freundschaft, in der Ehe, in der Partnerschaft und auch zu Jesus lebt von Treue, von echter Liebe, von Zueinanderstehen durch dick und dünn, in guten und schweren Zeiten. Wie heißt es doch in einem Text in der Bibel: „Gott ist ein unbeirrbar treuer Gott!" Beziehungen in der Welt sind wichtig, wenn es nicht bloß um Beförderungen geht. Auch unter Menschen brauchen wir echte und tiefe Beziehungen, die halten und Halt geben. Beides ist wichtig: Eine gute und echte Beziehung zu Jesus Christus und eine gute Beziehung zu verschiedenen Menschen. Dann und nur dann kann unser Leben gelingen. Die Dreifaltigkeit Gottes macht es deutlich: Gott ist ein Gott der Gemeinschaft und der Beziehung und so ist der Mensch im Grunde seines Herzens auch auf Gemeinschaft und Beziehung ausgerichtet.

Hans-Werner Günther

4. Fastensonntag · Für Kinder (B)

Das größte Geschenk der Welt

Evangelium: Joh 3,14–21 *(später verkündigen)*

Liebe Kinder, liebe Gemeinde, im heutigen Evangelium geht es um ein besonderes Geschenk, das Menschen von Gott erhalten haben und immer wieder neu bekommen. Um die Liebe. Sie ist das größte Geschenk der Welt.
Habt ihr schon einmal so richtig für einen anderen Menschen geschwärmt? Die etwas Älteren kennen vielleicht sogar das Gefühl, so richtig verliebt zu sein.
Wer schon einmal so richtig verliebt war, ob Jung oder Alt, weiß, was das heißt. Wer verliebt ist, denkt an nichts anderes mehr. Verliebt sein heißt nicht nur Schmetterlinge im Bauch haben. Liebe ist viel mehr als eine Schwärmerei. Eltern lieben ihr Kind und würden alles tun, damit es ihrem Kind gut geht. Lieben hat Folgen. Liebe will gesehen werden und darum verhalten sich Menschen, die lieben, auch sichtbar liebevoll! Früher schrieb man Liebesbriefe mit ganz vielen Herzchen. Wer einen Menschen sehr mag, überrascht ihn mit kleinen Geschenken, einer Einladung oder einem Kinobesuch; einfach, weil man ihm damit seine Zuneigung zeigen möchte. Mit einem Menschen, der dir viel bedeutet, möchtest du einfach so viel gemeinsame Zeit wie möglich verbringen. Und genauso geht es Gott auch!

GOTT HAT SICH VERLIEBT IN UNS MENSCHEN

So richtig verliebt! Er schwärmt nicht nur, sondern er liebt. Liebe ist das größte Geschenk, das wir uns vorstellen können. Und auch Gottes Liebe zu jedem von uns hat Folgen. Von Anfang an hat Gott versucht, uns Menschen zu zeigen, wie sehr er uns liebt. Er hat eine wunderbare Welt für uns erschaffen, und er lässt uns Tag für Tag hier leben. Immer wieder hat Gott kleine und große Botschaften geschickt, um uns Menschen zu sagen, wie viel wir ihm bedeuten. Propheten und Boten (Engel), die den Menschen Gottes Wort erzählt haben. Irgendwann wollte Gott ein richtiges Date mit uns Menschen haben. Er wollte sich mit uns Menschen treffen, mit uns zusammen sein und gemeinsame Zeit mit uns verbringen. Deshalb hat er seinen Sohn Jesus zu uns auf die Erde geschickt. In Jesus lebte Gott als Mensch unter uns, und durch Jesus hat er uns gesagt und gezeigt, wie sehr er sich nach uns sehnt. Gottes Liebe hat Folgen – er schenkt uns seinen eigenen Sohn, um seine Liebe zu zeigen. Gott schenkt uns sein Wertvollstes, Liebstes und Teuerstes, seinen Sohn Jesus. Kein Mensch schwärmt von einem anderen, den er nicht leiden kann, den er uninteressant oder abstoßend findet. Und schon gar nicht verliebe ich mich in einen Menschen, der mir deutlich zeigt, dass er mich nicht leiden kann. Das ist für Gott anders. Gott liebt uns, auch wenn wir ihm das in unserem Leben nicht immer zeigen.
(Evangelium jetzt verkündigen)

LEBEN IN HOFFNUNG

Der Evangelist Johannes, der heute mit seinem Evangelium eine Frohe Botschaft für uns hat, will noch mehr sagen. Er will sagen, dass ein Leben fern von Gott kein wirkliches Leben ist. Wer ohne Gott lebt, wer sich nicht von Gottes großer Liebe berühren und von seinem guten Wort leiten lässt, ist wie lebendig tot. Wer sich jedoch von Gott lieben lässt und seinen Worten folgt, hat das wahre Leben – schon hier und jetzt und nicht erst in der Ewigkeit. Denn wer die Hoffnung auf ewiges Leben hat, wer also den Tod nicht zu fürchten braucht, kann befreit im Hier und Jetzt leben. Und er kann selber ein Bote, eine Botin der Hoffnung für diese Welt sein. Der Glaube an Jesus ermöglicht ein Leben mit Hoffnung. Im Johannes-Evangelium haben wir gehört: „Denn Gott hat die Welt so sehr geliebt, dass er seinen einzigen Sohn hingab, damit jeder, der an ihn glaubt, nicht verloren geht, sondern ewiges Leben hat."
Gott liebt die Menschen so sehr, dass er ihnen seinen Sohn schenkt. Gott zwingt seine Liebe niemandem auf, sondern er schenkt jedem die Möglichkeit, im Glauben ewiges Leben zu finden. Jeder von uns kann sich selber entscheiden, ob er das Geschenk annimmt oder nicht. Deshalb ist das Evangelium von Jesus Christus eine Frohe Botschaft, denn durch Jesus ist jeder Mensch zum Glauben und zum Leben eingeladen – aber keiner von uns wird dazu gezwungen.
Gott zwingt niemanden in seine Nähe. Jeder von uns darf sich selber für oder gegen den Glauben an Gott, Jesus Christus und den Heiligen Geist entscheiden. Damit uns diese Entscheidung leichter fällt, zeigt Gott uns immer wieder neu, dass er in uns verliebt ist. Mehr noch: Wir, du, du und du ebenso wie ich sind Gottes große Liebe. Gott schickt uns hier in dieser heiligen Messe wieder eine Liebesnachricht. Er schenkt uns Jesus ganz leibhaftig in Brot und Wein für alle. Denen, die noch nicht zur Erstkommunion gegangen sind, schenkt er sich auf wunderbare Weise in der Stille, die wie Brot und Wein ganz tief in uns seine Liebe lebendig hält. Wir alle dürfen mit glaubendem Herzen seine Liebesgaben empfangen. Seine Liebe schenkt uns ewiges Leben. Gott hat seinen Sohn in die Welt gesandt und uns eingeladen, ihm zu folgen. Durch Jesus schenkt er uns ein Leben mit Hoffnung.

Lied: Liebe ist nicht nur ein Wort (GL 806) oder
Wenn Glaube bei uns einzieht (GL 805, 1–3).

Brigitte Goßmann

21. März 2021 · Zur Liturgie

Fünfter Fastensonntag (B)

LIEDVORSCHLÄGE

Gesänge zur Eucharistiefeier
Eröffnungsgesang: Bekehre uns, vergib die Sünde (GL 266); *Antwortgesang:* Erbarme dich meiner, o Gott (GL 639,1) mit den Psalmversen; *Ruf vor dem Evangelium:* Herr Jesus, dir sei Ruhm und Ehre (GL 176,3); *zur Gabenbereitung*: Was uns die Erde Gutes spendet (GL 186); *Sanctus*: Heilig (GL 192,1); *Danklied*: Solang es Menschen gibt auf Erden (GL 425).

Gesänge zur Wort-Gottes-Feier
Eröffnungsgesang: Liebster Jesu, wir sind hier (GL 149); *Ruf vor dem Evangelium:* Lob sei dir Christus, König und Erlöser (GL 176,5); *zur Entlassung*: Komm Herr, segne uns, dass wir uns nicht trennen (GL 451).

ERÖFFNUNG

Liturgischer Gruß
Jesus Christus, unser Bruder und Herr sei mit euch / ist mit uns allen.

Einführung
Neu beginnen, einen neuen Anfang wagen, ohne alten Ballast – manch eine, manch einer mag sich so etwas schon einmal im Leben gewünscht haben. Die Fastenzeit ist eine Einladung an uns, neu zu beginnen, unsere Lebensweise zu betrachten und zu schauen, ob sie uns in der Begegnung mit Gott, mit dem Nächsten oder auch mit mir selbst hindert. Wenn sie das tut, haben wir nun die Möglichkeit, uns Gott wieder neu zuzuwenden.

Kyrie-Litanei
Herr, du bist unser Gott und wir sind deine Kinder. Kyrie, eleison.
Christus, du lädst uns ein, dir nachzufolgen. Christe, eleison.
Herr, du bist barmherzig und liebst uns. Kyrie, eleison.

Tagesgebet
Herr, unser Gott,
dein Sohn hat sich aus Liebe zur Welt
dem Tod überliefert.
Lass uns in seiner Liebe bleiben
und mit deiner Gnade aus ihr leben.
Darum bitten wir durch Jesus Christus.

ZU DEN SCHRIFTLESUNGEN

1. Lesung: Jer 31,31–34
Gott verheißt Jeremia einen neuen Bund, einen Neuanfang für das Volk Israel. Gott verzeiht Israel die Schuld und ist barmherzig.

2. Lesung: Hebr 5,7–9
Jesus hat die Anliegen der Menschen betend und mitleidend zu Gott, dem Vater gebracht. Er hat Gott das Leid anvertraut und ist so auch ein Vorbild für uns heute geworden: Wenn wir uns an ihn wenden und ihm unser Leben anvertrauen, gewinnen wir das Leben in Fülle.

Evangelium: Joh 12,20–33
„Wenn das Weizenkorn nicht auf die Erde fällt und stirbt, bleibt es allein; wenn es aber stirbt, bringt es reiche Frucht." Jesus spricht zu seinen Jüngern und den Menschen, die ihm gefolgt sind, vom tieferen Sinn der Hingabe und Nachfolge.

FÜRBITTEN

Gott ist der Herr unseres Lebens und Heiland der Welt. Ihm bringen wir unsere Anliegen:

- „Ich werde ihr Gott sein und sie werden mein Volk sein" (Jer 31,33). Wir bitten dich: Lass uns dich als unseren Gott erkennen und deiner Botschaft von Frieden und Gerechtigkeit folgen. Wir bitten dich, erhöre uns.
- „Denn ich verzeihe ihnen die Schuld, an ihre Sünde denke ich nicht mehr." (Jer 31,34). Wir bitten dich: Schenke auch uns die Bereitschaft zur Vergebung und Versöhnung untereinander. Wir bitten dich, ...
- „Als Christus auf Erden lebte, hat er mit lautem Schreien und unter Tränen Gebete und Bitten vor den gebracht, der ihn aus dem Tod retten konnte, und er ist erhört und aus seiner Angst befreit worden" (Hebr 5,7). Wir bitten dich: Lass auch uns heute mutig und vertrauend unser Leben im Gebet vor dich bringen, im Vertrauen, dass du uns und unsere Gebete erhörst. ...
- „Wenn einer mir dienen will, folge er mir nach" (Joh 12,26). Wir bitten dich für uns, dass wir in dieser Fastenzeit wieder neu entdecken, was unsere ganz persönliche Berufung ist, mit der wir dir und deiner Botschaft dienen können. ...

Barmherziger Gott, du verheißt uns das Leben in Fülle und lädst uns ein, dir unser Leben anzuvertrauen. Wir danken dir für deine unbedingte Liebe zu uns.

ELEMENTE FÜR DIE EUCHARISTIEFEIER

Zum Friedensgebet
Jesus, die Menschheit braucht Frieden, deinen Frieden. Und so bitten wir:
Der Friede des Herrn sei allezeit mit euch …

Kommunionvers
„Amen, Amen, ich sage euch:
Wenn das Weizenkorn nicht in die Erde fällt und stirbt,
bleibt es allein.
Wenn es aber stirbt, bringt es reiche Frucht" (Joh 12,24).

ELEMENTE FÜR DIE WORT-GOTTES-FEIER

Zum Vaterunser
Lasst mit den Worten beten, die Jesus selbst uns zu beten gelehrt hat und die uns mit den Christinnen und Christen weltweit vereinen: Vater unser …

Zum Segen
Der dreieine Gott,
Gott, der Vater,
der Ursprung allen Lebens ist,
Gott, der Sohn,
der in allen Maßen solidarisch mit uns Menschen ist und
Gott, der Heilige Geist,
der in allen Zeiten weht und wirkt:
Segne und beschütze uns und alle Menschen, mit denen wir verbunden sind und an die wir in diesem Gottesdienst besonders gedacht haben. So bitten wir:
Der Segen des allmächtigen Gottes, des Vaters und des Sohnes und des Heiligen Geistes komme auf uns herab und bleibe bei uns ewiglich.

A: Amen.

Stephanie Kersten

5. Fastensonntag · Zu Jer 31,31–34 (B)

Ein neuer Bund

Neulich habe ich mal kirchliche Papiere, die ich in einem Regal stehen habe, durchgesehen und aussortiert. Es war eine kleine Offenbarung: Mehrfach und durch verschiedene Jahrzehnte hindurch ist mir das Wort „Aufbruch" aufgefallen. Keine Frage, ein kirchlicher „Aufbruch" wäre wünschenswert. Aber er mag sich einfach nicht herbeischreiben lassen. Und irgendwann ist so ein Wort dann auch verbraucht: Es verliert seinen Zauber, wirkt nicht mehr.
Unsere Lesung aus dem Jeremiabuch hat auch so ein gefährdetes Wort in unseren heutigen Gottesdienst eingebracht: „neu". Neu ist ja auch so ein leicht abgenutzter Begriff. Floskeln wie „immer wieder neu", „neue Wege gehen" oder „einen Neuanfang wagen" wabern seit Jahrzehnten durch die kirchliche Sprache und wirken mittlerweile ziemlich altbacken. Bei Jeremia ist von einem „neuen Bund" die Rede. Auch dieses Wort vom „neuen Bund" war für christliche Leserinnen und Leser über lange Zeit offenkundig das Signal zum Abschalten. Neuer Bund? Haben wir ja. Hat sich mit Jesus erfüllt. Steht im Neuen Testament. Verheißung erledigt. Der Hebräerbrief, der die Jeremia-Stelle zitiert, scheint es ähnlich zu sehen. Dort steht im achten Kapitel: „Indem er von einem neuen Bund spricht, hat er den Ersten für veraltet erklärt. Was aber veraltet und überlebt ist, das ist dem Untergang nahe" (Hebr 8,13).
Wenn das so wäre, bräuchten wir den guten, alten Jeremia gar nicht mehr zu lesen. Jeremia stünde in einem untergegangenen Bund, seinen angekündigten, neuen Bund hätte ich schon sicher in der Tasche. Ich bitte Sie alle: Erliegen wir dieser Versuchung nicht. Schauen wir vorher, was Jeremia uns zu sagen hat. In diesem neuen Bund braucht man sich nicht gegenseitig zu belehren, weil alle Gott erkennen. Das Gesetz braucht nicht mehr in Büchern oder auf Tafeln zu stehen, es wird direkt in das Herz geschrieben: Es gibt keinen Unterschied mehr zwischen dem, was Gott will, und jenem, was wir wollen.
Es wird wohl niemand behaupten, dass das in unserem christlichen Leben verwirklicht wäre. Auch wir kämpfen – individuell, aber auch als Kirche – damit, dass wir unseren eigenen Ansprüchen permanent hinterherlaufen. Das gegenseitige Belehren ist uns nicht fremd: Jeremias Verheißung bleibt wichtig. Theologen sprechen in solchen Fällen von einem „Verheißungsüberschuss": Gott hat uns seinen Sohn gesandt, wir sind schon in den neuen Bund hineingenommen, und trotzdem hat Jeremia uns noch etwas zu sagen. Gott wird uns mehr schenken. Und schließlich: Auch dieser neue Bund richtet sich zunächst an Israel. Mit Jüdinnen und Juden lesen wir Jeremia und warten auf den Tag, an dem uns Gottes Gesetz ins Herz geschrieben ist und wir Gott erkennen.
Wir brauchen diesen neuen Bund dringend. Und die Kirche braucht einen neuen Aufbruch. Manchmal lohnt es sich, an abgenutzten Begriffen festzuhalten. Wenn man sie nur wirklich ernst nimmt. Bibellesen heißt auch, alten Texten Überraschendes zuzutrauen. Immer wieder neu.

Martin Nitsche

5. Fastensonntag · Zu Jer 31,31–34 (B)

Gottes Wort be-herz-igen

Haben Sie schon einmal etwas beherzigt? Oder sich zu Herzen genommen? Oder sich zu einem Herzensanliegen gemacht? Sind Sie bei einer Sache mit Herzblut dabei? Was wünschen Sie sich von ganzem Herzen? Wen tragen Sie im Herzen? – Es gibt noch viele weitere Redensarten mit dem Herzen. Allen ist gemeinsam: Es ist wichtig. Das Herz kommt ins Spiel, wenn es ums Ganze geht, wenn wir voll dabei sind. Wahrscheinlich kommt das aus der uralten Erfahrung, dass es mit allem schnell vorbei ist, wenn das Herz nicht mehr schlägt. So hat man in der Antike, vor allem aber in der Bibel, das Denken, Planen und Entscheiden, die Vernunft und das Wollen im Herzen angesiedelt, nicht im Gehirn, wie wir das heute tun. In der Bibel ist das Entscheidungszentrum und das Denkorgan des Menschen das Herz.

DER NEUE BUND IST NOCH NICHT DA

Deswegen will Gott, der Herr, nach der heutigen Lesung aus dem Buch des Propheten Jeremia seine Weisung, seine Torá, auch auf das Herz der Israeliten schreiben. Gottes Verzweiflung ist deutlich erkennbar: Einst hat Gott sein Volk Israel aus Ägypten befreit und mit diesem Volk einen Bund geschlossen: erst am Sinai, dann noch einmal im Land Moab, dann zogen die Israeliten ins Gelobte Land. Immer wieder hat Gott sein Volk an seine Weisung und seinen Bund erinnert, vor allem durch die Propheten. Alles war so schön geplant: Gott gibt den Israeliten eine lebensförderliche Weisung (der Mensch, der danach handelt, wird leben, Lev 18,5), dann erfüllen die Israeliten diese Torá Gottes beispielhaft im Land, und schließlich finden alle Menschen zu diesem wahren und gelingenden Leben mit Gott. Es hat aber nicht geklappt: Israel hat den Bund gebrochen. Aber Gott gibt nicht auf, sondern verheißt einen neuen Bund – es ist eigentlich eine Neuauflage des alten, immer gleichen Bundes, jetzt aber unter neuen Vorzeichen: Die Weisung Gottes steht dann auf den Herzen der Menschen geschrieben. – Und? Ist dieser „neue Bund" schon da? Manchmal begegnet einem das Missverständnis, dass das Christentum dieser neue Bund sei. Diese falsche Auffassung hat fatale Folgen, denn in dieser Perspektive wird das Judentum in grauenvoller Weise abgewertet. Wenn wir uns genauer anschauen, worin der „neue Bund" besteht, merken wir, dass diese Verheißung Gottes noch nicht Wirklichkeit ist.

WORIN BESTEHT DER NEUE BUND?

Nur ein einziges Mal ist im Alten Testament vom „neuen Bund" die Rede, hier im 31. Kapitel des Buches Jeremia. Gott selbst spricht in erster Person und beschreibt, was diesen „neuen Bund" ausmacht: Gottes Weisung ist in der Mitte der Menschen, Gott schreibt sie auf ihr Herz. Das bedeutet nicht nur, dass die Menschen die Weisung, die Torá, auswendig können („by heart" im Englischen), sondern dass sie sie wirklich be-herz-igen. Was mir auf dem Herzen geschrieben steht, das befolge ich ohne zu zögern, ohne Hintergedanken, freiwillig, eben – von Herzen gern. So soll das mit der Tora Gottes sein: Die Menschen handeln dann freiwillig und gern nach den Geboten Gottes, sie tun das Gute von Herzen gern, mit voller Absicht und klarer Vernunft, mit allem Planen und Denken, oder, wie man das modern sagt, „intrinsisch motiviert". Wenn wir mal so weit sind, dann braucht es keine Pfarrer, Prediger, Religionslehrer und -lehrerinnen mehr, die belehren. Dann muss keiner mehr mahnen: „Erkennt den Herrn!", will sagen: Befolge endlich seine Gebote! Alle, klein und groß, können dann von sich aus, freiwillig und gern und ohne Zögern, nach der Weisung Gottes leben und das Gute tun; z. B. den Nächsten lieben wie sich selbst (Lev 19,18) oder die Zehn Gebote halten, für die Armen sorgen usw. Das ist der „neue Bund", also, dass der alte, eine und ewige Bund Gottes nun endlich von Seiten der Menschen auch eingehalten wird und die Welt, Gottes Schöpfung, wieder zum Paradies wird. Sie werden zugeben müssen, dass wir noch längst nicht so weit sind. Der „neue Bund" ist noch nicht da, natürlich auch nicht im Christentum. Gottes Verheißung des „neuen Bundes" im Buch Jeremia ist noch nicht verwirklicht.

WAS WIR EINSTWEILEN TUN KÖNNEN

Das heißt aber nicht, dass wir nun die Hände in den Schoß legen sollten und einfach warten, bis Gott sein Versprechen wahr macht. Wenn wir genau hinsehen, dann gibt es ja schon vereinzelt Menschen, die ab und zu und immer mal wieder das Gute im Sinne von Gottes Weisung tun. Sogar wir selbst tun ab und zu ganz gerne das Gute! Wir müssen damit anfangen, Gottes Gebot wieder mehr zu be-herz-igen, also in unsere Planungen und Vorhaben aufzunehmen. Wir kennen das aus unserem Verhalten gegenüber der Natur und der Umwelt: Eigentlich müssten wir weniger autofahren, weniger unnütze Sachen kaufen, weniger Fleisch essen, viel weniger Plastikmüll verursachen, mehr erneuerbare Energien erzeugen, usw. Eigentlich – und ab und zu gelingt uns das auch. Man müsste es mehr beherzigen, von innen heraus, aus dem Herzen, das Bessere tun. Aber noch immer müssen wir von außen ermahnt werden, müssen an den Klimawandel erinnert werden, ach ja, genau, man müsste … Erst, wenn aus dem „man müsste" ein „ich will und mache" wird, dann funktioniert das mit dem Herzen. Eigentlich ist Gottes Torá, Gottes Weisung schon in unserer Mitte, leider noch auf Papier und nicht auf dem Herzen geschrieben. Papier ist geduldig, sagen wir. Wir brauchen aber die Ungeduld des Herzens. Wie in der Liebe zwischen zwei Menschen, die die Sehnsucht ungeduldig zueinander treibt. So soll uns unser Herz antreiben, das Gute zu tun: die Umwelt schonen, ein Herz für die Bedürftigen haben, einfach helfen, wo es nötig ist, ohne zu zögern. Nehmen Sie sich heute etwas Zeit und fragen Sie sich, was Sie eigentlich längst an Gutem tun sollten. Schreiben Sie es auf Ihr Herz – und machen Sie es dann einfach. Dann beginnt ein bisschen „neuer Bund". Gott hilft dabei.
Thomas Hieke
Geben Sie jedem/jeder Teilnehmer/-in im Gottesdienst ein aus rotem Papier ausgeschnittenes Herz mit. Da möge man draufschreiben, was man von Gottes Geboten in nächster Zeit be-herz-igen will.

5. Fastensonntag · Zu Joh 12,20–33 (B)

Verwandelt

Am Kreuz über die Erde erhöht, zieht Jesus alle zu sich. Sogar in seinem Sterben wirkt die Kraft aus der Höhe, richtet auf. Faszinierender ist sie als alles, was uns je begeistern kann. Zum Vertrauen auf sie, Kraft aus der Höhe, werden wir uns in dieser Feier gleich wieder gegenseitig ermutigen. Der große Lobpreis der Präfation beginnt mit diesem Dialog: „Erhebet die Herzen!" – „Wir haben sie beim Herrn."
Machthaber enttäuschen uns immer wieder. So schlimm das ist, es kann auch sein Gutes haben. Dann erhebt sie sich wieder, mitten in der Verzweiflung – unsere Sehnsucht. Dann regt es sich neu, das Verlangen – und in ihm die höhere Macht. Sie beseelt ja unser Dasein, von Anfang an, bleibt uns treu – bis zum Ende und darüber hinaus. Dass wir so aufgerichtet werden – dafür setzt Jesus sich ein mit seiner ganzen Existenz. An seiner Lebenshingabe lässt er alle, die dafür empfänglich sind, gern teilhaben: „Tut dies zu meinem Gedächtnis!" Und er verspricht, die Verheißung seines Vaters auf sie herabzusenden (Lk 22,19; 24,49).

VERBORGEN

Die gerade gelesene Evangeliumsgeschichte erzählt: Unbekannte melden sich, sie wollen gern mit Jesus sprechen. Es sind nicht Menschen wie du und ich, die sich das wünschen. Sie lösen erst einmal Befremden aus. Griechen – nicht nur in Jerusalem sind sie Ausländer. Aber sie haben schon einen wesentlichen Schritt vollzogen über das hinaus, was ihnen von Kindesbeinen an vertraut ist. Sie wollen in Jerusalem Gott anbeten. Vielleicht zu ihrer eigenen Überraschung spüren sie jetzt: Wir möchten Jesus sehen. Ihr Interesse an diesem Prediger in Israel – kündigt sich darin ein Durchbruch an? Nichtjuden, zuhause in einer anderen Kultur, entdecken Jesus? Und mit ihm – und in ihm – Gott?
Wir erfahren nicht, ob ein Gespräch zwischen den Fremden und Jesus stattgefunden hat. Jedenfalls ist wieder deutlich geworden: Jesu Sendung gilt nicht nur dem Volk, zu dem er gehört. In ihm sucht Gottes Heil alle Menschen auf, sogar die ganze Schöpfung.
Damit dies geschehen kann, spürt Jesus aber: Jetzt ist nicht die Zeit für Begegnungen und Gespräche. Er muss sich einer großen Herausforderung stellen, sich darauf vorbereiten. Denn es wird ihm ergehen wie dem Weizenkorn. Das bleibt nicht allein, wenn es zu Boden fällt. Wenn es in der Erde stirbt, bringt es reiche Frucht. Auf diese geheimnisvolle Verwandlung weist er seine Freunde jetzt hin. Er weiß, dass bald die Stunde kommt, um aus dieser Welt zum Vater hinüberzugehen (Joh 13,1). Auf diesen Augenblick bewegt er sich zu. Auch deswegen geht er bald weg und verbirgt sich vor den Menschen (Joh 12,36).
Jesus entzieht sich. Das verringert aber seine Aufmerksamkeit für die Menschen nicht, sondern verstärkt und vertieft sie. Deswegen geht er anders als

allgemein üblich mit ihnen um: mit den Kindern, den Frauen, mit Angesehenen und Verachteten, mit Kranken und Gesunden, mit Reichen und Armen. Jesus sieht Menschen, aber auch andere Geschöpfe, wie sie wirklich sind, aus dem Blickwinkel ihres Ansehens bei Gott. Auch in dieser Hinsicht ist Jesus ein Meister. Deswegen ist er nicht angewiesen auf Ansehen, auf Ehre bei Menschen – bei Juden, bei Griechen, bei wem auch immer. Deshalb verbirgt Jesus sich immer wieder vor den Menschen in der Stille. Er muss sich anschauen lassen von Gott. Im Ansehen bei seinem Abba lebt er auf.

VERBÜNDET

Zu gern nimmt Jesus uns mit, dich und mich. Könnten wir ihm doch in dieses Still-Sein folgen! Wie würden wir als Menschen aufgehen und aufgehoben sein in der Begegnung mit Gott! Von dort kämen wir, wie Jesus, anders zurück, verwandelt. Wie er entdeckten wir, was ihn so glücklich macht. Jesus ist aufgegangen: nicht nur dem Weizenkorn, nein, allem, was uns begegnet, hat Gott eine Botschaft mitgegeben – seine Botschaft, sich selbst. Was ich auch wahrnehme – alles und jedes möchte zuerst und zuletzt von Gott sprechen. Unser Leben, unser Erleben, von den ersten Knospen dieses Frühlings bis hin zu den unauslotbaren Tiefen des Universums – all dies, dieser unerschöpfliche Reichtum im Innersten, spricht letztlich doch nur über dieses Eine, vermittelt diese Botschaft: Gott ist größer. Gottes Kraft aus der Höhe setzt all ihre Macht dafür ein, dass die Schöpfung sich entfalten kann. Wachsen soll sie, aufblühen, fruchtbar sein. Fülle des Lebens empfangen und weitergeben: dazu berufen und befähigt die Schöpfung uns, ebenso wie jedes lebende Wesen.
Jeder Mensch ist ein Tabernakel. Denn Gott ist gegenwärtig im Innersten von allen, ist ihre Mitte, ihr Herz (vgl. Jer 31,33, 1. Lesung). Bevor du es wusstest, bevor du es erkennen konntest, hat der Allmächtige schon seinen Bund geschlossen – mit seinem Volk, mit dir, mit allen, in der wunderbaren Stille seiner großen Liebe. Ihr entstammen auch alle guten Worte, die von Menschen gesagt wurden, gesagt werden. Und je tiefer wir aufgenommen werden vom Einvernehmen in der Stille, desto mehr nähert Gott sich uns an.
Die kurze Stille, die jetzt folgt – erwarten wir von ihr nicht zu wenig! All unser Sprechen, das gilt auch für mich, bleibt unzureichend. Diesen Mangel können wir jetzt zusammen der Stille überlassen.
Gott in deiner Stille, dir vertrauen wir uns an. Du in deiner Stille, du brauchst das Schlusswort, das Ja und Amen, nicht zu sprechen. Du bist es – von Ewigkeit zu Ewigkeit.

Heinz-Georg Surmund

5. Fastensonntag · Für Kinder (B)

Bitte weitersagen

ZUR VERKÜNDIGUNG

Evangelium: Joh 12,20–33

Warum einfach, wenn es auch kompliziert geht. Die ersten Zeilen des heutigen Evangeliums sind bemerkenswert. Griechen, also Ausländer, waren zu Besuch in Jerusalem und wollen mit Jesus sprechen. Ihr Anliegen: Wir wollen Gott im Tempel anbeten. Anstatt aber direkt zu Jesus zu gehen, wenden sie sich an Philippus, einen schon etwas älteren Jünger von Jesus. Aber auch Philippus geht nicht direkt zu Jesus, sondern er holt Andreas dazu. Mit ihm zusammen schließlich geht er zu Jesus und trägt das Anliegen der Griechen vor. Und jetzt wird es noch seltsamer, denn Jesus scheint darauf überhaupt nicht einzugehen. Er spricht von seinem Tod: Wenn das Weizenkorn nicht in die Erde fällt und stirbt, bleibt es allein. In der Bibel steht nichts zufällig, es gibt keine Worte, die man einfach mit einem Schulterzucken abtun kann. Deshalb hat auch diese scheinbare Randgeschichte von den Griechen eine tiefere Bedeutung, die wir heute ergründen wollen.
So ganz fremd ist uns dieses Verhalten nämlich nicht. Vielleicht hat der eine oder andere von euch auch schon mal etwas Ähnliches gemacht. Da ist zum Beispiel jemand unsterblich verliebt. „So ein süßer Junge!" – „Das Mädchen ist einfach umwerfend." Was liegt näher, als einfach hinzugehen und zu fragen: „Willst du mein Freund / meine Freundin sein?" Nein? Zu direkt? Richtig. Oft genug, wenden wir uns lieber an den besten Freund / die beste Freundin des oder der Angebeteten. Wir fühlen lieber vor. Warum ist das so? (–) Es ist weniger peinlich, eine Abfuhr zu bekommen, wenn wir über Umwege fragen. Der Gefragte ist freier in seiner Antwort. Und wenn er oder sie mich auch mag, dann kann er oder sie das dem besten Freund gleich anvertrauen. Es fällt uns leichter, jemanden zu fragen, bei dem uns nicht das Wort im Hals stecken bleibt und bei dem nicht gleich die Hände feucht werden vor Aufregung. Wir brauchen weniger Mut, wenn wir Vermittler haben.

VERMITTLUNG ALS GRUNDPRINZIP CHRISTLICHEN HANDELNS

Genauso war es bei den Griechen, die mit Jesus sprechen wollten. Jesus war der Superstar, der von zahlreichen Menschen umringt war. Jesus war der Wunderheiler, der sicherlich keine Zeit haben würde für ein paar Ausländer. So müssen diese Griechen gedacht haben. Auch Philippus fragt lieber mit Andreas zusammen. Schon damals muss es so etwas wie eine Hierarchie, eine Rangordnung unter den Jüngern gegeben haben. Petrus, Andreas und Johannes gehörten zum engsten Kreis. Die waren überall dabei, während die anderen Jünger auf deren Rückkehr warten mussten. Denken wir an die Verklärung auf dem Berg Tabor. Also weiß Philippus nicht so recht, ob das Anliegen dieser

Griechen wichtig genug ist, um Jesus damit zu behelligen. Ein berühmter Rockstar, ein herausragender Fußballspieler macht es heutzutage nicht anders. Die Post der Fans kommt sackweise. Wollte eine berühmte Person jeden einzelnen Brief selbst beantworten, würde sie zu nichts anderem mehr kommen. Deshalb gibt es Mitarbeiter, die alles lesen und auch im Namen des Künstlers oder Sportlers antworten. Nur manche besonderen Briefe schaffen es wirklich in die Hand des Idols. All das ist in Ordnung, solange die Helfer im Sinne der Berühmtheit handeln.

Das Evangelium heute verwundert aber erneut. Nach all dem Aufwand scheint Jesus auf die eigentliche Frage der Griechen gar nicht einzugehen. Er hätte sagen können: „Sehr schön. Ihr Griechen glaubt also auch an Gott und seid extra nach Jerusalem gekommen, wo Gott in seinem Tempel wohnt." Jesus spricht aber zum ersten Mal davon, dass seine Stunde gekommen sei. „Wenn das Weizenkorn nicht in die Erde fällt und stirbt, bleibt es allein, wenn es aber stirbt, bringt es reiche Frucht." Jesus macht deutlich, dass Gott nicht an einem Ort wohnt, weder in Griechenland noch in Jerusalem. Gott ist überall, wo die Frohe Botschaft aufgeht wie eine Weizenkorn, wo die Frucht der Liebe in den Herzen der Menschen wächst. Wenn Menschen sich für andere einsetzen, bereit sind, auf eigene Vorteile zu verzichten, dann wächst daraus etwas Großartiges. Damit gibt Jesus eine Antwort auf die Frage und auch auf die Art und Weise, wie die Griechen ihn angehen. Jesus zeigt, dass er kein Superstar ist, er ist nur ein Weizenkorn, das den Tod nicht scheut, um fruchtbar zu werden für die Heilung der Welt. Viele Christen haben es im Laufe der Kirchengeschichte wie diese Griechen gemacht. Sie gingen zu den Heiligen und zur Gottesmutter, um ihre Anliegen vorzutragen. Sie gingen zu den Priestern, Bischöfen und dem Papst in Rom, um Jesus näher zu kommen. Das ist alles in Ordnung, denn tatsächlich zeigt sich Gott ja auch in anderen Menschen. Letzten Endes spielt es aber genauso wenig eine Rolle wie der Ort, wo wir Gott anbeten. Wir dürfen ohne Umwege zu Jesus kommen oder wir kennen jemanden, der uns Gott näherbringt. Hauptsache wir begreifen, dass es nicht nur um uns selber geht, sondern um das Heil aller Menschen.

FÜRBITTEN

Jesus ist der eine Mittler des himmlischen Vaters. Deshalb bitten wir ihn:

- Gib allen Menschen, die Verantwortung tragen in Politik und Gesellschaft, die Fähigkeit, das Wohl aller Menschen im Blick zu haben.
- Lass Christen teilhaben an deiner Mittlerschaft. Hilf ihnen, die Frohe Botschaft allen Menschen zu verkünden, damit diese zu dir finden.
- Nimm unsere Verstorbenen auf, damit sie für ewig deine Liebe erfahren.

Jesus, führe uns zur Liebe Gottes, in der du lebst in alle Ewigkeit.

Michael Roos

28. März 2021 · Zur Liturgie

Palmsonntag (B)

LIEDVORSCHLÄGE

Gesänge zur Eucharistiefeier
Zum Einzug: Singt dem König Freudenpsalmen (GL 280); *Antwortgesang:* Mein Gott, mein Gott, warum hast du mich verlassen (GL 293) mit den Psalmversen; *Ruf vor der Passion:* Christus Sieger, Christus König (GL 560,1) mit dem Vers; *Nach der Passion:* Herzliebster Jesu, was hast du verbrochen (GL 290); *zur Gabenbereitung:* O Haupt, voll Blut und Wunden (GL 289,1–3); *Danklied:* Wir danken dir, Herr Jesu Christ (GL 297); *zur Entlassung:* Fürwahr, er trug unsere Krankheit (GL 292).

Gesänge zur Wort-Gottes-Feier
Predigtlied: O Traurigkeit, o Herzeleid! (GL 295).

ERÖFFNUNG

Liturgischer Gruß
Die Gnade Jesu Christi, des Sohnes Davids und Königs von Israel, sei mit euch / ist mit uns allen.

Einführung
Mit dem heutigen Tag treten wir in die Heilige Woche ein. Der Palmsonntag erinnert uns einerseits an den feierlichen Einzug Jesu in die Stadt Jerusalem; andererseits ist er das Gedächtnis seiner Passion. Ein Spannungsbogen von „Hosanna!" bis hin zu „Kreuzige ihn!", von Freude bis Trauer. In den zurückliegenden Tagen der österlichen Bußzeit haben wir uns durch Umkehr auf die Feier der Karwoche vorbereitet. Wir wollen nun unseren Herrn auf seinem Weg des Leidens und Todes begleiten, in der Hoffnung, einst an der Herrlichkeit seiner Auferstehung Anteil zu erhalten.

Kyrie-Litanei
Herr Jesus Christus, du wurdest wie ein Sklave und den Menschen gleich. Kyrie, eleison.
Durch deinen Tod am Kreuz hat Gott dich erhöht. Christe, eleison.
Du bist der Herr über das All. Kyrie, eleison.

Tagesgebet
Allmächtiger, ewiger Gott, deinem Willen gehorsam,
hat unser Erlöser Fleisch angenommen, er hat sich selbst erniedrigt
und sich unter die Schmach des Kreuzes gebeugt.
Hilf uns, dass wir ihm auf dem Weg des Leidens nachfolgen
und an seiner Auferstehung Anteil erlangen.
Darum bitten wir durch ihn, Jesus Christus.

ZU DEN SCHRIFTLESUNGEN

1. Lesung: Jes 50,4–7
Jesajas Gottesknecht setzt sein ganzes Vertrauen auf Gott. Von ihm empfängt er die Kraft, trotz Verfolgung und Spott seiner Sendung treu zu bleiben: „die Müden zu stärken durch ein aufmunterndes Wort".

2. Lesung: Phil 2,6–11
Der gottgleiche Christus wählte aus Liebe zu uns Menschen das Leben eines Sterblichen. Durch seinen Kreuzestod wurde er von Gott erhöht und zum Herrn des ganzen Universums erhoben.

Passion: Mk 14,1–15,47
Vom Beschluss des Hohen Rates über den Verrat durch Judas, über einsame Gebetsstunden in Getsemani bis hin zum Begräbnis schildert der Evangelist Markus eindrücklich die letzten Tage Jesu.

FÜRBITTEN

Durch sein Kreuzesopfer versöhnte Jesus Himmel und Erde. Ihn, den Sieger über Sünde und Tod, bitten wir voll Vertrauen:
V: Du, Sohn Davids. *A:* Erbarme dich unser.

- Für unsere katholische Kirche: Mache sie zu einer glaubwürdigen und mutigen Zeugin deiner sinngebenden Frohen Botschaft. *V.:* Du, Sohn Davids ...
- Für die Regierenden: Ermutige sie, sich immer mehr für Frieden und Gerechtigkeit einzusetzen. ...
- Für die Kranken, Einsamen und Notleidenden: Schenke ihnen Kraft und Zuversicht. ...
- Für unsere sich auf das Osterfest vorbereitende Gemeinde: Begleite uns durch diese Heilige Woche mit deinem Geist. ...
- Für die Sterbenden: Stärke sie mit der Hoffnung auf das ewige Leben. ...

Jesus Christus, in deiner Passion zeigst du uns den Weg zum Leben. Dich, unseren gekreuzigten Herrn, loben wir in alle Ewigkeit.

ELEMENTE FÜR DIE EUCHARISTIEFEIER

Kommunionvers
Mein Vater, wenn dieser Kelch an mir nicht vorübergehen kann und ich ihn trinken muss, so geschehe dein Wille (Mt 26,42).

Zum Vaterunser
Zu unserem Vater im Himmel, der seinen Sohn Jesus Christus, „über alle erhöht und ihm den Namen verliehen hat, der größer ist als alle Namen", beten wir, wie Jesus – unser Herr – uns gelehrt hat:

Zur Besinnung

Was können wir, die wir vor Gott stehen, tun, der uns bis zur Erfahrung von Verrat und Verlassenheit gedient hat? Wir sollen das nicht verraten, wofür wir geschaffen wurden, und das nicht aufgeben, was zählt. Wir sind auf der Welt, um Gott und unsere Mitmenschen zu lieben. Das bleibt, alles andere vergeht. Das Drama, das wir in diesen Tagen gerade durchleben, drängt uns, die ernsten Dinge ernst zu nehmen und uns nicht in Belanglosigkeiten zu verlieren; wiederzuentdecken, dass das Leben zu nichts dient, wenn man nicht dient. Denn das Leben wird an der Liebe gemessen. So stehen wir in diesen heiligen Tagen zu Hause vor dem Gekreuzigten. – Schaut, blickt auf den Gekreuzigten – an dem sichtbar wird, wie sehr Gott uns geliebt hat. Mit dem Blick auf den Gekreuzigten bitten wir den Gottessohn, dessen Dienst bis zur Hingabe seines Lebens geht, um die Gnade, dass wir leben, um zu dienen. Versuchen wir, mit denen Kontakt zu halten, die leiden, die allein sind und bedürftig. Denken wir nicht nur an das, was uns fehlt, denken wir auch an das Gute, das wir tun können. *(Papst Franziskus am Palmsonntag 2020)*

ELEMENTE FÜR DIE WORT-GOTTES-FEIER

Lobpreis und Dank

L/A: Jesus Christus ist der Herr zur Ehre Gottes, des Vaters.

L: Jesus, unser Herr und Bruder, du warst Gott gleich. Für uns und um unseres Heiles willen bist du Mensch geworden. *A:* Wir loben dich und danken dir.
L: Du hast dein Leben nicht festgehalten. *A:* Wir loben dich ...
L: Du hast dich entäußert. *A:* Wir loben dich ...
L: Du bist geworden wie einer, der dient. *A:* Wir loben dich ...
L: Du warst uns in allem gleich. *A:* Wir loben dich ...
L: Du hast dich selbst erniedrigt. *A:* Wir loben dich ...
L: Du bist gehorsam geworden bis zum Tod am Kreuz. *A:* Wir loben dich ...
L: Du wurdest von Gott erhöht über alles, was ist. *A:* Wir loben dich ...
L: Du bist unser Herr. *A:* Wir loben dich ...

L/A: Jesus Christus ist der Herr zur Ehre Gottes, des Vaters (vgl. Versammelt in Seinem Namen, S. 151–152).

Robert Solis

Palmsonntag · Zu Mk 11,1–10; Phil 2,6–11

Vom Himmel auf die Weltbühne

Es gibt eine Reihe biblischer Ermahnungen zur Demut. Dabei ist mit Demut kein schwaches Selbstwertgefühl oder gar Unterwürfigkeit gemeint. C. S. Lewis bemerkte einmal: „Demut bedeutet nicht, gering über sich zu denken, sondern weniger an sich zu denken". Die Prozession am Palmsonntag wird oft als „Siegeszug" bezeichnet. Der Siegeszug Jesu war in Wirklichkeit ein provokativer Akt, der die Ereignisse des Karfreitags auslösen sollte. Warum war der Einzug in Jerusalem provokativ? Dabei dürfte ein kleiner Esel eine große Rolle gespielt haben: Nach Ansicht einiger Gelehrter zogen Könige einst auf diese Weise in Jerusalem ein, um ihre Regierungszeit zu beginnen. Der bescheidene Esel signalisierte die Demut und den guten Willen des Königs gegenüber dem Volk, das er regieren wollte. Jesus kannte zweifellos die einschlägigen Stellen aus der Schrift, die in Zusammenhang damit stehen. Auch war er mit Sicherheit nicht „demütig" in der Weise, wie es die Hohepriester, Schriftgelehrten und einige der Pharisäer von ihm forderten. Während seiner letzten Tage steckte hinter jeder seiner Handlungen eine Art „erhabener Trotz". Den Schlussakt setzt Jesus in Jerusalem, indem er den Fehdehandschuh hinwirft als eine bewusste Aufforderung an die Behörden, ihr Schlimmstes zu tun. Was können wir aus den Worten und Taten Jesu über Demut lernen? War Jesus demütig vor Gott? – Ja, das war er mit Sicherheit, sonst hätte er den Himmel nicht verlassen, um die Weltbühne zu betreten. War er demütig vor seinen Feinden? – Das wohl kaum! Es kann Zeiten geben, in denen die Erfüllung unseres christlichen Zeugnisses darin besteht, sich den Erwartungen anderer zu widersetzen. Wahre Demut ist keine Sanftmut. Es ist auch nicht Mangel an Mut, wenn Mut erforderlich ist, sondern selbstloser Gehorsam gegenüber Gott. Wahre Demut im biblischen Sinne kann hin und wieder bedeuten, Autoritäten herauszufordern, für Prinzipien einzustehen und für andere Verantwortung zu übernehmen. Und das bedeutet unter Umständen, sich couragiert selbst in die erste Reihe zu stellen, wenn es für den Dienst erforderlich ist, zu dem uns Gott gerufen hat. Manchmal kann das heißen, in der Öffentlichkeit eine tragende Rolle zu spielen, ja auch selber Macht und Autorität auszuüben, wie es die Geschichten des Alten Bundes von Joseph, Esther und Daniel erzählen. Viele Menschen ziehen es jedoch vor, im Schutz der Masse unterzutauchen, um ja nicht aufzufallen. Wir scheuen eher das Licht der Öffentlichkeit, möchten lieber nicht dazu berufen sein, große Verantwortung zu übernehmen oder einen Weg einzuschlagen, der harte Arbeit oder Leiden erfordert. Am Ende aber, wenn wir wirklich demütig sind, unterwerfen wir uns dem Willen Gottes, so wie es Jesus getan hat, als er sich entäußerte und kurz vor seinem Tod am Kreuz im Garten von Gethsemane den bittern Kelch des Leidens angenommen hat. Jesus hat sich weder selbst erhöht noch hat er sich geweigert, erhöht zu werden. Er hat sich völlig dem Willen seines Vaters ergeben.

Athanasius Wedon

Palmsonntag · Zu Phil 2,6–11 (B)

Entäußerung und Loslassen

Welch eindrucksvoller poetischer Text, der Philipperhymnus, der uns vorgetragen wurde. Vielleicht ist Ihnen auch die vertonte Fassung aus dem Gotteslob im Ohr.
Paulus greift in seinem Brief auf einen älteren Text zurück, den er in seine Einladung einfügt, Christus im eigenen Leben nachzuahmen.
Der Philipperhymnus beschreibt die grundlegende Bewegung des allmächtigen, allgegenwärtigen und zeitlosen Gottes.
Gott hält nicht fest, er entäußert sich und wird Mensch. Noch mehr, er wird wie ein Sklave. Er unterwirft sich den Begrenzungen und der Begrenztheit menschlichen Lebens. Dieser Gott macht sich ganz vertraut mit uns, unserem menschlichen Dasein. Diese Bewegung auf den Menschen hin prägt unseren christlichen Gottesglauben zutiefst. Das weihnachtliche Ereignis, die Menschwerdung, durchlebt der Mensch gewordene Gottessohn ganz bis zur tiefsten Erniedrigung am Kreuz – bis hin zum Karfreitag.
Die Entäußerung Gottes findet im Kreuzestod ihren Höhepunkt. Festgenagelt durch die Bosheit der Menschen, in der Nacktheit am Kreuzesbalken vollkommen entblößt und zur Schau gestellt. Und im vollkommenen Fallenlassen, in der festen Hoffnung, dass ihn der Vater auffangen wird.
Der Palmsonntag läutet die tiefe Dramatik der Karwoche ein, die in die tiefste Dramatik des menschlichen Loslassens führt: Eben noch hochgepriesen, von Hoffnungen und Wünschen begleitet, wendet sich das Blatt in kurzer Zeit gegen Jesus. Der sich als machtlos präsentierende Messias provoziert, an ihm nimmt man Anstoß. Und am Ende fordert der Mob: „Ans Kreuz mit ihm!"
Gott, wenn man das so sagen darf, hat das einkalkuliert. Er geht in seiner Mission aufs Ganze, ohne Rückhalt, ohne doppelten Boden.
Es ist die Mission der Liebe, die sich alles, wirklich alles kosten lässt – sogar das Leben.
Jesus Christus lebt eine Liebe, die bereit ist, alles loszulassen, alles auf diese Liebe auszurichten, alles dieser Liebe unterzuordnen und alles aus dieser Liebe zu tun.

LOSLASSEN UND SICH BEHALTEN

Wie kann man dieser Liebe nachfolgen, ihr Raum geben?
Es ist zweifelsohne eine große Herausforderung für uns Menschen, uns in dieser Weise zu entäußern oder loszulassen. Wir werden ja glücklicherweise von dem Trieb geleitet, uns selbst zu erhalten. Instinktiv möchten wir Gefahren für Leib und Leben aus dem Weg gehen. Und in der Regel wird von uns kein Lebensopfer im existenziellen Sinne verlangt.
Und dennoch: Auch im alltäglichen Leben entstehen, wenn man es genau betrachtet, viele Situationen, in denen wir lernen müssen loszulassen, nachzugeben. Denken Sie an die tägliche Schlacht um die Parkplätze in unseren In-

nenstädten: Wie ärgerlich, wenn Sie einen freien Parkplatz erspäht haben und ein anderer schnappt Ihnen den vor der Nase weg, bloß, weil Ihr Rangiermanöver Sie noch einen Tick in Anspruch nimmt. Oder Sie warten an einer Menschenschlange und einer, der ganz in sein Handy vertieft ist, wandelt an Ihnen vorüber und durchschreitet ganz selbstverständlich die Tür, vor der Sie geduldig warten.

Es gibt Situationen und Stimmungen, in denen könnte ich aufgrund solcher Erfahrungen geradezu platzen. Und manchmal bin ich so verärgert, dass ich mich ganz dem Gefühl der Wut anheimgebe; da bin ich nicht mehr ich. Da kann mir dieser Moment den ganzen Tag regelrecht vergällen. Wenn ich mich dann wieder gefangen habe, denke ich mir: Muss das sein? Bin ich gezwungen, mich so zu vergessen, dass ich meine Selbstbestimmung zugunsten von Wut und Zorn aufgebe? Soll ich nicht eher loslassen, meinen Status, mein Recht, meinen Stolz aufgeben? Dabei geht es nicht ums Hinnehmen, ums Erdulden. Ein kritisches Wort in angemessenem Ton kann angebracht sein. Es geht darum, mich selbst nicht zu verlieren, sondern wieder die Kontrolle zu gewinnen, indem ich loslasse, auch meinen Zorn und meine Wut, ohne zu verbittern. Das ist, wie mir scheint, durchaus ein Einüben in eine christliche Haltung.

Die Herausforderung, vertrautes Gepräge und Erscheinen loszulassen, bestimmt in diesen Tagen auch unsere Kirche. Wir meinen manchmal, dass Kirche-Sein nur so geht, wie es uns vertraut ist. Nüchtern betrachtet ist das, was uns unaufgebbar vorkommt, aber doch in vielem lediglich eine zeitliche Erscheinung – an einem konkreten Ort, zu einem konkreten Zeitpunkt.

Wesentliches zu bewahren und sich vom Ballast vergangener Jahre zu trennen, um neuen Formen auch die Möglichkeit zur Entfaltung zu geben, das ist die Herausforderung unserer Zeit; wobei gerade diese Herausforderung schon zu allen Zeiten galt.

Loslassen ist immer ein schmerzvoller Prozess. Aber wer bewusst lernt, loszulassen, für den öffnet sich auch Neues. Er hat die Chance, sich neu in die lebendige Beziehung mit Gott zu stellen und sich dadurch auch auf die Mitmenschen neu auszurichten. Er kann sich neu und glaubwürdig an die Seite derer stellen, die entrechtet sind und am Rande stehen. Solches Loslassen birgt für die Kirche die Chance, sich nicht von oben herab den Gläubigen, den Menschen zuzuwenden, sondern mit ihnen zu gehen: ein echtes Mitgehen auf Augenhöhe. Das würde sicher auch in der Kirche Perspektiven ändern und derzeit kritische strukturelle Fragen völlig neu beleuchten und zu guten Lösungen führen.

Ein solcher Haltungswechsel der Entäußerung, des Loslassens wird langwierig und schmerzvoll sein. Aber er öffnet allmählich neu den Horizont für Gottes heilvolles Wirken mitten unter den Menschen.

Markus W. Konrad

Palmsonntag · Zu Mk 11,1–10 (B)

Zwischen „Hosanna" und „Kreuzige ihn"

Einen Messias, einen Heilsbringer ersehnte das Volk Israel zur Zeit Jesu. Solche Erwartungen gibt es auch heute, vor allem dort, wo Menschen unterdrückt, frustriert und ohne wirtschaftliche Perspektiven sind. Sie hoffen, dass jemand kommt, um sie aus ihrem Elend zu befreien. Ein Held, eine Lichtgestalt, ein politischer Anführer, ein Erlöser.

JESUS WIRD ALS MESSIAS GEFEIERT

Derartige Hoffnungen richteten sich auch auf Jesus von Nazaret. Als er in Jerusalem einzog, jubelten ihm die Leute zu; sie rollten ihm sozusagen einen roten Teppich aus und schwenkten grüne Zweige, um ihn zu begrüßen. Aber das jubelnde „Hosanna" sollte bald in den hasserfüllten Ruf „Ans Kreuz mit ihm!" münden. Denn eigentlich hatte Jesus ja gar nicht die Statur eines Volkshelden, der sich an die Spitze der Unzufriedenen setzt, um die römische Fremdherrschaft zu beenden. Er ritt auf einem Esel, dem Lasttier des armen Mannes. Gewiss – seine Worte waren nicht nur sanft und seine Predigten nicht nur von abgeklärter Weisheit durchdrungen. Die Leute hatten den scharfen Ton noch im Ohr, mit dem er der jüdischen Führungselite, den Priestern, Schriftgelehrten und Ältesten, Heuchelei und Ausbeutung der Armen vorgeworfen hatte. Aber nun erwarteten sie, dass er den Worten auch Taten folgen ließ!
Ahnte Jesus, was auf ihn zukam, als er unter den Beifallsrufen der Volksmenge in die Heilige Stadt einzog?
Der Ritt auf dem Esel – von allen vier Evangelisten berichtet – gehört zum Kern des frühchristlichen Glaubens. Die Evangelisten knüpften damit an eine Weissagung des Propheten Sacharja an: „Juble laut, Tochter Zion! Jauchze, Tochter Jerusalem! Siehe, dein König kommt zu dir ... demütig ist er und reitet auf einem Esel, ja, auf einem Esel, dem Jungen einer Eselin" (Sach 9,9). So charakterisierten sie Jesus als den Friedenskönig, den Sacharja verheißen hatte – aber wenn man die ganze Prophezeiung liest, dann wird klar, dass dieser König, der im Auftrag Gottes handelt, die Befreiung und Heilszeit für Israel durchaus robust durchsetzen und heraufführen wird.
Robust, ja – das heißt: dynamisch, wirksam, stark – aber auch unter Einsatz von Gewalt? Zur Zeit Jesu waren im römisch besetzten Palästina verschiedene politische Gruppen aktiv, die bereit waren, ihre Ziele mit allen Mitteln durchzusetzen: zum Beispiel die Zeloten, die für ihren Fanatismus bekannt waren – „Zelot" bedeutet „Eiferer". Oder die militanten Sikarier, die nicht davor zurückschreckten, ihre Gegner mit ihrer Lieblingswaffe, der „sica", einem einschneidigen geschwungenen Dolch, zu ermorden. Die Römer griffen hart gegen diese Widerständler durch, die sich selbst als Freiheitskämpfer bezeichneten, während sie für die Besatzungsmacht nichts anderes waren als Terroristen. Auch unter den Jüngern Jesu waren einige, die den gewaltbereiten Fundamentalisten nahestanden – etwa Simon, der den Beinamen „der Zelot" trug.

JESUS – BRUDER DER ARMEN, RECHTLOSEN UND VERFOLGTEN

Doch der Weg Jesu ist der Weg der Gewaltlosigkeit. Er wird ihn konsequent bis zum Ende gehen und damit viele Hoffnungen enttäuschen. Er wird nicht zum Umsturz aufrufen und nichts unternehmen, um der Römerherrschaft ein Ende zu machen. Deshalb fällt es seinen Feinden leicht, die Menschen gegen ihn aufzustacheln. Die Unzufriedenen, die Enttäuschten gehen ihnen sofort auf den Leim und lassen sich instrumentalisieren. „Kreuzige ihn!", so schreien sie ihn in den Tod – nur wenige Tage nach seinem gefeierten Einzug in Jerusalem.

Jesus weiß: Gewaltverzicht ist die einzige Möglichkeit, die Spirale von Gewalt und Hass zu beenden. Ja – er ist der Messias, der im Namen und Auftrag Gottes für Gerechtigkeit und Frieden eintritt, der Menschenliebe und Gottesliebe einfordert, aber auch sichtbar macht und selber lebt. Er nimmt die Huldigungsrufe entgegen – doch er ist ein Messias der Armen, der selbst arm lebt. Wer sich ihm anschließen will, muss das akzeptieren und zu seiner eigenen Lebensform machen. Ich glaube, dass Jesus am Tag seiner Ankunft in der Stadt Jerusalem recht gut wusste, dass er bald die Volksmenge gegen sich haben würde; er ahnte wohl auch, dass sich die meisten seiner Anhänger, die meisten seiner Jüngerinnen und Jünger von ihm abwenden würden.

In den Evangelien begegnet uns Jesus als Bruder der Armen, Rechtlosen, Gefolterten und Ermordeten aller Zeiten. Er geht den Weg, den alle Menschen gehen müssen – den Weg in den Tod. Er wird gequält und seiner Würde beraubt. Doch in der tiefsten Demütigung tritt dieser Mensch Jesus auf wie ein wahrer König.

Dabei scheint es doch so, als sei er mit seiner Mission auf ganzer Linie gescheitert! Er hat die versteinerten Herzen der Menschen nicht erreicht. Er hat die Frommen gegen sich aufgebracht, indem er ihre religiösen Gewissheiten in Frage stellte. Das Volk wandte sich von ihm ab, als die geforderten machtvollen Zeichen ausblieben. Die Jünger flohen, weil sie um ihr Leben fürchteten.

Was ist unsere Rolle in diesem Drama? Wie hätten wir reagiert, wenn wir damals dabei gewesen wären? Und wo stehen wir heute, wenn Menschen zu Opfern von Gewalt werden? Damit werden wir ja praktisch jeden Tag konfrontiert, wenn wir die Zeitung aufschlagen oder den Fernseher einschalten. Wir erleben, wie Menschen drangsaliert werden, die Schutz und Zuflucht in unserem Land suchen. Wir machen selbst Gewalterfahrungen in unserem Alltag – wenn am Arbeitsplatz Kollegen gemobbt oder auf der Straße Polizisten und Rettungskräfte tätlich angegriffen werden. Wenn wir dem Beispiel Jesu folgen wollen, bedeutet das, dass wir uns der Gewalt und dem Unrecht entgegenstellen müssen. Es bedeutet, dass wir selbst keine Gewalt anwenden, aber auch nicht schweigen dürfen, wenn Gewalt ausgeübt wird. Mit dem Einzug in Jerusalem beginnt der Weg des geduldigen Leidens, der zum Karfreitag hinführt, durch die Nacht des Todes in das Licht des Ostermorgens. Gehen wir diesen Weg bewusst mit durch die Heilige Woche, begleiten wir Jesus zum Ölberg und hinauf zur Schädelhöhe. Als ihn alle verlassen, wird er zum Erlöser, der durch seinen Tod den Tod besiegt. Seine Liebe wird stärker sein als die Gewalttätigkeit der Menschen und stärker als unser Kleinglaube.

Petra Gaidetzka

Palmsonntag · Für Kinder (B)

Wer sind wir am Palmsonntag?

ZUR ERÖFFNUNG

Am Palmsonntag feiern wir einen eigenartigen Gottesdienst. Wir beginnen mit dem von vielen Menschen gefeierten Einzug Jesu in Jerusalem. Doch später hören wir die Erzählung vom Leiden und Sterben Jesu, also eine Art Vorgriff auf Karfreitag. Genau dieser Gegensatz ist es, der den Palmsonntag prägt. Freude und Leid, Jubel und Angst, das liegt oft näher zusammen als wir meinen. Jesus geht alle unsere Wege mit. Ob wir unsererseits seine Wege mit ihm gehen: Das ist die Frage, die uns dieser Tag und diese Woche stellen. So bitten wir jetzt um Erbarmen und Vergebung, wenn wir manchmal unzuverlässig sind: anderen Menschen gegenüber und in unserem Glauben.

ZUR VERKÜNDIGUNG

Hosanna!

Hosanna, rufen sie. Hosanna in der Höhe. Jubel und Begeisterung. Jetzt bricht das Reich des Vaters David an. Die Leute haben sich viel von Jesus erhofft. Hosanna heißt wörtlich übersetzt: Hilf doch. Längst hatte sich Jesus einen Namen gemacht: Der Helfer der Kranken. Der mutige Gegner derer, die das Sagen haben. Ein toller Prediger. Endlich ist er in Jerusalem. Und sie sind freudig gespannt auf das, was jetzt kommt.

Wenn wir heute diese Erzählung lesen, wissen wir: Der Einzug in Jerusalem hat kein Happy end. Ein paar Tage später wird Jesus der Prozess gemacht. Ein abgekartetes Spiel zwischen den römischen Besatzern und der jüdischen Prominenz. Beiden war er zu sehr auf die Füße getreten. Und wieder ist die Menge da. Dieses Mal werden sie nicht rufen: „Hosanna." Dieses Mal werden sie schreien: „Ans Kreuz mit ihm, ans Kreuz mit ihm".

ERST BELIEBT, DANN UNVERSTANDEN

Für ein paar Augenblicke verlassen wir Jesus und die Leute um ihn. Julia ist ein Mädchen in der fünften Klasse. Sie hat immer schicke Sachen an. Sie ist lustig, oft auch vorlaut. Manchmal kann sie richtig frech sein. Sie steht gerne im Mittelpunkt. Das fällt ihr leicht, weil es immer auch welche gibt, die gerne in ihrer Nähe sind und sie sogar ein bisschen bewundern.

Eines Tages fehlt sie. Aus dem einen Tag wird eine Woche. Die Lehrerin sagt: Julia ist krank. Aber sie wisse auch nichts Genaues. Einige rufen die Mutter an. Die Mutter sagt auch, dass Julia krank sei. Aber sie darf nicht besucht werden. Zuerst wird geredet und geredet. Jeder weiß irgendetwas. Aber das wird mit der Zeit weniger. Inzwischen sind Osterferien. Nach den Ferien ist sie wieder da. Sie ist ungewöhnlich still. Ihre Freundinnen löchern sie mit Fragen. Aber Julia will nicht darüber reden. Irgendjemand hat dann gehört, sie habe in

Geschäften geklaut. Nicht nur einmal, sondern immer wieder. Und dann hat jeder irgendetwas gehört. Nicht nur Diebstahl. Angeblich auch viel Ärger zu Hause. Julia sagt oft: „Lasst mich in Ruhe." Die Lehrerin erklärt, dass jeder Mensch ein Recht habe, nicht alles erzählen zu müssen. Es wird wieder ruhiger um Julia. Aber viele Freundinnen, so wie früher, hat sie nicht mehr.

WER SIND WIR AM PALMSONNTAG?

Jesus geht es nicht anders als vielen anderen Menschen. Wenn jemand Erfolg hat, wird er bejubelt und gefeiert. Aber wehe, es geht jemandem schlecht, er wird krank, er verliert seine Arbeit, er bekommt finanzielle Probleme oder man hält ihn für einen Verbrecher: Dann steht er oder sie oft allein da. Auf welche Menschen man sich verlassen kann, das weiß man nicht, wenn es einem gut geht. Das findet man erst in schlechten Zeiten heraus.
Wo sind wir in dieser Geschichte? Vielleicht geht es dem einen oder der anderen von uns wie Jesus. Vielleicht haben wir das schon mal erlebt, wie Freunde sich plötzlich in Luft auflösen, wenn es uns schlecht geht.
Aber vielleicht sind wir auch einer oder eine von den vielen, die in der Menge einfach mitschreien. Jubeln dem zu, dem alle zujubeln. Machen uns lustig über den, über den sich die anderen auch lustig machen. Gehen dem aus dem Weg, dem andere aus dem Weg gehen. „Du, ich hab' jetzt gar keine Zeit." – „Du, andere Menschen haben auch ihre Sorgen." – „Ach komm, das wird schon wieder, jetzt nimm das mal auf die leichte Schulter." – „Also, du bist in der letzten Zeit auch wirklich komisch geworden." Das sind Sprüche, mit denen man leicht auf Abstand gehen kann. Aber es sind auch Sprüche, die sehr weh tun können. Der Palmsonntag ist wie ein Spiegel. Wo sind wir in dieser Geschichte?

FÜRBITTEN

Gott geht in seinem Sohn Jesus alle unsere Lebenswege mit. Wir bitten ihn:

- Sei bei denen, die unverstanden und einsam sind.
- Schenke den Völkern im Nahen Osten Frieden.
- Bewahre uns vor schnellen und ungerechten Urteilen.
- Stärke unsere Verbundenheit mit Jesus und untereinander.

Clemens Kreiss

1. April 2021 · Zur Liturgie

Gründonnerstag

LIEDVORSCHLÄGE

Gesänge
Eröffnungsgesang: Kommt herbei, singt dem Herrn (GL 140,1+3+5); *Kyrie-Litanei:* Du rufst uns, Herr, trotz unserer Schuld (GL 161); *Gloria:* Gloria, Ehre sei Gott (GL 169); *Antwortgesang:* Der Kelch, den wir segnen (GL 305,3) mit den Psalmversen *oder* Lass uns in deinem Namen, Herr (GL 446); *Ruf vor dem Evangelium:* Dies ist mein Gebot (GL 305,4); *zur Fußwaschung:* Ubi caritas (GL 445); *zur Gabenbereitung:* Beim letzten Abendmahle (GL 282,1–2); *Danklied:* Sakrament der Liebe Gottes (GL 495); *zur Abdeckung des Altares:* Beim letzten Abendmahle (GL 282,3–4); *zur Ölbergstunde:* Bleibet hier (GL 286); In manus tuas (GL 658) *und* Aus der Tiefe rufe ich zu dir (GL 283).

ERÖFFNUNG

Liturgischer Gruß
Gott, der uns in die Freiheit führt, sei mit euch / ist mit uns allen.

Einführung
Das hätte ich echt nicht gedacht, davon war nicht auszugehen! Wer wurde nicht schon einmal derart überrascht? Auch Gott überrascht uns immer wieder. Welcher Jünger war schon davon ausgegangen, dass Jesus ihnen sogar die Füße wäscht? Wer war beim Brechen des Brotes nicht darüber überrascht, dass Jesus damals wirklich sein letztes Abendmahl mit ihnen gemeinsam feiert? Wer hätte trotz der Ankündigungen wohl zweifellos damit gerechnet, dass Jesus tatsächlich den Tod auf sich nimmt? Wie sollte das nur enden, ausgehen? Doch der Ausgang des Todes Jesu wird sich als Befreiung erweisen. Davon war nicht auszugehen. Ausgang. Exodus. Gleichzeitig feiern wir heute den Exodus, den Ausgang. Die Israeliten gehen mit Gottes Hilfe aus dem Land der Sklaverei. Es ist ein Ausgang in die Freiheit. Es ist ein Ausgang, den die Israeliten sicherlich erhofft hatten. Aber war davon auszugehen? Ausgang. Freiheit. So lasst uns heute unseren Gott feiern, von dessen Beisein auszugehen ist. Sein Ausgang führt uns in die Freiheit.

Tagesgebet
Allmächtiger, ewiger Gott, am Abend vor deinem Leiden
hat dein geliebter Sohn der Kirche
das Opfer des Neuen und Ewigen Bundes anvertraut
und das Gastmahl seiner Liebe gestiftet.
Gib, dass wir aus diesem Geheimnis
Die Fülle des Lebens und der Liebe empfangen.
Darum bitten wir durch ihn, Christus, unseren Herrn.

ZU DEN SCHRIFTLESUNGEN

1. Lesung: Ex 12,1–8.11–14
Heute feiern wir den Exodus: Die Israeliten werden durch Gottes Handeln aus der Knechtschaft Ägyptens befreit. Alle, die das Paschalamm für den Herrn opfern, gehen aus der Knechtschaft in die Freiheit.

2. Lesung: 1 Kor 11,23–26
Heute feiern wir den Exodus: Im eucharistischen Mahl gedenken wir, dass Gott für uns Leib und Blut, sein irdisches Leben, geopfert hat, um uns vom Tod zu befreien.

Evangelium: Joh 13,1–15
Heute feiern wir den Exodus: Jesus erniedrigt sich selbst, um anderen die Füße zu waschen als Vorwegnahme des größten Liebesdienstes, der am Kreuz folgen wird.

FÜRBITTEN

Zu Gott, der in die Freiheit führt, bitten wir:

- Für alle, die ausgebeutet werden und Hunger leiden an Leib und Seele.
- Für alle, die sich auf der Flucht befinden und teilweise unter menschenunwürdigen Bedingungen leben müssen.
- Für alle Kinder, denen die Freiheit genommen wird, Kind zu sein.
- Für unsere Umwelt, die durch unser Mittun zerstört wird und deren natürliche Ressourcen und Vielfalt immer weiter zurückgeht.
- Für alle, die in unserer modernen Leistungsgesellschaft gefangen sind.
- Für alle, die durch puren Egoismus den Nächsten nicht mehr wahrnehmen.
- Für alle Menschen in der Kirche, insbesondere die Priester, die sich bemühen, ihr Leben ganz in den Dienst anderer zu stellen.
- Für alle, die sich durch Gottes Liebe berühren und befreien lassen.

Dreieiner Gott, du nimmst dich uns in deiner grenzenlosen Liebe an. Wir können davon ausgehen, dass du mit uns bist. Führe uns einst zu deinem ewigen Gastmahl, der du lebst und wirkst in Ewigkeit.

ELEMENTE FÜR DIE EUCHARISTIEFEIER

Zum Vaterunser
Unser täglich' Brot gib uns heute. Denn Jesus Christus schauen wir im Brot, das uns ganz und gar sättigt. Zu Gott, der unseren Hunger zu stillen vermag, lasst uns beten:

Zum Friedensgebet
Nur, wer wirklich frei ist, kann in Frieden mit sich und der Welt sein. So lasst uns für diese friedvolle Freiheit bitten:

Kommunionvers
Das ist mein Leib, der für euch hingegeben wird. Dieser Kelch ist der Neue Bund in meinem Blut. Sooft ihr dieses Brot esst und diesen Kelch trinkt, tut es zum Gedenken an mich – so spricht der Herr (1 Kor 11,24.25).

Zur Übertragung des Allerheiligsten
Das Allerheiligste wird, möglichst angeführt vom Ewigen Licht und begleitet von Handklappern, schweigend in einer kleinen Prozession zum Nebenaltar oder einem anderen geeigneten Platz getragen. Anschließend wird der Altar abgedeckt. Dazu singt die Gemeinde „Beim letzten Abendmahle" (GL 282,3+4). Es folgt die Ölbergstunde mit der Einladung, noch etwas zu verweilen.

ELEMENTE FÜR EINE ÖLBERGSTUNDE

Es sind ausreichend Notizzettel und Stifte bereitzulegen. Vor dem Altar einen Korb oder eine Schachtel aufstellen, um die Zettel zu sammeln.

Begrüßung
Gemeinsam wollen wir mit Jesus wachen, mit ihm beten und fühlen.

Schriftlesung: Das Gebet in Getsemani (Mt 26,36–39)
Darauf kam Jesus mit ihnen zu einem Grundstück, das man Getsemani nennt, und sagte zu den Jüngern: „Setzt euch hierher, während ich dorthin gehe und bete!" Und er nahm Petrus und die beiden Söhne des Zebedäus mit sich. Da ergriff ihn Traurigkeit und Angst und er sagte zu ihnen: „Meine Seele ist zu Tode betrübt. Bleibt hier und wacht mit mir!" Und er ging ein Stück weiter, warf sich auf sein Gesicht und betete: „Mein Vater, wenn es möglich ist, gehe dieser Kelch an mir vorüber. Aber nicht wie ich will, sondern wie du willst."

Impuls
Jesus ist ergriffen von Angst und Traurigkeit. Er fürchtet sich. Furcht ist etwas sehr Menschliches. Jeder von uns kennt dieses Gefühl, wenn man nicht mehr weiß, was man tun soll und das Herz so stark klopft als würde es fast zerspringen.
Wovor habe ich Angst, wovor fürchte ich mich? – was ist hier gemeint? Ein Gespräch mit dem Vorgesetzten? Eine Prüfung? Ein Arztbesuch? Ein klärendes Gespräch? Sie dürfen nun ihre Ängste auf einen Notizzettel schreiben.

Kurze Stille zum Beschreiben der Zettel, eventuell meditative Musik.

Jesus hatte das, wovor er Angst hatte, klar vor Augen, wie wir auch unsere Ängste auf dem Notizzettel klar vor Augen haben.
Gehen auch wir nun wie Jesus zum Ölberg. Der Altar soll symbolisch für diesen Ort stehen. Dort können wir wie Jesus unsere Angst ablegen. Wenn Sie mögen, legen Sie die Zettel gefaltet in den Korb, wir werden sie im Osterfeuer verbrennen.

Lied: Bleibet hier und wachet mit mir (GL 286).

FÜRBITTEN

Jesus kennt unsere Ängste, er steht an unserer Seite. Der Blick auf ihn weckt in uns aufs Neue die Hoffnung, dass die Angst nicht siegt, sondern das Leben. Darum wenden wir uns ihm zu und bitten:

- Sei bei den vielen Menschen auf dieser Erde, die nicht genug verdienen, um den Lebensunterhalt für sich und ihre Familien zu sichern. Christus, höre uns. *A:* Christus, erhöre uns.
- Die Folgen der Pandemie und wirtschaftliche Schwierigkeiten machen vielen Angst. Lass uns Christinnen und Christen dem nicht gleichgültig gegenüberstehen, wecke Kreativität und Verantwortung für das Gemeinwohl. Christus, höre uns ...
- Wir beten für die Menschen, die unter Krieg, Terror und Unterdrückung leiden. Zeige ihnen, dass du ihnen nahe bist. ...
- Sei du bei den Kranken und den ungewollt Einsamen. Gib ihnen Vertrauen und Gesundheit, lass sie Menschen finden, die für sie da sind. ...
- Steh den Sterbenden bei. Nimm sie auf in dein Reich. Tröste die Trauernden und heile die Wunden des Abschieds. ...
- Wir beten in Stille in unseren persönlichen Anliegen. ...

Jesus, leite uns durch die Angst. Lass uns spüren, dass du ein bedingungsloses Ja zu uns sprichst, auch wenn alles um uns herum zu versinken droht. Gib uns Halt und stärke unser Vertrauen in dich, unseren Bruder und Herrn.

Lied: Bleibet hier und wachet mit mir (GL 286).

Gebet
L: Allmächtiger Gott, du bist es,
der uns voll und ganz kennt, mit unseren Ängsten, Sorgen und Nöten.
Wir danken dir,
dass wir zu dir kommen können mit allem, was uns belastet.
Lass uns nicht daran verzweifeln, was offensichtlich erscheint.
Wandle du unsere Sicht, damit wir trotz dem,
was uns lähmt, nach vorne blicken.
Gib uns andere Sichtweisen und Lösungen, die wir noch nicht erkennen.
Das erbitten wir durch Christus, unseren Herrn.
A: Amen.

Carolin Trostheide

Gründonnerstag · Zu Apg 4,32–35

Erinnerung an die Zukunft

Beim Auszug aus Ägypten beginnt eine neue Zeitrechnung, das Geburtsfest Israels. In den Familiengemeinschaften soll ein Mahl der Eile gehalten werden. Es ist Pessach – Vorübergang des Herrn, mit seinen lichten und finsteren Seiten. Die Befreiung hat ihren Preis. Wer anderen den Tod zudachte, ist selbst des Todes. Das nächtliche Unheil soll jedoch an Israel vorüberziehen. Wo das Blutzeichen sichtbar ist, kann kein weiteres Blut vergossen werden. Die Nacht des Auszugs bringt die End-Scheidung zwischen Israel und Ägypten. Das Fest der Befreiung sollen die Befreiten in allen kommenden Generationen feiern. Die Erinnerung an das Ende von Knechtschaft und Entfremdung soll die Hoffnung auf eine kommende endgültige Erlösung wachhalten. Hirtenfest und Bauernfest werden verbunden. Das Lammopfer im Frühjahr war wie das Essen der ungesäuerten Brote eine Art Natursakrament. Es wird nun zum Erinnerungszeichen für etwas Neues und Unvorhersehbares. Unheimliche, lebensbedrohliche Kräfte werden gebannt. Das gemeinsame Mahl ist ein Zeichen der Einswerdung. Das Frühlings- und Schöpfungsfest wird im Exodus zum Geschichtsfest. Durch das Wiederauflebenlassen in jedem Jahr werden die Menschen aller Zeiten hineingenommen in das Geschehen der Befreiungsnacht. Jeder soll sich selbst begreifen lernen als Teil des Volkes, das der Herr in die Freiheit berufen und hinausgeführt hat. Der endgültige Auszug aus Ägypten ist nicht nur die politische Befreiung von einem Tyrannen, sondern ein Wandel des Lebens mit dem Ziel der erneuerten Gottesbeziehung. Das Pessachfest bezeugt die bleibende Erwartung, dass der Herr immer wieder, wie einst in Ägypten, zugunsten der Seinen einschreiten wird. Das Gedenken ist nicht eine rückwärtsgewandte Vergangenheitsbetrachtung, sondern dient dazu, den Glauben an den Befreiergott zu bewahren und zu mehren. Aus der heilvollen Vergangenheit erwachsen Perspektiven für die Gegenwart und die erhoffte Zukunft. Im Gedenken wird die erinnerte Realität vergegenwärtigt und aktualisiert: „Das ist heute!" Das Pessach ist eine Einladung zur immer neuen Glaubensfeier. Wenn Gott einmal die Menschen befreit hat, kann er das immer wieder tun.
Die Flucht einer kleinen Gruppe ehemaliger Sklaven aus dem Land der Unterdrücker ist weltgeschichtlich völlig belanglos, doch für Israels Geschichte und Glauben von fundamentaler Bedeutung. Im Pessachfest begeht Israel die Feier seiner besonderen Erwählung und bekennt sich zu seinem Gott, der Befreiung und neue Beheimatung schenkt, der an Israel ein solch hohes Interesse zeigt wie an einem Familienmitglied.
Am Gründonnerstag wie zu Ostern erinnert sich die Kirche besonders daran, dass sie nicht aus dem Nichts geworden ist, sondern auf dem Glauben Israels basiert. Dass sie genauso eine Glaubensgemeinschaft des Aufbruchs ist, immer auf dem Weg von der Unfreiheit in die Freiheit Gottes.

Daniel Hörnemann

Gründonnerstag · Thematisch

Mit dem Tod ringen

Die Ölbergszene auf dem Volkacher Kirchberg ist eine eindrückliche Darstellung. Man erkennt Jesus mit aneinandergelegten Handflächen. Er weiß, dass seine Feinde ihm nach dem Leben trachten, dass er womöglich den morgigen Tag nicht überleben wird. So setzt er sich mit seinem bevorstehenden Tod auseinander, bittet den Vater, Ihm dieses Schicksal zu ersparen. Er hatte doch sein ganzes Leben dem Dienst für den Vater, der Verkündigung des Gottesreiches gewidmet. Er hatte doch ermutigt, vertrauensvoll zu beten und Erhörung von Gebeten zugesagt. Nun ringt er selbst in Todesnot, ringt sich dazu durch, das zu leben, was er die Seinen zu beten gelehrt hat: „Dein Wille geschehe".
Links finden wir drei Apostel. Die rechte Hand am Kopf deutet an, dass sie schlafen. Der ganze lange Tag war schon anstrengend gewesen, hatte in düsterer Vorahnung geendet. Nun nimmt der Meister sie mit als seine engsten Vertrauten. Er bittet sie, mit ihm zu wachen. Auf diesen Rollentausch sind sie nicht vorbereitet. Er ist es doch, der immer die Richtung angab. Er wusste doch immer zu antworten und die Gegner schachmatt zu setzen. Er war doch sonst immer der Starke, der seine Kraft zu Heilungen und anderen Wundern nutzte, um allen zu helfen, die es brauchten und auf seine Hilfe vertrauten. Er war es doch, der sie immer ermutigt und gestärkt hatte. Doch nun brauchte er ihre schlichte, wache Anwesenheit. Das war zu viel für sie nach allem anderen, was sich an diesem Tag schon ereignet hatte. Sie konnten nicht mehr. Über die harte Wirklichkeit mussten sie sich in den Schlummer des Vergessens retten.
Im Hintergrund, deutlich erhöht, erkennen wir die Büste eines reifen Mannes. In der linken Hand hält er die Weltkugel. Er schaut einfach geradeaus, auch über uns Betrachter hinweg. Ihn scheint weder das Ringen seines Sohnes zu rühren, noch der Schlaf der Jünger zu ärgern, noch scheinen ihn die Betrachter in irgendeiner Weise zu bewegen. Und doch hält er die Weltkugel in seiner Hand, die Welt die er erfunden und aus dem Nichts in die Wirklichkeit gebracht hat. Auf dieser Weltkugel befindet sich auch unser Ort. Auch alle Geschehnisse des jetzigen Augenblicks nimmt er wahr; ja, als schaffender Gott ermöglicht er sie sogar. Wir kommen nicht an ihn heran mit unseren Fragen: Warum hast du? – ein respektvolles „Sie" wäre eigentlich gegenüber dem Schöpfer des Weltalls angebrachter. Aber Jesus hat uns ja gelehrt, ihn mit dem „Papa" anzureden: „Vater unser". Gerade deswegen bleiben unsere Fragen: Warum hast du auch Bakterien und tödliche Viren erschaffen? Warum hilfst du nur manchmal? – Keine Antwort für die Erdenhirne. Aber mit seiner rechten Hand segnet er: Jesus, die Jünger, die Betrachter. Er ist im Tiefsten seiner Schöpfung bejahend und liebend zugeneigt. Es gibt eine Zeit nach der Ölbergszene, nach der Kreuzigung: die Auferweckung Jesu in sein göttliches Leben hinein, die Erscheinungen Jesu vor seinen Jüngern, die Sendung des Heiligen Geistes. Das Letzte ist nicht das Ringen und der Tod, nicht die Angst und das Virus; das Letzte ist Leben in der Lebensfülle des Vaters. Denn er ist ganz Liebe.
Martin Birk

Gründonnerstag · Zu Joh 13,1–15

Wer empfängt, muss geben!

Der Gründonnerstag erinnert uns an das letzte Zusammensein Jesu mit seinen Jüngern. Das Johannesevangelium kleidet dieses Ereignis in den theologischen Kontext des Pascha-Geschehens, ein jüdisches Fest, das an die Befreiung Israels erinnert. Die Jünger waren dazu mit dem Herrn extra nach Jerusalem gepilgert. Ob sie ahnten, dass sich mit ihnen und ihrem Meister die Befreiungsgeschichte Israels fortsetzen würde?

VON DER ERINNERUNG ZUR GEGENWART

Das Alte Testament erzählt, dass Gott die Klage seines auserwählten Volkes gehört hat. „Pessach" bedeutet „vorübergehen" und erinnert somit konkret an die letzte Plage, mit der Gott Israels Befreiung aus Ägypten erzwingt. Alle erstgeborenen Söhne in Ägypten sterben. Verschont blieben nur die Israeliten, die ihre Türpfosten mit dem Blut eines Lammes bestrichen hatten. Der Tod ging an ihren Häusern vorüber.
Jesus wird dem Pessach, dem Vorübergehen des Todes, einen neuen, endgültigen Sinn und Inhalt geben. Den Schlüsselsatz haben wir in der zweiten Lesung gehört: „Das ist mein Leib" (1 Kor 11,24). Es geht jetzt nicht mehr um die Erinnerung an Gottes historische Heilstaten, die uns die erste Lesung vor Augen gehalten hat (Ex 12,7–8). Es geht um reale Gegenwart: Christus selbst wird zum Opferlamm. Er wird zum ungesäuerten Brot des Aufbruchs. Sein Blut bewahrt die Auserwählten vor dem Tod. Das alttestamentliche Geschehen erfüllt sich im Neuaufbruch des neutestamentlichen Christusereignisses. Seitdem ist für uns Katholiken, wenn wir es mit der Nachfolge Jesu ernst meinen, das „Brotbrechen", die Feier der Eucharistie, die hl. Messe ein Sakrament, ein heiliges Zeichen seiner Gegenwart.

VON DER GEGENWART ZUR INDIENSTNAHME

Auf den ersten Blick scheint es eigenartig, dass das Johannesevangelium beim letzten Abendmahl die sogenannte Einsetzung der Eucharistie gar nicht erwähnt. Johannes hatte diese Thematik der eucharistischen Gegenwart Christi ja schon in der Rede über das Himmelsbrot bearbeitet, in der sich Jesus als „das lebendige Brot, das vom Himmel herabgekommen ist" (Joh 6,51) offenbart. Die johanneische Tradition setzt beim Abendmahl also einen anderen Schwerpunkt:
Beim letzten Abendmahl wusch Jesus seinen Jüngern die Füße. Durch dieses Beispiel wollte er zeigen, dass die Jünger nun untereinander zum Dienen bereit sein müssen. In keinem anderen Evangelium, nur bei Johannes, wird dieses fundamentale Geschehen beschrieben. Jesus selbst unterstreicht die Wichtigkeit der Indienstnahme: „Ich habe euch ein Beispiel gegeben, damit auch ihr so handelt, wie ich an euch gehandelt habe." Dem Petrus, der sich von Jesus

zunächst die Füße nicht waschen lassen wollte, sagt er sogar: „Wenn ich dich nicht wasche, so hast du kein Anteil an mir." Das Johannesevangelium lässt also auch im Akt der Fußwaschung an der Art und Weise der Gegenwart Christi keinen Zweifel. Der, der das Brot bricht, wäscht auch die Füße. In Jesus offenbart sich Gott als einer, der dient.

VOM DIENST ZUR NACHFOLGE

Erst vom heiligen Zeichen der Fußwaschung her verstehen wir eigentlich den Handlungsbedarf, den uns die Feier der Eucharistie gebietet. Die Eucharistie darf nicht oberflächlich gefeiert und empfangen werden, denn wer die hl. Messe innig mitfeiert und die hl. Kommunion empfängt, steht in der Pflicht. Die folgerichtige Formel ist recht einfach: Wer empfängt, muss geben! Daraus ergibt sich dann auch die Warnung, die immer schon für viele Katholiken zum Prüfstein wurde: Wer nicht gibt, hat nicht verstanden!
Fußwaschung und Brotbrechen sind eindeutige Zeichen der Nachfolge. Jesus selbst weist uns dazu an: „Dann müsst auch ihr einander die Füße waschen" und „Nehmt, und esst, das ist mein Leib" (Mt 26,26). Mein Glaube muss sich am Tun Jesu orientieren. Die Treue zu diesem Ursprung ist fundamental und alternativlos. Das ist es, was wir an Gründonnerstag feiern: Gottes Gegenwart als Dienst für ihn und Mahlgemeinschaft mit ihm. Allein daraus ergibt sich für gläubige Katholiken eine authentische Nachfolge. Das ist das Zentrum jeder Berufung: Gott in das eigene Leben aufnehmen; sich mit ihm dienstbereit hineingeben in das Leben anderer.
Auf die Eucharistie gleichgültig zu verzichten, ist daher keine leichtfertige Sache. Mutter Teresa (1910–1997), eine Heilige unsere Tage, gibt zu bedenken: „In der heiligen Kommunion haben wir Christus in der Gestalt des Brotes. – In unserem Alltag aber finden wir ihn in unserem Nächsten in der Gestalt von Fleisch und Blut. Es ist derselbe Christus." Ihr war klar, dass Eucharistie und Nächstenliebe sich die Waage halten müssen. Wenn in der Kirche dieses Gleichgewicht nicht mehr stimmt, entsteht eine Schieflage. Es ist daher nicht verwunderlich, dass sich beim gewissenhaften Hinsehen die über zweitausendjährige Geschichte unserer Kirche als ein einziger Balanceakt darstellt.

VON DER NACHFOLGE ZUM OSTERGESCHEHEN

Der Gründonnerstag kennt nur den Vorausblick auf Ostern! Für viele ist heute das Osterfest nur noch ein Rückblick. Man gedenkt eines religiösen Ereignisses der Vergangenheit. Ostern darf aber nicht auf ein Gedächtnis reduziert bleiben. Ostern muss für jede und jeden von uns zu einer Herzenssache werden. Nur dann wird meine Nachfolge zu einem befreienden Aufbruch. Die Jünger ahnten beim letzten Abendmahl wahrscheinlich noch nicht, dass sie in der Nachfolge Jesu die Befreiungsgeschichte Israels fortsetzen sollten. Wir aber wissen, dass wir in der Pflicht stehen.

Thomas Klosterkamp

Zum Karfreitag · Zu Jes 52,13–53,12; Joh 18,1–19,42

Vater, vergib!

DAS NAGELKREUZ VON COVENTRY – EINE VERSÖHNUNG

Die britische Stadt Coventry, die ca. 150 Kilometer nordwestlich von London und etwa 40 Kilometer östlich von Birmingham liegt, wurde im Zweiten Weltkrieg heftig bombardiert. Nach der Zerstörung ihrer spätmittelalterlichen St. Michaels-Kathedrale am 14./15. November 1940 als „Operation Mondscheinsonate" durch deutsche Bombenangriffe, bei denen 550 Menschen starben und große Teile der Innenstadt sowie Industrieanlagen zerstört wurden, ließ der damalige Dompropst Richard Howard die Worte „Father forgive" (Vater vergib) in die Chorwand der Ruine einmeißeln.

Diese Worte bestimmen das Versöhnungsgebet von Coventry, das die Aufgabe der Versöhnung in der weltweiten Christenheit umschreibt. Das Gebet wurde 1958 formuliert und wird seitdem an jedem Freitagmittag um 12 Uhr im Chorraum der Ruine der alten Kathedrale in Coventry und in vielen Nagelkreuzzentren der Welt gebetet. Dieses Kreuz wurde aus den Originalzimmermannsnägeln aus dem Dachstuhl, die die Balken der Kathedraldecke zusammengehalten hatten, zusammengefügt.

Das Nagelkreuz von Coventry steht heute als Zeichen der Versöhnung und des Friedens an vielen Orten der Welt. Aus den Überresten der Zerstörung wurde so ein Symbol geschaffen, das den Geist der Vergebung und des Neuanfangs zum Ausdruck bringt. Probst Howard sagte dazu: „Wir wollen versuchen, alle Gedanken an Vergeltung zu verbannen." Auch in Deutschland, Österreich und der Schweiz gibt es zahlreiche Nagelkreuzzentren, die auf unterschiedliche Weise dieses Gebet miteinander beten. Unter diesem Kreuz stellen sich Menschen der Aufgabe, Gegensätze zu überbrücken und nach neuen Wegen in eine gemeinsame Zukunft zu suchen.

Diese Versöhnungslitanei ist ein beeindruckendes Gebet:

Den Hass, der Rasse von Rasse trennt, Volk von Volk, Klasse von Klasse, Vater, vergib.
Das Streben der Menschen und Völker zu besitzen, was nicht ihr Eigen ist, Vater, vergib.
Die Besitzgier, die die Arbeit der Menschen ausnutzt und die Erde verwüstet, Vater, vergib.
Unseren Neid auf das Wohlergehen und Glück der anderen, Vater, vergib.
Unsere mangelnde Teilnahme an der Not der Gefangenen, Heimatlosen und Flüchtlingen, Vater, vergib.
Die Gier, die Frauen, Männer und Kinder entwürdigt und an Leib und Seele missbraucht, Vater, vergib.
Den Hochmut, der uns verleitet, auf uns selbst zu vertrauen und nicht auf Gott, Vater, vergib.

Das Gebet endet mit dem wunderbaren Gedanken aus dem Brief des Apostels Paulus an seine Gemeinde in Ephesus: „Seid gütig zueinander, seid barmherzig, vergebt einander, wie auch Gott euch in Christus vergeben hat" (Eph 4,32). Der Evangelist Lukas hat in seiner Passionsgeschichte Jesus unmittelbar vor seinem Tod ausrufen lassen: „Vater, vergib ihnen, denn sie wissen nicht, was sie tun!" (Lk 23,34). Eines der letzten Worte Jesu, die er in seiner Todesnot spricht, klingt nahezu wie ein Testament, das für uns bestimmt ist. In seiner Todesnot und nach allem Spott und allen Schmähungen, die er erleiden musste; nachdem er bespuckt, geschlagen, gegeißelt, und voller Zynismus mit einem Dornenzweig gekrönt, mit einem Rohr geschlagen und schlussendlich ans Kreuz genagelt wurde, findet er kein Wort von Rache und Vergeltung, sondern ein Wort der Vergebung und der Versöhnung. Es ist ein Wort der Liebe, ein Wort der gekreuzigten Liebe Jesu. Ein solches Wort, ein solcher Satz ist bei all dem, was Jesus erlitten hat, nicht mehr zu übertreffen.

Und wir Christen brauchen Jesus auch nicht zu übertreffen, sondern wir brauchen uns nur an seinem Beispiel zu orientieren. Wenn Jesus seinen ärgsten Widersachern, seinen Schergen und Mördern vergeben hat, dann gilt auch uns der Auftrag zur Vergebung.

Das Kreuz Jesu mit seiner Geschichte, mit all dem, was sich am Karfreitag am Kreuz Jesu ereignet hat, ist nicht nur grausamste Folter und bitterer Tod, sondern es ist vielmehr das sichtbare Zeichen der Liebe und der Hingabe. Denn Jesus ist nicht aus Narzissmus ans Kreuz gegangen, sondern um uns Menschen zu erlösen und zu befreien. Und das uneigennützig, allein aus Liebe. Wir Christen brauchen die Botschaft des Karfreitags, weil sie uns sagt, dass alles Leid, Sterben und Tod einen Sinn hat und wir erlöst sind. Der Karfreitag ist notwendig, um zu verstehen, dass der Tod nicht das letzte Wort hat, sondern das Leben und die Liebe. Deswegen braucht niemand am Kreuz zu verzweifeln. Deswegen ist der Anblick des Kreuzes zumutbar, ja sogar notwendig. Denn am Holz des Kreuzes wurde aller Hass, alles Leid, alle Krankheit und auch das Sterben mit dem Tod erlöst und befreit. Beim Anblick des Kreuzes Jesu braucht niemand mutlos zu werden oder gar davonzulaufen. Das Kreuz ist notwendig für uns Christen, denn mit dem Blick auf das Kreuz finden wir Trost und Heil. Wir wissen und glauben doch, hier leidet einer mit uns und lässt uns in unserem Schicksal und in unserer Not nicht allein. Der Blick auf den gekreuzigten Herrn lädt uns auch zur Vergebung, zur Verzeihung und zur Versöhnung ein. Geben wir unser Leben nicht in Gottes Hände zurück, ohne dass wir uns mit Gott, unseren Mitmenschen und der Welt versöhnt haben, damit wir Frieden finden.

Die Versöhnungslitanei von Coventry ist ein ganz aktuelles und lebensnahes Gebet. In ihm ist alles drin, was die Welt heute aus dem Gleichgewicht bringt, aber auch , was sie so nötig braucht: Vergebung. Die Christen, die dieses Gebet formuliert haben, haben den Sinn des Karfreitags verstanden und ihren Friedensauftrag für die Welt erkannt. Das Nagelkreuz von Coventry in seiner Einfachheit und Schlichtheit verkündet uns mit seinem Gebet eine neue Kultur des Lebens. Machen auch wir sie uns zu eigen und lassen wir die Bitte Jesu „Vater, vergib" auch über unsere Lippen und in unsere Herzen kommen.

Klaus Leist

Karfreitag · Zu Jes 52,13–53,12

Hoffnungszeichen

Wenn ich bei uns zu Hause aus dem Fenster schaue, dann habe ich gute Sicht auf einen Magnolienbaum. Vor ungefähr vier Wochen hat er begonnen, seine Blüten zu bilden und ich habe jeden Tag dabei zugesehen, wie die Knospen sich ein bisschen weiter öffneten. Bei all den dramatischen Nachrichten und Berichten, die man jeden Tag zu hören bekommt, war der blühende Magnolienbaum für mich ein Hoffnungszeichen. Eine Hoffnung, die mir sagen wollte, neues Leben entsteht und breitet sich aus, es geht weiter, hab Mut! Es war meine persönliche Freude, diesen Baum zu betrachten.
Und dann, eines Morgens, da waren die Blüten des Baumes über Nacht erfroren. Sie hingen in braunen Streifen kraftlos vom Baum. Ich musste mehrmals hinschauen, um es zu begreifen. Es war für mich ein Schock, mein Symbol der Hoffnung war mir genommen worden.

HÜBSCH UND IM ÜBERFLUSS
Warum erzähle ich das? Nun, die Botschaft des Propheten Jesaja über den Gottesknecht erinnert mich ein bisschen an den erfrorenen Magnolienbaum. Es ist die Rede von einem „jungen Spross, wie ein Wurzeltrieb aus trockenem Boden. Er hatte keine schöne und edle Gestalt, so dass wir ihn anschauen mochten." Die Bedingungen für den jungen Spross, den Knecht Gottes, waren für das Wachstum nicht förderlich. Ein verkümmerter Baum ist kein inspirierender Anblick, so wie auch die erfrorenen Blüten den Baum hässlich werden lassen. Und schauen wir in das Leben eines Menschen, so bringt nur allzu oft auch Krankheit und Leid die Mitmenschen dazu, sich von dem Kranken abzuwenden. Manche Situationen lassen uns annehmen, dass in unserer Gesellschaft nur der geschätzt wird, der ein Leben führt wie ein Magnolienbaum in voller Blüte. Der vor Kraft strotzt, hübsch ist und im Überfluss lebt.
Diesem Bild entspricht der Gottesknecht bei Jesaja jedenfalls nicht. Es scheint, der Prophet verspottet ihn, wenn er sagt: „Wir meinten, er sei von Gott geschlagen, von ihm getroffen und gebeugt" (V.4).
Doch beim aufmerksamen Lesen wird die Ursache des Leids deutlich. Wegen unserer Verfehlungen und Sünden nimmt er die Schmerzen auf sich. Ja, er trägt unsere Krankheit und zu unserem Heil lag die Strafe auf ihm.
Abstrakt und schwierig erscheint uns der Text, den wir erst verstehen können, seitdem sich in Christus alles erfüllt hat. All das, was der Gottesknecht erleiden muss, findet sich in der Passion Christi wieder.
Verhaftet, verhört, verleugnet, verurteilt, hingerichtet, am Ende bestattet. Diese Ankündigung fordert schon beim Lesen des Alten Testaments unseren Glauben heraus. Derjenige, der sich ganz auf Gott verlässt, wird am Ende nicht vom Tod verschont? Das heißt, Gott ist nicht dafür da, dass er Leid, Kreuz und Tod von uns nimmt?

SPUREN DER PASSION

Welchen Sinn macht es dann, sich von Gott im Leben führen zu lassen? Seinen Willen tun zu wollen, wenn das alles so endet? Seine Ruhestätte bei den Verbrechern zu haben, obwohl man kein Unrecht getan hat? Macht es Sinn, zu leiden? Eine Antwort wird es bis zur Auferstehung Jesu nicht geben.
Angekündigt wird allerdings bei Jesaja, dass der Herr Gefallen fand am Gehorsam des Knechts. Der Plan des Herrn wird durch ihn gelingen, viele werden gerecht durch ihn. Aber wie sieht der Plan des Herrn denn für uns aus?
Schauen wir in unser eigenes Leben, so gibt es Tragisches, Einsamkeit, Momente, in denen sich Gott scheinbar von uns abwendet. Wir können in unserem Leben Spuren der Passion suchen und werden diese sicher auch entdecken.
Dann sind wir gefragt, unseren Lebensweg im Vertrauen auf Jesus zu gehen, der dem Kreuz nicht ausgewichen ist, sondern sich aus Liebe in den Dienst hat stellen lassen, es stellvertretend für uns und mit uns zu tragen. So wie der Knecht an Stelle des Dienstherrn die Arbeit verrichtet, bot Jesus sein Leben an unserer statt. Dem Kreuz aber entgehen wir nicht. Wir können jeden Tag damit hadern, es bedauern, es versuchen abzuschütteln, oder loszuwerden und in diesem Kampf unsere Kräfte verlieren.
Oder wir nehmen Jesu Liebeszusage an, lassen das Kreuz zu und entdecken, dass die Feier des Ostergeheimnisses nicht mit dem Karfreitag endet, sondern in die Osternacht übergeht. Diese Nacht, die uns den Weg öffnet, in das ewige Leben, das keinen Tod mehr kennt und wo wir von unserem eigenen Kreuz befreit, mit Gott vereint, getröstet und geheilt sind. Diese Erlösung dürfen wir auch jetzt schon durchaus in lichtreichen Momenten spüren.
Seien wir gewiss: Das Leid, auch wenn es eine reelle Dramatik und Gefahr birgt und sogar den Tod in sich trägt, es hat nicht das letzte Wort.
Wenn ich aus dem Fenster schaue, dann steht da immer noch der erfrorene Magnolienbaum, aber daneben blüht der Kirschbaum!
Die Zeichen der Auferstehung und des Lebens lassen sich nicht aufhalten!

Kathrin Vogt

Eine Kurzpredigt zum Karfreitag finden Sie auf Seite 236.

Karfreitag · Thematisch

Ave crux, spes unica!

„Ave crux, spes unica!" – dieses alte lateinische Motto wurde in der neueren Zeit u.a. dank der hl. Edith Stein bekannt. Sie hat es 1941 in einem Brief angeführt und damit ihre feste Überzeugung von der Bedeutung der gründlichen Erfahrung des Kreuzes ausgedrückt. Die in diesem Motto gefassten Begrüßungsworte gehören zum Hymnus, der in der Vesper in der Karwoche gebetet wird: „O heil'ges Kreuz, sei uns gegrüßt, du einz'ge Hoffnung dieser Welt". Gleich werden wir das heilige Kreuz in dieser Karfreitagsliturgie auf besondere Weise grüßen, wenn wir es, dem Einladungsruf „Kommt, lasset uns anbeten" folgend, durch die Kniebeuge (und den Kuss) verehren werden. Ja, dem Kreuz unseres Herrn Jesus Christus gebührt unsere große Verehrung, weil es der Ort einer großen Liebe und die Quelle einer großen Hoffnung ist. Wie wohl kein anderes Zeichen zeigt das Kreuz, an dem Christus für uns gestorben ist, die größte Liebe, die es überhaupt gibt, denn „Es gibt keine größere Liebe, als wenn einer sein Leben für seine Freunde hingibt" (Joh 15,13). Die Liebe, mit der Gott den Menschen liebt, lässt sich sogar nicht vor dem furchtbaren Leid und dem Tod abhalten. Diese enorm große Liebe zu bedenken, zu beachten, zu betrachten, zu besingen und zu bewundern ist wahrhaftig nie genug. Unsere Bewunderung und Dankbarkeit für diese Liebe sind so groß, dass wir vielleicht nicht immer daran denken, dass das Kreuz Jesu Christi auch ein Zeichen der Hoffnung ist. Nicht nur eine bewundernswerte Liebe, sondern auch eine beeindruckende Hoffnung – beides strahlt dieses heilige Kreuz aus. Deutlich ist diese Hoffnung an den Darstellungen des Kreuzes aus der frühchristlichen Zeit zu sehen. In der christlichen Frühzeit hat man nämlich das Kreuz in der Regel als strahlendes Zeichen des Triumphs, des Sieges Christi, dargestellt. Das ergab sich daraus, dass man das Werk der Erlösung vorzugsweise im Bilde des gewonnenen Kampfes sah, den Jesus gegen Satan und Tod gekämpft hatte. Damit betonte man in klarer Weise, dass das Wesen des Kreuzes nicht im Leiden allein, sondern vor allem im Sieg – dem Sieg Jesu Christi über das Leid und den Tod – besteht. Durch seinen Sieg, einen Sieg der Liebe über das Böse – hat Jesus den Menschen erlöst und ihm einen neuen Weg erschlossen. Der Sieg Jesu am Kreuz zeigt uns, dass selbst so schlimme Dinge wie Leid und Tod zu überwinden sind. Seine Frucht ist das Heil, das neue Leben, das dem Menschen geschenkt wird. Das wiederum erfüllt ihn mit Hoffnung, was der in der Heiligen Woche gesungene Kehrvers treffend zusammenfasst: „Im Kreuz ist Heil, im Kreuz ist Leben, im Kreuz ist Hoffnung" (GL 296). Übrigens, die frühchristliche Zeit erinnert mit ihrer Kunst insbesondere auch daran, dass das Kreuz unseres Herrn Jesus Christus ein Zeichen der eschatologischen Hoffnung ist. Das in der Apsis alter Basiliken dargestellte Glorienkreuz war ein Ausdruck der Hoffnung, die den Blick auf den lenkt, der nun in der Herrlichkeit des Vaters lebt und der einmal wiederkommen wird. Deswegen schauen wir auf das Kreuz immer, auch am heutigen Tag, aus österlicher Perspektive. Im gekreuzigten Jesus sehen wir nicht nur den leidenden und sterbenden Heiland, sondern auch denjenigen, der siegreich auferstanden ist. Erst diese beiden Aspekte machen das Mysterium Christi aus. In diesem Sinne sagte Papst Franziskus in seiner Botschaft „Urbi et Orbi" zu Ostern 2020: „Der Auferstandene und der Gekreuzigte sind derselbe, nicht zwei verschiedene. An seinem verherrlichten Leib trägt er unauslöschlich die Male der Kreuzigung; die Wunden, die zu Luken der Hoffnung geworden sind".

ALLE BRAUCHEN HOFFNUNG

Die Hoffnung brauchen wir besonders dann, wenn wir unsere eigenen Kreuze zu tragen haben. Manchmal sind es sehr viele und sehr schwere Kreuze. Obgleich der Mensch infolge der ständigen vielfältigen Entwicklung im Kampf gegen das Leiden immer mehr Erfolge erzielt, wird er in dieser Wirklichkeit wohl nie den Zustand erleben, in dem er alle seine Kreuze ganz loswerden könnte. Deshalb wird er im diesseitigen Leben nach wie vor viel Hoffnung benötigen. Sie hilft ihm nicht nur bei der Überwindung zahlreicher Schwierigkeiten, sondern ist auch häufig die stärkste Antriebskraft seines Handelns, dessen wichtigster Motor. Oft tröstet sie den Menschen und ermutigt ihn. Ist es uns je bewusst geworden, dass die Hoffnung ganz gewiss zu den nötigsten und zu den am meisten verbreiteten Phänomenen im menschlichen Leben gehört? Wenn wir die Rolle der Hoffnung beispielsweise im Zusammenhang mit den anderen beiden theologischen Tugenden, d. h. mit Glaube und Liebe, betrachten, dann scheint eben die (nicht nur religiös verstandene) Hoffnung die notwendigste und die allgemeinste Erscheinung im Leben des Menschen zu sein. Der Mensch ist nämlich imstande, ohne den Glauben zu leben. Vielleicht kann er sogar auch ohne die Liebe leben, aber mit Sicherheit nicht ohne die Hoffnung. Nicht alle Menschen glauben, ebenso lieben nicht alle, aber ein jeder Mensch hat eine Hoffnung – ein Gläubiger und ein Nichtgläubiger, ein Liebender und ein Nichtliebender.

CHRISTLICHE HOFFNUNG

In seiner Enzyklika „Spe salvi" spricht Papst Benedikt XVI. von den vielen kleineren und größeren Hoffnungen, die der Mensch Tag um Tag in den verschiedenen Perioden seines Lebens hat und die er braucht. Zugleich stellt er fest: „Die wahre, die große und durch alle Brüche hindurch tragende Hoffnung des Menschen kann nur Gott sein". Der Gott, der uns bis zur Vollendung geliebt hat und liebt. Es ist „nicht irgendein Gott, sondern der Gott, der ein menschliches Angesicht hat". Dieses menschliche Gesicht zeigte Gott gerade am Kreuz. Auch wenn die Stimmung der heutigen Liturgie nicht fröhlich ist, ist ihre Botschaft durch und durch erfreulich, weil sie uns viel Hoffnung vermittelt. Diese hoffnungsvolle, zuversichtliche Botschaft lautet: Wir sind nicht verloren, sondern erlöst! Mit unserem gekreuzigten und auferstandenen Erlöser – Jesus Christus können wir die Schwierigkeiten des Lebens überwinden und durch ihn haben wir eine gute Zukunft, und zwar sowohl im Diesseits als auch im Jenseits.

Marcin Worbs

Osternacht · Zu Röm 6,3–11

Anders leben!

Es gibt nicht nur den körperlichen Tod. Unsere Sprache macht uns dies bewusst. Wir sprechen davon, dass wir jemanden erledigen, fertigmachen, abschießen, kaltstellen, kaputt machen. Wir sagen: „Der ist für mich gestorben. Den kann ich auf den Tod nicht leiden. Den kannst du vergessen". Oder auch: jemanden totschweigen, abmurksen oder über die Klinge springen lassen.
„Mitten im Leben sind wir vom Tod umfangen ..." Dabei brauchen wir nicht an Herzinfarkt oder Verkehrsunfall zu denken. Es geht nicht nur darum, dass wir plötzlich sterben können, sondern dass der Tod sich mitten in unserem Leben zur Geltung bringt. Es gibt ein Leben, das den Tod schon hinter sich hat. Sie denken vielleicht ans Jenseits: später, im ewigen Leben. Der Apostel denkt in der heutigen Lesung anders. Er sagt nicht „später", sondern „jetzt". Er spricht von einem Geschehen, das sich hier und jetzt in unserer Welt und bei uns ereignen kann. Jetzt kann das andere Leben beginnen. „So begreift auch ihr euch als Menschen, die für die Sünde tot sind, aber für Gott leben in Christus Jesus" (Röm 6,11).
Da reichen unsere biologischen Vorstellungen nicht mehr aus. Danach werden wir zunächst geboren, und später müssen wir sterben. Hier ist der Weg umgekehrt. Aus dem Tod gehen wir hinüber ins Leben, und zwar nicht erst am Ende des Lebens in ein Leben nach dem Tod. Der Prozess vom Tod zum Leben kann sich hier in unserem alltäglichen Leben schon vollziehen. Das geht nicht ohne Schmerzen. Das Sterben im Leben betrifft uns nicht nur am Rande, sondern im Innersten unserer Existenz. „Denn wer sein Leben retten will, wird es verlieren; wer aber sein Leben um meinetwillen verliert, wird es finden" (Mt 16,25). So paradox es klingt: Nur der gewinnt das Leben, der die Hingabe des Lebens wagt.
Jetzt kann das andere Leben beginnen, wenn wir anders leben, anders als üblich, wenn wir Schluss machen mit unseren mörderischen Lebenseinstellungen nach dem Motto: „Jeder ist sich selbst der nächste. Nimm, was du kriegen kannst. Hast du was, dann bist du was." Wer so denkt und handelt, möchte sich seine eigene kleine Unsterblichkeit bauen – und endet im Tod. Anders leben! Wie geht das? Mutter Teresa wurde einmal gefragt, warum sie sich um Menschen sorgt, für die doch alles aussichtslos ist. Ihre Antwort: „Ich möchte möglichst jedem Menschen, dem ich begegne, die Erfahrung vermitteln, unbedingt erwünscht zu sein." Damit ist alles gesagt. – Ich kann das anderen nur sagen und mitteilen, wenn ich es selbst mir habe sagen lassen und erfahren habe. Wenn ich den Rücken frei habe, dann kann ich „mein Leben verlieren". Dann kommt der Prozess vom Tod zum Leben in Gang. Die Schwestern und Brüder lieben ... Nicht einsam, sondern gemeinsam. Hier liegen Chancen zu neuem Leben schon vor dem Tod. Die Liebe, in der wir uns hinauswagen und unser Leben verlieren, und der christliche Osterglaube gehören untrennbar zusammen. Jesus hat, heißt es, durch seine Liebe den Tod überwunden.

Hans-Werner Günther

Osternacht · Zu Gen 1,1–2,2

Das soll alles gut sein?!

Im letzten Jahr mussten unsere Kirchen am Osterfest geschlossen bleiben. Per Livestream oder auf anderen technischen Wegen konnten Menschen Gottesdienste mitfeiern – mehr oder weniger als „Ersatz" im positiven Sinn oder doch eher schmerzlich als „Notlösung" empfunden... Nein, Ostern ist nicht ausgefallen im Jahr 1 der Pandemie, aber wie viele Verluste mussten wir dennoch hinnehmen – und wie sehr gilt das erst recht für unzählige Menschen in vielen anderen Ländern der Erde!
Und da kommt die heutige erste Lesung, der berühmte Schöpfungshymnus aus der Genesis, daher und spricht tatsächlich leitmotivisch davon, dass alles gut, ja sehr gut sei?! Ich muss zugeben, ich bin spontan in Gefahr, eher sarkastisch zu fragen: „Lieber Gott, bist du sicher, dass du alles gut gemacht hast?!" Vielleicht geht Ihnen das auch so? Das ist wohl nur allzu menschlich – und möglicherweise auch gar nicht einmal schlecht, um den Schöpfungstext noch einmal neu zu hören. Denn eigentlich müssten wir uns die Gegenfrage gefallen lassen: Wieso fragst du das gerade dieses Jahr? Ja, die Pandemie war und ist schlimm, die Folgen sind erschreckend – aber gibt es den Karfreitag nicht seit Beginn des Christentums? Hat Ostern nicht seitdem jedes Jahr ein Zeichen gegen Tod und Untergang gesetzt, und das im festen Glauben darauf, dass uns in der Auferstehung Jesu Christi das Leben unwiderruflich ein für alle Mal geschenkt ist? Dass keine Krankheit, kein Leiden, kein Tod uns dieses Geschenk wieder nehmen kann? „Gott sah, dass alles gut war" ist keine billige Realitätsflucht und kein Wegducken vor der Erfahrung, dass uns im Leben Schlimmes widerfährt. Im Gegenteil! Dieser Gott, an den wir als Schöpfer der Welt glauben, ist mit seinem Volk Israel aus der Knechtschaft durch die Wüste gezogen, er war stärker als jede Todesgefahr, stärker als die Truppen des Pharao, stärker als die Fluten des Roten Meeres. Derselbe Gott ist nach christlicher Überzeugung in Gestalt des Sohnes am Kreuz gestorben und bis in den tiefsten Grund des Todes hinabgestiegen. Nichts davon setzt die Grundüberzeugung außer Kraft, dass alles, was ist, von ihm ins Leben gerufen wurde und deshalb gut ist. Die Stärke, die in dieser Überzeugung liegt, ist der Grund, aus dem wir Ostern feiern. Gleich, was die Menschheit im Laufe ihrer Geschichte aus der guten Schöpfung Gottes gemacht hat; gleich auch, welche Herausforderungen sie zu bestehen hat: Gottes Wort, das alles ins Leben gerufen hat, hat Bestand. Das Leben Jesu konnte am Kreuz durch menschliche Gewalt beendet werden – das wahre Leben, das von Gott kommt, konnte es nicht. Christus ist wahrhaft auferstanden, der Tod hat nicht das letzte Wort! Er kann es nicht haben, weil das letzte Wort dem zukommt, der auch das erste gesprochen hat: Das ist die Botschaft der Genesis, wenn es heißt „Gott sprach: Es werde Licht. Und es wurde Licht. Gott sah, dass das Licht gut war" (1, 3f.). Das gute Licht des Lebens kann durch den Tod nicht ausgelöscht werden. Und so haben wir heute das Licht der Osterkerze von Neuem entzündet. Möge es uns leuchten durch alle Dunkelheiten des Lebens.

Agnes Molzberger

Osternacht · Zu Mk 16,1–7

Sing nicht so schnell dein Glaubenslied

Der Auftrag des jungen Mannes in dem weißen Gewand ist eindeutig: „Geht und sagt seinen Jüngern, vor allem dem Petrus: Er geht euch voraus nach Galiläa. Dort werdet ihr ihn sehen, wie er es euch gesagt hat" (V 7). Aber bei dieser Aufforderung bleibt es dann auch. Denn im folgenden Vers, der nicht mehr zum offiziellen Lesetext dieser Nacht gehört, heißt es: „Da verließen sie das Grab und flohen; denn Schrecken und Entsetzen hatte sie gepackt. Und sie sagten niemandem etwas davon; denn sie fürchteten sich" (Mk 16,8).
Die allermeisten Fachleute vertreten die Auffassung: Das ist der Schluss des Markusevangeliums. Verzagt und verschüchtert, alles andere als ein Happy End. Vom österlichen Hallelujajubel keine Spur. Sollten Sie das ungewöhnlich finden, sind Sie in guter Gesellschaft. Denn später hängte man noch ein paar andere Verse dran, einen bunten Mix aus den Erscheinungserzählungen der anderen Evangelien. Was unpassend schien, wurde passend gemacht.

DA MUSS NOCH ETWAS FOLGEN ...

Wenn man ein Satzzeichen hinter diesen letzten Vers setzen müsste, dürfte das kein Punkt sein. Es müsste eher ein Doppelpunkt sein, gleichsam als Hinweis: Da müsste noch etwas folgen. Nur: Das, was noch folgt, ist nicht mehr ein Text, ein Bericht, sondern das konkrete Leben. Er geht euch voraus nach Galiläa. Dort werdet ihr ihn sehen.
Allerdings läuft es nicht nach dem Motto: Gesagt – getan. Sondern es heißt ausdrücklich: „Sie sagten niemandem etwas davon, denn sie fürchteten sich."
Die Aufforderung des geheimnisvollen jungen Mannes ist das eine. Seine Gegenwart, der weggewälzte Stein, der fehlende Leichnam: Das ist die andere Seite dieses Erlebnisses, das so zwiespältig ist. Das sorgt für Erschrecken und Verstummen. Eine mögliche Erklärung dafür könnte sein: Die Frauen hatten Angst vor der Männergesellschaft, denen sie das Unglaubliche verkünden sollen. Tatsächlich ist die Aussicht, dass man nach allen Regeln der männlichen Kunst abgekanzelt wird, alles andere als ermutigend. Nicht überraschend heißt es dann auch bei Lukas: Sie, also die Apostel, hielten diese Worte für leeres Gerede, für Geschwätz (Lk 24,11).
Wahrscheinlich sitzen die Angst und die Sprachlosigkeit aber noch tiefer. Denn regelmäßig wird in der Bibel die Begegnung mit Gottes Gegenwart so geschildert, dass es die Menschen zutiefst verunsichert und sprachlos macht, oft sogar in regelrechte Furcht versetzt. Jede Berufung eines Propheten schildert diese Angst und das Erschrecken. Und kein Prophet erfüllt sozusagen freudig und unverzüglich seinen Auftrag. Im Grunde genommen geschieht hier nichts anderes. Frauen, die nichts zu sagen haben, vermutlich auch nicht besonders selbstbewusst sind, werden berufen, das zu verkünden, was schier unglaublich und unerhört ist. Und das in unmittelbarer zeitlicher Nähe zur Katastrophe des Karfreitags.

EINE FRAGE DER PERSPEKTIVE

Wir können die Dimension ahnen, wenn wir uns unsere Perspektive bewusstmachen. Wir lesen einen solchen Text ja mehr oder weniger als fromme Geschichte, alle Jahre wieder. Wir reden zumindest binnenkirchlich von der Auferstehung als einer Selbstverständlichkeit, die oft eine abstumpfende Wirkung hat. Die Frauen hingegen kannten den Begriff der Auferstehung nicht einmal. Sie hatten nur die Worte des jungen Mannes und die völlig verstörende Situation.

Von daher erscheint das Ende des Markusevangeliums in einem anderen Licht. Es ist eben nicht so, dass etwas mit dem Ende des Markusevangeliums nicht stimmt. Eher stimmt etwas nicht, wenn die Auferstehung zur Alltäglichkeit wird, eine Worthülse, die die Unbeschreiblichkeit überspielt, eingepackt in den jedes Jahr planmäßig einsetzenden Osterjubel.

In einem neuen geistlichen Lied heißt es: „Sing nicht so schnell dein Glaubenslied, sing nicht so laut, so grell". Vergiss nie, dass der Karfreitag nur etwas mehr als einen Tag zurückliegt. Vergiss nie, dass Auferstehung ein Wort ist, das nur eine Überschrift über etwas ist, dass völlig neu, unbekannt, unbeschreiblich ist. Sing nicht so schnell dein Glaubenslied. Du wirst auf Widerstand stoßen, auf Unverständnis. Du wirst immer wieder auf Zweifel stoßen, die in dir und in anderen sind. Sing es nicht so schnell. Viel wichtiger als das Singen ist etwas anderes: Brich auf. Geh nach Galiläa, zurück in deinen Alltag. Dort wirst du einen roten Faden entdecken, der sich durch deine Freude, dein Leid, durch das, was dich bewegt und beschäftigt, hindurchzieht: Die Gegenwart Jesu, seine alles verwandelnde Kraft. Dort wirst du ihn finden, so, wie er es gesagt hat.

Clemens Kreiss

4. April 2021 · Zur Liturgie

Ostersonntag (B)

LIEDVORSCHLÄGE

Gesänge zur Eucharistiefeier
Eröffnungsgesang: Freu dich, erlöste Christenheit (GL 337); *Antwortgesang:* Das ist der Tag, den der Herr gemacht (GL 66,1) mit den Psalmversen *oder* Vom Tode heut erstanden ist (GL 324); *Ruf vor dem Evangelium:* Halleluja (GL 175,2) mit dem Vers; *Danklied*: Das ist der Tag, den Gott gemacht (GL 329).

Gesänge zur Wort-Gottes-Feier
Zur Prozession mit der Osterkerze: Surrexit Dominus vere (GL 321); *Lichthymnus:* O Licht der wunderbaren Nacht (GL 334); *zum Taufgedächtnis:* Das ist der Tag (GL 329).

ERÖFFNUNG

Liturgischer Gruß
Unser Herr Jesus Christus, der glorreich auferstanden ist von den Toten, sei mit euch / ist mit uns allen.

Einführung
Voller Freude feiern wir, dass Jesus Christus von den Toten erstanden ist und das neue Leben, das er uns schenkt. In der Taufe hat dieses bereits begonnen. Darum soll unser Leben jetzt schon geprägt sein von der Freude der Auferstehung. In dieser Feier stärkt er uns und schenkt uns neu den Geist, in dem auch die Jünger zu mutigen Zeugen für seine Auferstehung wurden.

Kyrie-Litanei
Herr Jesus, du hast den Tod besiegt für immer. Kyrie, eleison.
Du bringst Leben in Fülle für jeden Menschen. Christe, eleison.
Du bringst uns Hoffnung und Freude. Kyrie, eleison.

Tagesgebet
Allmächtiger, ewiger Gott,
am heutigen Tag
hast du durch deinen Sohn den Tod besiegt
und uns den Zugang zum ewigen Leben erschlossen.
Darum begehen wir in Freude
das Fest seiner Auferstehung.
Schaffe uns neu durch deinen Geist,
damit auch wir auferstehen
und im Licht des Lebens wandeln.
Darum bitten wir durch Jesus Christus.

ZU DEN SCHRIFTLESUNGEN

1. Lesung: Apg 10,34a.37–43
Das Leben und Wirken Jesu hat es bereits gezeigt: Gott möchte uns das Leben in Fülle schenken. In seiner Auferstehung wird diese Verheißung wahr. Die Apostel bezeugen das und dazu sind auch wir berufen.

2. Lesung: Kol 3,1–4
Das neue Leben, das Gott schenkt, ist nicht Verheißung einer fernen Zukunft, sondern Realität im Hier und Jetzt. Es soll unseren Alltag prägen, danach sollen wir streben, davon sollen wir uns verändern lassen.

Evangelium: Joh 20,1–9
Das leere Grab spricht von dem, was Gott dort gewirkt hat. Zeichen seines Wirkens können wir in unserer Welt finden, wenn wir bereit sind, unsere Herzen dafür zu öffnen.

FÜRBITTEN

Der Auferstandene Jesus Christus ist selbst das Leben, das Gott uns schenkt. Zu ihm kommen wir mit den Anliegen unserer Zeit:

- Für alle, die keine Freude haben, für diejenigen, die in großer Not sind und die keine Hoffnung sehen, für alle Verzweifelten.
- Für alle, die sich zu dir bekennen, für die mutigen Zeugen, für die Ängstlichen und für diejenigen, die an dir Zweifeln, für die verfolgten Christen.
- Für alle Kranken, besonders für diejenigen, die einsam sind und niemanden an ihrer Seite haben und für alle, die in Sorge um Angehörige sind.
- Für alle Menschen, die unter Krieg und Terror leiden, die verfolgt werden, für die Opfer von Gewalt und Unterdrückung.

Herr, du versprichst uns das Leben. Stärke du unser Vertrauen auf dich, angesichts all dessen, was noch an Unheil in der Welt ist und erfülle alle Menschen mit deinem Geist. Der du lebst und herrschst in Ewigkeit.

ELEMENTE FÜR DIE EUCHARISTIEFEIER

Zum Vaterunser
Gott schenkt in der Auferstehung seines Sohnes neues Leben. Beten wir um dieses neue Leben in unserem ganzen Leben mit den Worten Jesu.

Zum Friedensgebet
Wir sind berufen, Boten des neuen Lebens zu sein und den Frieden auszubreiten, den Jesus angekündigt hat. Um diesen Frieden bitten wir.

Zur Kommunion
Jauchzet dem Herrn, alle Lande, freut euch, jubelt und singt! (Ps 98,4).

ELEMENTE FÜR DIE WORT-GOTTES-FEIER

Lichtdanksagung

Besonders dort, wo in der Nacht keine Feier der Osternachtliturgie stattfinden konnte, empfiehlt sich, den Gottesdienst mit einer Lichtdanksagung zu beginnen. Wo möglich versammelt sich die Gemeinde im Eingangsbereich der Kirche. Der Leiter / die Leiterin eröffnet die Feier (GL 659,1):

L: Im Namen unseres Herrn Jesus Christus: Licht und Frieden.
A: Dank sei Gott.

Danach wird die Osterkerze entzündet. Wenn möglich stammt das Feuer dazu vom Osterfeuer aus der Osternachtliturgie an einem anderen Ort. Die brennende Kerze wird in die Kirche getragen und von der Gemeinde begleitet. Im Altarraum angekommen, werden die Kerzen aller Mitfeiernden entzündet. Es folgt der Lichthymnus. Dann singt oder spricht der Leiter / die Leiterin:

L: Wir danken dir, Herr unser Gott,
für deinen Sohn, unseren Herrn Jesus Christus.
Ihn hast du auferweckt von den Toten,
um uns das ewige Leben zu schenken.
In ihm leuchtet uns das Licht deiner Gegenwart,
das Licht, das unser Leben hell macht und erleuchtet,
das Licht, das in uns die Hoffnung stärkt, bei dir geborgen zu sein,
das Licht, das niemals erlöscht und untergeht
und so zum Zeichen des Lebens in Fülle wird,
das du uns in deinem Reich schenkst.
Deine Güte ist größer als jede Not,
deine Liebe ist stärker als der Tod.
Dir allein gebührt Herrlichkeit, Ehre und Macht,
mit deinem auferstandenen Sohn
in der Einheit des Heiligen Geistes, jetzt und in Ewigkeit. A: Amen.

Die Gemeinde setzt sich. Es folgt die Verkündigung des Wortes Gottes.

Zum Taufgedächtnis

Nach der Auslegung der Heiligen Schrift spricht der Leiter / die Leiterin:

L: Liebe Schwestern und Brüder, wir alle wurden auf Jesu Tod und Auferstehung getauft. Heute feiern wir die Auferstehung und das neue Leben, das Gott uns schenkt. Neues Leben, das für uns bereits in der Taufe begonnen hat. Diese Überzeugung bekräftigen wir und vertrauen uns Gott neu an.

In der Nähe der Osterkerze steht ein Gefäß mit Wasser bereit oder wird jetzt dorthin gebracht. Der Leiter / die Leiterin spricht den Lobpreis über dem Wasser (WGF S. 188). Die Erneuerung des Taufbekenntnisses und die Austeilung des Wassers erfolgen wie dort angegeben.

Jens Watteroth

Ostersonntag · Zu Joh 20,1–9 (B)

Auferstehung. Sich keinen Reim machen können

Da feiern wir Ostern und haben es mit einem so verhalten geheimnisenden Evangelium zu tun, dass der Eindruck aufkommt, als wisse es nicht, wie es die rechten Worte finden soll. Maria von Magdala war am Grab Jesu. Sie eilt zu Petrus und zu dem anderen Jünger, den Jesus besonders geliebt hatte. Der Name dieses Jüngers wird nicht eigens erwähnt. Merkwürdig genug: Gerade dessen Name soll nicht in Erinnerung geblieben sein? Beide haben es eilig. Beide haben dasselbe Ziel: Jesu Grab. Warum wird festgehalten, dass der eine schneller war als Petrus? Wollte damit gesagt sein, in diesem Falle war der Weg das Ziel? Dunkel diese Zerfahrenheit! Dunkel auch das Weitere! Der erste am Grab wirft einen Blick hinein, er betritt es nicht. Dann kommt Simon. Er geht hinein, sieht die Leinenbinden und das Schweißtuch und hält detektivisch fest, wo genau Schweißtuch und Leinenbinden lagen. Dann tritt auch der andere ein. Von ihm heißt es, er sah und glaubte. Was sah und glaubte er? Er sah und glaubte, was Simon festgestellt hatte, dass hier Leinenbinden und das Schweißtuch herumlagen, sonst nichts. Dann folgt ein wichtiger Kommentar: Sie wussten nicht, dass der Herr auferstehen musste. Sie wussten es noch nicht „aus der Schrift". Ihre „Schrift" war das, was wir das Alte Testament nennen. Für Simon wie für den anderen war völlig ungeklärt, womit sie es in diesem Augenblick zu tun hatten. Sie hatten keinen Leseschlüssel, keine Perspektive. Alles blieb beunruhigend dunkel, ohne Lösung. Sie wussten nichts anderes anzufangen, als nach Hause zu gehen. Punkt.

Wir sollten uns in Erinnerung rufen, dass es im Johannesevangelium keine einzige Leidensvorhersage und Vorhersage über Jesu Auferstehung gibt. Die Fassungslosigkeit hält das Evangelium viele, viele Jahrzehnte in der Zeit seiner Abfassung immer noch fest! Das ist die stumme und doch so beredte Botschaft: Es geht den Hörern und Lesern des Evangeliums genauso wie es den beiden Jüngern erging. Sie können sich auch keinen Reim machen, was eigentlich nach dem Tode Jesu vorlag. Exakt aus demselben Grunde wird uns heute, 2000 Jahre später, immer noch dieses Evangelium vorgetragen: Wir sollten uns nicht wundern, wenn wir uns auf die Auferstehung Jesu keinen Reim machen können.

Ganz wörtlich genommen werden wir das nie können. Aber was wir können, das wäre uns vertrauensvoll einzulassen auf das besondere Ende Jesu, das ein Ende in Gott war. Es war ein neuer Anfang. Ein Anfang mit einer Wirkung bis zum Ostersonntag 2021 und darüber hinaus. Wir sollten uns zutrauen, auch ohne es zu durchschauen, Osterlieder zu singen, die das nach wie vor für uns Ungereimte glaubend zu reimen versuchen.

Stefan Knobloch

Eine weitere Kurzpredigt finden Sie auf der Seite 237.

Ostersonntag · Zu Apg 10,34a.37–43 (B)

Auferstehung hebt Grenzen auf

Was unterscheidet eigentlich Christen von Nicht-Christen? Der Glaube an die Auferstehung Jesu beispielsweise. Was unterscheidet dann zum Beispiel deutsche Christen von syrischen Christen? Auferstehung in einer anderen Sprache? Was unterscheidet nun etwa eine homosexuelle deutsche Christin von einem heterosexuellen libanesischen Muslim? Ist bei diesen Unterschieden nicht die Gemeinsamkeit wichtiger, immer irgendwo nicht zur Mehrheit zu gehören?

Sicher, es gibt die Unterschiede zwischen Menschen, aber je genauer man hinschaut, desto mehr verschwimmen klare Abgrenzungen zwischen mir und den anderen. Und sobald ich mich selbst ehrlich befrage, fallen mir immer mehr Aspekte an mir auf, die mich auch von Menschen in meiner Nähe unterscheiden, denen ich mich zugehörig fühle. Das verunsichert, aber es öffnet den Blick dafür, dass alle anderen auch Menschen sind – und dass „anders" sein zum Menschsein dazu gehört.

Dieser Gedanke ist uns traditionell eher fremd, wenn wir auf die Geschichte von Nationalstaaten schauen: Klare Grenzen legen fest, wer dazu gehört und wer draußen ist. Die Grenzen um ein Land bilden auch gedachte Grenzen um ein Volk, eine Abstammung und eine gemeinsame Geschichte. Ihre schlimmsten Ausprägungen finden diese Grenzziehungen in Fremdenfeindlichkeit, Rassismus und der daraus erwachsenden Gewalt bis hin zum Genozid. Was „anders" ist, muss in dieser Logik weg, es stört. Und deswegen sind Gesellschaften, die sich so abgrenzen, auch nach innen unbarmherzig: Wer anders glaubt oder anders lebt, wird bekämpft, ausgeschlossen oder getötet.

Wie bewahren wir uns als Christen davor, in diese tödliche Logik der Ausgrenzung zu geraten und bleiben doch wir selbst? Die Auferstehung gibt eine Antwort, aber um das nachzuvollziehen, müssen wir auf den Text der Apostelgeschichte schauen:

GRENZGÄNGE SIND IDENTITÄTSSTIFTEND

Petrus predigt dort über Grenzen und vor allem über Grenzöffnungen. Christsein ist, so sagt er, ein Leben dazwischen – zwischen Leben und Tod, drinnen und draußen, zwischen wir und den anderen. Das ist nicht auf den ersten Blick sichtbar, aber wird, wenn man darauf achtet, in jeder Zeile deutlich.

Petrus selbst predigt als Jude. Das ist wichtig, denn „an der Grenze sein" ist die Identität des Gottesvolkes. Israel wandert 40 Jahre auf der Grenze zwischen der Unfreiheit in Ägypten und dem eigenen Land. Die Tora, die fünf Bücher Mose, enden auf dieser Grenze, Mose, der größte Prophet, stirbt auf dieser Grenze. Im verheißenen Land scheinbar angekommen, stellen sich Israel immer wieder Grenzfragen: Wer sind wir im Unterschied zu den anderen? Wie gehen wir damit um, dass wir mit anderen zusammenleben? Waren wir nicht ebenso Fremde – in Ägypten und im Exil? Es ist die Erfahrung der ständigen

Fremdheit, die in der Bibel Israels Spuren hinterlässt, etwa in der Nächstenliebe und der Fremdenliebe (Lev 19,18.34). Wenn Israel erkennt, dass es selbst immer auch fremd, heimatlos und unterwegs war, dann verwischt das die Grenzen nicht, die das verheißene Land ausmachen. Aber diese Grenzen werden löchrig. Auf der Grenze, im Kontakt mit den Anderen – seien sie fremd, arm oder krank – zeigt sich nach den Geboten der Tora dann, was man nach Gottes Willen lebt.

Petrus erzählt so auch von Jesu Leben. Jesus weist auf die Grenzen in seiner eigenen Gesellschaft hin und macht sie durchlässig: Zöllner, Sünder, Frauen, Fremde, Kranke und Menschen mit Behinderung sind die Menschen, die er in die Gesellschaft holt, sie aufrichtet und ihre Würde wieder sichert. Damit hilft er nicht einfach den einzelnen Menschen jenseits der Grenze. Er zeigt auch allen anderen, die meinen, dass sie diesseits der Grenze leben, was das Reich Gottes bedeutet: das Aufheben von trennenden Grenzen.

Petrus predigt weiter über Grenzen. Er spricht über die Grenze zwischen den Lebenden und den Toten und zwischen Gott und Mensch. An diese Grenzen treten die heran, an die sich die Predigt richtet: die Zeugen der Auferstehung.

AUFERSTEHUNG LÄSST UNS GRENZEN ÖFFNEN

Jesu Auferstehung macht diese Grenzen durchlässig: Gott hat Jesus zu den Menschen gesandt und damit eine erste Grenze überschritten und durchlässig gemacht. Jesus hat zwar im Land der Juden gehandelt, aber seine Zeugen können aus jedem Land und jedem Volk kommen. Und das liegt an dem, was Jesus getan hat: Er hat nämlich allen Gutes getan und alle geheilt, die davon bedroht waren, von Gott getrennt zu werden. Und schließlich hat Jesus eine letzte Grenze geöffnet: Er ist getötet und wieder auferweckt worden. Petrus und seine Zuhörer*innen sind Zeugen davon: Sie haben mit jemandem, der tot war, gegessen und getrunken. Diese Grenzüberschreitung führt dazu, dass die Grenzen dieser Welt nicht mehr halten. Es gibt durch die Auferstehung nur noch durchlässige Grenzen. Das neue „Land", in das Gottes Volk ziehen kann, ist das Land der Auferstandenen, es ist das Reich Gottes. Die, die die offene Grenze gesehen haben, sind die Zeugen, die Petrus hier anspricht. Es sind wir, die wir heute Jesu Auferstehung feiern und bekennen. Die Aufgabe der Zeugen ist es, Zeugnis zu geben. Wir sollen an die Grenze gehen und führen. Nicht mehr Tod und Leben sind dabei der entscheidende Unterschied, denn Gott ist Richter über Lebende und Tote. Es ist die Befreiung aus der Sünde, die Vergebung Gottes macht die Grenze durchlässig, die von ihm trennt. Sie hebt die Trennung auf und macht den Weg frei in das Reich Gottes.

Christliche Identität spielt nicht in Landesgrenzen, macht sich nicht an Staaten fest, sondern daran, Grenzen zu öffnen und so an die Grenze zwischen Gott und Mensch zu treten. Wer hier Grenzen schließt, verhindert Gottes Handeln an der Welt. Wer aber an die Grenzen der Welt geht, diese öffnet und dort dem Mitmenschen begegnet, der begegnet Christus – der getötet wurde, weil er an Grenzen gegangen ist und das „Wir" verunsichert hat; und der wurde von Gott auferweckt, weil es genau dieser Weg ist, der zu Gott führt.

Benedict Schöning

Ostersonntag · Zu Joh 20,1–9 (B)

Das Grab ist leer!

Auf dem roten Platz in Moskau liegt seit dem Jahr 1924 in einem eigens dafür gebauten Mausoleum der frühere Führer der Kommunistischen Partei, Wladimir Lenin. Man hat ihn nach seinem Tod einbalsamiert und so hergerichtet, dass er heute noch betrachtet werden kann. Und immer noch sind Ärzte und Wissenschaftler damit beschäftigt, diesen Zustand zu erhalten. Der Tote bleibt. Aber wohlgemerkt: Es ist der Zustand eines Toten, der erhalten wird! Es mag dabei fast grotesk klingen, dass zwar der Tote bleibt, aber die Idee des Kommunismus längst in vielen Teilen der Welt an Attraktivität und Lebendigkeit verloren hat. Immer wieder gibt es Stimmen, den Toten der Erde zu übergeben und das Mausoleum zu schließen.

DER GESALBTE LEBT

Wie anders klingt da die Geschichte des Christentums. Heute feiern wir Ostern. Wir feiern, dass Christus lebt. Das Grab Christi, in dem ebenso ein einbalsamierter Toter lag, ist seit über 2000 Jahren leer. Weil die Jünger das sahen, glaubten sie. „Denn sie wussten noch nicht aus der Schrift, dass er von den Toten auferstehen musste" (Joh 20,9). So beschreibt es das Evangelium. Das leere Grab ist der Grund des österlichen Glaubens. Was ist geschehen in der Nacht, von der es im Exultet, das in der Osternacht gesungen wird, heißt, dass es allein der Nacht vergönnt war, „die Stunde zu kennen, da Christus erstand von den Toten"?

Eine Antwort finden wir im Eröffnungsvers zum heutigen Gottesdienst. Er ist dem Psalm 139 entnommen, in dem es heißt: „Ich bin erstanden und bin immer bei dir. Du hast deine Hand auf mich gelegt". Die Liturgie sieht darin das erste Wort, das Christus nach seiner Auferstehung an den Vater richtet. Er drückt darin seine Erkenntnis aus, dass ihn in der Nacht des Todes, in der großen Verlassenheit der Samstagshölle, einzig und allein die Hand des Vaters gehalten hat. Und so konnte er auferstehen.

Das Wort, das die Kirche glaubend in den Mund des Auferstandenen legt, ist ein unglaubliches Bekenntnis: In der Verlassenheit des Gründonnerstagsabends und in der Dunkelheit des Karfreitags war die bergende und liebende Hand Gottes da. Der Vater hat immer zu seinem Sohn gehalten. Ja, der Vater hat den Sohn gehalten. Und darin liegt seitdem auch für alle Menschen die Hoffnung, in den Händen Gottes Halt zu finden.

GESALBT ZUM LEBEN

Die Osterbotschaft tröstet, weil sie die Furcht vor dem Tod nimmt. Aus dieser Wirklichkeit zu leben bedeutet deshalb, nicht mehr von der unnützen Sorge getrieben zu sein, die Toten zu balsamieren, damit sie bleiben. Sondern es gilt nach dem Ewigen und dem Bleibenden Ausschau zu halten. Deshalb hat auch die Taufe im Ostergeschehen ihren Ursprung, in der der Mensch von Gott in das unendliche Leben einbalsamiert wird. Die Materie wird beseelt und verinnerlicht sich. Das Leben kommt von Gott und kehrt zu ihm zurück. Und so bleibt nicht der Tod, sondern das Leben. Wenn wir Ostern feiern, sind wir eingeladen, von dieser Gewissheit unseres Lebens in der Welt Zeugnis zu geben. Denn nur durch unser neues gesalbtes Leben wird die Welt erfahren, dass es einen Weg aus aller Todesverfallenheit, aus allem Krieg und aus allem Leid gibt. Das Christentum ist dabei immer und zu allererst eine Geschichte Gottes mit den Menschen, und zwar mit Abraham und Mose, mit Jesus und den Frauen und Jüngern, die heute zum Grabe kommen. Und auch mit uns selbst. In uns und durch uns will Gott in dieser Welt leben. Deshalb sind auch wir zum österlichen Leben berufen.

BEFREIT!

Diese Wirklichkeit zu begreifen und zu glauben, ist für den neuzeitlichen Menschen nicht leicht. Sie fordert ihn, der so oft von der Schwere des Lebens festgehalten wird, heraus. Und doch drängt es ihn in die Freiheit des Lebens, in die Gott selbst führt. In einzigartiger Weise ist diese Wirklichkeit in einem Kunstwerk zu betrachten, das ebenso für ein Grabmal geschaffen worden ist, nämlich für das Grabmal von Papst Julius II.. Es sind die unvollendet gebliebenen Sklaven von Michelangelo, die in der Galleria dell'Accademia in Florenz zu sehen sind. Aus dem rohen Marmorblock wachsen sie heraus und scheinen mit gigantischer Kraft ihre Glieder aus dem Stein zu befreien. Ein Spiel von Materie und Geist ist hier zu sehen. Es ist der Kampf gegen die Grenzen, die den Menschen bedrücken. Und doch treten in diesen kleinen Statuen die Schönheit der Materie und die Heiterkeit des Geistes hervor. Auch wenn die kleinen Figuren als unvollendet gelten, so gibt es auch die Interpretation, dass sie bereits fertig im Stein verborgen sind und vom Künstler nur noch von der überflüssigen Materie zu befreien sind.
Das ist durchaus ein österliches Bild. Gott Vater befreit im Geschehen der Auferweckung seinen Sohn Jesus Christus von aller menschlichen Begrenzung, so dass das göttliche Leben, das seit Urzeiten in ihm verborgen ist, in seiner ganzen Schönheit offenbar wird.
Wenn das die österliche Wirklichkeit ist, in die der Christ durch die Taufe hineingenommen ist, dann wird jeder Mensch zu einer Monstranz Gottes. Ja, alles ist dann von einer geheimnisvollen Transparenz erfüllt, die auf Gott hinweist und die aus der Möglichkeit egoistischer Liebe befreit. Dann ist Gott wirklich in allen Dingen zu entdecken. Und auch das leere Grab kündet dann von seiner bleibenden Gegenwart in dieser Welt, weil der Geist des Lebens die Materie des Todes besiegt hat.

Wolfgang Hartmann

Ostersonntag · Für Kinder (B)

Ostern geht uns alle an

Evangelium: Joh 20,1–18

Endlich ist Ostern! Liebe Kinder, was habt ihr heute schon erlebt, bevor ihr hier in unsere Kirche gekommen seid? (–) Aha! Ihr seid nicht wie immer aufgestanden, habt gefrühstückt und seid dann mit euren Eltern zur Kirche gegangen oder gefahren. Heute war es tatsächlich anders, ihr habt es erzählt. Heute habt ihr schon Ostereier gesucht und gefunden. Toll! Wieso habt ihr das gerade heute getan? (–) Es ist Ostern! Stimmt. Da kommt der Osterhase. Wenn ich euch so höre, dann denke ich: Der könnte doch öfter mal kommen, oder? Das hört sich nämlich ziemlich fröhlich an.
Und auch in unserer Kirche sieht es anders aus als gestern und vorgestern. Wer war in den letzten Tagen hier und kann erzählen, was anders ist? (–) Die Orgel spielt wieder. Alle Lichter sind an, die Kirche ist hell erleuchtet. Das Kreuz ist nicht mehr abgedeckt. Warum das alles? (–)

JESUS, DER STÖRENFRIED

Das alles, die Veränderungen in den letzten Tagen – ja, die ganze Fastenzeit! – gibt es, weil wir daran denken, dass Jesus für uns am Kreuz gestorben und wieder auferstanden ist! Was für eine Botschaft!
Was ist das ganz Besondere an dieser Geschichte? (–) Ja, Jesus ist am Kreuz gestorben. Das war schrecklich. Er wurde gekreuzigt, weil sich zu viele Menschen durch seine Botschaft bedroht fühlten. Da kam einer, der zweifelte die klugen Regeln der Pharisäer an. Dabei wussten sie doch wirklich sehr, sehr viel! Kein Wunder, dass ihnen Jesus nicht passte, dem so viele Menschen vertrauten. Jesus, der vor allem von der Liebe Gottes zu den Menschen sprach. Der schlechte Menschen wie den Zöllner Zachäus besuchte oder der die Frauen, die als schlecht galten, verteidigte. Der nicht wollte, dass Menschen sich über andere erhoben.
Und die Römer? Die waren die Herren im Land. Auch ihnen passte Jesus nicht. Warum wohl? Schließlich könnte es ihnen doch egal sein, was die Juden glaubten, oder? (–) Den Römern gefiel es nicht, dass Jesus sagte: Es gibt nur einen wahren Herrn und das ist Gott im Himmel, mein und euer Vater! Die Römer wollten nämlich, dass die Juden dem Kaiser und sonst niemandem gehorchten!
Jesus aber sagte: Wenn ihr wissen wollt, was richtig ist und was falsch, fragt vor allem Gott und euren Glauben an ihn. Eure weltlichen Herren habe viele Regeln, die ihr beachten müsst. Aber wenn eine Regel nicht mit eurem Gewissen vereinbar ist, wenn sie gegen die Gebote spricht, die Gott euch gegeben hat, so achtet sie nicht! Gott ist euer erster und einzig wahrer Maßstab, er ist euer wahrer Herr.

JESU KREUZESTOD IST NICHT DAS ENDE

Was für eine Botschaft! Stellt euch das mal vor! Kein Wunder, dass viele Menschen Jesus loswerden wollten. Man stempelte ihn zum Verbrecher. Und wer schwere Verbrechen begangen hatte, der wurde mit dem Tod bestraft – mit dem Tod am Kreuz. An den Tag, an dem dieses Schreckliche mit Jesus passierte, haben wir vorgestern, am Karfreitag, gedacht. In Gedanken daran schwiegen seit Gründonnerstag, an dem wir an das letzte Abendmahl dachten, in den Kirchen die Orgeln. Aber war damit alles zu Ende? (–) Klar, ihr wisst es! Jesus ist nicht tot geblieben. Er ist auferstanden! Was für eine Nachricht! Sterben muss jeder einmal, das war damals so und ist auch heute so. Jesus aber ist von den Toten auferstanden. Die Frauen, die zum Grab gingen und nach dem Leichnam schauen wollten, haben es als erste erfahren. Dass sie es zuerst nicht glauben wollten, verwundert uns nicht. Schließlich ist das etwas wirklich ganz, ganz Außergewöhnliches. Ein Wunder!

DIE LIEBE GOTTES SPÜREN

Das alles ist lange, lange her! Fast 2000 Jahre. Da könnte es uns doch ziemlich egal sein, was damals geschah, oder? (–) Was bedeutet Jesu Auferstehung für uns? (–) Jesus hat uns gezeigt, dass mit dem Tod nicht alles vorbei ist. Auch wir werden auferstehen. „Halt!", könntet ihr jetzt rufen. „Meine Uroma, mein Opa, ja nicht einmal meinen verstorbenen Onkel, der noch gar nicht so alt, aber sehr krank war, habe ich aber noch nirgends herumlaufen gesehen!" Oder hat etwa jemand von euch schon einen Menschen getroffen, der eigentlich schon tot war? (–) Aber nein! Trotzdem bedeutet die Auferstehung Jesu auch für uns etwas. Wir wissen, dass auch wir weiterleben werden. Wenn auch nicht mit unserm Körper auf der Erde, so doch mit unserer Seele – bei Gott. Dann werden wir Gott nahe sein. Dann werden wir tatsächlich die Liebe Gottes wirklich spüren. Und wenn wir wirklich die große Liebe Gottes spüren, dann ist alles gut. Wie toll das ist!
Jesus ist auferstanden, er lebt! Lasst uns jubeln. Halleluja, halleluja!

FÜRBITTEN

Gott hat uns seinen Sohn geschickt. Wir bitten ihn:

- Wir bitten für alle, deren Leben traurig ist. Tröste sie mit dem Licht deiner Auferstehung.
- Für die Menschen, die nicht an das Wunder der Auferstehung glauben können. Hilf ihnen, diesen trostvollen Glauben zu erlangen.
- Für die, die heute getauft wurden und für alle Getauften. Hilf ihnen, im Glauben zu wachsen und zu bleiben.
- Für unsere und für alle Verstorbenen: Nimm sie auf in dein Reich.

Gott, wir danken dir, dass du uns das Wunder der Auferstehung geschenkt hast.

Elisabeth Hardt

5. April 2021 · Zur Liturgie

Ostermontag (B)

LIEDVORSCHLÄGE

Gesänge zur Eucharistiefeier
Eröffnungsgesang: Bleibe bei uns, du Wandrer durch die Zeit (GL 325); *Kyrie-Litanei:* Herr Jesus, auferstanden von den Toten (GL 163,5); *Antwortgesang:* Dem Herrn will ich singen (GL 312,4) mit den Psalmversen; *Ruf vor dem Evangelium:* Halleluja (GL 312,9) mit dem Vers; *zur Gabenbereitung*: Das ist der Tag, den Gott gemacht (GL 329); *Danklied:* Wir wollen alle fröhlich sein (GL 326); *Mariengruß:* Freu dich, du Himmelskönigin (GL 525).

Gesänge zur Wort-Gottes-Feier
Eröffnungsgesang: Vom Tode heut erstanden ist (GL 324); *Danklied:* Jesus lebt, mit ihm auch ich (GL 336); *zur Entlassung:* Bleibe bei uns, du Wandrer durch die Zeit (GL 325).

ERÖFFNUNG

Liturgischer Gruß
Der auferstandene Herr, der Wegbegleiter ins Leben, er sei mit euch / ist mit uns allen.

Einführung
Gute Gespräche sind ein Geschenk. Miteinander einen Spaziergang machen, so richtig auspacken, was wir auf dem Herzen haben, Freud und Leid erzählen, das tut wirklich gut. Manchmal ergeben sich solche Gespräch Bett an Bett im Krankenzimmer, gegenüber in Bus oder Bahn, im Wartezimmer des Arztes oder im Urlaub.
Als Paar oder Familie, Kollegen oder Nachbarn, Freundinnen oder Schulkameraden, in der Gemeinde, mit nahen Vertrauten und ganz Fremden können wir die Erfahrung machen, die wir mit den Emmausjüngern teilen: Es geht uns plötzlich etwas auf. Ein Aha-Erlebnis tritt ein. Fragezeichen schwinden.
Jesus ist mit den Seinen, ist mit uns unterwegs. Manchmal wissen wir es zwar, spüren es aber nicht. Jetzt, in der Feier des Brotbrechens will er uns seiner Gegenwart ganz gewiss sein lassen. Rufen wir zu ihm:, er sei mit euch!

Tagesgebet
Gott, du Herr allen Lebens, durch die Taufe schenkst du deiner Kirche
Jahr für Jahr neue Söhne und Töchter.
Gib, dass alle Christen in ihrem Leben dem Sakrament treu bleiben,
das sie im Glauben empfangen haben.
Darum bitten wir durch Jesus Christus.

ZU DEN SCHRIFTLESUNGEN

1. Lesung: Apg 2,14.22–33
Ein Petrus, der den Schock des Karfreitags überwunden hat, tritt nun als Prediger vor uns hin. Er tritt als Osterzeuge auf. Gottes Geist hat ihn dazu befähigt.

2. Lesung: 1 Kor 15,1–8.11
Ähnlich wie uns, bewegten auch die Christen in den Gemeinden des Paulus ganz viele Fragen rund um die Auferstehung Jesu. In der folgenden Lesung hören wir ein paar Sätze aus seiner Antwort.

Evangelium: Lk 24,13–35
Es braucht Weggemeinschaft, Gespräch über Dinge, die uns im Herzen bewegen und die Feier des Brotbrechens. Überall können uns Augen, Ohren und Herz aufgehen, kann die Gegenwart des auferweckten Gekreuzigten spürbar werden.

FÜRBITTEN

Im Gebet wenden wir uns an Jesus Christus, der auch die Wege unseres Lebens, unseres Suchens und Fragens, unserer Trauer und unserer Verzagtheit mitgeht. Wir beten:

- Für alle, die hoffnungslos und traurig unterwegs sind, mit Schicksalsschlägen kämpfen und vor zerstörten Lebensplänen stehen. Herr, sei du ganz bei ihnen.
- Für alle, die besonders unter der Corona-Pandemie leiden und mutlos geworden sind. Herr, ...
- Für alle, die in den christlichen Kirchen die Frohe Botschaft verkünden, selber zwischen Fragen und Zweifeln stehen und um ihren Glauben ringen. ...
- Für die Trauernden, die Gescheiterten, die Verlassenen, Kranken und Alten, die sich Beistand und geduldige Wegbegleitung wünschen. Herr, ...
- Für alle Menschen, deren Leben zum Davonlaufen ist, die fliehen und sich verstecken müssen, denen Rechte genommen, Heimat, Hab und Gut geraubt wurden. ...
- Für unsere Verstorbenen, die durch das dunkle Tor des Todes, durch Krankheit und Schmerzen gehen mussten, oder ganz plötzlich aus dem Leben gerissen wurden. ...

In dir leben wir, sind wir geborgen und am Ziel, guter Gott. So sei gepriesen, jetzt und alle Tage unseres Lebens bis in deine Ewigkeit.

ELEMENTE FÜR DIE EUCHARISTIEFEIER

Kommunionvers
Christus ist vom Tod erstanden. Er lebt mitten unter uns. Gebrochen ist die Macht des Todes.

Zur Besinnung
Herr, bleibe bei uns.
Bleibe bei mir.
Herr, lass mich dich an meiner Seite entdecken.
Hilf mir, deine Stimme in meinem Herzen zu hören.
Lass mir die Augen für deine Gegenwart aufgehen,
überall, wo Menschen das Brot brechen, das Leben teilen, Liebe leben.

ELEMENTE FÜR DIE WORT-GOTTES-FEIER

Zur Verehrung des Wortes Gottes
Nach dem Evangelium folgt die Verehrung des Wortes Gottes (WGF, S. 201). Das Evangeliar wird dazu in der Nähe der Osterkerze aufgestellt, währenddessen wird das Halleluja wiederholt. Der Leiter / die Leiterin lädt zur Verehrung des Wortes Gottes ein:

L: Im Wort der Schrift ist Jesus Christus selbst gegenwärtig. Wie den Jüngern nach seiner Auferstehung will er auch uns begegnen. Er ist es, der unsere Herzen berührt und uns den Sinn seines Wortes erschließt. Wenn wir die Heilige Schrift verehren, dann ehren wir ihn selbst, der mitten unter uns ist. Sie sind eingeladen, nun nach vorne zu kommen und sich vor der Heiligen Schrift zu verneigen.

Zum Schuldbekenntnis
Wie die Emmausjünger werden auch wir immer wieder von Zweifel geplagt. Prüfen wir unser eigenes Herz auf Unglauben, Mutlosigkeit und mangelnde Liebe. Bekennen wir vor Gott und einander unser Versagen.

Friedenszeichen
Vielleicht denken wir einen Augenblick nach, wen wir als wohltuende Gesprächspartner, Berater, Weggefährten erlebt haben. Schicken wir ihnen in Gedanken einen dankbaren Segenswunsch, Gottes Frieden.

Albert L. Miorin

Ostermontag · Zu Lk 24,13–35

Sehnsucht nach Ostern

Wer hätte das gedacht, dass uns die Corona-Pandemie so lange beschäftigen wird. Die Erfahrungen und die Konsequenzen sind einschneidend, haben sich tief in die Menschheitsgeschichte eingeprägt. Wir haben nun schon eine Weile Übung darin, auch in unserem kirchlichen Leben nicht mehr alles für selbstverständlich zu nehmen. Vieles mussten wir neu und anders lernen. Die Herausforderung bleibt, aber auch die Sehnsucht nach dem, was noch nicht geht. Kirche sein bedeutet nämlich auch, sich zu versammeln. Das griechische Wort ecclesia meint im Sprachgebrauch zur Zeit Jesu die Versammlung und wurde schon früh auf die Versammlung der ersten Christen übertragen.
Sich versammeln, um einander zu begegnen und in Gemeinschaft an Christus zu denken, Mahl zu halten und einander die frohe Botschaft zu erzählen, das war konstitutiv für die ersten christlichen Gemeinden.
Vielleicht hilft uns bei dem, was wir heute vermissen, der Blick auf das allererste Osterfest, vielleicht können wir aus dem Erlebnis der Jünger und Jüngerinnen Jesu Hoffnung schöpfen, neuen Mut und Zuversicht.
Die Erzählung aus dem Lukasevangelium, die wir heute gehört haben, wird gerne schlicht die Emmausgeschichte genannt. Ja, sie erzählt in ihrem Hauptteil das Erlebnis der beiden Jünger auf dem Weg in das Dorf namens Emmaus. Zwei, die ihre ganze Hoffnung auf eine veränderte Welt in Jesus gesetzt hatten und nun erleben mussten, dass ihre Hoffnung mit Jesus am Kreuz gestorben ist. Jesus begegnet den beiden, die ganz in ihrer Trauer versunken sind und er führt sie aus der Talsohle heraus. Er wendet sich ihnen zu, hört ihnen zu und isst mit ihnen. Er gibt sich ihnen zu erkennen und es brannte ihnen das Herz in der Brust, heißt es, – vielleicht ein wunderbares Bild für die Hoffnung und das neue Leben, das die Jünger in dieser Begegnung erfahren.
Es ist die Geschichte der Emmausjünger. Jedoch ist es zugleich die Geschichte der Frauen aus dem Kreis der Jünger, die das leere Grab zuerst entdeckt haben und die der Jünger, die sich davon überzeugen wollten und die Geschichte der Frauen überprüft haben und es ist die Geschichte von Simon. Alle hatten ein Erlebnis, das sie davon überzeugt hat: Jesus, der am Kreuz gestorben ist, lebt und er begegnet den Menschen.
Es ist ein tröstlicher Gedanke, dass dieses Erlebnis an vielen Orten, in unterschiedlichen Situationen möglich war. Gott sucht die Menschen auf, Gott begegnet ihnen! Denen, die ihm entgegenkommen, die ihn suchen, aber auch denen, die nicht mit ihm rechnen, die er überraschen kann.
Vielleicht kann uns die Emmausgeschichte, so wie wir sie heute gehört haben, Hoffnung geben und uns die Augen öffnen für die Begegnung mit dem Auferstandenen in unserem Leben, gerade dann, wenn wir alt, krank, eingeschränkt oder mutlos durchs Leben gehen.
Ich wünsche uns, dass auch wir auf diese Weise erleben: Uns brennt das Herz in der Brust und wir dürfen Hoffnung und neues Leben erfahren.

Stephanie Rieth

Ostermontag · Zu Apg 2,14.22–33

Denkzettel

Was hat ein alttestamentlicher Psalm mit dem Osterereignis zu tun? Dass Jesus auferstanden ist, erweist die Erfahrung der Glaubenden, die mit Hilfe der Worte von Psalm 16 in der Pfingstpredigt des Petrus ausgesprochen wird. Der Psalm zeigt darüber hinaus, dass Jesus Christus nicht bloß im Glauben als ein von Gott Auferweckter erfahren wurde, sondern dass er nachweisbar nicht im Grab geblieben ist und dementsprechend nicht verweste.

„EN GOLDIGE DÄNKZÄDEL VOM DAVID"

Im alten Gebet des Psalms wird stets neu das aktuelle Handeln Gottes in der jeweiligen Zeit, für die jeweiligen Beter erkannt, hineingelesen und weitergeführt. Spannend ist bereits die Überschrift dieses Psalms, es ist nicht etwa bloß ein „Lied Davids", wie viele deutschsprachige Bibeln übersetzen. Die Lutherbibel 2017 nennt ihn immerhin „ein güldenes Kleinod Davids". Viel origineller übersetzt Josua Bösch auf Schwyzerdütsch: „en goldige Dänkzädel vom David". Hier wird uns kein Denkzettel „verpaßt", keine Lehre, die aus einer unangenehmen Erfahrung oder Strafe zu ziehen wäre und an die man bei seinem weiteren Verhalten unter Androhung von Konsequenzen zu denken hätte. Der Psalm will uns vielmehr einen goldenen Denkzettel mitgeben, er spricht die vertrauensvolle Ahnung eines Beters von der unzerstörbaren, individuellen Gottesgemeinschaft aus. „Ich sagte zum Herrn: Mein Herr bist du, mein ganzes Glück bist du allein" (Ps 16,2). Du bist das Gute in meinem Leben, das ist nicht etwas, was ich selber machen kann. Dieses Glück ist nicht von Äußerlichkeiten abhängig, es gibt auch nichts, was es übertreffen kann. Am Ende bekennt der Psalmist: „Darum freut sich mein Herz und jubelt meine Ehre, auch mein Fleisch wird wohnen in Sicherheit. Denn du überlässt mein Leben nicht der Totenwelt; du lässt deinen Frommen die Grube nicht schauen. Du lässt mich den Weg des Lebens erkennen. Freude in Fülle vor deinem Angesicht, Wonnen in deiner Rechten für alle Zeit" (Ps 16,9–11). Hier geht es um mehr als um die Bewahrung vor einem zu frühen Tod. Der Beter braucht sein Dasein weder im Hier und Jetzt noch im Jenseits im Schattenreich zu fristen, in Beziehungslosigkeit, getrennt von Gott und den Menschen. Die Ahnung bricht sich vielmehr Bahn, dass der Beter von Gott auch im Tod nicht fallengelassen wird. In Jesus Christus, dem Erstauferstandenen und Erlöser der Menschheit, zeigt Gott uns den „den Weg des Lebens" (Ps 16,11), zur höchsten Sinnentfaltung.

GOTT IST ZUKUNFT

Das Erste Testament kennt noch keine eindeutigen Jenseitsvorstellungen. Es reicht der Glaube, dass Gott die absolute Zukunft des Beters ist. Wie diese sich gestalten mag, wird nicht ausgesagt und kann auch gar nicht ausgesagt werden. Das Wie einer Auferweckung und eines Lebens nach dem Tod ist zweitrangig. Die Hauptsache ist: „Mein Glück ist nur bei dir, Gott, nur bei dir bin ich geborgen", mehr braucht es für den Beter nicht. Der Tod ist nach hebräischem Denken nicht nur das biologische Finale eines Menschen, sein Lebensende. Er hat viele Formen und Vorformen. Krankheit und Schwäche sind schon Vorboten des Todes. Der Verlust einer Freundschaft oder das Ende einer Beziehung ist ebenfalls eine Erscheinungsweise des Todes. Jeder Abschied ist bereits ein bisschen Sterben.

Psalm 16 wurde im Hinblick auf die Auferstehung Christi ins Neue Testament aufgenommen. Petrus zitiert den zweiten Teil des Liedes in seiner Pfingstpredigt in einem erhellenden österlichen und christologischen Zusammenhang: „Gott aber hat ihn von den Wehen des Todes befreit und auferweckt; denn es war unmöglich, dass er vom Tod festgehalten wurde." (Apg 2,24). Der Herr des Lebens, konnte unmöglich im Tod verbleiben. „Diesen Jesus hat Gott auferweckt, dafür sind wir alle Zeugen" (V.32). Er wird auch niemanden, der an ihn glaubt, dem Tod preisgeben.

OPTION FÜR DEN HERRN DES LEBENS

Inmitten tiefsitzender Lebensangst und existenzieller Zweifel hält der Beter von Psalm 16 an seiner fundamentalen Option für den Herrn als persönlichem Schutzgott fest. Er bekennt sich exklusiv zum Herrn als der Erfüllung seines Lebens und gibt anderen Richtungen eine deutliche Absage. Für diesen Beter ist der Herr Lebensgrundlage, Glückslos und Fest schlechthin. Sein Innerstes mahnt ihn, sich auf den Lebensplan einzulassen, den Gott für ihn hat. Die Gemeinschaft mit Gott schenkt ihm Lebensfülle und Schutz vor dem Machtbereich des Todes, vor der Zerstörung der Existenz. Die Psychologie sagt uns, dass das immer stärker und größer wird, dem wir den Raum und die Macht dazu geben. Der Dichter des 16. Psalms will dem Positiven, dem Glück Raum geben, er hat am Heiligtum so viel Beglückendes erlebt, dass er zu Gott sprechen kann: „Mein Herr bist du, mein ganzes Glück bist du allein" (Ps 16,2). Das ist sein Credo. Sein Glück wird sich in der ewigen Bundesgemeinschaft mit dem Gott des Lebens erfüllen. „… Freude vor deinem Angesicht" (Ps 16,11). Ob wir diesen „Denkzettel" verdienen oder nicht, ist irrelevant, er wird uns geschenkt, wenn wir uns auf die Erfahrungen des Beters einlassen.

GLAUBENSOPTIMISMUS

Wo das Leben mit Gott den ganzen Menschen erfasst, verliert der Tod sein furchtbares Gewicht, das er sonst für den Menschen besitzt. Der Psalm hilft, mit dem Tod umzugehen, den Tod zu überwinden. Für die Lebensmacht Gottes sind Tod und Unterwelt kein unüberwindliches Hindernis mehr. So denkt bereits der alttestamentliche Beter, so wendet Petrus den Psalm als Prophetie über das Schicksal Jesu an, so können wir aus ihm unseren Glaubensoptimismus für unser Leben heute gewinnen.

Daniel Hörnemann

Ostermontag · Zu Lk 24,13–35

Ostern bleibt Ereignis und Weg

In der Feier der Osternacht und auch gestern am Ostersonntag ging es in der Verkündigung ganz klar um Auferstehung und ewiges Leben. Wir nennen diese zentralen Inhalte unseres christlichen Glaubens nicht umsonst Mysterien, also „Geheimnisse" unseres Glaubens. Sie sind nicht geheim, aber ein Geheimnis ist mir persönlich ganz zu eigen. In Bezug auf meine Person weiß nur ich, was es bedeutet, Christ zu sein. Gleichzeitig ist es nicht einfach, ein Geheimnis zu erschließen. Es bedarf der Zeit; in der Regel einer Lebenszeit.
Der Ostermontag verpackt die zentrale Botschaft unseres Glaubens in das Bild der Weggemeinschaft. Nur vordergründig geht es um den Weg nach Emmaus. Es ist daher auch gar nicht verwunderlich, dass sich die Wissenschaft bis heute nicht sicher ist, wo dieses Emmaus überhaupt liegt. Ob es sich beim „60 Stadien" (ca. 11,5 km) von Jerusalem entfernten Ort um das heutige Amwas, Abu Gosch oder El Qubeibeh handelt, ist ganz unwesentlich. Denn hintergründig steht der Weg nach Emmaus für den österlichen Weg. Es geht um den Weg, den Ostern mir geheimnisvoll eröffnet.

DAS OSTERERLEBNIS DER EMMAUSJÜNGER

Schauen wir zunächst noch einmal auf das historische Geschehen. Die beiden Jünger hatten ihren Meister am Kreuz sterben gesehen. Alle Hoffnung schien ihnen gestorben: „Wir aber hatten gehofft, dass er der sei, der Israel erlösen werde." In ihrer Resignation gibt es nur ein störendes Element: „Einige ... aus unserem Kreis haben uns in große Aufregung versetzt. Sie waren in der Frühe beim Grab, fanden aber seinen Leichnam nicht. Als sie zurückkamen, erzählten sie, es seien ihnen Engel erschienen und hätten gesagt, er lebe." Dieses so irreale Fünkchen Hoffnung teilen sie mit einem scheinbar unbekannten Weggefährten. Dieser offenbart sich als der Auferstandene. Eine Offenbarung, die, wie alle Auferstehungsberichte des Neuen Testaments, zu einer neuen Einsicht führt: Jesus lebt! Aber er lebt in einem ganz neuen Sinn und wird daher auch nicht in das alte Leben zurückkehren. Gleichzeitig aber wird der Auferstandene als einer erlebt, der in den Alltag eingreift. Von diesem tiefen Eingriff in ihre Gefühle sprechen die Emmausjünger mit großer Bewunderung: „Brannte nicht unser Herz in uns, als er unterwegs mit uns redete?"
Was war passiert? Auf dem Weg, als der Auferstandene ihnen unerkannt die Heilsgeschichte erschließt, wissen sie nicht, wen sie vor sich haben. Sie erkennen ihn aber beim Brotbrechen, dem ihnen bekannten Akt der vergegenwärtigenden Hingabe Jesu. „Da wurden ihre Augen aufgetan und sie erkannten ihn; und er entschwand ihren Blicken." Im einsichtigen Erkennen ist Jesu physische Gegenwart nun nicht mehr nötig. Die Jünger sind jetzt ganz seines Geistes und wissen, was zu tun ist. Es geht primär um das Weitersagen ihrer persönlichen Glaubenserfahrung: Jesus ist in ihrer Mitte! Der Auferstandene hat sie berührt! Er lebt unter ihnen, für sie und schließlich durch sie.

Als die Emmausjünger nach Jerusalem zurückkehren, sind sie dann auch nicht die Einzigen, die solch eine Erfahrung gemacht haben. „Sie fanden die elf und die mit ihnen versammelt waren. Diese sagten: Der Herr ist wirklich auferstanden … Da erzählten auch sie, was sie unterwegs erlebt und wie sie ihn erkannt hatten." – Hier endet die Erfahrung der beiden Männer abrupt. Wir erfahren auch nicht, was aus ihnen geworden ist.

DIE PERSÖNLICHE OSTERERFAHRUNG

Wir wissen nur eins ganz sicher. Das Leben der Emmausjünger war verändert. Der Karfreitag und der Ostermorgen sind historisch noch greifbare Größen. Der Osterglaube aber kennt keine Fakten. Denn so real er in unserem Leben auch wirkt, so geistlich irreal ist er auch.
Ja, wir brauchen die Erzählungen von Jesu Leben, seiner Lehre, seinem Wirken, seinen Wundern. Dieses rückblickende theoretische Kennenlernen Jesu ist und bleibt wichtig. Christliche Erziehung und kirchliche Verkündigung erfüllen hier eine ganz wesentliche Aufgabe.
Und dann müssen wir uns auch angesichts des eigenen Lebens zwangsläufig mit dem Kreuz Jesu auseinandersetzten. Leid, Schmerz, Hoffnungslosigkeit und Tod gehören ja zu den menschlichen Grunderfahrungen, die wir zu deuten haben. Erst hier beginnt der gläubige Mensch, die Zusammenhänge von Glauben und Leben wirklich zu ergründen.
Ostern bleibt dann, heute wie damals, das irreale Fünkchen Hoffnung. Ich kann es schnell verglimmen lassen. Ich kann es aber auch für mich und andere zum erhellenden Licht in der Dunkelheit werden lassen. Aber das Hellwerden entwickelt sich normalerweise sehr, sehr langsam. Die enthusiastische Begeisterung eines spontanen Brandes gibt es auch im Glauben, ist aber nicht das Normale. Beim Christ-Werden, Christ-Sein und Christ-Bleiben geht es in der Regel um eine langwierige Mentalitätsveränderung meines Lebens und seiner Vollzüge.
Die Emmausjünger hatten Jesus gekannt, hatten mit ihm das Leben geteilt und ihn doch lange nicht verstanden. Selbst als er ihnen als Auferstandener begegnet, erkennen sie ihn zunächst nicht. Als sie ihn dann schließlich erkennen, irritierte sie diese „Verspätung" keineswegs. Sie hatten verstanden, dass der Osterglaube Zeit braucht. Sie haben am eigenen Leib gelernt, dass Gott „ausgehend von Mose und allen Propheten" mit den Menschen Geschichte machen muss. Das war damals so. Das ist heute so. Meine persönliche Glaubenserfahrung braucht Zeit. Und die muss ich mir nehmen.
Eines muss uns als Katholiken bei der Frage, wie wir unser Glaubensleben erhaltend pflegen können, schließlich noch nachdenklich machen. Ich halte den Abschluss der Emmauserzählung nicht für zufällig: „Bleibe bei uns!" Und er „nahm … das Brot, sprach den Lobpreis, brach es und gab es ihnen." Die Feier der hl. Messe ist offenbar nicht beliebig.

Thomas Klosterkamp

Ostermontag · Für Kinder

Ostern – kein „Happy End", sondern ein neuer Anfang

Evangelium: Lk 24,13–35

Ostern – „Juhu!", rufen die Kinder. „Halleluja!", jubeln wir hier in der Kirche, „Jesus lebt!" Er ist nicht im Tod geblieben. Das ist das ganz besondere am Tod Jesu: Er ist auferstanden.
Gekreuzigt wurden zu seiner Zeit immer wieder Leute. Es waren Menschen, die schwere Verbrechen begangen hatten. Vielleicht war es ein Mord, vielleicht ein schwerer Diebstahl. Bei Jesus war das etwas anderes. Er hatte keine Verbrechen begangen. Aber auch er wurde gekreuzigt. Warum? – Weil sich Menschen von ihm bedroht fühlten. Die Glaubenslehrer der Juden hatten Angst, er könnte ihnen ihre Macht nehmen. Sie fanden, was er verkünde, sei falsch. Und er müsse auf sie, die Klugen und Gelehrten, hören. Außerdem gäbe es viel zu viele Menschen, die auf ihn hörten. Am Karfreitag, Jesu Todestag, war es noch keine Woche her, dass die Menschen ihm zugejubelt hatten! Sie hatten ihre Kleider auf den Weg gelegt, damit er darüberreiten sollte, und ihm begeistert mit Palmzweigen zugejubelt und -gewunken.
Und dann haben die Menschen ihn vor Pilatus, den römischen Richter, geführt. Die Römer nämlich hatten die Macht über das jüdische Volk in Jerusalem und sie waren es, die Strafen verhängten.
Jesus ist am Kreuz gestorben wie viele andere vor und nach ihm.
Aber es gibt einen großen Unterschied: Jesus ist auferstanden! Am Sonntagmorgen, am dritten Tag seit der Kreuzigung ihres Freundes und Herrn, kamen Frauen zum Grab, in das sie den Leichnam gelegt hatten. Und was sahen sie da? Keinen Leichnam. Die Binden, in die sie ihn eingewickelt hatten, lagen abgewickelt im Grab. Und ein Engel war dort, der sagte ihnen, dass Jesus auferstanden sei.
Wenn es sich um ein Märchen handeln würde, dann wäre das jetzt zu Ende. Da stünde vielleicht: Froh berichteten die Frauen den Freunden Jesu davon und wenn sie nicht gestorben sind, leben sie bis heute.

„UND WENN SIE NICHT GESTORBEN SIND ..."

Alle Geschichten, die wir uns erzählen, enden irgendwann. Jedes Märchen hat ein Ende, ein Buch ist irgendwann ausgelesen und auch wer gern erzählt, hat einmal fertig erzählt. Aber die Geschichte Jesu – die endet nicht!
Die Geschichte Jesu geht weiter. Jesus begegnete den Menschen noch nach seiner Auferstehung. Eben haben wir im Evangelium gehört, wie er zwei Jünger auf dem Weg nach Emmaus begleitete. Sie waren traurig, dass Jesus, ihr Freund und Herr, nicht mehr bei ihnen zu sein schien. Aber es tat ihnen wunderbar gut, wie der Fremde mit ihnen sprach. Dass er Jesus war, erkannten sie erst, als er für sie das Brot brach.

Und noch häufiger fiel es schwer zu glauben, dass er es wirklich ist. Das erzählt die Bibel zum Beispiel über seinen Jünger Thomas. Dieser konnte erst glauben, dass es wirklich Jesus war, der zu ihm kam, als er seine Hände an die Wunden des Herrn legen konnte.

Auch uns fällt es manchmal schwer zu glauben, schwer wie dem „ungläubigen Thomas". Dann wollen wir Beweise oder zumindest ein Zeichen. Wir begegnen Jesus nicht auf der Straße. Es gibt keinen Marktplatz, auf dem wir uns wie die Menschen zu der Zeit, als er auf der Erde lebte, versammeln können, um ihm zuzuhören.

Aber dennoch können wir Jesus begegnen. Jesus ist für uns gestorben und auferstanden. Wenn wir das wirklich glauben können, dann ist das ganz toll!

Es gibt Gelegenheiten, zu denen uns das Glauben leichtgemacht wird. Wenn wir zuhause vor dem Essen beten, dann können wir die Nähe Gottes spüren. Wenn wir uns, wie wir das heute getan haben, in unserer Kirche versammeln, dann ist Jesus mitten unter uns. An jedem Sonntag hören wir seine Frohe Botschaft und feiern gemeinsam das Mahl. Und Jesu Botschaft ist nicht nur in der Kirche spürbar. Im Alltag können wir Jesu Gegenwart spüren. Wenn wir das wollen. Wenn wir in unserem Herzen zulassen, dass Jesus zu uns spricht. Und wenn wir selbst spüren und zeigen: Ich glaube an Jesus, unseren auferstandenen Herrn und Freund. Ich weiß, dass er mich liebt und beschützt. Ich möchte so leben, wie er es uns gezeigt hat. Dann können wir froh sein und sind geborgen in seiner Obhut, in seiner liebenden Fürsorge.

FÜRBITTEN

Jesus ist für uns gestorben und auferstanden. Daran denken wir, wenn wir die heilige Messe miteinander feiern. Lasst uns voller Vertrauen zu ihm kommen mit unseren Bitten:

- Sei bei den vielen Menschen, die für ihre Überzeugungen und für ihren Glauben verfolgt werden.
- Lass die Menschen, die für ihren Glauben sterben, deine Liebe und Fürsorge spüren.
- Sei bei den vielen Menschen, die ihr Land verlassen müssen, weil dort Krieg und Terror herrschen.
- Gib den Menschen, die das Wunder der Auferstehung nicht glauben können, Kraft und Zuversicht im Glauben.
- Hilf uns zu sehen, dass deine Geschichte nicht endet, sondern weitergeht bis ans Ende der Zeit.
- Nimm unsere Verstorbenen auf in dein Reich.

Um all das bitten wir im Glauben daran, dass wir geborgen sind in deiner Fürsorge und Obhut.

Elisabeth Hardt

11. April 2021 · Zur Liturgie

Zweiter Ostersonntag (B)

LIEDVORSCHLÄGE

Gesänge zur Eucharistiefeier
Eröffnungsgesang: Ihr Christen, singet hocherfreut (GL 322,7–11); *Antwortgesang:* Danket, danket dem Herrn, denn er ist so freundlich (GL 406) mit den Psalmversen *oder* Nun saget Dank und lobt den Herren (GL 385); *zur Gabenbereitung:* Ist das der Leib, Herr Jesu Christ (GL 331); *zur Kommunion:* Gottheit tief verborgen (GL 497,1+4+5–6); *Danklied:* Das ist der Tag, den Gott gemacht (GL 329); *Mariengruß:* Maria, breit den Mantel aus (GL 534,1+4).

Gesänge zur Wort-Gottes-Feier
Predigtlied: Freu dich, erlöste Christenheit (GL 337); *zum Friedenszeichen:* Manchmal feiern wir mitten im Tag (GL 472); *zur Kollekte:* Der Herr wird dich mit seiner Güte segnen (GL 452); *Hymnus:* Ehre, Ehre sei Gott in der Höhe (GL 413).

ERÖFFNUNG

Liturgischer Gruß
Der Friede unseres Herrn Jesus Christus, die Barmherzigkeit Gottes des Vaters und die Freude des Heiligen Geistes sei mit euch / ist mit uns allen.

Einführung
Für manche Menschen sind Gebete Selbstgespräche, ist der Leib Christi in der Hostie ein ganz normales Stück Brot, ist der Glauben Einbildung. Ihnen geht es wie dem heiligen Apostel Thomas, der erst glauben konnte, nachdem er selbst Jesus gesehen hatte. Wir Christen heute haben dieses Ereignis damals nicht erlebt und dennoch glauben wir. Damals wie heute kann man die Wirklichkeit der Auferstehung nicht beweisen. Aber es gibt Hinweise, dass sie kein Hirngespinst ist:
Wenn aus Furcht Freude wird, aus Zurückgezogenheit mutiges Auftreten, aus Versagern Märtyrer, aus Egoisten Heilige, dann muss das eine Ursache haben. An dem erlösten Leben und der Gemeinschaft von Christen wird Jesu Botschaft greifbar. An der Barmherzigkeit von Christen kann man Christi Liebe erkennen. Auch jetzt und hier ist der Herr unter uns. Wir rufen zu ihm, so dass seine Gegenwart unser Herz verändere, unseren Glauben stärke, uns Frieden und Freude schenke.

Kyrie-Litanei
Herr Jesus Christus, du bist den Jüngern erschienen. Kyrie, eleison.
Du schenkst ihnen deinen Heiligen Geist. Christe, eleison.
Du sendest sie, wie der Vater dich gesandt hat. Kyrie, eleison.

Tagesgebet
Barmherziger Gott,
durch die jährliche Osterfeier
erneuerst du den Glauben deines Volkes.
Lass uns immer tiefer erkennen,
wie heilig das Bad der Taufe ist,
das uns gereinigt hat,
wie mächtig dein Geist,
aus dem wir geboren sind,
und wie kostbar das Blut, durch das wir erkauft sind.
Darum bitten wir durch Jesus Christus.

ZU DEN SCHRIFTLESUNGEN

1. Lesung: Apg 4,32–35
Der Glaube an Jesus Christus lässt Materielles zweitrangig werden und verbindet zu einer tiefen, selbstlosen Gemeinschaft.

2. Lesung: 1 Joh 5,1–6
Die Liebe zu Gott bleibt nicht in den Herzen der Menschen verschlossen, sondern ist eine Kraft, die diese Welt verändert.

Evangelium: Joh 20,19–31
Den Geist Jesu Christi kann nichts aufhalten. Er überwindet die verschlossenen Türen von Gebäuden und Herzen.

FÜRBITTEN

Viele Ängste und Sorgen quälen unsere Zeit. Jesus Christus überwindet Furcht und Not mit seiner Gegenwart. So rufen wir zum Herrn:
Liedruf: Du sei bei uns in unsrer Mitte (GL 182).

- Wir bitten dich für alle, die Freude und Hoffnung in ihrem Leben verloren haben. Schenke ihnen Mut und Zuversicht.
- Wir bitten dich für alle, die von Zweifeln am Glauben an deiner Liebe und ihrem eigenen Wert geplagt werden. Hilf ihnen, dich zu erkennen.
- Wir bitten dich für alle, die unter Kriegen und Unruhen leiden. Lass sie deinen Frieden erleben.
- Wir bitten dich für alle, die glauben in materiellem Besitz ihr Glück zu finden. Öffne ihnen die Augen für den Wert des Glaubens.
- Wir bitten dich für alle, die an ihren eigenen Sünden und Schwächen verzweifeln. Befreie ihre Herzen von den Fesseln der Schuld.

Denn du, Jesus Christus, bist unser Herr und Gott. Sei gepriesen mit unserem barmherzigen Vater und dem Geist der Freude in alle Ewigkeit.

ELEMENTE FÜR DIE EUCHARISTIEFEIER

Zum Vaterunser
Die Barmherzigkeit unseres Vaters im Himmel ist unendlich. Wir dürfen sie an unsere Mitmenschen weitergeben. So breitet sich Gottes Reich aus. Mit den Worten Jesu beten wir:

Kommunionvers
Wir verkünden, wie es in der Schrift steht, was kein Auge gesehen und kein Ohr gehört hat, was in keines Menschen Herz gedrungen ist, was Gott denen bereitet hat, die ihn lieben (1 Kor 2,9).

ELEMENTE FÜR DIE WORT-GOTTES-FEIER

Zum Friedenszeichen
Zweimal musste Jesus den verängstigten Jüngern hinter verschlossenen Türen sagen: „Friede sei mit euch!". Dann lässt er sie den Heiligen Geist empfangen. Schenken auch wir einander diesen Geist des Friedens, indem wir den Wunsch mit dem Zeichen des Friedens bekräftigen.

Zum Taufgedächtnis

Einführung:
L: Jesus Christus ist nicht nur im Wasser der Taufe gekommen, sondern im Wasser und im Blut seiner Lebenshingabe am Kreuz. Durch die Taufe erfüllt mit dem Geist der Wahrheit, legen wir Zeugnis ab und loben und preisen den Herrn.

Lobpreis Gottes über dem Wasser (oder WGF 188).
L: Wir preisen dich, Gott Vater voll Erbarmen. Du hast mit der Sendung des Heiligen Geistes den Jüngern deines Sohnes die Vollmacht gegeben, Sünden zu vergeben. Das Wasser erinnert uns an unsere Taufe, in der auch uns unsere Sünden vergeben wurden. Wir loben dich.
A: Wir preisen dich.

L: Dem Thomas zeigte dein Sohn die Wunde seiner Seite, aus der Blut und Wasser geflossen waren. Im eucharistischen Kelch verbinden sich Wein und Wasser zum heiligen Zeichen, um uns an der Gottheit Christi teilhaben zu lassen, der unsere Menschennatur angenommen hat. Wir loben dich.
A: Wir preisen dich.

L: Dein Heiliger Geist wandelt die Herzen der Jünger. Du sendest ihn allen Getauften, damit sie das Evangelium Christi in der Welt freudig bezeugen. Wir loben dich.
A: Wir preisen dich.

Norbert Wilczek

2. Ostersonntag · Zu Apg 4,32–35 (B)

Gelebte Gemeinschaft

„Die Gemeinde der Gläubigen war ein Herz und eine Seele." – Könnte damit das gemeint sein, was wir heute in unseren christlichen Gemeinden oft so schmerzlich vermissen? Gemeinde als wirkliche Gemeinschaft, in der man füreinander da ist, aufeinander achtet und füreinander sorgt? Gemeinschaft wird heute ja so definiert: „Unter Gemeinschaft versteht man die zu einer Einheit zusammengefassten Individuen, wenn die Gruppe emotionale Bindekräfte aufweist und ein Zusammengehörigkeitsgefühl, also ein ‚Wir-Gefühl‘, vorhanden ist."
Das also soll Gemeinschaft, das soll Gemeinde sein? Wenn das wirklich alles wäre, dann wäre das sehr traurig. Denn echte, gelebte Gemeinschaft muss die Grundlage sein für unsere christlichen Gemeinden. Aber existiert diese Grundlage noch? Und was bedeutet das? Ich meine, wenn Menschen bei uns nicht Geborgenheit und Fürsorge, Zuflucht und Unterstützung erfahren und erleben, wo denn dann?
Dieser Abschnitt der Apostelgeschichte liefert uns einige Merkmale von echter, gelebter Gemeinschaft. Der Text sagt aber auch: Echte Gemeinschaft beginnt dort, wo wir ein Herz und eine Seele sind. Das heißt ganz sicher nicht, dass wir keine Meinungsverschiedenheiten haben dürfen und dass es nicht auch mal kontrovers zugehen darf und wir uns streiten. Aber wenn die Grundlage stimmt, dass wir hier als Menschen zusammenkommen, die am Reich Gottes und am Aufbau der Gemeinde mitarbeiten wollen, wenn wir versuchen, wirklich füreinander da zu sein, einander Stütze und Halt zu sein, und wenn wir so die Gemeinde und unser Umfeld prägen wollen, dann wird über kurz oder lang eine Atmosphäre entstehen, die anziehend ist. Mindestens genauso wichtig ist es, dass wir zusammenstehen, dass wir uns nicht auseinanderdividieren und einen Keil zwischen uns treiben lassen. So ein Keil könnte zum Beispiel der Streit um völlig nebensächliche Themen sein. Vielfach sind es oft rein organisatorische oder strukturelle Fragen, die uns von unserem eigentlichen Auftrag ablenken. Und wie lautet dieser?
Die Apostelgeschichte betont besonders, dass es für echte, tiefe Gemeinschaft unerlässlich ist, dass wir uns umeinander sorgen. Sei es durch Rat und Tat, sei es durch finanzielle und materielle Unterstützung oder auch einfach nur dadurch, dass wir für unsere nächsten Mitmenschen ein offenes Ohr, ein gutes Wort oder auch nur eine Schulter zum Anlehnen haben.
Wenn wir diese kleinen, bescheidenen Hinweise aus der Apostelgeschichte aufgreifen, wenn wir nicht nachlassen in unseren Bemühungen, echte Gemeinschaft zu leben, wenn wir versuchen, füreinander da zu sein, dann werden unsere christlichen Gemeinden und Gemeinschaften auch wieder aufblühen.

Siegfried Modenbach

2. Ostersonntag · Zu 1 Joh 5,1–6 (B)

Durch Wasser und Blut

Es ist schon einige Zeit her, da konnte man in den Zeitungen von einem brutalen Rechtsstreit im Iran lesen: Auf eine junge Frau wurde von einem Mann, der in sie unglücklich verliebt war, ein Säureattentat verübt, bei dem sie ihr Augenlicht verloren hat und im Gesicht furchtbar verletzt und entstellt wurde. Vor Gericht hat sich die Frau die Erlaubnis erstritten, nach den Vorschriften des islamischen Rechts Gleiches mit Gleichem zu vergelten und den Attentäter mit Säure zu blenden. Sie wollte sich rächen für die Verletzungen und Wunden, die ihr zugefügt wurden, indem sie den Verbrecher ebenso verletzt und verwundet – ein Wunsch nach Rache, der für viele auch bei uns insgeheim oder auch offen ausgesprochen nachvollziehbar sein wird.
Diese Art der Vergeltung entspricht ganz der archaischen Vorstellung von Recht und Gerechtigkeit, die sich auch in der Bibel findet und bei uns sprichwörtlich geworden ist: „Bruch für Bruch, Auge für Auge, Zahn für Zahn. Der Schaden, den er einem Menschen zugefügt hat, soll ihm zugefügt werden" (Lev 24,20).
Gleichzeitig gibt es die Redensart, dass man nicht an alte Wunden rühren soll und dass man schon gar nicht vernarbte Wunden aufreißen soll. Denn auch alte Wunden tun weh – gleich ob es Wunden am Körper oder an der Seele sind – und sie anzufassen, an ihnen zu rühren, das tut noch mehr weh. Deshalb ist es oft das Beste, sie in Ruhe zu lassen, nicht an sie zu denken. Sonst kommt der Schmerz wieder und vielleicht auch die Scham, entstellt zu sein und versehrt, schwach und angreifbar.
Zwei Arten mit Wunden umzugehen: Andere genauso verwunden, wie wir selbst es sind, um nicht alleine dazustehen mit unserem Schmerz. Oder die Verletzungen einfach zu ignorieren und zu verdrängen, so als würden sie dadurch aufhören zu existieren und zu schmerzen.

GOTT HEILT UNSERE WUNDEN

Von einer dritten Art des Umgangs mit Wunden erzählen heute die Lesung und das Evangelium. Gott überwindet die Verwundungen nicht, indem er sich rächt und die Schuldigen seinerseits verwundet, und auch nicht, indem er das Leid einfach irgendwie ungeschehen machen würde.
Ostern und Auferstehung bedeutet, dass Gott die Wunden Jesu heilt. Er verwandelt die Verwundungen in seine neue Schöpfung, in der das Unverstehbare einen Sinn bekommt, die Lieblosigkeit mit umfassender Liebe konfrontiert wird, der Tod mit dem Leben.
Es sind genau die Wunden, Leiden und Verletzungen, aus denen wir Menschen bestehen, die in der Auferstehung erlöst werden, das, was uns zutiefst ausmacht – im Guten wie eben auch im Bösen –, nicht eine geschönte Version, eine Fiktion unseres Lebens.

DER GANZE MENSCH

Schon zur Zeit der frühen Kirche gab es Menschen, die sich nicht vorstellen konnten, dass Gott sich so vorbehaltlos einlassen sollte auf die Gebrochenheit und Verwundungen seiner Schöpfung. Für sie war Gott reiner Geist jenseits von allem Materiellen. Erlösung betrachteten sie deshalb vor allem als eine Leistung von Verstand und Willen – als Durchbruch zu einer höheren Stufe von Bewusstsein und Erkenntnis, in der sich der menschliche Geist mit dem göttlichen verbindet und alles Irdische hinter sich lässt. Die Welt hatte für sie dagegen keine Bedeutung – sie ist nur äußere Staffage des Eigentlichen, das zum Vorschein kommt, wenn es sich löst von Körperlichkeit und von der Gebundenheit an Zeit und Raum.
Gegen solche Ideen wendet sich die Lesung aus dem ersten Johannesbrief, wenn sie von der Taufe, dem Zeichen, dass auch wir zur Auferstehung bestimmt sind, sagt: Jesus, der Auferstandene, kommt uns darin nicht „nur im Wasser [...], sondern im Wasser und im Blut" (1 Joh 5,6) entgegen. Sie spielt damit an auf den Bericht über die Kreuzigung: Ein Soldat stößt Jesus nach dessen Tod mit der Lanze in die Seite „und sogleich floss Blut und Wasser heraus" (Joh 19,34).
Jesus hat gelitten, wie Menschen zu leiden haben, und ist grausam gestorben – und durch diesen Tod mit all seiner Grausamkeit und Sinnlosigkeit hindurch hat Gott ihn gerettet und die neue Schöpfung beginnen lassen. Unsere Taufe ist das gottgeschenkte Zeichen, dass wir genauso bestimmt sind für das neue Leben, das wir ersehnen und dem wir entgegengehen – nicht indem das Leben einfach anders interpretiert wird und wir irgendwie neu darüber denken lernen. Die Toten leben nicht „in unserer Erinnerung und unseren Gedanken weiter", wie man heute gern sagt, sondern wir leben weiter, ganz tatsächlich und mit allem, was uns ausmacht: mit Leib und Seele, mit unserer Geschichte und unseren Erfahrungen, die von Gott erfüllt und vollendet werden. Es geht um unsere ganze Existenz, die heil werden soll, einschließlich der blutenden Wunden, der Enttäuschungen und unserer Verletzungen.

HEILUNG ZUM GLAUBEN

Deshalb kann Thomas in den Wunden des Auferstandenen das Zeichen der Erlösung sehen: weil er durch sie erkennt, dass Gott uns tatsächlich bei dem entgegenkommt, worin wir ihn brauchen, und dass er uns genau dort heil macht, wo wir am meisten getroffen sind. Für Thomas sind die Wunden des Auferstandenen deshalb der Beleg für die Glaubwürdigkeit von Ostern: Die Tatsache, dass er die Wunden Jesu, durch die dieser am Kreuz gestorben ist, sehen und anfassen kann, diese Erfahrung führt ihn zum Glauben an die Erlösung.
Thomas hat so erfahren, worum wir auch für uns bitten, wenn in der Osternacht die Kerze entzündet wird: „Durch seine heiligen Wunden, die leuchten in Herrlichkeit, behüte uns und bewahre uns Christus, der Herr."

Stephan Lauber

2. Ostersonntag · Zu Joh 20,19–31 (B)

Ein Nachzügler

Ein tadelnder Unterton. Der liegt am Ende unserer heutigen Ostergeschichte in der Luft. Thomas der Zweifler, der ungläubige Thomas – so habe auch ich ihn als Kind kennengelernt. Mittlerweile frage ich mich: werden wir diesem Apostel wohl gerecht, wenn wir ihn vor allem unter diesem Vorzeichen sehen? Ja, er hat widersprochen. Aber ohne seinen Einwand gäbe es diese wunderbare Geschichte im Johannesevangelium ja gar nicht. Die verdanken wir auch seiner kritischen Distanz.
Was die andern erzählen – das genügt Thomas nicht. Mit eigenen Augen will er sehen, und auch damit ist er nicht zufrieden. Mit seinen Fingern, mit seinen Händen will er das Unfassbare berühren. Davon will er gepackt, verwandelt werden.
Alle, die eigene, persönliche Zugänge suchen zum Dasein, zum Glauben – die sind ihm, Thomas, verwandt. Wie er möchten sie ins volle Leben eintauchen, mit Haut und Haaren, und vor allem aus ganzem Herzen.
Als Thomas vor dem Fiasko auf Golgotha noch in der Gruppe um Jesus unterwegs ist – da spürt er, wie die Bedrohung zunimmt, von Ort zu Ort. Erschreckend wächst sie, wird lebensgefährlich. Da ist er es, Thomas, der die Gefährten auffordert: „Lasst uns mit ihm gehen, um mit ihm zu sterben!" (Joh 11,16). Diese Bereitschaft und seine Aufforderung – sie bezeugen seine besondere Verbundenheit mit Jesus, und auch seinen Mut, seine Treue bis zum Letzten. Dann aber, nach Jesu Tod, behaupten die Gefährten: „Wir haben den Herrn gesehen". Thomas findet zu ihrer Erfahrung keinen Zugang. Nach Jesu Hinrichtung ganz neu mit ihm aufbrechen, mit ihm gehen wie nie zuvor, mit ihm leben – ja, das möchte auch Thomas, liebend gern. Aber dazu müsste er vom Meister und Herrn (Joh 13,13) selbst aufgefordert werden. So hat der Weg mit Jesus ja auch begonnen. Da wurde Thomas persönlich zur Nachfolge eingeladen. Außerdem: „Wir haben den Herrn gesehen" – das ist ja der zweite Schritt, ist Reaktion, nicht mehr als das. Dieser erste, entscheidende geht ihm voraus: Jesus tritt ein, „bei verschlossenen Türen" – und er spricht. Eine solche Begegnung braucht Thomas auch. Persönlich von Jesus angesprochen werden, sich darauf einlassen, darin aufgehen – so kann sich ereignen, worauf es ankommt: „damit ihr durch den Glauben Leben habt in seinem Namen" (Joh 20,31).

EINZIGARTIG, UNVERWECHSELBAR

Jede, jeder von uns ist bestimmt von Anschauungen, wie wir sie in unseren jeweiligen Lebenswelten kennengelernt haben. Zu all dem Vorgegebenen aber nehmen wir Stellung, treffen die eigene Entscheidung – oder verpassen diese Chance. Viel mehr als auf dem Passfoto zeigt sich das unverwechselbare Gesicht eines Menschen in der konkreten Geschichte seines Lebens, seines Glaubens.

Ja, wir sind beeinflusst von anderen, geprägt von dem, was sie uns mitgegeben haben. Aber noch grundlegender ist Gottes Zuwendung. Da hat er mich geformt, da fordert er mich ganz persönlich heraus. Diese beiden – zum einen „Gott und ich", und dann „ich und die anderen" – diese beiden gehören zusammen. Auch der Adler hat nicht umsonst zwei Flügel. Wenn jeder stark ist, kann er zum König der Lüfte werden, dort zielstrebig unterwegs sein. Wenn ein Flügel deutlich schwächer ist, kommt er nicht voran. Auch wir können in gefährliche Strudel geraten, wenn wir unsern eigenen Gottesbezug vernachlässigen, dafür keine persönliche Verantwortung übernehmen. Dann drehen wir uns entweder mehr und mehr um uns selbst, oder wir werden zu fremdbestimmten Mitläufern, ferngesteuert von Meinungsschwankungen der Masse, die heute kommen und bald wieder verschwinden.

VIELE WEITE WEGE ZUR EINEN GROSSEN FREUDE

Jedes Instrument in einem Orchester hat seine Eigenart, seine eigene Stimme. Gleichzeitig sind Geige, Flöte und Posaune aber auf Einklang angelegt und abgestimmt. Denn schließlich soll ein Konzert aufgeführt werden. Im Kunstwerk sollen alle zueinander finden, im Miteinander über sich hinauswachsen.
Die Königin der Instrumente, die Orgel, erfüllt mit ihrem Klang die ganze Kirche. Wie kann uns diese Erfahrung zu Herzen gehen! Denn sie weitet innere und äußere Räume, damit sie die Ahnung davon aufnehmen können, „was kein Auge gesehen und kein Ohr gehört hat, was in keines Menschen Herz gekommen ist, was Gott denen bereitet, die ihn lieben" (1 Kor 2,9).
Gemeinde und Orgel haben manche Gemeinsamkeiten – zum Beispiel diese: Die Orgel ist auch deswegen ein so einzigartiger Klangkörper, weil sie ein beatmetes Instrument ist, durch und durch. Auch die Gemeinde Jesu Christi erhebt, vom Atem des Gottesgeistes bespielt, in dieser Welt ihre Stimme, kommt im Zeugnis zum Klingen.
„Christ ist erstanden" – so beginnt das Osterlied, das um 1150 zum ersten Mal erwähnt wurde (Gotteslob 318). Selbstbewusst, ohne Wenn und Aber tritt die Osterbotschaft hier auf. Dann aber stellt sich gleich ein anderer Ton ein, verhaltene Nachdenklichkeit: „des solln wir alle froh sein; Christ will unser Trost sein". Am Ende des Liedes werden diese Worte noch einmal wiederholt. „Wir sollen alle", „Christus will": Wesentliches fehlt offenbar noch, muss noch geschehen. Auch deshalb endet jede Strophe des Liedes nicht mit einem Ausrufezeichen, sondern mit einer suchenden Gebärde: „Kyrieleis. Herr, erbarme dich." Sogar als schließlich der Freudenruf, das Halleluja, sich durchsetzt, drei Mal erklingt – das letzte Wort steht der Bitte zu: „Kyrieleis".
Ja, der volle Osterjubel steht noch aus.
Steht also auch noch bevor.

Heinz-Georg Surmund

2. Ostersonntag · Für Kinder (B)

Verschlossene Türen

Evangelium: Joh 20,19–31

Wer von euch hat ein eigenes Zimmer? Und wer von euch hat an seiner Tür zu diesem Zimmer ein Schild angebracht? Was steht da geschrieben? (–) „Nicht stören!" „Betreten verboten!" „Anklopfen!" „Elternfreie Zone!" usw. Letztlich geht es dabei nur um eines: Jeder von uns braucht einen Ort, wo er sich zurückziehen kann, wo er seine Ruhe hat und nicht ständig gestört wird. Nichts ist nerviger als ein kleiner Bruder, der ins Zimmer kommt, wenn ich gerade Hausaufgaben mache. Wenn du von der Schule kommst und in aller Ruhe Musik hören willst, dann brauchst du keine Störungen von neugierigen Eltern, die dich mit ihren Fragen löchern. Geschlossene Türen sind wichtig. Und alle im Haus tun gut daran, diese Türen zu akzeptieren. Auch Erwachsene dürfen nicht einfach hereinplatzen. Gerade dann, wenn es einem nicht so gut geht, braucht man diesen Zufluchtsort. Bei den Jüngern damals war es nicht anders. Sie waren fertig mit den Nerven, hatten Angst vor der Welt da draußen und schlossen ihre Türen ab. Jesus klopft nicht an. Die Türen bleiben geschlossen, aber plötzlich ist er mitten unter seinen Jüngern. Jesus platzt nicht herein, sondern er ist schon immer da gewesen. Jesus wird als hell leuchtend beschrieben. Tatsächlich kennen wir das alle. Manchmal bekommen wir an unserem Rückzugsort eine Erleuchtung. Wenn wir uns lange genug verkrochen haben, dann kommt irgendwann der Zeitpunkt, wo unsere Gedanken wieder klarer werden. Es geht uns ein Licht auf. Denn gerade wenn wir uns hinter verschlossenen Türen verstecken, dann ist doch einer immer bei uns. Gott lässt uns niemals allein. Irgendwann einmal sagt Jesus, dass wir im Verborgenen beten sollen. Geh in dein Zimmer, verschließ die Tür und bete zu deinem Gott, denn er, der im Verborgenen ist, wird dich hören. Dieses Schild vor eurer Tür ist also durchaus biblisch zu begründen. Wir brauchen Ruhe und Abstand von anderen, um Gottes Licht in uns selbst zu entdecken. Dann können wir auch wieder hinausgehen in die Welt.

JESUS IM ALLTAG ERFAHREN

Das Bild von den verschlossenen Türen kann uns helfen, unseren Glauben im Alltag besser und tiefer zu leben. Es ist nicht mit ein paar Äußerlichkeiten getan. Auch der Sonntagsgottesdienst allein ist nicht genug. Es reicht nicht ein paar Gebete aufzusagen. Wir müssen lernen, die Türen zu schließen, um Gott in unserem Inneren zu erfahren. Beginnen wir mit den Augen. Lasst uns ein kleines Experiment machen! Im Gottesdienst gibt es ja viele Dinge zu sehen und zu entdecken, aber manchmal tut es gut, wenn wir nach innen schauen. Macht mal bitte die Augen zu und öffnet sie erst wieder, wenn ich es sage! Ihr seht nichts, eure Türen für das Licht sind verschlossen. Dafür könnt ihr meine Stimme jetzt viel bewusster wahrnehmen. Ihr werdet nicht abgelenkt von äußeren Dingen. Das gibt euch die Möglichkeit, euch auf eure Gedanken zu konzentrieren. Jetzt könnt ihr die Augen wieder aufmachen. Auch unsere Ohren sind wie Türen. Manche verschließen die Ohren mit Kopfhörern und nehmen ihre Umwelt nicht mehr war. Musik kann tatsächlich helfen, all die Alltagsgeräusche auszublenden. Noch besser ist es einen Ort zu finden, der Ruhe ausstrahlt. Im Wald hört man höchstens noch die Vögel zwitschern. In der Kirche ist es aber meist so richtig ruhig. Lasst uns mal versuchen, diese Stille wahrzunehmen! Niemand spricht, auch ich halte gleich meinen Mund. Damit es richtig gut klappt, bitte ich euch, nochmal die Augen zu schließen und dann sind wir alle ganz still. Ab jetzt! *(Stille)*

So, jetzt könnt ihr die Augen und Ohren wieder aufmachen. Was war das für ein Gefühl für euch? (–) Ein schönes Gefühl der Ruhe und Geborgenheit erfährt der, der meditiert, der hinter verschlossenen Augen und Ohren Gott sieht und hört. Ich lade euch ein, das heute einmal nach der Kommunion auszuprobieren. Vielleicht könnt ihr auch mal dann in die Kirche gehen, wenn gerade kein Gottesdienst ist. Betet in der Stille! Auch im Alltag gibt es viele Gelegenheiten, ruhig zu werden. Bei einer Bus- oder Autofahrt. Statt auf der Hinterbank das tausendste Mal zu fragen, wie weit es noch ist, kann man stattdessen die Augen schließen und ganz bei Gott sein. Das ist ein Beten, das uns hilft, stark und selbstbewusst zu werden. Schließt die Türen und lasst Jesus in der Mitte eures Herzens wirken.

FÜRBITTEN

Jesus schenkt uns neuen Mut, wenn wir hilflos sind, deshalb bitten wir ihn:

- Tritt in die Mitte aller Menschen, die hoffnungslos sind und keinen Ausweg mehr sehen. Zeig ihnen, dass für Gott kein Ding unmöglich ist.
- Tritt in die Mitte aller Menschen, die alleine sind und von der Gesellschaft ausgeschlossen werden. Zeig ihnen, dass in der Gemeinschaft der Christen jeder geborgen ist.
- Tritt in die Mitte aller Menschen, die einen lieben Angehörigen oder Freund verloren haben. Zeig ihnen, dass am Ende das freudige Wiedersehen steht.

Jesus, du bist immer bei uns. Schenke uns die Erfahrung deiner Gegenwart, egal wo wir gerade sind. Lass uns in der Gemeinschaft und in der Zurückgezogenheit deine Güte erfahren, darum bitten wir dich in alle Ewigkeit.

Michael Roos

18. April 2021 · Zur Liturgie

Dritter Ostersonntag (B)

LIEDVORSCHLÄGE

Gesänge
Eröffnungsgesang: Das ist der Tag, den Gott gemacht (GL 329,1–3); *Antwortgesang:* Ich gehe meinen Weg vor Gott (GL 629,3) mit den Psalmversen *oder* Wer unterm Schutz des Höchsten steht (GL 423,1–3); *zur Gabenbereitung:* Bleibe bei uns, du Wandrer durch die Zeit (GL 325,1–3); *Danklied:* Manchmal feiern wir mitten im Tag (GL 472,1–4); *zur Entlassung:* Nun singt ein neues Lied dem Herren (GL 551,1–3).

ERÖFFNUNG

Liturgischer Gruß
Der Herr, der uns den Weg zum Leben weist, sei mit euch / ist mit uns allen.

Einführung
Menschen aus ganz unterschiedlichen Lebenssituationen haben sich hier versammelt, noch ganz geprägt vom Alltag der letzten Woche. Wir stehen vor Gott und legen vor ihn unsere Freude und den Dank für all das, was sich gut gefügt hat. Aber auch unsere Fragen, unsere Sorgen und Nöte, vielleicht sogar unser schlechtes Gewissen und die Schuld, die wir auf uns geladen haben. Aber wir wollen nicht nur bei uns selbst bleiben. Wir wollen hören, was Gott uns zu sagen hat in den biblischen Lesungen. Und wir hoffen, dass sein Wort an die Jünger auch für uns gilt: „Dann öffnete er ihnen die Augen für das Verständnis der Schrift."

Kyrie-Litanei
Herr Jesus, du bist auferstanden von den Toten. Kyrie, eleison.
Herr Christus, du bist die Tür zum Leben. Christe, eleison.
Herr Jesus, du führst uns zu Umkehr und Vergebung. Kyrie, eleison.

Tagesgebet
Allmächtiger Gott,
lass die österliche Freude in uns fortdauern,
denn du hast deiner Kirche
neue Lebenskraft geschenkt
und die Würde unserer Gotteskindschaft
in neuem Glanz erstrahlen lassen.
Gib, dass wir den Tag der Auferstehung
voll Zuversicht erwarten
als einen Tag des Jubels und des Dankes.
Darum bitten wir durch Jesus Christus.

ZU DEN SCHRIFTLESUNGEN

1. Lesung: Apg 3,12a.13–15.17–19
Mit Schuld fertig werden ist ein Problem – das haben wir alle schon erfahren. Das beschäftigte auch die Menschen nach dem grausamen Tod Jesu. Gibt es einen Weg aus der Schuld? Gibt es vielleicht sogar einen höheren Sinn für das Geschehene?

2. Lesung: 1 Joh 2,1–5a
Gottes Wort verstehen und sich daranhalten – das kann Zusammenhänge aufdecken und Sinn eröffnen, erlösen von belastender Schuld und befreien zu einem Leben in Liebe.

Evangelium: Lk 24,35–48
Die Schrift verstehen, die Absicht Gottes begreifen und ihn als lebendig und nah erfahren. – Das war nicht nur für die Jünger ein ergreifendes Erlebnis, das ist auch heute eine wahre Ostererfahrung.

FÜRBITTEN

Zu Gott, der immer wieder die Gemeinschaft mit uns Menschen sucht, der um unsere Ängste und Sorgen weiß, lasst uns beten:

- Für die Verantwortlichen in der Kirche: um eine stete Erneuerung der Kirche aus dem Geist des Evangeliums; um die Gabe, die Frohbotschaft in unsere Zeit zu verkünden und in Handeln umzusetzen. Gott, unser Vater: Wir bitten dich, erhöre uns.
- Für alle Christen: um eine lebendige Beziehung zu Gott; um Offenheit, sein Wirken in unserem Leben und konkreten Alltag zu erkennen. Gott, unser ...
- Für die Verantwortlichen in Politik und Gesellschaft, die immer wieder weitgreifende Entscheidungen mit einschneidenden Konsequenzen treffen müssen: um den Blick für Recht, Gerechtigkeit und Solidarität unter den Menschen. ...
- Für alle, die in Selbstzweifel und Schuldgefühlen gefangen sind: um Vertrauen in sich, die Welt und Gott und die Kraft, neu zu beginnen. ...
- Für alle, die als Eltern oder von Berufs wegen erziehen und lehren: um die Gabe, behutsame, die Augen öffnende und weiterhelfende Worte zu finden. ...
- Für unsere Verstorbenen und alle, die um sie trauern. ...

Gott, du hast uns deine versöhnende, befreiende und frohmachende Botschaft geschenkt. Bleibe bei uns, beschütze und begleite uns, jetzt und alle Tage unseres Lebens.

ELEMENTE FÜR DIE EUCHARISTIEFEIER

Zum Vaterunser
Die Bibel als Wort Gottes zu verstehen und die Bedeutung für unsere Zeit zu ergründen ist nicht immer leicht. „Dein Reich komme, dein Wille geschehe." Darum wollen wir heute ganz bewusst beten, wenn wir jetzt das Gebet sprechen, das Gott selbst uns durch Jesus Christus geschenkt hat: Vater unser …

Kommunionvers
Gott sucht bleibend Gemeinschaft mit uns, besonders dann, wenn er sich selber gibt im Brot des Lebens. Kommt und empfangt!

Zur Besinnung
Gott, einladend und werbend suchst du Gemeinschaft mit mir,
begegnest mir im Wort und im Mahl.
Ganz individuell und persönlich bin ich gemeint,
geehrt und beschenkt mit deinen Gaben.
Doch wie oft vergesse ich das im Alltag,
lebe vor mich hin,
bestimmt von Arbeit und Pflichten, von Ängsten und Sorgen.
Ein Zeitfenster für dich – Sekunden oder Minuten,
in denen ich offen bin für dich,
auf deine Stimme lausche,
in meinem Herzen, in meinem Alltag, in deinem Wort. –
Das würde mir guttun,
das würde unsere Beziehung vertiefen.
Gott, gib mir dazu den Antrieb und die Kraft.

ELEMENTE FÜR DIE WORT-GOTTES-FEIER

Zum Friedenszeichen
Friede sei mit euch! Das ist der Gruß des Auferstandenen, der in die Mitte der Jünger tritt. Der Gruß, den er dem Zweifel, der Angst, der Zerstrittenheit entgegenhält – damals und heute. Wünschen wir einander diesen Frieden.

Segensbitte
L: Der Vater, Ursprung des Lebens und Quell der Liebe, sei in unserer Mitte.
A: Amen.
L: Der Sohn, Mittler Gottes und Freund der Menschen, sei uns stets nahe.
A: Amen.
L: Der göttliche Geist, der verstehen lässt und in uns seine Kraft entfacht, mache uns zu Zeichen Gottes in dieser Welt.
A: Amen.
L: Und der Segen des allmächtigen Gottes, des Vaters, des Sohnes und des Heiligen Geistes, komme auf uns herab und bleibe bei uns allezeit. A: Amen.

Marlies Lehnertz-Lütticken

3. Ostersonntag · Zu Apg 3,12a.13–15.17–19 (B)

Gottesdienst als Bekenntnis

Es gibt Bibeltexte, die wirklich sperrig sind, die nicht leicht zugänglich sind, an die ich mich nur ungern heranwage. Dazu gehört die heutige Lesung aus der Apostelgeschichte. Die Apostelgeschichte setzt ein als Fortsetzung des Lukas-Evangeliums mit den Erzählungen über die Himmelfahrt Jesu und das Pfingstereignis in Jerusalem. Danach heilen Petrus und Johannes einen Gelähmten, was großes Aufsehen erregt. In einer großen Rede wendet sich Petrus an die staunenden Leute und erklärt, aus welcher Kraft sie den Gelähmten heilen konnten. Es ist der Glaube an den auferstandenen Herrn, der den Gelähmten geheilt hat. So weit, so gut. Was es für mich schwierig macht: Petrus ist sehr offen und direkt. Er stellt fest: Ihr habt Jesus verraten und verleugnet. Den Urheber des Lebens habt ihr getötet. Klagt Petrus an, macht er Vorwürfe, oder stellt er einfach fest, beschreibt, was geschehen ist? Auch das, was Gott getan hat: Er hat Jesus verherrlicht und auferweckt. Was es für mich schwierig macht: Könnte, dürfte ich so offen und direkt zu Ihnen sprechen? Inwiefern haben wir uns angesprochen zu fühlen? Es ist ja Gottes Wort an uns, die wir es heute hören. Gewiss – wir haben Jesus ganz sicher nicht getötet. Aber wie sieht es mit unserem Bekenntnis zu Jesus aus? Beim Nachdenken bleibe ich immer wieder beim Gottesdienst hängen. Für mich ist der Gottesdienst am Sonntag ein Bekenntnis zu Jesus. Ausdrücklich! Wer wie Sie zum Gottesdienst kommt, bekennt sich zu Jesus. Wenn viele heute nicht mehr zum Gottesdienst kommen, ist das nicht auch ein Verleugnen von Jesus, so nach dem Motto „Mit dem will ich nichts mehr zu tun haben! Ich mache mich ja lächerlich, wenn ich sage, ich gehe zur Kirche."? Ihnen muss ich das nicht sagen, Sie sind hier und das ist gut. Ich müsste es allerdings den anderen sagen, die nicht da sind. Vielleicht wäre es aber viel zu hart, jedem direkt eine Ablehnung von Jesus zu unterstellen, nur weil er oder sie nicht zu den regelmäßigen Kirchgängern gehört. Ich hoffe, Sie merken den Unterschied: Ich stelle es als Frage. Petrus stellt in seiner Rede den Sachverhalt fest. „Ihr habt verleugnet, verraten, getötet." Damit es nicht so hart klingt, nimmt Petrus die Leute samt den Führern in Schutz und entschuldigt sie: „Ihr habt aus Unwissenheit gehandelt." Wirklich? Hatten sie wirklich aus Unwissenheit gehandelt? Wir jedenfalls können nicht sagen, dass wir aus Unwissenheit handeln. Wir wissen, wie wichtig der Gottesdienst am Sonntag ist. Bei uns gibt es andere Gründe, weshalb Leute nicht zum Gottesdienst kommen: sie reichen von „kein Interesse" bis berufliche Anspannung, die Menschen auszehrt und keinen Spielraum mehr lässt, nicht einmal mehr die Zeit zum Gottesdienst. Und doch hören auch wir die Aufforderung: „Also kehrt um!". Petrus greift die Worte auf, mit denen Jesus sein Predigen und Wirken begonnen hatte: „Die Zeit ist erfüllt. Das Reich Gottes ist nahe. Kehrt um und glaubt an das Evangelium" (Mk 1,15).

Hermann Kast

3. Ostersonntag · Zu 1 Joh 2,1–5a (B)

Sehnsucht nach der Fülle des Lebens

In jeder größeren Buchhandlung findet sich der ein oder andere Regalmeter reserviert für Bücher aus dem recht umsatzstarken Bereich der Ratgeber-Literatur. Eine kurze Inhaltsangabe der meisten dieser Werke würde ungefähr so aussehen: „Etwas stimmt nicht mit deinem Leben. Aber ich verrate dir, wie du es in kurzer Zeit und mit ganz einfachen Mitteln optimieren kannst. Du kannst dich sozusagen neu erfinden. Und dann, ja dann geht alles wie von selbst ..." Den Älteren unter uns klingt dieser Schlusssatz sicher noch sehr vertraut. Es ist ja eine unvergessene Formel aus Werbesendungen; damit sollte Reklame für ach so entspannende Tabakwaren gemacht werden. Es ging aber nichts von selbst. Damals nicht nach Genuss der solchermaßen beworbenen Glimmstängel und auch heute nicht nach der Lektüre des siebten oder achten Ratgeberbuches. Möglicherweise kommt da sogar noch zusätzlicher Frust dazu: Man hat schon wieder das Gefühl, versagt zu haben. Wir sehen hier das alte Dilemma: Es ist nicht möglich, sich selbst am eigenen Schopf aus dem Sumpf zu ziehen.

AHNUNG VON EINEM BESSEREN LEBEN

Damit bleibt zunächst ein eher negatives Grundgefühl des Lebens: Ich fühle mich wie abgeschnitten von dem großen Strom des Lebens. Ich habe die Ahnung, dass es ein erfüllteres Leben geben müsste, doch ich bleibe außen vor. Aber die Sehnsucht danach bewegt mich sehr stark. Zumal sicher jeder und jede von uns schon erfahren hat, dass es auch anders aussehen kann. Manchmal läuft es eben doch. Wir sind wie in einem Fluss, ein Strom der uns weiterträgt. Die Quelle dafür liegt im Allgemeinen bei anderen Menschen. Schon das Kind erfährt das, wenn seine Eltern ihm etwas zutrauen, wenn es sich angenommen und anerkannt fühlt. Und wenn andererseits das Scheitern an einer Aufgabe keine große Katastrophe ist. Erwachsene machen entsprechende Erfahrungen am ehesten in einer partnerschaftlichen Beziehung; aber auch in einem guten Team am Arbeitsplatz oder in einer ehrenamtlichen Tätigkeit kann sich diese Dynamik entwickeln. Dabei kommt ein positiver Regelkreis in Gang: Wenn ich mich von anderen angenommen weiß, dann kann ich mich auch selbst annehmen, trotz mancher Fehler und Mängel, die nicht einfach verschwinden. Aber das sind für gewöhnlich nur punktuelle Erfahrungen, immer nur vorläufig und zerbrechlich. Sie weisen in die richtige Richtung, dorthin, wohin uns unsere Sehnsucht nach Wandel führen will, aber sie können unser Verlangen nach einem anderen Leben nicht restlos erfüllen.

WIR SIND IN LIEBE ERKANNT

Von anderen Menschen angenommen und wertgeschätzt zu werden, das ist wichtig und hilfreich. Aber dieses Gefühl, wirklich im Strom des Lebens zu sein, das muss noch tiefer gegründet werden. Mir scheint, dass die heutige Schriftlesung dazu einen Schlüsselbegriff enthält. Es ist das Wort vom Erkennen und Erkannt-Werden. Einen Menschen wirklich zu erkennen, ihn in seinem Wesen zu erfassen, das setzt eine vollkommene Liebe voraus. Nur Gott vermag so zu lieben. Durch die ganze Heilige Schrift zieht sich dieser Grundtendenz: Gott hat die Menschen ins Dasein gerufen; er kennt jede und jeden einzelnen beim Namen. Das heißt nicht, dass Gott dabei Fehler und Schwächen übersieht. Sonst wäre es ja eher ein Verkennen als ein Erkennen. Von unserer Seite aus betrachtet trennt uns diese menschliche Unzulänglichkeit, seit alters her „Sünde" genannt, von Gott. Anders ist das nur bei einem Menschen, bei Jesus Christus, dem Gott-Menschen. Da er frei ist von Sünde, ist er stets in Einheit mit dem Vater, ihm untrennbar verbunden. Er ist so sehr im Strom des Lebens, dass der Tod seine Macht über ihn verliert. Er ist damit der erste Mensch, der nicht nur von Gott erkannt wurde, sondern der seinerseits Gott erkennt. Er ist derjenige, der die wahre Antwort auf Gottes erkennende Liebe gegeben hat.

AUF DEM WEG ZUM LEBEN

Mag sein, dass diese Gedanken uns neuzeitlichen Menschen zunächst etwas „abgehoben" vorkommen. Bei weiterer Betrachtung zeigt sich aber, dass sie höchst bedeutungsvoll sind für unser Leben hier und jetzt. Der eine, den Gott „gerecht" fand, hat auch uns gerechtfertigt. Wir genießen gewissermaßen wieder Gottes Ansehen. Deshalb brauchen wir uns nicht selbst zu optimieren oder gar zu perfektionieren – Versuche, die ohnehin zum Scheitern verurteilt sind. Möglich, dass wir immer wieder zurückbleiben hinter unseren oder anderer Menschen Erwartungen. Sogar möglich, dass uns das nicht gelingt, was uns Gott eigentlich zugetraut hätte. Versagen, sogar schuldhaftes Versagen, ist kein Grund zur Verzweiflung mehr. Sagt uns doch die heutige Lesung ganz klar, dass wir einen „Beistand beim Vater" haben, Jesus Christus, der für uns eintritt, wenn wir uns von dem Fluss des Lebens abgesondert haben. Allerdings, es findet sich auch eine eindringliche Warnung in der Perikope des heutigen Tages. Wer überheblich behauptet, die Wahrheit ganz zu kennen, aber nicht das tut, was den Geboten des Herrn entspricht, der zeigt, dass er eben nichts verstanden hat. Er hat weder Gott noch seinen Sohn Jesus Christus erkannt. Nicht die Sünde ist die eigentliche Schande, sondern so zu tun, als habe man keine. Ein Mensch, der vorgibt, perfekt zu sein, gerade der hat etwas zu verbergen. Dabei haben wir dieses Streben nach Perfektion doch gar nicht nötig, da wir fest daran glauben, dass Jesus Christus in Kreuzestod und Auferstehung für uns genug getan hat. Wir sind im Kern schon neue, erlöste und gewandelte Menschen. Wir sind auf dem Weg in das Geheimnis Gottes, dorthin, wo uns ein Leben in ungeahnter Fülle erwartet.

Norbert Klinger

3. Ostersonntag · Zu Lk 24,36–48 (B)

Was ist Auferstehung?

Wenn wir uns die Auferstehungsevangelien anschauen, entdecken wir darin ein regelrechtes Ringen: Jesus kämpft um den Glauben seiner Jünger. Heute war es besonders eindrücklich: Er fragt sie, warum sie zweifeln. Er zeigt ihnen seine Hände und Füße und fordert sie auf, ihn anzufassen. Doch das Ergebnis ist ernüchternd: Sie können es, wenn auch vor Freude, immer noch nicht glauben und (ver)wundern sich. Sie halten ihn für ein Gespenst. Damit sie es endlich begreifen, isst er schließlich vor ihren Augen ein Stück Fisch. Es macht für uns Heutige die Erzählungen von den Erscheinungen des Auferstandenen so glaubwürdig, dass die Jünger es eben gerade nicht sofort verstanden haben. Sie haben auch nicht gleich geglaubt, ganz nach dem Motto: „Wenn Gott allmächtig ist, wird Jesus schon auferstehen können." Nein, sie haben lange gebraucht. Sie haben ihn nicht sofort erkannt und manchmal auch verwechselt. Jesus muss um den Glauben seiner Jünger ziemlich kämpfen. Die Berichte lassen uns aber auch einen guten Zugang finden zu dem, was wir meinen, wenn wir christlich von der Zukunft der Toten sprechen und damit eben nicht die Wiedergeburt meinen, sondern von Auferstehung reden. Im Verlauf des Credo bekennen wir sie sogar zwei Mal: einmal im Blick auf Jesus, einmal auf uns hin („Auferstehung der Toten"). Ich möchte deswegen mit Ihnen das heutige Evangelium erneut lesen, um zu erfahren, was Auferstehung ist:

AUFERSTEHUNG MEINT ETWAS GANZ NEUES

Auferstehung und ewiges Leben meinen auf keinen Fall Rückkehr in dieses irdische Leben, so als hätte Jesus am Ostermorgen da mit seinem Leben weitergemacht, wo er am Karfreitagnachmittag aufgehört hatte. Der Tod ist ein wirklicher Abbruch unserer irdischen Existenz. Wir verlassen diese Welt und zurück bleiben Menschen, die um uns trauern. Gerade weil der Tod ein wirkliches Ende ist, haben Trauer und Tränen ihren berechtigten Platz. Wir sehen Jesus nach seiner Auferstehung verwandelt. Er lebt nicht mehr in Raum und Zeit, d.h. er kann – nach dem Zeugnis des Johannesevangeliums – durch verschlossene Türen gehen. Auch Lukas scheint das anzudeuten, wenn er davon spricht, dass Jesus in die Mitte seiner Jünger trat. Die beiden Emmausjünger gehen einen ganzen Nachmittag mit ihm – und er bleibt ihnen fremd. Als sie ihn endlich erkennen, dann nur an einer Geste, nicht an seinem Aussehen. Maria Magdalena verwechselt ihn mit dem Gärtner. Jesus scheint also verwandelt, anders, nicht einfach derselbe. Er lebt jetzt in der Welt Gottes und tritt aus dieser heraus, um sich seinen Jüngern zu offenbaren. Deswegen heißen biblisch diese Begegnungen nicht einfach „Treffen", sondern Erscheinungen. Die Bibel will sagen: So wie Gott Menschen erscheint (z. B. Mose am Dornbusch), so ist der Auferstandene seinen Jüngern gegenübergetreten. Das erklärt auch ihre Angst, die zu den Erscheinungen Gottes oft dazugehört: Das Große, Heilige, das meinen Horizont weit übersteigt, tritt in diese irdische

Welt ein und zeigt sich mir. Es fordert Ehrfurcht und erregt Erschaudern, Ehrfurcht vor seiner Größe. Auferstehung ist etwas Neues, das war bei Jesus nicht anders als es auch bei der Auferstehung der Toten sein wird. Auferstehung meint Leben in der jenseitigen Welt Gottes.

AUFERSTEHUNG MEINT IDENTITÄT

Gleichzeitig aber will die Bibel sehr deutlich sagen, dass der erscheinende Jesus derselbe ist, den seine Jünger in dessen irdischen Tagen gekannt haben, mit dem sie durch die Lande gezogen sind, diskutiert und gegessen haben. Am deutlichsten wird dies an den Wundmalen, so auch im heutigen Evangelium: Jesus streckt ihnen seine Hände und Füße entgegen, weil er deutlich machen will, dass er derselbe ist, den sie vor zwei Tagen am Kreuz haben sterben sehen. Er trägt die Wunden, die ihm das Leben schlug, wenn auch in verklärter Gestalt. Der auferstandene ist derselbe wie der irdische Jesus – trotz seiner neuen Seinsweise.

AUFERSTEHUNG MEINT DEN GANZEN MENSCHEN

Damit wird noch etwas Entscheidendes ausgesagt, das wiederum für die Auferstehung Jesu wie auch die der Toten am Ende der Zeiten gilt: Sie umfasst den Leib und die Seele, die ganze Person also. Auferstehung ist etwas anderes als nur die Fortdauer der Seele im Jenseits, wie es die Griechen erwarteten und glaubten. Von Platon stammt ja das bekannte Wort, dass der Körper das Gefängnis der Seele sei, und dass deshalb der Seele nichts Besseres passieren könne, als vom Leib erlöst und befreit zu werden. Die christliche Sicht ist hier ganz anders: Jesus ist nicht nur Seele. Er hat auch einen Auferstehungsleib. Wenn dieser die Wundmale trägt, soll damit ganz unmissverständlich gesagt sein, dass der Auferstandene aus Leib und Seele besteht, wenn auch verklärt und nicht mehr an Raum und Zeit gebunden. Aber die christliche Erlösung umfasst Leib und Seele. Das Christentum ist damit keine Religion, die nur die Seele für das Wichtigste und Wertvollste im Menschen hält und den Leib, die Materie abwertet. Das Christentum steht fest mit beiden Beinen auf der Erde. Zugleich aber hat es den Blick fest in den Himmel gerichtet. Von allem Anfang an haben sich Christen deshalb nicht nur um die Seele, sondern auch um den Leib ihrer Mitmenschen gekümmert. Sie haben es als ihren Auftrag verstanden, diese Welt so zu verändern, dass alle gut darin leben können. Deswegen haben sie etwa die leiblichen und die geistlichen Werke der Barmherzigkeit entwickelt. Heil ist christlich immer ganzheitlich – auf dieser Welt und auch nach dem Tod. Auch der Leib wird erlöst und vom Tod befreit. Damit soll auch gesagt sein, dass wir als ganze Menschen weiterleben werden. Wir sind auf dieser Welt und auch im ewigen Leben Individuen, d. h. einzigartige, unverwechselbare Geschöpfe Gottes, die ihm immer vor Augen stehen, die er nicht aus dem Blick verliert. Das ist eine ganz wichtige und großartige österliche Botschaft: Gott verliert mich nie aus den Augen. Im Leben und im Tod hält er mich in seiner Hand.

Markus Lerchl

3. Ostersonntag · Für Kinder (B)

Dass alles gut wird

Evangelium: Lk 24,35–48

Liebe Kinder, liebe Erwachsene, vor einiger Zeit hat mir eine Schülerin während des Religionsunterrichtes erzählt, was sie vom Palmsonntag, vom Einzug Jesu nach Jerusalem auf dem Esel, von Gründonnerstag und Karfreitag und der Auferstehung am Ostermorgen behalten hat. Ich war beeindruckt, wie viel uns dieses Mädchen berichten konnte. Da alle anderen im Klassenraum mäuschenstill zugehört hatten, wollte ich wissen, was den Kindern am meisten von der Erzählung gefallen hat. Worauf ein Schüler antwortete: „Dass alles gut wird." Der Junge hat mit seiner Antwort die Sehnsucht aller Menschen beschrieben, nämlich die, dass alles heil und gut werde. Diese Sehnsucht haben alle Menschen auf allen Kontinenten immer schon gehabt. Es ist nicht alles heil und gut in unserem Leben und in unserer (Um-)welt, das erfahren wir täglich. Und wir sehen es sogar, wenn uns Menschen mit Mund-Nasenschutz entgegenkommen. Es ist nicht alles gut. Auch viele Gebetswünsche, die wir vor Gott tragen, sagen, das wir etwas nicht gut finden. Wir bitten Gott, dass alles gut wird.

HINTER VERSCHLOSSENEN MAUERN

Liebe Kinder, Jesus überraschte die Jüngerinnen und Jünger mit seinem Erscheinen. In der Bibel lesen wir z. B., dass zuerst Maria von Magdala, die meinte, sie sehe den Gärtner, Jesus begegnet ist. Dann haben die Jünger hinter verschlossenen Türen nicht damit gerechnet, dass er sich ihnen nochmal zeigt. Heute hören wir am Schluss des Evangeliums, wie Jesus in die Mitte seiner Jüngerinnen und Jünger tritt und ihnen seinen Frieden wünscht. Er ermuntert sie und gibt ihnen Zuspruch: „Fasst mich doch an und begreift: kein Geist hat Fleisch und Knochen, wie ihr es bei mir seht.", sagt er. Auch das wird heute von Lukas angesprochen. Alles muss sich erfüllen: … „was im Gesetz des Mose, bei den Propheten und in den Psalmen über mich geschrieben steht." Da geht es um ganz alte Texte der Bibel, die viele tausend Jahre, bevor Jesus auf der Erde gelebt hat, schon aufgeschrieben worden sind. Gottes Wort verbindet die alte mit der neuen Zeit. Immer. Denn Gott will, dass alles gut wird.

WAS HAT DAS ABER MIT UNS ZU TUN?

Damals konnte keiner wissen, welche Sehnsucht wir Menschen in unserer heutigen Zeit haben. Trotzdem glaube ich, dass die Jüngerinnen und Jüngern Jesu, die sich in Jerusalem ängstlich versammelt hatten, die gleiche Sehnsucht spürten wie wir heute. Im Evangelium hören wir nämlich, dass da eine verängstigte Schar war, die sich hinter festen Mauern versteckt hatte. Männer und Frauen, die ratlos sind und wenig Hoffnung haben. Vielleicht haben sie ge-

meinsam gebetet: „Lieber Gott, lass doch noch alles gut werden." Die Freunde Jesu fühlen sich verraten, betrogen und hilflos. Doch plötzlich durchbricht Jesus die Mauern und erscheint dieser traurigen Gruppe. Liebe Kinder, stellen wir uns das einem bildlich vor. Eine Mauer stürzt so ein, dass sich keiner verletzt. Steine fallen, Mörtel, der das Mauerwerk zusammenhält, zerbröselt und ganz viel Staub wird aufgewirbelt. Das, was eigentlich zum Schutz da war, die Mauer, ist kaputt. Und genau in diese schlimme Situation, mitten in solch einem Trümmerhaufen begegnet ihnen Jesus. „Friede sei mit euch", sprach er. Da war der Schrecken bei den Jüngern groß. Was wir heute im Evangelium hören, klingt wie eine Geistergeschichte. Doch Geister braucht weder Gott noch Jesus. Er erscheint mitten im Leben, und damit die Jünger nicht zweifeln oder ihn für einen Geist halten, isst und trinkt er mit ihnen. Die zweifelnden Jünger wurden von den Wunden an seinen Händen und Füßen überzeugt. Dafür hat der ungläubige Thomas gesorgt. Selbst er verstand, nachdem er Jesus berührt hatte, was passiert war. Jesus will nicht bewundert werden, Jesus möchte uns alle zum Glauben führen.
Was hat dem Schüler an der erzählten Ostergeschichte gefallen? „Dass alles gut wird."

KLEINER FUNKE JESUS–HOFFNUNG

Liebe Kinder, liebe Erwachsene, kennt ihr das Gefühl, dass etwas nicht gut ist? Dass ihr euch verraten und betrogen fühlt? Zweifelt und wenig Hoffnung habt? Solche Zeiten erleben alle Menschen. Wer in solchen Momenten noch einen kleinen Funken Jesus-Hoffnung in sich trägt, wird sagen: „Alles wird gut". So ein Mensch spürt, wie aus Angst und Sorge neues Vertrauen wächst. Plötzlich sind Trümmer nicht wichtig, denn was zählt, ist, dass alles gut wird. Was möchte Jesus uns sagen? Was ist das Besondere an seiner Botschaft? Die Jünger hatten hinter verschlossenen Mauern Angst, bis Jesus in ihre Mitte trat. Jesus ließ sie in dieser Situation das Geheimnis Gottes verstehen. So wurden die Jünger zu Zeugen der Frohen Botschaft. Auch wir heute brauchen keine Angst zu haben, denn Jesus ist immer mitten unter uns. Was erwartet Jesus von uns? Dass wir seine Frohe Botschaft als Zeugen und Zeuginnen überall erzählen. Was ist die Frohe Botschaft? Jesus ist von den Toten auferstanden und hat für uns das Himmelreich geöffnet. Liebe Kinder, liebe Erwachsene, durch das geöffnete Himmelreich schickt Jesus jedem Einzelnen von uns alles, was wichtig ist, Hoffnung und seine Liebe. Lasst uns ihm vertrauen. Denn er hat uns versprochen, alles wird gut. Immer!

Lied: Kleines Senfkorn Hoffnung (GL 803).

Brigitte Goßmann

25. April 2021 · Zur Liturgie

Vierter Ostersonntag (B)

LIEDVORSCHLÄGE

Gesänge
Eröffnungsgesang: Jesus Christus, guter Hirte (GL 366,1–3); *Antwortgesang:* Das ist der Tag, den der Herr gemacht (GL 66,1) mit den Psalmversen *oder* Danket Gott, denn er ist gut (GL 402,1+3+6+8+12); *Ruf vor dem Evangelium:* Halleluja (GL 174,4) mit dem Vers; *zur Gabenbereitung:* Mein Hirt ist Gott der Herr (GL 421,2–3); *Danklied:* Das ist der Tag, den der Herr gemacht (GL 329,3+4); *Mariengruß:* Lasst uns erfreuen herzlich sehr, Halleluja (GL 533,1–2).

ERÖFFNUNG

Liturgischer Gruß
Gnade und Friede unseres Herrn Jesus Christus, der uns als guter Hirt vorangeht und zum Leben führt, sei mit euch / ist mit uns allen.

Einführung
Der Gute-Hirte-Sonntag war viele Jahre eine feste Größe im Jahreskreis. An ihm wurde besonders für geistliche Berufe gebetet. Doch die Menschen heute tun sich schwer damit. Nur wenigen scheint die gegenwärtige kirchliche Landschaft wie grünes, einladendes Weideland. Manche sehen eher ein wachsendes Ödland. Wenn wir jedoch das Bild des Guten Hirten bejahen, dann geht es nicht zuerst um fettes Weideland. Denn der Hirte selber wählt ja die angemessenen Weideplätze aus. Einzig das Hören auf seine Stimme ist entscheidend. In seiner Rufweite leben und auf ihn hören, macht das Glück seiner Schafe aus. Und wäre nicht diese Grunderfahrung genau das, was wir als Kirche heute, egal in welchem Stand, brauchen?

Kyrie-Litanei
Herr Jesus Christus,
du bist denen, die dir vertrauen, der gute Hirt. Kyrie, eleison.
Du bleibst uns gut, auch in Not und Tod. Christe, eleison.
Du rufst uns in deine Nachfolge. Kyrie, eleison.

Tagesgebet
Allmächtiger, ewiger Gott,
dein Sohn ist der Kirche siegreich vorausgegangen
als der Gute Hirt.
Geleite auch die Herde, für die er sein Leben dahingab,
aus aller Not zur ewigen Freude.
Darum bitten wir durch ihn, Jesus Christus.

ZU DEN SCHRIFTLESUNGEN

1. Lesung: Apg 4,8–12
Auf dem Jahrmarkt spiritueller Angebote gibt es jemanden mit einem Alleinstellungsmerkmal: Dominus Jesus. In keinem anderen – so bezeugt es Petrus – ist das Heil zu finden.

2. Lesung: 1 Joh 3,1–2
Wir sind von Gott an Kindes statt angenommen. Diese der Welt verborgene Würde soll uns von einem Leben aus dem Glauben zur vollen Gemeinschaft mit Gott führen.

Evangelium: Joh 10,11–18
Jesus, der Gute Hirt, gibt sein Leben für die Schafe; aus freien Stücken, souverän, im Auftrag des Vaters.

FÜRBITTEN

Gott kennt unsere Wege. Er geht sie mit und möchte unsere Schritte zu Frieden und Heil lenken. So bitten wir. *V:* Gott unser Heil. *A:* Wir bitten dich, erhöre uns.

- Für alle, die in der Kirche arbeiten. Erleuchte, stärke und segne sie. V: Gott unser ...
- Für alle, die an der Kirche leiden. Tröste, heile und festige sie in ihrer Treue zu Gott und seiner Kirche. ...
- Für alle, die Orientierung brauchen. Sei ihnen Hirt, hilf ihnen sich an das ihnen erreichbare Gute zu binden. ...
- Für alle, die auf Irrwegen sind. Bewahre sie vor der Verstrickung in das Böse, führe sie zur Einsicht und Umkehr des Herzens. ...
- Für alle, die in dieser Woche gestorben sind. Sei ihnen ein gnädiger Richter und führe sie zum ewigen Leben. ...

Gott, in Jesus hast du deine Hirtensorge offenbar gemacht. Danke, dass du uns kennst, danke, dass du uns trägst und uns nachgehst. Dir sei Lob und Ehre in Ewigkeit.

ELEMENTE FÜR DIE EUCHARISTIEFEIER

Zum Vaterunser
Jesus ist uns immer voraus. Ihm zu folgen, bedeutet auch heimzufinden, denn er führt uns zum Vater. Von ihm geleitet dürfen wir sprechen: Vater unser ...

Kommunionvers
Auferstanden ist der Gute Hirt. Er gab sein Leben für die Schafe.
Er ist für seine Herde gestorben. Halleluja.

ELEMENTE FÜR DIE WORT-GOTTES-FEIER

Zur Verehrung des Wortes Gottes

Nach der Verkündigung wird das Evangeliar zur Osterkerze gestellt und als Mitte der Versammlung betont. Einige Teelichter sollten vorbereitet sein.

L.: Schwestern und Brüder, Jesus stellt sich uns im Evangelium als Hirt seiner Schafe vor. Eindringlich und wiederholt sagt er: „Ich bin der gute Hirt." Dieses Wort Jesu ruft uns auf, ihm zu antworten, ihm unser Vertrauen zu bekunden.
Ich lade Sie ein, einen Ihnen gemäßen Ausdruck zu finden:
Sei es, dass Sie das Evangelium still verehren.
Sei es, dass Sie eine Verneigung davor machen.
Sei es, dass Sie ein Teelicht an der Osterkerze entzünden und zum Evangeliar stellen.
Sei es, dass Sie ein Wort Jesu mitteilen, das Sie in der letzten Zeit begleitet hat.
Zum gemeinsamen Abschluss beten wir Psalm 23 oder singen „Mein Hirt ist Gott der Herr" (GL 421).

Besinnung

Der Weg des Samens in der Natur – Beobachtungen eines Missionars in Afrika.

Die meisten Samen im Feld und im Garten keimen sehr leicht in wenigen Tagen bei entsprechenden Bedingungen.
Der Same von Bäumen braucht mitunter eine besondere Behandlung. Er braucht sehr viel länger zum Keimen; Palmbäume beispielsweise brauchen wenigstens zwei Monate. Einige Baumsamen müssen erst in warmem oder gar heißem Wasser quellen. Andere brauchen Kälte, Herbst, Winter, Frost oder das Frühjahr. Sehr hilfreich sind oft die Verdauungssäfte von Vögeln. Durch die Vögel wird der Same außerdem oft weit weg getragen, selbst auf Berge oder in entlegene Felsspalten.
Obwohl der Mutterbaum manchmal Samen in Hülle und Fülle fallen lässt, keimt unter dem Baum selber oft nicht ein einziger Same (z. B. Eukalyptusbaum). Dagegen keimt der Same des Ahorn sehr gut unter dem Mutterbaum. Schwarzwurzelbäume und Proteablumen keimen besonders gut, wenn zuvor ein Feuer alles verbrannte. Manche Samen bleiben viele Jahre keimfähig, vor allem wenn sie tief im Boden liegen.

Burkhard Rottmann

4. Ostersonntag · Zu 1 Joh 3,1–2 (B)

„Der Mensch is' gut, aber die Leut' san a G'sindel!"

Dieser Ausspruch stammt von dem Österreicher Johann Nepomuk Nestroy (1801–1862). Er deutet an, wie weit Anspruch und Wirklichkeit in unserem Leben auseinanderklaffen können. Immerhin unterstreicht Nestroy die positive Auffassung von der Schöpfung, mit der Gott alles Gute und alles gut ins Leben gerufen hat. Der Mensch, so wie Gott ihn geschaffen hat, ist gut. Das sollten wir Christen gegen alle rein naturwissenschaftlichen Welterschaffungstheorien betonen. Solche Theorien kommen oft im Gewand völliger Wertebeliebigkeit daher. Von einer Urknalltheorie allein aus scheint nichts gut und nichts böse. Gott, der nach unserem christlichen Glauben alles aus dem Nichts geschaffen und ihm Leben eingehaucht hat, ist der Gute schlechthin. Seiner Schöpfung ist das Gute mitgegeben. Wenn wir uns auch so vieles in und an der Welt bis heute nicht erklären können, wenn wir angesichts von Naturkatastrophen und unbeschreiblicher menschlicher Grausamkeit zu verzweifeln drohen, dann liegt die Ursache nicht darin, dass Gott seine Schöpfung unvollkommen ins Leben gesetzt hat, uns vergessen hätte oder vielleicht doch nicht so gut wäre. Sondern dann mag das daran liegen, dass wir Menschen uns noch nicht ganz der Freiheit zum Guten bewusst sind. Die Sünden der Menschen zeigen in ihren Auswirkungen, wohin die uns geschenkte Freiheit vor Gott führen kann. Unsere Sünden verdecken das Gute der Schöpfung und des Menschen ... Und so kommt Nestroy zu dem Ausspruch: „... die Leut' san a G'sindel". Damit meint er wohl die Nichtsnutzigkeit und Oberflächlichkeit menschlichen Handelns in der konkreten Gesellschaft. „Die Leut" als Anrede deutet schon an, dass sie keine hohe Wertschätzung verdienen, und als „G'sindel" scheinen die Menschen ganz abgeschrieben zu sein und der Reinigung oder gar Heiligung nicht mehr würdig und auch nicht mehr fähig. – Da trifft uns im Johannesbrief-Abschnitt des heutigen Sonntags die wahrhaft Frohe Botschaft: „Seht, wie groß die Liebe ist, die der Vater uns geschenkt hat: Wir heißen Kinder Gottes, und wir sind es. Die Welt erkennt uns nicht, weil sie ihn nicht erkannt hat. Liebe Brüder, jetzt sind wir Kinder Gottes. Aber was wir sein werden, ist noch nicht offenbar geworden. Wir wissen, dass wir ihm ähnlich sein werden, wenn er offenbar wird; denn wir werden ihn sehen, wie er ist." Johannes lädt uns ein, aufzuschauen, uns nicht mit dem Wehklagen über die verkommene Gesellschaft und das „G'sindel" aufzuhalten, sondern uns als Kinder Gottes zu erkennen. Das geschieht, wenn wir Gott als den wahrhaft Guten (an)erkennen. Und mögen die „Kinder des Lichts", die Gläubigen, auch in der Minderheit sein, der Welt, den anderen, haben sie, haben wir diese Gnade voraus. Unser Seh(n)en weist über das Hier und Heute hinaus. Wir wissen (gemeint ist das kostbare glaubende Wissen), dass wir Gott, dem Allgütigen und unermesslich Guten, ähnlich sein werden. Und dann – endlich! – werden wir ihn sehen dürfen. Diese hoffnungsvolle Aussicht haben wir Nestroy, dem Schandmaul, voraus. Amen.

Robert Jauch

4. Ostersonntag · Zu 1 Joh 3,1–2 (B)

Immer ähnlicher?

Wenn wir Kinder fragen, was sie sich wünschen, dann wollen sie oft einfach nur, dass sie endlich groß sind. Ihnen scheint das Kind-Sein nicht so attraktiv, denn die Erwachsenen können und dürfen aus ihrer Sicht alles. Und umgekehrt, fänden wir es als Erwachsene erstrebenswert, wieder Kind zu sein? Angewiesen auf die Erwachsenen und von ihren Regeln eingeengt? Wenn es heute in der Lesung heißt: „Wir heißen Kinder Gottes und wir sind es." – welche Gedanken kommen uns dann? Wollen wir wirklich wieder Kind sein?
Die Lesung geht noch weiter: „Jetzt sind wir Kinder Gottes. Aber was wir sein werden, ist noch nicht offenbar geworden" (1 Joh 3,2). Wie ist das zu verstehen? Aus Kindern werden doch Erwachsene? Hier scheint etwas anderes angesprochen zu sein, der Schreiber des Briefes will keine Entwicklung des Menschen beschreiben, sondern über das ewige Leben sprechen und die Gemeinschaft, die wir „haben mit dem Vater und seinem Sohn Jesus Christus ... damit unsere Freude vollkommen ist" (1 Joh 1,3–4). Er will uns also eine Gemeinschaft beschreiben, die Gemeinschaft mit Gott, die für uns eine Freude ist.

KINDER WIE JESUS – ODER DOCH NICHT?

„Kind Gottes" – damit vergleicht er unser jetziges Verhältnis zu Gott. Aus den Evangelien kennen wir, dass Jesus uns aufruft, zu werden wie die Kinder. Damit ist sicher nicht gemeint, was ein Kind noch nicht ist, sondern was es auszeichnet, was es besonders macht. Es hat den Erwachsenen voraus, dass es beschenkt werden muss, weil es selbst eben noch nichts kann und zu können braucht. Es ist da, weil es da ist. Es lebt von der Zuwendung, und es lebt am besten mit einer zuverlässigen, liebevollen Zuwendung.
Genauso hat unser Erlöser sein Leben für uns begonnen: als Kind, das total abhängig ist und sich auf die Liebe seiner Eltern, auf jeden Fall aber anderer Menschen verlassen muss. Das irdische Leben begann mit der Kindheit und endete nach seinem Tod am Kreuz in Auferstehung und Himmelfahrt.
Unser Leben begann mit der Kindheit, wird mit dem Tod enden – und dann? Dass es mit Jesus weiterging, daran glauben wir: Er lebt weiter in der Gemeinschaft mit dem himmlischen Vater. Aber wie das näher aussieht, wie diese Ähnlichkeit zwischen unserem Leben und dem von Jesus weitergeht, das wissen wir eben nicht. Aber Johannes ist sich sicher, dass es weitergeht: „Jetzt sind wir Kinder Gottes. Doch ist noch nicht offenbar geworden, was wir sein werden" (3,2).

IN SICHERHEIT HOFFEN

Diese Sicherheit, diese Heilsgewissheit möchte er weitergeben. Die Bibelwissenschaftler sind sich einig, dass dieser Brief zum Anfang des ersten Jahrhun-

derts in einer Zeit der Bedrängnis und erster Verfolgungen geschrieben worden ist. Er enthält keine bestimmten Mahnungen oder einzelne moralische Anweisungen, sondern er möchte die erfahrene Gewissheit über die Gemeinschaft mit Jesus Christus, mit dem Auferstandenen, weitergeben. Diese Gewissheit ist in ihm so stark, so tief wie die eines Kindes, das seine Bindung an die Eltern noch gar nicht in Frage stellen kann. Das Kind muss für diese Gemeinschaft nichts leisten.
Obwohl der Brief auch die Möglichkeit der Sünde sieht, also der Abtrennung, betont er in den kurzen Versen zwei Mal: Wir sind jetzt schon Kinder Gottes. Also nicht nur Gemeinschaft, sondern Kinder. Wir stammen aus Gott. Und das klang damals und klingt heute eigentlich unerhört: Wir werden ihm einmal ähnlich sein, wenn er offenbar wird. Göttliches Leben, seine Herrlichkeit steckt jetzt schon anfanghaft in uns.

IN DER WELT AUS DER WELT?

Ist das ein Lebensgefühl, eine Glaubensgewissheit, die wir heutzutage wirklich leben können? Sind das nicht Gedanken wie von einem anderen Stern? Der Briefautor stellt sich schon damals dieser Frage; und angesichts der oft bedrängten Situation und inneren Konflikte in den Gemeinden kann er gar nicht anders. „Deshalb erkennt die Welt uns nicht, weil sie ihn nicht erkannt hat" (3,1). Die Welt, das sind die Menschen, die die Liebe Jesu Christi nicht verstanden haben. Wer sich zuerst an Macht, Reichtum und Ansehen orientiert, für den ist „Kind Gottes" zu sein keine Perspektive für das Leben. Man möchte lieber aus eigener Kraft ein gemachter Mann, eine erfolgreiche Frau sein oder wie immer das Lebensziel heißen mag.
Eigentlich muss es kein Widerspruch sein. Auch ein „Kind Gottes" kann erfolgreich in einer verantwortungsvollen Position sein und auch im Wohlstand leben. Das gab es schon in der jungen Kirche. In den Briefen der Apostel lesen wir von vermögenden Wohltätern und im Gefolge Jesu waren auch Frauen, die es sich leisten konnten, nicht zur Arbeit zu gehen, sondern zu Hause zu sein.
Wer nur seine Hoffnung einzig und allein in dieses irdische Leben und in seine eigene Kraft setzt, der läuft Gefahr, sich nur auf sich selbst zu verlassen und eben nicht in Gemeinschaft zu leben. Die liebevolle Gemeinschaft ist das, was dem Schreiber des Johannesbriefes am Herzen liegt, und das heißt, sowohl Gemeinschaft mit Gott als auch untereinander, wie an anderen Stellen des kurzen Briefes oft betont wird. Ganz häufig redet der Briefschreiber seine Hörerinnen und Hörer mit „Geliebte" an. Wenn wir zur Gemeinschaft mit Gott eingeladen sind, wirklich als seine Kinder leben, dann können wir diese Liebe auch trotz all unserer Schwächen im Alltag verwirklichen. Nicht weil wir so perfekt sind, sondern in Gemeinschaft und mit Gott.
Ich wünsche uns, dass wir vertrauensvoll wie ein behütetes Kind unsere alltäglichen Herausforderungen und unser Leben miteinander in Gelassenheit gestalten können.

Klaus Heizmann

4. Ostersonntag · Zu Joh 10,11–18 (B)

Hirte in Wort und Tat

Das Bild vom guten Hirten ist eines der ältesten Bilder der Christenheit. Schon in den Katakomben in Rom finden sich Darstellungen davon, was darauf schließen lässt, dass Jesus als der gute Hirt mit einem Schaf auf den Schultern in der Urkirche ein sehr beliebtes Motiv gewesen sein muss. Die frühe Kirche liebte dieses Bild wohl deshalb, weil es aus ihrem Alltag genommen war. Viele Menschen zur Zeit Jesu waren Hirten. Heute ist das sicherlich etwas anders, so dass wir vielleicht andere Bilder nehmen müssten, die unseren Alltagserfahrungen entsprechen: Jesus als Freund und Begleiter, als Licht in der Dunkelheit, als Stab der Pilger (das Pilgern ist ja wieder modern). Jede und jeder von uns wird da sein Lieblingsbild haben. Und dennoch – auch der gute Hirt hat etwas mit uns zu tun: sowohl das Bild, das wir von ihm haben, als auch die Worte, die er sagt.

JESUS TRÄGT

Bleiben wir zunächst einmal beim Bild. Jesus als der gute Hirt meint jemanden, der mich trägt, gerade auch in schweren Zeiten. Es gibt eine sehr schöne Erzählung darüber: den Traum von den beiden Fußspuren im Sand von Margaret Fishback Powers. Die eine Fußspur des Lebens ist die des Menschen, die andere die Fußspur des Herrn. Auf dem Weg gab es nun immer wieder auch Stellen, wo nur noch eine Fußspur zu sehen war. Auf die vorwurfsvolle Frage des Menschen, warum der Herr ihn gerade da allein gelassen habe, wo die Zeiten am schwersten waren, antwortet dieser: „Da habe ich dich nicht allein gelassen, da habe ich dich getragen!" So ist auch der gute Hirt. Er trägt uns, er gibt uns Schutz und Zuflucht und führt uns „zum Ruheplatz am Wasser", wie es der Psalm 23 so schön ausdrückt. Und wir dürfen darauf vertrauen: der Ort, wohin er uns trägt, ist ein guter Ort, ein Ort des Friedens.

DIE VERANTWORTUNG DER HIRTEN

Aufschlussreich sind aber auch die Worte des guten Hirten. Da sind es vor allem zwei Sätze, die ins Nachdenken bringen. Der eine ist: „Der gute Hirt gibt sein Leben hin für die Schafe" (Joh 10,11). Und der andere: „Ich kenne die Meinen und die Meinen kennen mich" (Joh 10,14). In diesen beiden Sätzen stecken Anregungen für uns heute: die eine betrifft mehr die Verantwortlichen in der Kirche, die andere uns alle.
Seit Gregor dem Großen spricht man vom Papst als dem servus servorum Dei, dem Diener der Diener Gottes. Das ist mehr als ein schöner Titel, es bedeutet, dass jeder Hirte in der Kirche auch Diener sein sollte, ja sein Amt als Dienstamt zu begreifen hat. Deswegen sind Demut, Liebe und die Bereitschaft zur Hingabe ganz wesentliche Eigenschaften für Menschen, die Leitung in der Kirche haben. Man kann vom Bild des guten Hirten, der auch noch dem letzten

Schaf hinterhergeht, um es auf seine Schultern zu nehmen, sehr viel lernen für das priesterliche (und bischöfliche!) Selbstverständnis. Papst Franziskus kann uns diesbezüglich in mancherlei Hinsicht wegweisend sein, wenn er davon spricht, dass wir an die Peripherien der Gesellschaft gehen sollen. Sein Apostolisches Schreiben Evangelii Gaudium atmet den Geist des guten Hirten, der sich einsetzt für die ihm anvertraute Herde. Das sollte auch der Geist sein, in dem über das Amt in der Kirche gesprochen wird. Manchmal hat man leider den Eindruck, dass dies zu wenig gesehen wird und es immer noch vornehmlich um Macht geht. Die Macht des guten Hirten ist aber eine andere als die gesellschaftliche Macht, die man gemeinhin damit verbindet. Es geht um eine geistliche Vollmacht und Autorität, nicht um die Macht, alles selbst entscheiden zu können und dabei die Menschen aus dem Blick zu verlieren.

AUF DER SUCHE NACH EINHEIT

Die zweite Anregung ergeht an uns alle. Sie betrifft die so notwendige Einheit im Glauben und in der Liebe. Der gute Hirt kennt die Seinen und die Seinen kennen ihn. Was bedeutet das konkret? Zunächst einmal die Aufforderung, die Einheit mit Gott immer wieder zu suchen und den Willen Gottes für sein Leben jeden Tag neu zu entdecken. Das gilt für jeden Einzelnen, aber auch für die Kirche als Ganze auf ihrem Synodalen Weg. Nur wenn wir uns bemühen, in ehrlicher Unterscheidung der Geister den Willen Gottes zu erkennen, sind wir auf einem guten Weg. Dabei dürfen wir auch auf die Zusage bauen, dass er die Menschen kennt und weiß, was wir brauchen und gut für uns ist.
Gleichzeitig steckt in dem Wort vom gegenseitigen Kennen aber auch die Aufforderung zum Streben nach Einheit in der Kirche. Wir sollten versuchen, weniger in den Schemata „oben – unten", „Priester – Laien", „Bischof – Kirchenvolk" zu denken, sondern mehr die Gemeinsamkeit aller im Blick haben. Wir haben doch eine gemeinsame Hoffnung, einen gemeinsamen Glauben, eine gemeinsame Liebe. Sollte das nicht im Vordergrund stehen? Auf Dauer wird jedenfalls nur das Bestand haben, was verbindet, nicht das, was trennt. All die Auseinandersetzungen und Meinungsverschiedenheiten um den rechten Weg sollten getragen sein von dem Willen, die Einheit zu suchen, nicht die Spaltung. Von daher sind Drohungen (wie sie manchmal zu hören sind), man werde die Kirche verlassen, wenn sich bestimmte Dinge nicht ändern, wenig hilfreich. Vielmehr ist es wichtig, alle mitzunehmen und Kompromisse zu schließen. Im Geist des guten Hirten sollen Hirt und Herde aufeinander hören und sich in gegenseitiger Wertschätzung kennen- und verstehen lernen. Das ist für mich der Sinn des Satzes: „Ich kenne die Meinen und die Meinen kennen mich!"
So mag der gute Hirt als Bild vielleicht etwas veraltet sein, von seiner Bedeutung her ist es ein höchst aktuelles Bild, denn es spricht von Vertrauen, von Verantwortung und von Versöhnungsbereitschaft, ohne die die Kirche nicht bestehen und schon gar nicht in die Zukunft gehen kann.

Cornelius Roth

4. Ostersonntag · Für Kinder (B)

Aus Pflicht oder aus Überzeugung?

Evangelium: Joh 10,11–18

Gibt es etwas, was ihr besonders gerne macht? *(Kinder fragen. Wenn keine Antwort kommt, explizit nach Hobbys fragen oder Sachen, die man sehr gerne in der Freizeit macht.)* Und ist das anstrengend? Oder muss man euch lange überreden zum *(Hobby einsetzen)* zu gehen? (–) Wenn ich etwas so richtig gerne mache, die Erwachsenen nennen das aus Leidenschaft, dann fällt es nicht allzu schwer, oder? (–)
Und wie ist das mit Dingen, die ihr machen müsst? Wenn Mama und Papa zum Beispiel sagen: Mach mal die Hausaufgaben? Räum dein Zimmer auf? Geht das auch einfach von der Hand? (–)

WORUM GEHT ES HEUTE?

Habt ihr noch den Text im Kopf? Da redet Jesus heute von einem guten Hirten und einem bezahlten Knecht. Der gute Hirte kümmert sich um die Schafe mit seinem ganzen Leben. Eben aus Leidenschaft. Und der bezahlte Knecht? Der bleibt so lange bei den Schafen, wie er muss und es für ihn nicht gefährlich wird. Jesus sagt: Sobald ein Wolf kommt, ist der bezahlte Knecht weg.
Und das ist natürlich ein großes Problem, denn in der Zeit Jesu war eine Schafsherde sehr viel wert. Stellt euch vor, dass die Schafherde all das gesparte Geld von euren Eltern und euch ist. Und dann bezahlt ihr jemanden dafür, dass er darauf aufpasst. Und sobald der erste Dieb kommt, rennt die Person, die aufpassen soll, davon. Alles, was ihr habt, ist dann ganz schnell weg.

DER FEINE UNTERSCHIED

Zwischen dem Hirten und dem bezahlten Knecht gibt es eben diesen kleinen, feinen Unterschied, der aber wahnsinnig wichtig ist. Dem Hirten geht es nicht darum, eine Aufgabe zu erfüllen. Niemand hat ihm gesagt: Beschützt die Schafe. Euch muss ja keiner sagen: Mach *(hier ein Hobby aufgreifen)*! Denn wenn ich etwas gerne tue, dann mach ich es: einfach so.
Und der Knecht? Dem ist es eigentlich egal, was passiert. Der muss ebendiese Aufgabe erfüllen. So richtig Lust hat er nicht. Aber Arbeit ist eben Arbeit. So wie die wenigsten von euch wahrscheinlich die Zeit, in der ihr das Zimmer aufräumt, genießen. Was der Knecht macht, ist dabei auch egal. Ob das jetzt Schafe hüten oder Einkäufe erledigen ist. Hauptsache, der Tag geht vorbei, ohne dass etwas passiert. Und er bekommt am Abend seinen Lohn.

WIESO ERZÄHLT JESUS DAS?

Wer hat eine Idee, warum Jesus eine solche Geschichte erzählt? (*Frage an die Kinder und dabei versuchen, die Lösungsansätze mitzudenken. Es gibt da per se kein Richtig und Falsch in den Antworten.*) Schaut, Jesus wird immer wieder gefragt: Wie ist das eigentlich mit Gott? Wie ist der so?

Über Gott zu sprechen ist schwierig. Denn niemand von uns Menschen hat Gott jemals von Gesicht zu Gesicht gesehen. Keiner weiß, wie Gott aussieht. Klar, Jesus kennt Gott. Er ist ja Gottes Sohn. Deswegen versucht Jesus Bilder zu finden, die erklären, wie Gott ist und wie Gott handelt. Dabei nutzt er das Bild vom Hirten. Denn Hirten waren zur Zeit Jesu weitverbreitet. Und auch Knechte waren bekannt.

Deswegen nutzt Jesus dieses Bild und macht deutlich: Gott ist derjenige, der das, was er macht, aus Leidenschaft tut.

GOTT IST LEIDENSCHAFTLICH OHNE GRUND

Gott könnte ja einfach sagen: Wisst ihr was? Ich mache das, weil ich es muss. Helfe dem Menschen ein bisschen. Erfülle hier mal einen Wunsch und am Ende wird schon alles irgendwie gut werden. Doch Gott tickt anders. Denn Gott ist nicht vom Menschen abhängig.

Die Tatsache, dass sich Gott um dich kümmert, ist total davon losgelöst, ob du dich um Gott kümmerst. Er schaut immer nach dir und passt auf dich auf. So wie ein Hirte. Weil Gott nicht die Zeit absitzt und hofft, dass bald seine Arbeitszeit als Menschenbabysitter vorbei ist, sondern weil Gott leidenschaftlich gerne mit uns Menschen ist.

Und die Geschichte von Jesus geht ja noch einen Schritt weiter: Gott als Hirte achtet eben nicht nur auf die Schafe, die er sieht, sondern selbst auf die Schafe, die er nicht sieht. Selbst diese Schafe sucht er und passt auf sie auf.

OHNE JEDEN GRUND AUSSER AUS LIEBE

Die klare Botschaft ist: Gott liebt dich ohne jeden Grund. Und damit es so bleibt, gibt Gott alles. Wirklich alles.

Tobias Sauer

2. Mai 2021 · Zur Liturgie

Fünfter Ostersonntag (B)

LIEDVORSCHLÄGE

Gesänge zur Eucharistiefeier
Eröffnungsgesang: Das ist der Tag, den Gott gemacht (GL 329); *Gloria:* Gelobt sei Gott, im höchsten Thron (GL 328); *Antwortgesang:* Auf dich haben unsere Väter vertraut (GL 36,1) mit den Psalmversen; *Ruf vor dem Evangelium:* Halleluja (GL 175,6); *Sanctus:* Heilig (GL 191); *Danklied:* Wir wollen alle fröhlich sein (GL 326).

Gesänge zur Wort-Gottes-Feier
Eröffnungsgesang: Christ ist erstanden (GL 318); *Antwortgesang:* Du hast mein Klagen in Tanzen verwandelt (GL 327); *Ruf vor dem Evangelium:* Christus ist erstanden. Halleluja (GL 333).

ERÖFFNUNG

Liturgischer Gruß
Der auferstandene Herr sei mit euch / ist mit uns allen.

Einführung
„In Gott bleiben" – dazu laden uns die heutigen Texte der Lesung und des Evangeliums ein: in Gott bleiben und aus der Verbindung mit ihm zu leben, unseren Alltag zu gestalten, und so jetzt schon an seiner Verheißung des Lebens in Fülle, des Reiches Gottes teilzuhaben. So wollen wir Herz und Ohren für seine Botschaft öffnen und ihn in unsere Mitte einladen.

Kyrie-Litanei
Herr, du bist das Licht der Welt. Herr, erbarme dich.
Christus, du bist der Weg und die Wahrheit. Christus, erbarme dich.
Herr, du hast Worte des ewigen Lebens. Herr, erbarme dich.

Tagesgebet
Gott, unser Vater,
du hast uns durch deinen Sohn erlöst
und als deine geliebten Kinder angenommen.
Sieh voll Güte auf alle,
die an Christus glauben,
und schenke ihnen die wahre Freiheit und das ewige Erbe.
Darum bitten wir durch Jesus Christus,
deinen Sohn, unseren Herrn und Gott,
der in der Einheit des Heiligen Geistes
mit dir lebt und herrscht in alle Ewigkeit.

ZU DEN SCHRIFTLESUNGEN

1. Lesung: Apg 9,26–31
Paulus schließt sich nach seiner Bekehrung durch die Begegnung mit Jesus dem Jüngerkreis an und verkündet die Botschaft Christi. Er gerät dabei ins Visier der Hellenisten, doch die junge Gemeinschaft hält zusammen und wächst weiter.

2. Lesung: 1 Joh 3,18–24
Im ersten Johannesbrief wird betont, dass das wichtigste Gebot die Gottes- und Nächstenliebe ist, die vor allem durch Taten und weniger durch Worte erkennbar wird.

Evangelium: Joh 15,1–8
Jesus spricht von sich als Weinstock und von den Jüngern als Reben. Nur aus der Verbindung mit ihm können Früchte wachsen. Auch wir sind heute eingeladen, aus der Verbindung mit ihm zu leben und reiche Frucht zu bringen.

FÜRBITTEN

„Wenn ihr in mir bleibt und wenn meine Worte in euch bleiben, dann bittet um alles, was ihr wollt: Ihr werdet es erhalten" (Joh 15,7). So wollen wir vertrauensvoll Gott bitten:

- Wir bitten dich für alle, die in der Kirche Verantwortung tragen: Lass sie aus der Verbindung mit dir leben, deinen Willen erkennen und danach handeln.
- Wir bitten dich für unsere Welt, mit ihren ganzen Krisenherden: Schenke uns die Bereitschaft zur Versöhnung und lass uns Wege für ein friedliches Miteinander finden.
- Wir bitten für alle Menschen, die verzweifelt sind: Schenke ihnen neue Zuversicht und Perspektiven, ihre Probleme zu überwinden.
- Wir bitten dich für uns selbst. – *kurze Stille*

Herr, du bist allmächtig und barmherzig. Wir loben dich und danken dir.

ELEMENTE FÜR DIE EUCHARISTIEFEIER

Zum Friedensgruß
Jesus spricht seinen Jüngern immer wieder neu seinen Frieden zu – und so auch uns, die wir uns heute in seinem Namen versammelt haben:

Kommunionvers
„So spricht der Herr:
Ich bin der wahre Weinstock, ihr seid die Rebzweige.
Wer in mir bleibt und in wem ich bleibe,
der bringt reiche Frucht. Halleluja" (Joh 15,15).

Zur Besinnung
Wir haben heute gehört, dass wir eingeladen sind, in Jesus zu bleiben und wollen mit den Worten von Pierre Olivaint (GL 6,5) beten:

Wachse, Jesus, wachse in mir,
in meinem Geist,
in meinem Herzen,
in meiner Vorstellung,
in meinen Sinnen.

Wachse in mir in deiner Milde,
in deiner Reinheit,
in deiner Demut,
deinem Eifer,
deiner Liebe.

Wachse in mir mit deiner Gnade,
deinem Licht und deinem Frieden.
Wachse in mir
zur Verherrlichung deines Vaters,
zur größeren Ehre Gottes.

ELEMENTE FÜR DIE WORT-GOTTES-FEIER

Zum Friedenszeichen
Jesus spricht seinen Jüngern seinen Frieden zu. Auf diesen Frieden hoffen auch wir, die wir uns heute in seinem Namen versammelt haben. Wir wollen diesen Frieden nicht nur für uns behalten, sondern ihn weitergeben. Schauen wir einander an und wünschen uns den Frieden.

Zum Segen
Herr, wir bitten dich um deinen Segen für die kommende Woche, mit allem, was ansteht: Begleite du uns auf unseren Wegen, sei bei uns in unserem Reden und Handeln. So bitten wir: Der Segen des allmächtigen Gottes, des Vaters und des Sohnes und des Heiligen Geistes komme auf uns herab und bleibe bei uns ewiglich.

Stephanie Kersten

5. Ostersonntag · Zu Apg 9,26–31 (B)

Grundlegend – aus gutem Grund

Wer hat eigentlich das Christentum gegründet? Jesus? Oder doch eher Paulus? Die Antwort kann kurz sein oder aus endlosen Ausführungen bestehen, je nachdem, welche Begriffe man wie deutet. Zunächst kurz: Natürlich gründet das „Christentum" auf Jesus Christus in Person; sagt der Name ja schon. Gleichzeitig wäre es aber zu eindimensional, dies mit einer Vereins- oder Firmengründung zu vergleichen. Das gilt auch für Paulus, der noch weniger einen Gründungsakt gesetzt oder gar das Christentum ausgerufen hätte. Gerade Paulus! – Der gefürchtete Saulus! Der frühere Verfolger. Der sich bekehrt und nicht nur sprichwörtlich „vom Saulus zum Paulus geworden" war.

Wie die Apostelgeschichte heute in der Lesung von Paulus berichtet, war das alles andere als ein einfacher Anfang: Er wurde gefürchtet, dann selbst verfolgt, misstrauisch beäugt, abhängig von der Hilfe anderer. Und doch bekehrt, ermutigt, gestärkt – durch das Wirken Gottes im Heiligen Geist. Ja, Gott weiß sogar „mit so einem" etwas Grundlegendes anzufangen! Das ist ja auch eine frohe Botschaft für uns, die wir uns oft als zu schwach und zu schüchtern vorkommen, um die Botschaft Gottes glaubhaft im Heute zu verkünden – oder von anderen als zu schwach und schüchtern gehalten werden. Mit Gottes Hilfe gelingt es; gelingt der Anfang, kann Großes entstehen! Aus gutem Grund und ganz wörtlich gut begründet. Es ist ja unverkennbar, dass Paulus mit seinen Briefen, Missionsreisen, Gemeindegründungen und seinem Wirken die Theologie und die Ausbreitung des Christentums maßgeblich und bis heute geprägt hat. Er hat das immer als „Apostel" getan, was übersetzt „Gesandter" oder „Botschafter" bedeutet. Er hat sich seinen Auftrag also nicht selbst gegeben, nicht im eigenen Namen gehandelt. Daneben sind auch die Evangelisten grundlegend und prägend für das Verständnis, das wir heute vom Christentum haben: die Gottes- und Nächstenliebe, die Vorstellungen dessen, wie gutes „Leben in Fülle" (Joh 10,10) gelingt und worauf die Hoffnung über Irdisches und die Grenzen des Todes hinaus gründen darf.

Nach der mündlichen Überlieferung und den schriftlichen Quellen der frühen Christ*innen, nach ihrem Lebens- und Glaubenszeugnis, haben sich in der Kirchengeschichte auch immer wieder suchende Menschen mit diesen grundlegenden Fragen aus christlicher Perspektive beschäftigt und das, was sie vorgefunden haben, mit eigenen Gedanken erweitert, nicht zuletzt die Kirchenlehrer*innen und führenden Personen, von Päpsten über Reformatoren bis hin zu Prophet*innen, auch unserer Tage. Das Christentum ist lebendige Haltung, Bewegung und Orientierung, wenn es immer wieder – ganz wörtlich „radikal" – d. h. an die Wurzeln, Grundlagen und Fundamente zurückgeht und fragt, ob und wie es dem Namen „Christentum" mit der Begründung auf das Leben, Wirken und den Auftrag von Jesus Christus inhaltlich gerecht wird. So kann die Kirche trotz allen Streits wachsen und „Frieden haben", wie es die Lesung ausdrückt: mit menschlichen Fragen, mit Gottes Hilfe.

Michael Kinnen

5. Ostersonntag · Zu Apg 9,26–31 (B)

Nur viele Wege führen in das Reich Gottes

Der kurze Ausschnitt aus der Apostelgeschichte ist wahrlich kein Kompliment für Paulus. Er kommt als ehemaliger Verfolger zu den Christen in Jerusalem. Dann sucht er gleich Streit mit den Hellenisten und muss erst weit weg nach Kleinasien gebracht werden, damit die Kirche vor Ort Frieden hat und wachsen kann. Aber gleichzeitig kommt Paulus auch selbst als Verfolgter. Er hat vorher in Damaskus mit voller Überzeugung von Jesus erzählt. Dort hatte er seine Bekehrung vom Christenverfolger zum Christusverkünder und er hat sie authentisch und mit aller Kraft gelebt. Dort in Damaskus drohte ihm der Tod, deswegen suchte er Zuflucht in Jerusalem.
So kommt der ehemalige Verfolger als Verfolgter zu den verfolgten Christen. Die Gemeinde dort fürchtet sich und das ist völlig nachvollziehbar. Der Mann, der ihnen vorher den Tod bringen wollte, will nun ausgerechnet von ihnen aufgenommen werden? Aber als Paulus auch in Jerusalem bedroht wird, retten sie ihn trotzdem. Die Solidarität überwiegt.
Das gibt Zeugnis von einer unglaublichen Versöhnung: Die Gemeinde nimmt ihren ehemaligen Verfolger nicht nur auf, sie rettet ihn auch noch und sichert ihn an einem anderen Ort. Das kann im Grunde niemand erwarten, es wirkt fast übermenschlich und unzumutbar. Und man darf in dieser Versöhnung nicht übersehen, dass die Verletzungen nicht vergangen sind. Die verfolgte Gemeinde in Jerusalem ist ein schwaches Pflänzchen, das keinen Streithahn wie Paulus brauchen kann, der ihr eben diese Verletzungen zugefügt hat. Man steht füreinander ein, man rettet das Leben des anderen und arbeitet an der gleichen Sache. Aber deswegen ist nicht alles in bester Ordnung. Die gerissenen Wunden vernarben, aber sie verschwinden nicht.
Die Gemeinde kann in Frieden weiterwachsen, aber nicht mit Paulus zusammen. Hier prallen Welten aufeinander und jede davon hat ihre Geschichte und ihre Berechtigung: Paulus, der selbst zum Verfolgten geworden ist, und die Jerusalemer Christen, die immer noch Verfolgte sind; beiden möchte man ein besseres Leben wünschen, aber man kann nicht verlangen, dass sie es zusammen leben.

VERSÖHNUNG MACHT VERLETZUNG NICHT UNGESCHEHEN

Das ist Realität im Leben zwischen Menschen. Man kann sich versöhnen, man kann wieder einen Weg miteinander, statt gegeneinander finden. Aber die verletzende Geschichte, die man teilt, geht deswegen nicht weg; wer sie vergisst oder verdrängt, verdeckt und wiederholt nur das erlittene Leid. Die Apostelgeschichte spricht davon, dass Leben wieder möglich werden kann, aber nicht über die eigene Geschichte hinweg.
Die Jerusalemer Christen und Paulus gehen beide ihre Wege „im Namen des Herrn". Aber es sind unterschiedliche Wege, denn die Verletzungen erfordern eine Trennung, um den Konflikt zu vermeiden, den man nicht lösen kann. Viel-

leicht wird er irgendwann einmal gelöst, vielleicht auch nur mit Gottes Hilfe. Aber jetzt ist die Beziehung gebrochen und gestört, diesen Zustand kann man auch auf den Wegen Jesu nicht leugnen.

AUCH VERLETZTE STIMMEN HÖRBAR MACHEN

Die Geschichte vom Anfang der Kirche ist also nicht bruchlos. Es knirscht und das nicht nur einfach kirchenpolitisch – für die Gemeinden und für die einzelnen Christ*innen geht es ums Überleben. Die verfolgten Christen sind durchgängig bedroht, da sind auch interne Auseinandersetzungen nicht hilfreich. Aber die Kirche wächst: an verschiedenen Orten mit verschiedenen Personen, in je eigenem Tempo und mit je anderen Fragen und Antworten.
In diesem Text geht es um das Wachstum der noch jungen Gemeinde der Juden in Jerusalem, die an Christus glauben. Sie leben in dem Land, in dem Jesus gelebt und verkündigt hat. Barnabas, der Paulus dort integriert, begleitet ihn später dann auf seinen Reisen in weiter entfernte Länder. So baut er eine Brücke zwischen Jerusalem, Syrien und Kleinasien. Über diese Brücke wird die spätere Ausbreitung des Glaubens an Christus möglich, welche die Grenzen Jerusalems übersteigt. Die Kirche wächst so unterschiedlich, wie ihre Orte, Zeiten und Personen sind, und so konfliktreich, wie es zwischen Menschen üblich ist.
Paulus, der hier so unvorteilhaft gezeichnet ist, ist dann später in der Kirche sehr gut hörbar geworden. Seine Briefe lesen wir in fast jedem Gottesdienst, seine Theologie prägt Theologie bis heute. Wie konnte so ein unangenehmer Mensch so einflussreich werden?
Nun, er ist eine Stimme unter vielen. In unserer Bibel hören wir noch andere von Gott reden, wir haben weitere Briefe und die Evangelien, die von Christus reden und Gott verkünden. Paulus ist eine laute Stimme unter vielen. Seine Konflikte sind damit tief in unser Neues Testament und in die Anfänge der christlichen Kirche eingetragen.
Was aber fangen wir damit an? Uns sollte die Frage umtreiben, welche Stimmen neben Paulus noch hörbar werden können. Was sind die anderen Wege, um „im Namen des Herrn" zu leben – die verletzten, die verdrängten und die brüchigen Wege? Auch müssen wir uns fragen, was unsere Wege hier vor Ort sind, wie sie sich von denen an anderen Orten der Kirche unterscheiden müssen. Gerade die Kirche in westlichen Ländern muss sich zudem fragen, welche Verletzungen sie anderen Gemeinden zugefügt hat und wie sie einen Weg der Versöhnung gehen kann.
Am Ende sollte für alle Christen die Erkenntnis stehen, dass viele Wege zu Gott führen und eine einheitliche Linie für alle nur Schmerzen übersieht und Leiden hervorruft. Erst wenn wir akzeptieren, dass aus dem einen Ziel und Ausgangspunkt, nämlich Gott in seinem Sohn, viele Wege abgehen, gehen wir weiter auf einem dieser Wege hin zum Reich Gottes, für das Paulus und die Jerusalemer Gemeinde gemeinsam eingetreten sind.

Benedict Schöning

Eine weitere Predigt zum 5. Ostersonntag finden Sie auf S. 237.

5. Ostersonntag · Zu Joh 15,1–8 (B)

Ich bin der Weinstock

Welches Fest ist wichtiger, Ostern oder Weihnachten? Manchmal stellt man Schülern diese Frage, zum Beispiel in der Kommunionvorbereitung. Man wartet dann darauf, dass sie „Weihnachten" sagen. Doch siehe, nein, theologisch falsch, natürlich, Ostern, Tod und Auferstehung Jesu, viel wichtiger. Merkt euch das, liebe Leute, Ostern ist das christliche Fest. Die ersten Christen haben sich für Kindheit und Geburt Jesu schließlich kaum interessiert.

EIN WEIHNACHTLICHER TEXT

Natürlich stimmt das irgendwie. Und natürlich feiern wir gerade die Osterzeit. Heute ist der fünfte Sonntag dieser Osterzeit, und Auferstehung kann man nicht lange genug feiern. Dennoch hat mich unser Evangelium auf die Weihnachtsspur gebracht. Ich bin der Weinstock, ihr seid die Reben. Ich habe mal bei Augustinus, dem großen Kirchenvater, nachgelesen und geschaut, was er so zu unserem Bildwort vom Weinstock sagt. Er sieht das als einen Weg, wie Jesus über seine Sendung nachdenkt:
„Von einer Natur sind nämlich der Weinstock und die Reben; darum ist er, da er Gott war, dessen Natur wir nicht teilen, Mensch geworden, damit in ihm die menschliche Natur als der Weinstock wäre, von dem auch wir Menschen Reben sein könnten." (Johannes-Evangelium, 80. Vortrag).
Wir sind die Reben. Damit wir an diesem Weinstock aber hängen bleiben können, mit ihm verbunden sein können, muss der Weinstock eben ein Weinstock sein. Die Logik bei Augustinus: Wir können zu Christus gehören, weil er Mensch geworden ist, weil er unsere Natur angenommen hat. Zur Zeit des Augustinus war das allen sehr bewusst. Das ganze vierte Jahrhundert hindurch hat die Kirche auf zahlreichen Konzilien versucht, Worte für diesen Glauben an die Menschwerdung Gottes zu finden. Wer ist Jesus? Vielleicht nehmen wir dieses Erbe heute nicht ernst genug. Augustinus sagt im Grunde: Wir Christen sind Weihnachtsmenschen. Wir glauben nicht irgendetwas, sondern jemandem, wir glauben, dass Gottes Wort Mensch geworden ist, einer von uns, und dass wir deshalb zu ihm gehören können.

DIE REDE VOM WEINSTOCK

Das Wort vom Weinberg ist nicht nur bei Johannes zu finden. Von Weinstöcken und Weinbergen ist im Alten Testament häufiger die Rede. Auch Israel kann bildlich als „Weinstock" bezeichnet werden (vgl. Ps 80,9). Zwei Texte aus dem Alten Testament kommen der Bildsprache unseres Johannestextes besonders nahe. Im 5. und 27. Kapitel des Jesajabuches ist Israel der Weinberg, um den sich Gott kümmert. In Jes 5 muss Gott feststellen, dass trotz liebevoller Zuwendung sein Weinstock Israel nicht die erhofften Früchte bringt, sondern Unrecht tut. Daher muss Gott seinen Weinberg bestrafen. In Jes 27 dagegen gedeiht der Weinberg prächtig – Israel wird in der Zukunft Gottes Heil erfahren. Im Johannesevangelium ist nicht von einem ganzen Weinberg die Rede, sondern von einem Weinstock (im Singular). Das Weinstockbild beinhaltet so die Möglichkeit, dass es in Gottes Weinberg mehrere fruchtbare Weinstöcke gibt. Damit steht auch Gottes zuerst geliebtem Volk Israel weiterhin der Weg zu Gott hin offen. Wir Christinnen und Christen gehören zum Weinstock, der Christus ist. Wir sollen ihm die Treue halten. Perfekt sein müssen wir dafür noch nicht. Am Weinstock bleiben eröffnet für die Reben die Möglichkeit des Wachsens und Reifens.

DEIN WILLE GESCHEHE

Einen weiteren Satz des Bildwortes möchte ich noch auslegen, weil er besonders erklärungsbedürftig ist: „Wenn ihr in mir bleibt und wenn meine Worte in euch bleiben, dann bittet um alles, was ihr wollt: Ihr werdet es erhalten." Ist Jesus so eine Art Flaschengeist, der Wünsche erfüllt? Jeden Tag Weihnachten und das Christkind bringt die Geschenke? Wir wissen, dass das nicht funktioniert. Aber was bedeutet dieser Satz? Auch dazu habe ich in Augustinus' 1600 Jahre alten Predigten nachgelesen. Für ihn ist völlig klar, dass der, der in Christus ist und bleibt, sich nicht irgendwelche Dinge wünscht:
„Wenn wir also in ihm bleiben und seine Worte in uns bleiben, so werden wir, um was wir immer wollen, bitten, und es wird uns zuteilwerden. Denn wenn wir bitten, und es wird uns nicht zuteil, dann bitten wir nicht um das, was das Bleiben in ihm verlangt. [...] Denn fürwahr auf seine Worte bezieht sich jenes von ihm gelehrte Gebet, wo wir sagen: Vater unser, der du bist im Himmel. Von den Worten und Gedanken dieses Gebetes wollen wir uns nicht entfernen." (Johannes-Evangelium, 81. Vortrag). Für Augustinus ist das Vaterunser ein Leitgedanke dafür, worum Christen beten und bitten können. Bekanntlich heißt es dort, an den Vater gerichtet: „Dein Wille geschehe". Hier liegt, für jeden einzelnen Christenmenschen ebenso wie für die ganze Kirche, der Prüfstein zur Unterscheidung der Geister. Was ist eigentlich die Motivation für mein Tun? Will ich ausschließlich mir selbst genügen, oder versuche ich wenigstens nach dem Willen Gottes zu fragen?
Ostern ist nicht Weihnachten, und Augustinus hat in einer anderen Zeit und unter anderen Umständen unser heutiges Tagesevangelium ausgelegt. Und doch lohnt es sich, die Dinge zusammenzulesen. Wir gehören zu Christus. Wir sind Reben am selben Weinstock wie Christen durch die Jahrhunderte hindurch. Darum kann uns das Glaubenszeugnis derer, die vor uns lebten, betreffen. Nicht irgendwer ist am Kreuz gestorben und auferstanden, sondern Gottes menschgewordener Sohn. Zu ihm gehören wir, wenn wir uns Christen nennen wollen, an sein Wort sind wir gebunden.

Martin Nitsche

Die Übersetzungen der Augustinus-Zitate stammen von Thomas Specht und sind der Reihe „Bibliothek der Kirchenväter" entnommen.

5. Ostersonntag · Für Kinder (B)

Wir gehören zu Jesus

ZUR ERÖFFNUNG

Schön, dass wir heute hier zusammen sind! Gott freut sich über jeden von uns, der gekommen ist, um gemeinsam Gottesdienst zu feiern. Natürlich können wir auch zuhause beten oder in der Bibel lesen. Aber hier dürfen wir besonders spüren: Wir Christen gehören zusammen und wir gehören zu Gott. Das immer wieder zu erfahren und diese Erfahrung auch zu pflegen, ist unsere Aufgabe. Wenn wir nachher in der Eucharistiefeier das Brot miteinander teilen, werden wir noch einmal daran erinnert: Wir gehören zu Jesus, der für uns gestorben und auferstanden ist. Er ist bei uns, in unserer Mitte. Nun lasst uns die vergangene Woche bedenken. Wo war ich nah bei Jesus? Wo war ich fern von ihm?

ZUR VERKÜNDIGUNG

Evangelium: Joh 15,1–8

„Und vergiss nicht, dir die Zähne zu putzen!" Wer von euch hat diese Aufforderung schon einmal gehört? (–) Ja, das sind einige Kinder.
Ich kenne eine Familie mit vielen Kindern. Die Eltern hatten sehr viel zu tun, oft konnten sie gar nicht genügend aufpassen, was ihre Kinder so machen. Eines dieser Kinder hat mir erzählt, dass es sich selten die Zähne putzt. „Iii-ihhh", denkt vielleicht der eine oder andere von euch. Aber dieses Kind hat sich einfach nicht ans Zähneputzen gewöhnt und wahrscheinlich wurde es nicht oft genug daran erinnert.
Zum Zahnarzt ist es aber trotzdem ab und zu gegangen. Und vor der Untersuchung – da hat es natürlich seine Zähne geputzt! „Dann putze ich sie einfach ganz besonders lange!", hat mir das Kind erzählt. „Dann fällt es gar nicht auf, dass ich das sonst nicht mache." Was meint ihr, hat das Kind recht? Fällt es dann wirklich nicht auf, dass es sich die Zähne so selten putzt? (–) Ihr seid skeptisch. Mit Recht. Der Zahnarzt sah zwar die frischgeputzten Zähne, aber er sah auch, dass an manchen Ecken ein alter Belag war. Außerdem hatte das Kind ziemlich schlechte Zähne und viel Karies. Oh je, das war nicht schön. Und die vielen Löcher zu flicken, das war echt unangenehm. Also ging es immer seltener zum Zahnarzt, ja, es hatte immer mehr Angst vor dem Zahnarztbesuch.

„DABEI BLEIBEN"

Was glaubt ihr, wie die Geschichte weitergeht? (–) Ja, natürlich wurden die Zähne dieses Kindes nicht besser dadurch, dass es so selten zum Zahnarzt ging. Das Kind, das mir davon erzählt hat, ist inzwischen erwachsen geworden. Irgendwann fiel mir die Geschichte mit dem Zähneputzen ein und ich fragte die nun erwachsene Frau, wie es denn ihren Zähnen gehe. Auch sie erinnerte sich, dass sie mir damals von ihren kranken Zähnen und der Angst vor dem Zahnarzt erzählt hatte. Jetzt sagt sie: „Schon lange putze ich mir regelmäßig die Zähne. Ich habe viele Kronen, weil meine Zähne so viele Löcher hatten. Aber seit ich so fleißig putze, gehe ich auch wieder regelmäßig zum Zahnarzt. Und jetzt findet er auch nicht mehr so viel, was er reparieren könnte. Zwar wären meine Zähne wahrscheinlich besser, wenn ich früher besser auf sie aufgepasst hätte, aber immerhin sorge ich jetzt dafür, dass es nicht schlimmer wird."

BEI JESUS BLEIBEN UND REICHE FRUCHT BRINGEN

So, liebe Kinder – nun haben wir aber eine Menge über das Zähneputzen geredet. Vielleicht denkt ihr, das ist doch eigentlich die Aufgabe vom Zahnarzt, mit mir darüber zu reden. Klar, das ist allerdings wahr. Aber ein bisschen hat das Beispiel vom Zähneputzen sogar mit unserem Evangelium zu tun.
Jesus fordert die Menschen auf, „in ihm" zu bleiben. Das können wir auch mit „bei ihm bleiben" übersetzen. Wir sollen unsere Nähe zu Jesus pflegen. Sonst verlieren wir den Kontakt zu ihm, sonst sind wir ihm nicht mehr nah. Das merkt man vielleicht zuerst gar nicht. Wie bei der Rebe, die am Weinstock hängt. Wie bei den ungeputzten Zähnen. Irgendwann aber merkt man: Die Rebe trägt ja gar keine Früchte! Die nützt ja gar nichts mehr. Und unser Glaube, der ist auch nicht mehr da, wenn wir ihn nicht pflegen. Lasst uns nah bei Jesus bleiben, damit wir eine lebendige Gemeinde sind! Lasst uns gleich gemeinsam die Eucharistie feiern und spüren: Wir gehören zu Jesus, wir gehören zueinander, wir gehören zu Gott. Wenn wir das wissen, dann geht es uns gut. Dann ist unsere Feier heute am Sonntag nicht nutzlos.

FÜRBITTEN

Jesus hat uns gezeigt, was wir brauchen, um in unserem Glauben ein gutes Zuhause zu haben. Lasst uns bitten:

- Gott, du weißt, was gut für uns ist. Hilf uns, auf deine Stimme zu hören.
- Hilf den Menschen, die den Kontakt zu dir verloren haben, dass sie deine heilbringende Nähe erfahren.
- Sei bei denen, die dich nicht kennen, und schicke ihnen Menschen, die ihnen zeigen, wie gut du bist.
- Sei auch bei unseren Verstorbenen, nimm sie auf in dein Reich.

Guter Gott, du hast deinen Sohn zu uns geschickt. Durch ihn sehen wir, wie gut du bist. Dafür danken wir dir.

Elisabeth Hardt

9. Mai 2021 · Zur Liturgie

Sechster Ostersonntag (B)

LIEDVORSCHLÄGE

Gesänge zur Eucharistiefeier
Eröffnungsgesang: Komm her, freu dich mit uns, tritt ein (GL 148,1–3); *Antwortgesang:* Jubelt, ihr Lande, dem Herrn (GL 55,1) mit den Psalmversen; *Ruf vor dem Evangelium:* Halleluja (GL 174,7) mit dem Vers; *zur Gabenbereitung:* Dir Vater Lobpreis werde (GL 183); *Danklied:* O heilge Seelenspeise (GL 213,1–2+4); *zur Entlassung:* Komm, Herr, segne uns, dass wir uns nicht trennen (GL 451).

Gesänge zur Wort-Gottes-Feier
Predigtlied: Gott liebt diese Welt (GL 464); *Danklied:* Nun singe Lob, du Christenheit (GL 487).

ERÖFFNUNG

Liturgischer Gruß
Der Herr, der uns in sein Volk eingegliedert hat, sei mit euch / ist mit uns allen.

Einführung
Heute hören wir im Evangelium zwei wichtige Sätze Jesu: „Nicht ihr habt mich erwählt, sondern ich habe euch erwählt und ich habe euch dazu bestimmt, Frucht zu bringen – bleibende Frucht!" Diese bleibende Frucht ist die gegenseitige Liebe.

Kyrie-Litanei
Herr Jesus, du bringst uns die Liebe des Vaters. Herr, erbarme dich.
Herr Jesus, du rufst uns, dir ähnlich zu werden. Christus, erbarme dich.
Herr Jesus, du gibst dich für uns hin. Herr, erbarme dich.

Tagesgebet
Allmächtiger Gott,
lass uns die österliche Zeit in herzlicher Freude begehen
und die Auferstehung unseres Herrn preisen,
damit das Ostergeheimnis,
das wir in diesen fünfzig Tagen feiern,
unser ganzes Leben prägt und verwandelt.
Darum bitten wir durch Jesus Christus,
deinen Sohn, unseren Herrn und Gott,
der in der Einheit des Geistes
mit dir lebt und herrscht in alle Ewigkeit.

ZU DEN SCHRIFTLESUNGEN

1. Lesung: Apg 10,25–26.34–35.44–48
Mit der Taufe des römischen Hauptmanns Kornelius tut die frühe Kirche ihren ersten Schritt in die Welt der Heidenvölker: Der Pfingstgeist kommt zum Staunen der Judenchristen auch über diesen heidnischen Hauptmann und seine Familie. „Kann jemand denen die Taufe verweigern, die ebenso wie wir den Heiligen Geist empfangen haben?" fragte deshalb Petrus.

2. Lesung: 1 Joh 4,7–10
Die Liebe Gottes, die uns in Christus begegnet ist, sollen wir Christen weitergeben. Liebe entzündet Gegenliebe.

Evangelium: Joh 15,9–17
Im heutigen Evangelium hören wir einen Kernsatz Jesu: „Dies ist mein Gebot: Liebt einander so, wie ich euch geliebt habe."

FÜRBITTEN

Jesus Christus hat uns vorgelebt, was es heißt, selbstlose Liebe zu leben.
Ihn bitten wir:

- Für eine Kirche, die mutig, glaubwürdig und verständlich die Frohe Botschaft lebt und verkündigt.
  A: Christus, höre uns. *B:* Christus, erhöre uns.
- Für die Regierenden, um Entscheidungen, die dem Wohl aller dienen. *A:* Christus, ...
- Für unheilbar Kranke und Sterbende, um die Kraft, das Kreuz geduldig zu tragen. ...
- Für uns, die wir hier versammelt sind, um ein offenes Herz für die Nöte und Sorgen der Mitmenschen. ...
- Für die Verstorbenen, um die Vollendung ihres Lebens im himmlischen Jerusalem. ...

Herr Jesus Christus, in dir erkennen wir das Angesicht des liebenden Vaters. Dafür danken wir dir heute und in Ewigkeit.

ELEMENTE FÜR DIE EUCHARISTIEFEIER

Zum Vaterunser
Gott hat uns in der Taufe mit dem Geist seiner Liebe beschenkt und uns an den Tisch seines Sohnes gerufen. Als Tischgebet lasst uns sprechen:

Kommunionvers
Im gebrochenen Brot empfangen wir Christus, unseren Erlöser:
das Brot des Lebens, das Licht der Welt, die Hoffnung auf ewige Gemeinschaft beim Vater.

Zur Besinnung

Liebe bedeutet, sich der anderen anzunehmen. Liebe heißt nicht romantisch Violine spielen. Liebe ist Arbeit. Die Mütter unter euch mögen daran denken, als die Kinder klein waren: Wie habt ihr eure Kinder geliebt? Mit der Arbeit. Indem ihr für sie gesorgt habt. Sie haben geweint ... Man muss sie stillen, Windeln wechseln, dies und jenes tun ... Liebe ist immer Arbeit für die anderen. Denn die Liebe zeigt sich in den Taten, nicht in den Worten. Liebe ist immer konkret. Jeder soll nachdenken: Meine Liebe, ist sie Dienst an den anderen? Kümmere ich mich um die anderen?
Papst Franziskus

ELEMENTE FÜR DIE WORT-GOTTES-FEIER

Zum Schuldbekenntnis

L: Der Herr, unser Gott spricht:
Bekehrt euch zu mir von ganzem Herzen. Zerreißt eure Herzen, nicht eure Kleider! Bekehrt euch zum Herrn, eurem Gott, denn gnädig ist er und barmherzig, langmütig und voll Erbarmen. Der Gottlose lasse von seinem Weg, der Frevler von seinem bösen Vorhaben. Kehren wir heim zum Herrn, dann wird er sich unser erbarmen.
Lasst uns Buße tun für unsere Verfehlungen; lasst uns gutmachen, wo wir Unrecht getan haben; lasst uns den Herrn um Vergebung bitten:
Der allmächtige Gott erbarme sich unser, er lasse uns die Sünden nach und führe uns zum ewigen Leben.
A: Amen.

Segensbitte

L: Es segne und schütze uns Gott, der Vater,
der uns erschaffen hat und erhält.
A: Amen.

L: Es segne und schütze uns Gott, der Sohn,
der für uns gelitten und uns gerecht gemacht hat.
A: Amen.

L: Es segne und schütze uns Gott, der Heilige Geist,
der in uns lebt und wirkt.
A: Amen.

L: Das gewähre uns der Vater durch den Sohn im Heiligen Geist,
jetzt und in Ewigkeit
A: Amen.

Josef Katzer

6. Ostersonntag · Zu Joh 15,9–17 (B)

Freude will tiefe Ewigkeit

„Dies habe ich euch gesagt, damit meine Freude in euch ist und damit eure Freude vollkommen wird" (Joh 15,11). Das Evangelium des Johannes ist durchtränkt von der Erfahrung göttlicher Liebe, die mit der vollkommenen Freude untrennbar verbunden ist.
Freude ist keine Emotion, sondern eine Geisteshaltung – eine Lebensart. Jesaja ermuntert dazu, den Trauernden Freudenöl und „ein Gewand des Ruhms statt eines verzagten Geistes zu geben" (Jes 61,3). Es ist, als würde uns eine Heilsalbe oder ein Schutzmantel gereicht. Freude im biblischen Sinn meint nicht die flüchtigen Momente des Vergnügens, sondern kommt einem „Freudenmeer" gleich, das uferlos ist. Der dem Christentum kritisch gesinnte Philosoph Friedrich Nietzsche hat es mit erstaunlichen Worten so ausgedrückt: „Lust – tiefer noch als Herzeleid – will tiefe, tiefe Ewigkeit" (F. Nietzsche, Also sprach Zarathustra). Mit „Lust" ist die Freude gemeint, die sich trotz „Herzeleid" und Dunkelheit das Leuchten bewahrt.
Der amerikanische Schriftsteller Metcalf arbeitete einmal als Freiwilliger im Hospiz, als er den 13-jährigen Chris traf, der todkrank war. Eines Tages gab der junge Chris Metcalf einige Notizblätter und sagte: „Ich möchte, dass du nach meinem Tod das meiner Mutter und meinem Vater gibst. Es ist eine Liste mit all dem Spaß, den wir hatten, und worüber wir so toll gelacht haben." Metcalf war erstaunt, dass dieser Jugendliche, den Tod vor Augen, seinen Eltern eine „Botschaft der Freude" überreichen wollte (C.W. Metcalf, Lighten Up, 1993). Metcalf überbrachte die Notizen den Eltern. Jahre später beschloss er, eine eigene Liste zu entwerfen. Zu seiner Überraschung tat er sich anfänglich schwer damit, seine „Freudenliste" zusammenzustellen. Als er es sich aber zur Gewohnheit machte, täglich auf die Momente des Lachens und der Freude zu achten, begann seine Liste zu wachsen.
So berührend die Geschichte des jungen Chris ist, der so früh sein Leben lassen musste und doch seinen Eltern eine Botschaft der Freude hinterließ, so tief ist die Erkenntnis, dass auch das Leid zu einem Leben in Fülle gehört. Hat nicht Jesus mit seinem Leben bezahlt und uns durch sein Leiden und Sterben die vollkommene Freude erworben? Auch Paulus, in leidvoller Ungewissheit über sein weiteres Lebensschicksal, konnte aus einer Haltung der Dankbarkeit für seine Bekehrung aus dem Gefängnis die Gemeinde im Glauben stärken: „Freut euch im Herrn zu jeder Zeit! Noch einmal sage ich: Freut euch!" (Phil 4,4).
Es ist wahr: Nur Gott kann uns Freude geben in „tiefer, tiefer Ewigkeit": Er hat uns zur vollkommenen Freude erschaffen. Eine Ahnung davon hat aber nur, wer aus einer Haltung der Dankbarkeit an eine ewige Gemeinschaft mit Gott und den Menschen glaubt.

Athanasius Wedon

6. Ostersonntag · Zu Apg 9,26–31 (B)

Gute Beziehungen von Mensch zu Mensch in Gottes Plänen

Alle Ostersonntage bilden eine intensive Einheit. Vom ersten bis zum achten Ostersonntag ist ein großer Bogen gespannt. Das Leiden, Sterben und die Verherrlichung Jesu Christi stehen uns– in diesen Osterwochen besonders – im offiziellen Gottesdienst der Kirche vor Augen. Die Auferweckung Jesu Christi, die Vollendung seines Wirkens in der Himmelfahrt und die Sendung des Pfingstgeistes bilden geradezu ein kostbares Juwel. Dieses feiern wir in der österlichen Festzeit. Und an allen diesen Ostersonntagen ist die Erstlesung aus der Apostelgeschichte entnommen. Sie berichtet vom Leben, Wachstum und vom Zeugnis der Urkirche.

SCHA-UL – PAULOS: EIN STRENGGLÄUBIGER JUDE WIRD ZUM VÖLKERAPOSTEL BERUFEN

Heute hören wir wenige Verse aus dem 9. Kapitel; sie bringen allerdings Bedeutendes zur Sprache. Paulus ist im Spannungsfeld unterschiedlicher Kulturen und Religionen groß geworden. Er ist als Jude vertraut mit der griechischen Sprache und Kultur. Seinen jüdischen Namen Scha-ul (Saul) nach dem ersten König Israels benutzt Paulus nie in seinen Briefen. Paulos, der Kleine, der Kurze, ist sein zweiter, sein griechischer Name. Sein Handwerk ist Tuch- und Lederverarbeitung. Nur reiche Privatleute konnten es sich erlauben, aus kostbaren Stoffen und Leder etwas anfertigen zu lassen. Paulus gehört also zur gehobenen Schicht.

Dem irdischen Jesus wird Paulus kaum begegnet sein. Als pharisäischer strenggläubiger Jude hat er die Jesus-Bewegung genau beobachtet. Diese Strömung behält Paulus genau im Blick. Dabei ist ihm völlig klar: Wer die Weisung Gottes, die Thora, nicht als entscheidendes Geschenk Gottes und als Zeichen der Erwählung hochachtet, gehört nicht weiterhin zur Synagoge, zur jüdischen Gemeinschaft. Paulus verfolgt „die Kirche Gottes". Sich selbst bezeichnet er als einen „Eiferer für die von den Vätern überkommenen Überlieferungen" (Apg 22,3). Die Anhänger des „neuen Weges" berufen sich auf Jesus. Das kann Paulus nicht akzeptieren. Auf dem Weg nach Damaskus – etwa im Jahr 33 oder 34 – wird der engagierte Jude Paulus durch eine Christusvision zum Heidenmissionar berufen. Wir sollten bewusst von Berufung sprechen, nicht von Bekehrung. So tut es Paulus selbst. Nach dem Damaskus-Erlebnis zieht sich Paulus in die Wüste zurück. Und „drei Jahre später" zieht er nach Jerusalem – etwa um das Jahr 36/37; dort trifft er Petrus und Jakobus. Und hier beginnt die heutige Lesung.

TIEFSITZENDE ANGST VOR EINEM VON GOTT „NEU" BEKEHRTEN

Die Berufung des Paulus hat unter den frühen Christen Verunsicherung und Angst hervorgerufen. Kann man ihm wirklich trauen? Paulus will sich den Jüngern Jesu anschließen. Viele fürchten sich jedoch vor ihm. Aus dem „Verfolger" wird der „Verfolgte". Eine bereits bestehende Gemeinschaft tut sich offensichtlich schwer, einen von Gott „neu" Berufenen aufzunehmen und zu integrieren. Alles Neue und Fremde macht Angst. Und vor Paulus Angst zu haben scheint berechtigt. Kann man einem heißspornigen, orthodoxen Verfolger über den Weg trauen?

Auf beiden Seiten warten große Schwierigkeiten: von Seiten der Jesus-Anhänger, die Paulus früher so leidenschaftlich verfolgt hatte; aber auch von Seiten der Juden, die ihn als Verräter und Überläufer behandelten. Wir spüren, wie gefährlich und höchst brisant für Paulus dieser Jerusalembesuch ist. Als einstiger Feind und Gegner möchte er in Fühlung mit der Führung der Christen kommen. Er tut dies als Botschafter des Herrn, in dessen Dienst er seit seiner Berufung tätig ist.

BARNABAS: VERTRAUEN HERSTELLEN UND BRÜCKEN BAUEN

Da ist es Barnabas, der sich seiner annimmt und ihn zu den Aposteln führt. Er erzählt ihnen, wie Paulus auf den Weg nach Damaskus „den Herrn gesehen hat und dass dieser mit ihm geredet habe, und wie Paulus in Damaskus freimütig aufgetreten ist im Namen Jesu". Barnabas ist es, der in der Jerusalemer Gemeinde die Abwehrbarrieren der Angst durchbricht.

Von seinem aramäischen Namen her ist Barnabas ein „Sohn der Prophetie, ein Sohn der Tröstung, des Zuspruchs", von dem der Evangelist Lukas (11,24) sagt, er sei „ein trefflicher Mann und voll Heiligen Geistes und Vertrauens". Das sind wichtige Wesenszüge, die in dieser Situation Brücken bauen, die zu vermitteln helfen und gegen alle Angst ein Vertrauen wachsen lassen, wie es von Jesus her gewonnen werden konnte.

Eine große Gefahr bleibt in dieser spannungsgeladenen Situation: Wenn Paulus ermordet und hingerichtet wird, wäre das ein Auftakt für neuerliche Verfolgungskampagnen. Klug und ratsam erscheint es deshalb, den Konflikt zu entschärfen und den Stein des Anstoßes, nämlich Paulus selbst, außerhalb Jerusalems zu bringen – in die Hafenstadt Caesarea im Norden des Landes. Und von dort aus schickt man ihn auf den Weg nach Tarsus in Kleinasien, in seine Heimatstadt. Auf jeden Fall weit genug weg!

Damit ist der Konflikt nicht gelöst, nur räumlich verlagert. Aber eine Atempause ist gewonnen, in der „Frieden" herrscht „in ganz Judäa und Galiläa und Samaria". Die Gemeinde verbleibt in der „Furcht des Herrn". Durch die „Hilfe, den Zuspruch des Heiligen Geistes" ist eine Konsolidierungsphase nach innen wie nach außen gewonnen.

Barnabas übernahm also für den Ankömmling aus Damaskus den Mittlerdienst. Er wird für Paulus ein guter Freund. An Barnabas sehen wir, wie bedeutsam in Gottes Plänen die Beziehung von einem Menschen zum anderen ist. „Was wäre Paulus ohne Barnabas?" Bitten wir Gott darum, dass er uns einen „Barnabas" sendet, wo immer wir der Vermittlung bedürfen. Bitten wir Gott aber auch darum, dass wir erkennen, wo er uns als Barnabas, als Töchter und Söhne des Zuspruchs und der Vermittlung, einsetzen will.

Konrad Schmidt

6. Ostersonntag · Zu Joh 15,9–17 (B)

Gottes Liebe als Kraftquelle

Früher war die Liebe zwischen zwei Menschen etwas sehr Intimes und Privates, und es galt als peinlich und unanständig, wenn man seine Liebe zueinander ungehemmt zeigte, zum Beispiel durch einen Kuss in aller Öffentlichkeit. Heute ist es genau umgekehrt: Liebe ist zu einem Allerweltsthema geworden. Man muss sich nur mal die einschlägigen Sendungen im Fernsehen ansehen: da wird in aller Öffentlichkeit gekuppelt, der Bachelor sucht sich seine Geliebte oder der „Prince Charming" seinen Schatz. Da wird über die intimsten Dinge geplaudert, bis in alle Details die Probleme und Schwierigkeiten mit der Liebe gezeigt und ausgebreitet, ohne jede Scham, ohne jede Zurückhaltung. Man gilt als verklemmt und prüde, wenn man da nicht mitmacht. Auf allen Kanälen und in zahlreichen Sendungen wird jeden Tag das Thema „Liebe" in allen denkbaren Variationen abgehandelt. Liebe als Allerweltsthema.

GIBT ES DIE WAHRE LIEBE ÜBERHAUPT?

Die heutigen Lesungen passen scheinbar genau in diesen Trend. Auch hier wird reichlich inflationär über die Liebe gesprochen. Wenn ich mich nicht verzählt habe, dann kommt der Begriff „Liebe" bzw. „lieben" im Evangelium des heutigen Tages insgesamt neunmal vor, und nimmt man die Lesung (1 Joh 4,7–10) noch dazu, kommt man sogar auf 19 Mal Liebe! Was so inflationär gebraucht wird, ist das nicht sehr schnell ziemlich abgegriffen? Wenn wir noch mal ins Fernsehen schauen, dann habe ich den Eindruck, dass hinter diesem inflationären zur Schau stellen von „Liebe" im Grunde eine tiefe Sehnsucht nach echter, treuer Liebe steht; aber eben auch die oft bittere Erfahrung, dass wir Menschen dazu kaum noch in der Lage sind. Liebe ist eben auch eine sehr verletzliche und brüchige Größe; und immer wieder wird unsere Sehnsucht nach Liebe bitter enttäuscht. Dieses inflationäre Reden über die Liebe einerseits und die ständige Erfahrung, dass unsere Sehnsucht nach echter, treuer Liebe immer wieder enttäuscht wird, dass Beziehungen zerbrechen, dass Liebe ausgenutzt und missbraucht wird, und die tiefen Verletzungen, die Menschen von solchen Erfahrungen davon tragen: all das führt schließlich dazu, dass viele Menschen an die Liebe nicht mehr glauben können. Das ist ja der Eindruck, den die besagten Fernsehsendungen vermitteln: Echte, wahre, treue Liebe gibt es nicht; höchstens etwas Spaß miteinander für eine kurze Zeit. Interessanterweise gibt es dennoch gleichzeitig diese Sehnsucht nach wirklicher, treuer Liebe. Regelmäßig, wenn junge Menschen nach ihren Wünschen im Blick auf Partnerschaft gefragt werden, steht dieser scheinbar so altmodische Wert ganz oben: Treue. Bedeutet das, dass wir uns im Grunde nach etwas sehnen, was es im echten Leben gar nicht gibt, nämlich ehrliche, treue, dauerhafte Liebe? Wer die Hoffnung noch nicht ganz aufgegeben hat, dass es wirkliche Liebe gibt, für den lohnt sich ein Blick in die biblischen Texte des heutigen Sonntags. Denn wenn hier scheinbar so inflationär von Liebe die Rede ist, dann will uns die Bibel an dieser Stelle fast so etwas wie das Rezept an die Hand geben, wie wahre Liebe funktionieren kann. Nehmt euch ein Beispiel an Gott, heißt es dort, denn: Gott ist die Liebe! Seine Liebe zeichnet sich dadurch aus, dass er seinen Sohn in die Welt gesandt hat, dass er Mensch geworden ist. Denn das ist die Grundvoraussetzung für die Liebe: Liebe funktioniert nur auf gleicher Augenhöhe. Sie kann nicht funktionieren, wo einer sich über den anderen stellt. Deshalb wird Gott Mensch, um mit uns auf gleicher Augenhöhe verkehren zu können: „Ich nenne euch nicht mehr Knechte; vielmehr habe ich euch Freunde genannt!" Das ist die Grundvoraussetzung.

ALLE LIEBE KOMMT VON GOTT

Das Zweite ist: Für die Bibel gehören die Liebe zwischen Gott und den Menschen einerseits und die Liebe der Menschen untereinander untrennbar zusammen. Das eine funktioniert nicht ohne das andere. Denn Gott ist die Liebe! „Liebt einander, so wie ich euch geliebt habe!" Nur wer in der Liebe zu Gott bleibt, nur der ist auch fähig zu wirklicher, treuer Liebe zu den Menschen. Es ist, um es mit einem Bild zu sagen, wie bei einem Akku: Liebe braucht Kraft und Energie. So wie ein Akku immer wieder aufgeladen werden muss, damit er funktioniert, so ist die Liebe Gottes zu uns die Kraftquelle, aus der wir die Energie ziehen, um auch einander in wirklicher Liebe zu begegnen.

Und ein drittes Stichwort gibt uns die Bibel: Liebe hat mit Hingabe zu tun. „Es gibt keine größere Liebe, als wenn einer sein Leben hingibt für seine Freunde!" Hingabe, das bedeutet: Ich muss bereit sein, mich mit meinem ganzen Leben einzubringen. Liebe ist nicht etwas für ein bisschen Spaß oder für ein paar nette Stunden in trauter Zweisamkeit, sondern Liebe funktioniert nur, wenn ich mich ganz, mit Haut und Haaren, verschenke. So wie sich Christus ganz für die Menschen eingesetzt hat.

Wenn aber die Liebe Gottes zu uns die Kraftquelle ist, die uns zu echter Liebe befähigt, wie bekommen wir aus dieser Quelle die Energie? Im Bild vom Akku: Was ist das Ladegerät, das uns mit der Kraftquelle verbindet? Das ist zugegeben ein etwas konstruierter Vergleich, denn das „Ladegerät" in diesem Sinne ist Jesus Christus selbst: durch ihn hat Gott die Verbindung mit uns Menschen hergestellt. Durch ihn hat er sich mit uns auf gleiche Augenhöhe gestellt, damit wir ihn lieben können. In ihm hat Gott selbst sein Leben hingegeben aus Liebe zu uns Menschen. Aus seiner Liebe schöpfen wir die Kraft, um einander zu lieben, wenn wir immer wieder die Begegnung mit ihm suchen: im Gottesdienst, in der Gemeinschaft der Glaubenden, im Hören auf sein Wort. In der vielleicht tiefsten und intensivsten Weise begegnen wir ihm und seiner Liebe, wenn wir ihn empfangen in der heiligen Eucharistie. Im Zeichen des Brotes begegnet er uns ganz, mit Leib und Blut, in seiner Hingabe für uns. Wenn wir ihn in der heiligen Kommunion empfangen, will er uns mit seiner Liebe stärken, damit wir in unserem Leben tun können, was er uns aufgetragen hat: Liebt einander, so wie ich euch geliebt habe.

Tobias Schäfer

6. Ostersonntag · Für Kinder (B)

Geliebt sein und lieben

Evangelium: Joh 15,9–17

Wenn ihr morgens in die Schule geht, sagt euch da jemand „Tschüss"? Euer Papa oder eure Mama oder eure Oma? Was sagen die zu euch? Bis später? Hab einen guten Tag? Pass auf dich auf? Gott schütze dich? – Oft sagen wir beim Abschied noch etwas, das uns besonders wichtig ist. „Ich freue mich, wenn wir uns wiedersehen." „Ich möchte, dass es dir gut geht." „Ich habe dich lieb." All das kann in einem kurzen Gruß wie „Hab einen guten Tag" stecken. *(Evangelium verkündigen)*

JESUS VERABSCHIEDET SICH VON SEINEN FREUNDEN

Hier im Gottesdienst haben wir auch gerade einen Abschiedstext gehört. Er steht in der Bibel, im Johannes-Evangelium. Jesus verabschiedet sich von seinen Freunden. Gerade hat er zum letzten Mal mit ihnen zu Abend gegessen. Jesus weiß, dass er bald sterben wird. Er und seine Freunde haben viel zusammen erlebt. Sie haben zusammen gefeiert. Sie sind zusammen auf Reisen gegangen. Die Freunde haben gesehen, wie Jesus wunderbare Dinge getan hat: Er hat Kranke geheilt. Er hat Tote wieder lebendig gemacht. Er hat fünf Brote mit 5000 Menschen geteilt. Und jetzt soll das alles, ihre Zeit mit Jesus, zu Ende sein? Jesus spürt, dass seine Freunde Angst haben. Er weiß, dass sie ihn vermissen werden, wenn er nicht mehr da ist. Er möchte ihnen etwas mitgeben, wie ein Abschiedsgeschenk. Er möchte ihnen zum Abschied sagen, was ihm ganz besonders wichtig ist.

GELIEBT SEIN UND LIEBEN

Das, was Jesus besonders wichtig ist, sind zwei Dinge. Das eine ist eine Aussage, eine Zusage: „Wie mich der Vater geliebt hat, so habe auch ich euch geliebt." Ich liebe euch, sagt Jesus zu seinen Freunden.
Das andere ist ein Auftrag: „Das ist mein Gebot, dass ihr einander liebt, so wie ich euch geliebt habe." „Dies trage ich euch auf, dass ihr einander liebt." Liebt euch gegenseitig, sagt Jesus zu seinen Freunden.
Jesus verbindet hier zwei Dinge: geliebt werden und lieben. Jesus liebt so, wie er von seinem Vater, von Gott geliebt wird. Und seine Freunde sollen so lieben, wie sie von Jesus geliebt werden.
Jesus macht hier eine wichtige Aussage: Lieben und geliebt sein hängen fest zusammen. Vielleicht kennt ihr das von euch selbst: Es ist manchmal gar nicht so leicht, andere zu lieben: sie so sein zu lassen, wie sie sind, hilfsbereit zu sein, zu trösten, zu verzeihen – all das hat mit Liebe zu tun. Manchmal geht es mir selbst schlecht. Ich habe etwas falsch gemacht oder habe mich über jemanden geärgert oder hatte einfach einen schlechten Tag. Ich habe das Gefühl, dass

ich nichts schaffe. Ich fühle mich allein. Ich fühle mich nicht geliebt. Dann fällt es mir auch schwer, anderen gegenüber liebevoll zu sein. Und dann? Dann schreie ich vielleicht jemand anderen an oder bin beleidigt. Dann fühlen sich die anderen vielleicht auch nicht gut. Und dann geht das immer so weiter. Aber wenn ich mich geliebt fühle, dann weiß ich: Jemand mag mich, so wie ich bin. Egal, was heute ist. Egal, ob ich etwas falsch mache. Jemand ist immer für mich da. Dann fühle ich mich gut. Stark. Mutig. Dann kann ich alles schaffen. Und dann kann ich auch zu anderen liebevoll sein.

Jesus gibt seinen Freunden also etwas sehr Wichtiges mit, bevor er sie verlassen muss. Er sagt: Ich liebe euch. Ich habe euch immer lieb. Das ist sein Abschiedsgeschenk. Er weiß, dass das seine Freunde stark und froh macht: „Dies habe ich euch gesagt, damit meine Freude in euch ist und damit eure Freude vollkommen wird."

IN DER LIEBE BLEIBEN – LIEBEVOLL HANDELN

Und noch etwas ist Jesus wichtig: Jesus will, dass seine Freunde diese Freude, die Kraft und den Mut nutzen, die das Geliebtsein ihnen gibt. „Ich habe euch dazu bestimmt, dass ihr euch aufmacht und Frucht bringt und dass eure Frucht bleibt", sagt Jesus. Geht hinaus in die Welt! Tut anderen Gutes!

Jesus hat das selbst vorgemacht. Die Liebe, die Jesus für seine Freunde empfindet, hat er selbst gespürt. „Wie mich der Vater geliebt hat, so habe auch ich euch geliebt", sagt er. Der Vater, das ist für Jesus Gott. Jesus weiß, dass er immer von Gott geliebt ist. Und er hat diese Liebe an andere weitergegeben. Nicht nur an seine Freunde: Er ist zu allen gegangen, die sich allein und ungeliebt gefühlt haben. Er hat sich um Kranke gekümmert. Er hat die getröstet, die traurig waren. Er hat mit denen zusammen gegessen, mit denen sonst niemand etwas zu tun haben wollte. Er hat ihnen gesagt: Gott liebt auch euch. Was auch passiert, ihr seid immer geliebt.

Wir Christinnen und Christen glauben, dass Jesus das auch zu uns sagt. Wir glauben, dass Gott auch uns liebt, jede und jeden Einzelnen von uns, jeden Tag, euch und mich. Auch, wenn ich mich gerade nicht geliebt fühle. Auch, wenn ich allein bin. Auch, wenn mich heute niemand in den Arm genommen hat. Ich bin Gottes geliebtes Kind, genau wie Jesus.

Aber gilt das wirklich immer? Jesus sagt auch: „Bleibt in meiner Liebe! Wenn ihr meine Gebote haltet, werdet ihr in meiner Liebe bleiben." Heißt das, man kann aus der Liebe Jesu, aus der Liebe Gottes auch herausfallen? Wenn man die Gebote nicht hält, verliert man dann die Liebe wieder?

Das glaube ich nicht. Ich glaube an einen Gott, dessen Liebe größer ist als alle meine Fehler. Der mich immer liebt. Was aber hat es dann mit dem In-der-Liebe-bleiben auf sich und mit den Geboten? Ich verstehe es so: In der Liebe bleiben, das heißt liebevoll handeln. Mein Leben in Liebe zu anderen und zu mir selbst leben. Jesu Gebote halten, das heißt: das tun, was Jesus getan hat. Seinem Vorbild folgen. Andere trösten. Auf die zugehen, mit denen sonst niemand etwas zu tun haben will. Mit denen teilen, die weniger haben als ich. Verzeihen. Dann zeige ich anderen: Ich bin geliebt – und du bist es auch!

Franziska Rauh

13. Mai 2021 · Zur Liturgie

Christi Himmelfahrt (B)

LIEDVORSCHLÄGE

Gesänge zur Eucharistiefeier
Eröffnungsgesang: Ihr Christen hoch erfreuet euch! (GL 339); *Gloria:* Gloria, gloria in excelsis Deo! (GL 168); *Antwortgesang:* Gott steigt empor, Erde jauchze (GL 340) mit den Psalmversen; *Ruf vor dem Evangelium:* Christus ist erstanden. Halleluja (GL 333) mit dem Vers; *zur Gabenbereitung:* Bleibe bei uns (GL 325); *Danklied:* Ich lobe meinen Gott von ganzem Herzen (GL 400); *zur Entlassung:* Christ fuhr gen Himmel (GL 319).

Gesänge zur Wort-Gottes-Feier
Zur Verehrung des Wortes Gottes: Gottes Wort ist wie Licht in der Nacht (GL 450).

ERÖFFNUNG

Liturgischer Gruß
Jesus Christus, der zur Rechten des Vater sitzt, sei mit euch / ist mit uns allen.

Einführung
Abschiede fallen schwer. Denken wir an verschiedene Situationen in unserem Leben. Ein Kind, das erwachsen wird und seinen eigenen Weg geht. Ein Ehemann, der montags auf Montage fährt und erst am Wochenende wieder bei seiner Familie ist. Nicht anders erging es den Jüngern, als Jesus sichtbar in den Himmel fuhr. Da standen sie. Fassungslos und enttäuscht. Jesus ist nicht mehr sichtbar da, aber doch gegenwärtig. In seiner Liebe zu uns Menschen, in seiner Auferstehung für unser Leben. Das feiern wir jetzt in der Eucharistie, in Brot und Wein will er uns nahe sein.

Kyrie-Litanei
Herr Jesus, du bist uns nahe, wenn wir dein Opfer feiern. Herr, erbarme dich.
Du verlässt niemanden, der auf dich seine Hoffnung gesetzt hat. Christus, ...
Du hast dein Leben für uns hingegeben. Herr, ...

Tagesgebet
Allmächtiger, ewiger Gott, erfülle uns mit Freude und Dankbarkeit,
denn in der Himmelfahrt deines Sohnes hast du den Menschen erhöht.
Schenke uns das feste Vertrauen,
dass auch wir zu der Herrlichkeit gerufen sind,
in die Christus uns vorausgegangen ist,
der in der Einheit des Heiligen Geistes mit dir lebt
und herrscht in alle Ewigkeit.

ZU DEN SCHRIFTLESUNGEN

1. Lesung: Apg 1,1–11
Der Auftrag an die Jünger ist klar formuliert: Mit ihrem ganzen Leben sollen sie Zeugnis geben bis an die Grenzen der Erde.

2. Lesung: Eph 1,17–23
In der Gemeinde in Ephesus kommt die Abgrenzung in den Reden von „wir" und „ihr" zur Sprache. Wie kann da „Kirche sein" gelingen und verwirklicht werden? Durch den Heiligen Geist, der verbindet und eint.

Evangelium: Mk 16,15–20
Das Lukasevangelium und die Apostelgeschichte schildern im Gegensatz zum Markusevangelium eine ausführliche Himmelfahrtszene. Ursprünglich endete das älteste Evangelium mit der Entdeckung des leeren Grabes Jesu durch die Frauen, „und sie sagten niemandem etwas davon; denn sie fürchteten sich" (Mk 16,8). Erst später kam ein Anhang hinzu, den wir als zweiten Schluss bezeichnen können. Das heutige Evangelium gehört hier dazu. Es führt uns vor Augen, dass die Botschaft Jesu auch nach seinem Tod nicht zu Ende geht, sondern weiterführt. Die Jünger werden vom auferstandenen Herrn beauftragt, in seinem Namen der ganzen Welt zu verkündigen, was da alles geschehen ist, während Jesus selbst zur Rechten seines Vaters erhöht wird.

FÜRBITTEN

Jesus Christus, der auferstandene Herr des Lebens, ist aufgefahren zu seinem Vater in den Himmel, wo er zu seiner Rechten sitzt. Wir bitten ihn um seine Barmherzigkeit in den Fürbitten, die wir vor ihn bringen.

- Abschiede fallen immer schwer und sind schmerzhaft: Wir bitten für alle Menschen, die liebe Menschen vermissen, um deine Nähe in ihrer Traurigkeit. Christus, höre uns.
- Krankheit ist eine Wirklichkeit unseres Lebens: Wir bitten für alle Menschen, die unter körperlicher und seelischer Krankheit leiden, um Linderung ihrer Schmerzen und den Beistand von Menschen, die ihnen beistehen. ...
- Krieg und Hass machen unsere Welt dunkel: Wir bitten für alle Menschen, deren Leben durch Krieg und Hass zerstört wird, um die Rettung in ihrer Not. ...
- Der Tod führt ins Leben: Wir bitten für alle Menschen, die du ins ewige Leben gerufen hast, um Geborgenheit und Heimat bei dir. ...

Gott unser Vater, du hast uns Jesus Christus in diese Welt gesandt, damit sie durch seine Hingabe und Liebe erlöst wird und uns die Hoffnung geschenkt ist, dass wir nicht verloren gehen, sondern einst das ewige Leben erhalten. Dir sei Lob und Dank, im Heiligen Geist, heute und in alle Ewigkeit. Amen.

ELEMENTE FÜR DIE EUCHARISTIEFEIER

Zum Vaterunser
Gott hat Jesus Christus erhöht und auch uns zur Ewigkeit berufen. Mit den Worten seines Sohnes dürfen wir um das bitten, was wir zum Leben brauchen: das tägliche Brot, Vergebungsbereitschaft und die Verwirklichung seines Willens.

Kommunionvers
Ich bin bei euch alle Tage bis zum Ende der Welt. Halleluja.

Zur Besinnung
Er schwebt hinauf, der Gottessohn,
zu teilen seines Vaters Thron.
Er kommt als Sieger aus dem Streit,
ist angetan mit Herrlichkeit.
Mit Siegestümmel
jauchzt auf nun, ihr Himmel!
Mit Jubelakkorden
eröffnet die Pforten!
Empfanget mit heiligen, himmlischen Chören
den Starken im Kampfe, den König der Ehren!
(Text nach Angelus Silesius; GL Trier 785).

ELEMENTE FÜR DIE WORT-GOTTES-FEIER

Verehrung des Wortes Gottes
Nach der Verkündigung wird das Lektionar vor dem Altar aufgestellt. Der Leiter / die Leiterin lädt die Gemeinde zur Verehrung des Wortes Gottes ein:
Schwestern und Brüder, heute feiern wir den auferstandenen und verherrlichten Herrn. So wie den Jüngern gilt auch uns seine Verheißung: „Ich bin bei euch alle Tage bis zum Ende der Welt".
Jesus Christus ist uns nahe in seinem Geist, im heiligen Mahl und in seinem Wort. Ich lade Sie jetzt ein, nach vorne zu kommen und die Heilige Schrift durch eine Verneigung zu verehren.
Während die Gemeinde nach vorne geht, empfiehlt sich meditative Musik oder ein geeignetes Lied (s. o.).

Zum Friedenszeichen
Jesus hat zu seinen Aposteln, seinen Freunden gesagt: Frieden hinterlasse ich euch, meinen Frieden gebe ich euch. Deshalb bitten auch wir: Herr Jesus Christus, schau nicht auf unsere Sünden, auf das was uns trennt, sondern auf den Glauben deiner Kirche und schenke ihr nach deinem Willen Einheit und Frieden. Wir wollen diesen Frieden weitergeben und in die Welt tragen. Geben wir uns ein Zeichen dieses Friedens.

Dominik Schmitt

Christi Himmelfahrt · Zu Apg 1,1–11 (B)

Was steht ihr da und schaut zum Himmel?

„Während sie unverwandt ihm nach zum Himmel emporschauten, siehe, da standen zwei Männer in weißen Gewändern bei ihnen und sagten: Ihr Männer von Galiläa, was steht ihr da und schaut zum Himmel empor?" – Die Szene der heutigen Lesung aus der Apostelgeschichte ähnelt einer anderen, die uns vor ein paar Wochen im Evangelium geschildert wurde. Das weiße Gewand der Männer, die den Jüngern erscheinen und das Stichwort „Galiläa" verbinden unseren Text mit dem Auferstehungsbericht des Markus, den wir in der Osternacht gehört haben. Ein einzelner Mann in weißem Gewand ist es da, der den Frauen im Grab erscheint und der ihnen von Jesus ausrichtet: „Er geht euch voraus nach Galiläa" (Mk 16,7).

Zweimal werden die Jünger*innen mit einer unerklärlichen Situation konfrontiert: Auferstehung und Himmelfahrt. Zweimal bedarf es der Deutung durch weißgekleidete Männer. Zweimal sehen sich die Jünger*innen ratlos mit der Abwesenheit Jesu konfrontiert: mit dem leeren Grab, mit der Wolke. Was ist zu tun, jetzt, wo Jesus nicht mehr sicht- und erfahrbar bei ihnen ist? Was richtet der Weißgekleidete ihnen in der ersten dieser herausfordernden Situationen aus? „Er geht euch voraus nach Galiläa. Dort werdet ihr ihn sehen." Jesus hat es selbst angekündigt (Mk 14,28). Galiläa, das ist der Ort, von dem die Jünger*innen kommen. Jerusalem, die Ereignisse der letzten Wochen, das ist Ausnahmezustand. Galiläa, das ist Alltag. Genau dort aber sind sie Jesus begegnet. Galiläa, das ist der Ort, an dem sie mit Jesus zusammen waren. Dort hat er sie zu seinen Jünger*innen berufen. Dort hat er das Wort Gottes verkündet. Dort hat er Kranke geheilt. Dort hat er sie gelehrt: „Wer der Erste sein will, soll der Letzte von allen und der Diener aller sein" (9,30). Das Stichwort Galiläa verweist die Jünger*innen auf ihre Erfahrungen mit Jesus zurück, am Ostermorgen und am Himmelfahrtstag. Die weißgekleideten Boten erinnern die Jünger*innen: „Ihr seid Männer und Frauen von Galiläa!" „Was steht ihr da und schaut zum Himmel empor?" – Ihr habt Erfahrungen gemacht, die euch befähigen, Zeugen zu sein, wie Jesus es euch aufgetragen hat: „Ihr werdet meine Zeugen sein in Jerusalem und in ganz Judäa und Samarien und bis an die Grenzen der Erde."

Für die Jünger*innen wie für uns ist es einfacher, auf ein Wort oder ein Zeichen „von oben" zu warten: einen Wink des Schicksals, eine Anweisung, eine Aufforderung von anderen. Eigeninitiative zeigen, selbst Verantwortung übernehmen, ist herausfordernder. Aber das heutige Evangelium zeigt uns: Es ist das, was von uns, die wir an den auferstandenen und zum Himmel aufgefahrenen Christus glauben, gefordert ist. Wir glauben nicht an einen Gott, der uns aufgetragen hat, zum Himmel zu starren und geduldig sein Eingreifen zu erwarten. Wir glauben an einen Gott, der uns ausgesendet hat, nach Galiläa zu gehen: in unserem Leben, unserem Alltag das zu verwirklichen, was er vorgelebt hat, Zeug*innen seiner liebenden Zuwendung zu den Menschen zu sein.

Franziska Rauh

Christi Himmelfahrt · Zu Eph 1,17–23 (B)

Aschenputtel und Königin

Eine benachteiligte Stieftochter. Sie spielt die Hauptrolle im Märchen Aschenputtel. Im Gegensatz zu den beiden leiblichen Töchtern bekommt sie von ihrer Stiefmutter nur hässliche Kleider und muss die Drecksarbeit verrichten. Sie wird behandelt wie eine Magd. Am Ende wird sie allerdings aus ihrem unscheinbaren Leben herausgerissen. Der Prinz des Landes verliebt sich in sie und findet sie schließlich trotz einiger Verwicklungen. Aus dem grauen Aschenputtel wird die strahlende Prinzessin und später wohl die Königin. Krasser kann man sich den Gegensatz kaum ausdenken. Aus der untersten Gesellschaftsschicht wird Aschenputtel an die Spitze der Gesellschaft befördert. Auch in heutigen Filmen und Romanen gibt es Geschichten mit dem gleichen Grundmotiv. So mancher mag hier jetzt seufzen: „Ach, das ist halt nur ein Märchen! Die Wirklichkeit sieht ganz anders aus. In der Realität passiert so etwas nicht."

WIR SIND ASCHENPUTTEL

Im Brief an die Gemeinde in Ephesus erklärt der hl. Paulus, dass in der Realität sehr wohl so etwas passiert. Ja, dass sogar etwas noch viel Größeres schon längst geschehen ist. Und er erzählt hier nicht eine Geschichte, die er in der „Gala" oder der „Bunten" im Wartezimmer beim Zahnarzt gelesen hat. Er hat sie an sich selbst erlebt. Und er will den Christen und somit auch uns heute die Augen öffnen. Wir sollen erkennen, dass auch an uns etwas noch viel Krasseres geschehen ist. Wir sollen verstehen, wie überragend groß sich Gottes Macht an uns erwiesen hat und wie unendlich weit die Hoffnung ist, die wir geschenkt bekommen haben.
In den folgenden Versen versucht er, dieses Wunder an uns zu beschreiben. Er fängt bei Christus an. Gottes Macht wurde in ihm wirksam. Dieser Mensch Jesus wurde von den Toten auferweckt und im Himmel auf den Platz zur Rechten Gottvaters erhoben. Dieser Mensch Jesus ist Gottes Sohn. Sie sind eins. Wir nennen ihn mit Recht „Herr und Gott". Paulus erklärt weiter, dass es wegen dieser Erhebung oder Himmelfahrt nichts und niemanden gibt, der Jesus übertreffen kann. Er ist Herr der ganzen Welt. Aber es geht hier nicht nur um die Aschenputtelgeschichte von Jesus, der als armes Kind im Stall geboren wird und sogar noch weiter abrutscht, indem er den Tod eines Schwerverbrechers stirbt, dann aber zu Gott erhoben wird. Es geht hier vor allem um uns, denn auch Jesus Christus geht es um uns.
Denn Paulus führt weiter aus, dass Jesus, also dieser Christus, der da jetzt mit Gott ganz oben über allem steht, Haupt der Kirche ist. Er ist mit ihr engstens verbunden. Enger geht es gar nicht. Sie ist sein Leib. Die Kirche und Christus sind eins. Das heißt für jeden von uns: In Christus sind wir mit ihm an Gottes Seite erhoben. An uns wird Gottes Macht wirksam in der Auferstehung. In Christus sind wir mit und durch ihn Herr der Welt.

ALLES NUR EIN MÄRCHEN

Das klingt toll. Eine steilere Karriere als vom schwachen Menschen zu ewigem Leben in Vereinigung mit Gott ist kaum vorstellbar. Aber ist die Realität nicht doch ganz anders? Betreibt der hl. Paulus nur Augenwischerei und ist der christliche Glaube nur billige Vertröstung? In der Wirklichkeit sehen wir die Kirche. Es ist eine Kirche, die von jeglicher Herrlichkeit weit entfernt erscheint. Natürlich, es gibt schöne Kirchengebäude, so manches auch sehr prunkvoll. Aber das kirchliche Leben sieht oftmals eher mager aus: die prächtigen Kirchen leer, der Umgang mit Macht desolat, die Gemeinde überaltert, das Christentum gespalten, die Leitung nachlässig und teilweise schuldbeladen.

Und wir persönlich? Sind wir nicht auch so ein Aschenputtel, weit entfernt von Herrlichkeit und Glanz: alleinstehend und einsam, arbeitslos und verzweifelt, krank und hilflos, in Zweifel und Ängsten, von Selbstzweifel und Traurigkeit geplagt, ausgelaugt und erschöpft, überfordert und zerrissen, enttäuscht von Leben, Familie und Kirche?

Wenn das stimmt, was Paulus schreibt und die Evangelien berichten, dann muss doch etwas davon zu sehen sein. Warum fühle ich mich immer noch wie Aschenputtel und warum gleicht die Kirche oftmals so wenig dem Reich Gottes? Ist das alles nur ein Märchen?

WIR SIND CHRISTUS

Mit unseren Augen können wir diese Herrlichkeit nicht sehen. Paulus betet darum, dass die Augen unserer Herzen erleuchtet werden. Denn die Herrlichkeit kann ich nur mit den Augen sehen, die auch die Hoffnung erkennen, mit den Augen, die Jesus bei Gott sehen, die in einem Stückchen Brot Christus anschauen, die in einem Schriftwort Gottes Stimme hören. Ansonsten stehen wir da wie die Apostel in der Apostelgeschichte nach der Himmelfahrt und schauen in den irdischen Himmel, statt in den Himmel in unseren Herzen. Unsere Herzen sind der Ort, an dem Gott seine Macht erweist. Selbst wenn wir äußerlich ein Aschenputtel sind, schenkt er unseren Herzen die Würde von Königinnen und Königen. Unsere Hoffnung besiegt die Schwierigkeiten der Welt. Mit ihr im Herzen können uns Einsamkeit, Zweifel, Ängste, Trauer, Erschöpfung und Enttäuschung nicht besiegen. Die Verbindung zu Christus lässt uns Schwierigkeiten durchstehen und uns aus allen Nöten wieder auferstehen. Ja, es sind die Nöte, in die wir geraten, die das Wirken von Gottes Macht an uns sichtbar machen.

Die Kirche ist die Gemeinschaft von Menschen, die an diesem Glauben festhalten und ihn weitergeben. Dieser Glaube ist die Herrlichkeit, mit der die Kirche schon auf Erden ausgezeichnet ist. Trotz aller Schwäche und Sündhaftigkeit ihrer Mitglieder. In dieser Kirche, die davon beseelt ist, alle Menschen zu Jesus Christus zu führen, in dieser Kirche ist Christus lebendig. Er verspricht es uns: Ich bin bei euch alle Tage bis zum Ende der Welt. Durch ihn und mit und in ihm sind wir wirklich Königinnen und Könige.

Norbert Wilczek

Christi Himmelfahrt · Zu Mk 16,15–20 (B)

Erde in Bewegung setzen

Die Kirche verliert Schwestern, Brüder und Mitmenschen. Die Kirche verliert an Bedeutung. Die Kirche verliert an Glaubwürdigkeit. Die Kirche verliert an hauptberuflichen Nachwuchskräften. Die Kirche verliert finanzielle Ressourcen. Die Kirche verliert sich in Maßnahmen gegen das Verlieren. Ist die Kirche „lost", also verloren? Noch haben wir einen Schatz an ehrenamtlichem Engagement. Noch haben wir viele hauptberufliche Frauen und Männer. Noch verfügen viele Bistümer über finanzielle Gestaltungsmöglichkeiten. Noch, noch und nochmals noch. Das „Noch" wird schnell zum Argument für Maßnahmen, um das Ruder herumzureißen in der oft unausgesprochenen Hoffnung, dass alles wieder so werde, wie es damals war: volle Kirchen, volle Priesterseminare und Fakultäten und volle Kassen. Dazu werden Beratungsprozesse eingestielt, eine Aufbruchstimmung erzeugt, mit dem Hinweis auf die Chancen zu innovativen Projekten von sozialräumlicher, millieu-sensibler- und ressourcenorientierter Pastoral ermutigt, weil heute die Zeit des Experiments sei. Das Ergebnis der vielen hochmotivierten Initiativen besteht häufig in Erschöpfung und Enttäuschung der Engagierten. Ich habe Achtung vor jedem Engagement und jedes Projekt verdient Anerkennung. Gleichzeitig frage ich mich, ob wir derzeit eher die Erde und weniger den Himmel in Bewegung setzen, um zu erkennen, welche Schritte zu tun oder zu lassen sind? Der Volksmund spricht bei einer kraftvollen und unter Beteiligung vieler durchgeführten Aktion davon, dass „Himmel und Erde in Bewegung gesetzt werden". Bevor irgendwer oder irgendwas sich in Bewegung setzt, frage ich nach der geistlichen Haltung, um in dieser Zeit lebendige Kirche zu gestalten und zu leben. Im Evangelium des heutigen Festtages finde ich Orientierungen, die hilfreich sind, um unsere geistliche Haltung zu vergewissern, zu überprüfen und zu stärken.

JESUS HEISST: GOTT RETTET

Was wird uns in den sechs Versen des Evangeliums erzählt? Einfacher gefragt: Was passiert? Es wird von einer Begegnung zwischen dem auferstandenen Jesus und seinen Jüngern berichtet. In den vorherigen Versen heißt es, dass die Jünger keiner und keinem der Schwestern und Brüder glaubten, die von ihren Begegnungen mit dem lebendigen Herrn erzählt hatten. Erst jetzt, in der persönlichen Begegnung mit ihm, glauben die Jünger. Und was tun sie? Sie hören. Sie hören Jesus zu. Richtiges Zuhören braucht Konzentration, also eine wachsame Präsenz. Es gelingt recht gut, wenn ich mich einfühle und meine eigenen Gedanken, Worte oder Ideen zurückstellen kann. Die Jünger hören zu, weil sie dem auferstandenen Jesus glauben und ihm vertrauen. Heute ist der Herr auf verschiedene Weise zu entdecken. Einige begegnen ihm im gemeinschaftlichen Schriftgespräch, andere begegnen ihm in der Stille des Gebets, wieder andere erkennen und begegnen ihm im notleidenden Menschen. Der Glaube an den lebendigen Herrn ist grundlegend, weil er mich wach und präsent sein lässt für die Begegnung mit ihm im alltäglichen Leben und mit der Wirklichkeit, wie sie ist. Die Jünger hören weiter zu. Sie hören einen Auftrag und eine Verheißung. Der Auftrag ist, der ganzen Schöpfung das Evangelium zu verkünden. Das Evangelium ist die frohe Botschaft vom Reich Gottes. Und was das Reich Gottes bedeutet, sagt Jesus in kurzen Sätzen und ich mit meinen Worten, nämlich Versöhnung und Heilung. Wenn das zwischen Menschen und im Einzelnen geschieht, sehen wir die verheißenen Zeichen. Nachdem Jesus alles gesagt hat, ereignet sich, was das ganze Evangelium wahr und echt und lebendig macht: Jesus wird in den Himmel aufgenommen und setzt sich zur Rechten Gottes. Der Name Jesu ist das Programm, dass nämlich Gott rettet. Es ist Gott Vater, der seinen Sohn aufnimmt und rettet. Die Dämonen, Schlangen oder das tödliche Gift sind die Bilder für die Selbstrettungsversuche des Menschen. Im Blick auf unsere heutige Situation als Kirche könnte es bedeuten, dass es nicht um die Herstellung einer kirchlichen Realität geht. Natürlich haben viele Engagierte schöne und anziehende Bilder und Vorstellungen einer zukünftigen Kirche. Sie geben Kraft und treiben uns an. Aber, unser Weg liegt in der Darstellung. Wir sind, die wir sind. Mit dem, was ich kann und was ich habe, gehe ich vertrauensvoll meinen Lebens- und Glaubensweg.

DEN HIMMEL DIE ERDE BEWEGEN LASSEN

Das Fest Christi Himmelfahrt feiert den offenen Himmel. Wir feiern die dauerhafte und lebendige Verbundenheit von Himmel und Erde. Wir feiern die Treue und Liebe Gottes zu uns Menschen. Wir feiern, dass Gott rettet! Für mich bedeutet der Himmelfahrtstag eine wohltuende Entlastung und ermutigende Zuversicht. Der Auftrag Jesu, das Evangelium der ganzen Schöpfung zu verkünden, gilt für jede und jeden von uns. Wir beginnen damit, wenn wir auf Jesus hören, d. h. auf die innere Stimme in uns und die der anderen und in der engagiert wachsamen Beobachtung der Wirklichkeit. Die Jünger damals waren die, die sie waren. Sie haben vom Evangelium erzählt und Gott hat ihr Wort durch Zeichen begleitet. Die Jünger haben dargestellt, was die Frohe Botschaft bewirkt und Gott hat hergestellt, was sein Wort verheißt. Unsere geistliche Grundhaltung, d. h. unsere Sicht und Haltung im Glauben, führt zu einem Engagement in Gelassenheit und zu einem Leben aus dem Glauben, in dem ich die oder der sein kann, die oder der ich bin und werden soll. Absichtslos und interessiert – wachsam und präsent – engagiert und gelassen, damit der Himmel die Erde bewegt.

Dirk Salzmann

Christi Himmelfahrt · Für Kinder (B)

Heut' ist so ein schöner Tag!

Lesung: Apg 1,1–11

Heute feiert die Kirche Christi Himmelfahrt. Dazu ist mir ein Lied eingefallen, das Fliegerlied. Es erzählt von jemandem, der im Gras liegt und den Himmel beobachtet. Er freut sich über die lustigen Wolken. Immer wenn er ein Flugzeug sieht, dann winkt er und ruft: „Hallo Flieger".
Wer von euch kennt das Lied? (–) Und wer von euch liegt auch gerne ab und zu im Gras und schaut in den Himmel? (–) Manchmal kann man ja ganz verrückte Dinge in den Wolken erkennen. Ich habe mal ein rennendes Schwein gesehen oder ein Herz.

IN DEN HIMMEL SCHAUEN

Die Apostel, die Freunde von Jesus, schauen heute in der Tageslesung auch in den Himmel, denn da gibt es Unglaubliches zu sehen: Vor ihren Augen wurde Jesus hochgehoben und eine Wolke nimmt ihn auf und sie sehen ihn nicht mehr (vgl. Apg. 1,9). Da bleibt einem sicher der Mund offenstehen.
Und dann waren da auch noch zwei Männer mit weißen Gewändern und fragen die Apostel, warum sie denn da zum Himmel schauen.
Hallo! Jesus ist da gerade verschwunden! Das Mindeste, was man in diesem Moment tun kann, ist wohl ihm nachzusehen.
Jesus ist immer für eine Überraschung gut. Erst begeistert er mit seinen Worten und seinem Auftreten so sehr, dass der Fischer Petrus zum Beispiel seine Arbeit aufgibt und Jesus nachläuft. Und nicht nur Petrus, sondern ganz viele Leute verändern ihr Leben, nachdem sie Jesus begegnet sind.
Aber nicht alle mögen Jesus. Aus Neid und Hass wird er zum Tode verurteilt und stirbt am Kreuz. Alle sind tief traurig und verunsichert. Ist das jetzt das Ende? Nein, drei Tage später steht Jesus von den Toten auf und ist wieder für seine Freunde da. Ganze 40 Tage lang ist er immer wieder erschienen und hat vom Reich Gottes gesprochen. Also davon, dass es allen Menschen gut gehen wird und es kein Leid mehr gibt, wenn das Reich Gottes sich ausbreitet.
Das wollten seine Freunde ganz genau wissen, wann würde das wohl sein? Klar, stell dir vor, dein Freund oder deine Freundin erzählt dir, dass bald eine Super-Duper-Eisdiele aufmacht, wo es das beste Eis gibt! Und wenn du das Eis isst, dann verschwinden auch noch all deine Sorgen und du wirst ganz glücklich! Wer von euch würde gerne so ein Sorgenfrei-Glücks-Eis essen? (–) Wir brauchen mehr Information: Wo gibt es dieses Eis? Wann ist die Eröffnung? Ich muss diese Eisdiele mit meinen eigenen Augen sehen! Doch genaueres über diesen Ort unseres Glücks gibt es erstmal nicht.
Jesus rückt zunächst auch nicht mit den Informationen heraus, er sagt den Jüngern, dass es ihnen nicht zusteht, Zeiten und Fristen zu erfahren. Das sagt er wohl nicht, um Geheimnisse zu haben, sondern eher, weil wir uns gar nicht vorstellen können, wie unglaublich der Plan Gottes ist. Dieser sieht für die

Jünger erstmal den Heiligen Geist vor. Und gestärkt mit der Kraft dieses Heiligen Geistes werden die Jünger überall von den Wundern Jesu erzählen.
Und auch wenn die Freunde von Jesus in diesem Moment sicherlich noch viele, viele Fragen haben, wird er vor ihren Augen in den Himmel hochgehoben.
Und dann sagen die Männer mit den weißen Gewändern auch noch: So wie ihr gerade gesehen habt, dass Jesus in den Himmel aufgenommen wurde, wird er wiederkommen.
Ganz ehrlich? Stell dir mal vor, du liegst im Gras und schaust zum Himmel und da käme plötzlich Jesus aus den Wolken herunter. Das wäre wohl eine Überraschung. Und wenn wir da dem heiligen Lukas glauben, der die Apostelgeschichte aufgeschrieben hat, so dürfen wir damit rechnen.

JESUS KOMMT WIEDER – DAS REICH GOTTES IST SCHON DA

Ich habe die Geschichte schon oft gehört, aber wenn ich im Gras liege und in den Himmel schaue, dann übersteigt das meine Fantasie/Vorstellungskraft. Da bin ich eigentlich ganz froh, wenn Jesus sagt, ihr müsst nicht die Zeiten und Fristen wissen. Dass es so kommt, ist sicher, aber wie und wann das sein wird, ist Jesu Geheimnis. Kein Geheimnis ist allerdings, dass der Heilige Geist schon da ist und mit ihm das Reich Gottes sich auf der Welt ausbreitet.
Das heißt, die Super-Duper-Eisdiele mit dem Sorgenfrei-Glücks-Eis, die hat zwar keine offizielle Geschäftsstelle, aber die Wirkung von dem Sorgenfrei-Glücks-Eis kannst du jetzt schon spüren.
Zum Beispiel dann, wenn du dich nach einem Streit wieder mit deinem Freund verträgst. Wenn du jemandem, der einsam ist, ein Bild malst und ihm sagst, dass du ihn magst. Ich denke, dir fallen selbst auch so einige Bespiele ein.
In diesen Momenten verändert nämlich dieser Jesus auch unser Leben, dann ist das Reich Gottes mitten unter uns und breitet sich durch dich und mich aus. Und schon werden wir selbst zu Jüngern Jesu und erzählen den Menschen von der Freude, die wir im Herzen haben. Die Freude der Wiedergutmachung, die Freude der Nächstenliebe etc. Das sind dann solche Momente, in denen man auch gerne in den Refrain des Fliegerliedes einsteigen mag. Kennst du den? Der besagt nämlich: Heut ist so ein schöner Tag! Lalalalala! Heut ist so ein schöner Tag! Lalalalala!

Kathrin Vogt

16. Mai 2021 · Zur Liturgie

Siebter Ostersonntag (B)

LIEDVORSCHLÄGE

Gesänge zur Eucharistiefeier
Eröffnungsgesang: Ihr Christen, hoch erfreuet euch (GL 339,1–3); *Antwortgesang:* Christus ist erstanden (GL 333) mit den Psalmversen; *Ruf vor dem Evangelium:* Halleluja (GL 174,7) mit dem Vers; *zur Gabenbereitung:* Komm, o Tröster, Heilger Geist (GL 349); *Danklied:* Dank sei dir, Vater, für das ewge Leben (GL 484,1+3–5); *zur Entlassung:* Nun bitten wir den Heiligen Geist (GL 348,1–3).

Gesänge zur Wort-Gottes-Feier
Eröffnungsgesang: Christ fuhr gen Himmel (GL 319); *Antwortgesang:* Den Herren will ich loben (GL 395); *Predigtlied:* Komm, Schöpfer Geist, kehr bei uns ein (GL 351).

ERÖFFNUNG

Liturgischer Gruß
Die Gnade unseres Herrn Jesus Christus, die Liebe Gottes des Vaters und die Gemeinschaft des Heiligen Geistes sei mit euch / ist mit uns allen.

Einführung
Jesus Christus ist nach seiner Himmelfahrt für die Jünger nicht mehr sichtbar anwesend. Sie haben die Kraft des Heiligen Geistes noch nicht in ihrem Leben erfahren. Als Kirche stehen auch wir heute in einer solchen „Zwischenzeit". Es scheint, als verschwände der Glaube immer mehr aus unserem alltäglichen Lebensumfeld. Aber es gibt auch heute noch sichtbare Glaubenszeichen, die uns Mut machen können. Menschen, die sich auf der Grundlage ihres Glaubens ganz vielfältig engagieren und so der Kirche ein glaubwürdiges Gesicht geben. Beten wir in diesen Tagen vor Pfingsten besonders um das Wirken des Heiligen Geistes. Überall und zu allen Zeiten haben Menschen Gott für sich entdeckt. Sie haben sich herausfordern, verlocken und vom Geist in Aktion versetzen lassen. Bitten auch wir in diesen Tagen um diesen Geist der Lebendigkeit für uns und unsere Kirche.

Kyrie-Litanei
Herr, Jesus Christus: Inmitten der Welt fehlt es uns häufig an Mut, dass wir uns zu dir bekennen. Herr, erbarme dich.
Wir lassen uns immer wieder verunsichern und vertrauen weniger deiner Verheißung. Christus, erbarme dich.
Herr, dein Geist schafft Leben, Wachstum und Beziehung. Er fordert heraus, belebt und stärkt. Herr, erbarme dich.

Tagesgebet

Allmächtiger Gott, wir bekennen, dass unser Erlöser
bei dir in deiner Herrlichkeit ist.
Erhöre unser Rufen und lass uns erfahren,
dass er alle Tage bis zum Ende der Welt
bei uns bleibt, wie er uns verheißen hat.
Er, der in der Einheit des Heiligen Geistes
mit dir lebt und herrscht in alle Ewigkeit.

ZU DEN SCHRIFTLESUNGEN

1. Lesung: Apg 1,15–17.20a.c–26
Die Apostel sind Zeugen Christi. Sie haben ihn erkannt, seine Worte gehört und sind mit ihm gegangen. Sie tragen seine Botschaft in die Welt hinaus.

2. Lesung: 1 Joh 4,11–16
Wir sind von Gott geliebt. Wer Gottes Liebe erfahren hat, wird fähig, diese Liebe auch an den Nächsten weiter zu schenken.

Evangelium: Joh 17,6a.11b–19
Jesus betet inständig für die Menschen. Er tritt für sie ein: Vater bewahre sie, die Christen, die Jünger, die du mir gegeben hast.

FÜRBITTEN

Gottes Geist, der uns in der Kirche zusammenführt, will in uns wohnen. Er schenkt uns immer wieder neu seine Lebenskraft. So rufen wir zu ihm:

- Komm, Heiliger Geist, du Geist der Weisheit! Mit dem Wasser des Lebens wurden wir getauft. Bewahre uns immer wieder in deiner Liebe.
- Komm, Heiliger Geist, du Geist des Verstandes! Schenke Hoffnung den Zweifelnden und lass sie deine Nähe spüren.
- Komm, Heiliger Geist, du Geist des Rates! Bewahre und begleite uns, wenn wir ängstlich, misstrauisch oder eifersüchtig sind.
- Komm, Heiliger Geist, du Geist der Stärke! Steh allen Menschen bei, die verzweifelt sind und keine Perspektive für ihr Leben sehen.
- Komm, Heiliger Geist, du Geist der Wissenschaft! Hilf uns, deine Schöpfung zu bewahren und zu erkennen, was dem Leben dient.
- Komm, Heiliger Geist, du Geist der Frömmigkeit! Sei du die Mitte deiner Kirche und führe sie zur Einheit und Vielfalt in dir zusammen.
- Komm, Heiliger Geist, du Geist der Furcht des Herrn! Durchdringe alle Christen, dass sie dich erkennen und sich zu dir bekennen.

Barmherziger Gott, erfülle die Herzen deiner Gläubigen und erfülle sie mit deiner Liebe. Darum bitten wir durch Christus, unseren Herrn, der in der Einheit des Heiligen Geistes mit dir lebt und herrscht in Ewigkeit.

ELEMENTE FÜR DIE EUCHARISTIEFEIER

Zum Vaterunser
Jesus betet immer wieder zu seinem und unserem Vater. Auch wir dürfen uns vertrauensvoll an Gott wenden:

Kommunionvers
Heiliger Vater, bewahre sie in deinem Namen, den du mir gegeben hast, damit sie eins sind wie wir.

Zur Besinnung
Herr Jesus Christus,
du bist der Auferstandene und lässt uns nicht allein, auch wenn unser Leben Trauer und Dunkel kennt, Enttäuschung und Zweifel, Mutlosigkeit und Angst, Sorge und Verwirrung.
Du wandelst Trauer in jubelnde Freude, Zweifel in unerschütterliches Vertrauen, Mutlosigkeit in phantasievollen Einsatz, Sorge in Zuversicht.
Durch die Taufe gehören wir zur Gemeinschaft deiner Kirche,
und dein Leben erfüllt auch uns.
Wenn wir deine Liebe weitertragen, bricht das neue Leben an.
Wenn durch die liebende Hand von Menschen die Barmherzigkeit Gottes erfahrbar wird, bricht das neue Leben an.
Der Friede des Auferstandenen wohne in uns.
Die Freude des Auferstandenen erfülle uns,
Die Liebe des Auferstandenen durchdringe uns.
Der Segen des Auferstandenen begleite uns.

ELEMENTE FÜR DIE WORT-GOTTES-FEIER

Zum Friedenszeichen
Vom heiligen Augustinus ist das folgende Gebet überliefert:

Atme in mir, du Heiliger Geist, dass ich Heiliges denke.
Treibe mich, du Heiliger Geist, dass ich Heiliges tue.
Locke mich, du Heiliger Geist, dass ich Heiliges liebe.
Stärke mich, du Heiliger Geist, dass ich Heiliges bewahre.
Hüte mich, du Heiliger Geist, dass ich das Heilige niemals verliere.
Gott sendet seine Liebe, den Beistand den Heiligen Geist an alle Menschen, dass sie wirken zu seiner Ehre und Frieden bringen.
Diesen Frieden des Herrn wollen wir einander wünschen.

Karsten-Johannes Kruse

7. Ostersonntag · Zu 1 Joh 4,11–16 (B)

Checkliste für Gottes Geist?

Für so manches im Leben gibt es eine Checkliste: Für die Reiseapotheke, damit es mir auch unterwegs gut geht; eine Checkliste, wenn ich das Jubiläum oder das Fest vorbereite; eine Checkliste mit den Dingen im Büro, die noch zu erledigen sind vor dem Urlaub und so weiter. Habe ich an alles gedacht? Habe ich das Wichtigste parat, wenn es drauf ankommt? Da kann ich dann in meiner Liste abhaken – und bestenfalls gelingt alles, weil die Checkliste mir eine gute Gedankenstütze war.
Es gibt auch Checklisten, die so etwas wie ein Test sind: Wenn ich eine bestimmte Anzahl Punkte auf der Checkliste zusammen habe, dann bin ich „durch", dann habe ich zumindest das Wichtigste erfüllt: So ist es vielleicht auch mit dem, was uns die Lesung heute anbietet: Eine Checkliste. Die könnte dann die Überschrift tragen: „Checkliste für Gottes Geist". Das klingt vielleicht fremd oder provokativ. Wie soll ich denn Geist Gottes in eine Checkliste packen? Und wozu brauche ich das überhaupt, eine solche Überprüfung, ob ich den Geist Gottes habe?
Die Erzabtei Beuron gibt im bekannten „Sonntags-Schott" oder auch im Internet die Schrifttexte des Sonntags heraus. In einer erklärenden Einleitung zur heutigen Lesung heißt es: „Wir haben Gemeinschaft mit Gott, weil sein Geist in uns wohnt und wirkt. An zwei Zeichen erkennen wir, dass wir den Geist Gottes haben: erstens, dass wir an Jesus Christus als den Sohn Gottes glauben, zweitens, dass wir einander als Brüder und Schwestern zugetan sind. Damit bezeugen wir auch, dass Christus lebt."
Zwei Punkte stehen also auf dieser besonderen Checkliste: Jesus Christus ist der Sohn Gottes – und wir sollen einander gut sein. Klingt einfach. Nur zwei Punkte. Da ist manch andere Checkliste länger. Aber wenn wir da genauer hinsehen, ist das doch gar nicht so einfach, wie es auf den ersten Blick scheint: Dass Jesus Christus Gottes Sohn ist, der Retter der Welt, der Auferstandene, da sind wir uns im Glauben vermutlich noch relativ schnell einig. Aber dann kommt es: Wir sollen einander gut sein, zugetan, in Liebe gar. Da reicht es auf der Checkliste nicht, nur einen Punkt abzuhaken. Da gehört nicht nur der Glaubenssatz dazu, sondern auch der Blick auf unseren Alltag, die Tat – und darauf, wie gut es uns gelingt, über unseren lieblosen Schatten zu springen, um auch diejenigen, die uns oft genug lästig sind – und denen wir lästig sind – als „Schwestern und Brüder" im Glauben zu sehen, als menschlichen Auftrag Gottes, als Anspruch für unser Leben miteinander. Gar nicht so einfach!
Doch auch diese Bibelstelle ist ganz wörtlich frohe Botschaft: Sie ist nicht der moralische Zeigefinger Gottes, den wir uns mit Besserwisserei gegenseitig zeigen: „Gott ist die Liebe", steht da! Wenn er bei uns ist, dann sind wir gemeinsam stark. Und wenn wir lieben, trotz aller Lieblosigkeit, ist er bei uns: Gott hat an Ostern diese Checkliste für uns im guten Sinn abgehakt: Er ist die Liebe, mit der wir leben können. Mit ihm gemeinsam kann es gelingen: Check!

Michael Kinnen

7. Ostersonntag · Zu 1 Joh 4,11–16 (B)

Kennen

Der Mensch braucht keine Sekunde, um ein Empfinden zu einem Gegenstand oder einer Person zu haben. Das Empfinden führt unverzüglich zu einer Beurteilung. Gegenstände aller Art gefallen oder missfallen, Essen und Getränke schmecken oder schmecken nicht und Menschen wirken sympathisch oder unsympathisch, anziehend oder abstoßend. Natürlich gibt es noch ganz viele Bewertungen zwischen den genannten Extremen. Meinem ersten Eindruck vertraue ich sehr und gebe ihm einen hohen Stellenwert. Gleichzeitig erinnere ich mich an Erstbegegnungen mit Menschen, die nach meinem Empfinden eine Zweitbegegnung ausgeschlossen hätten, wenn nicht eine äußere Notwendigkeit, wie bspw. berufliche Gründe, dazu geführt hätten. In der Rückschau bin ich dankbar, dass mein erster Eindruck nicht das letzte Wort hatte, weil mir interessante und kostbare Menschen verborgen geblieben wären. Die Begegnung des kleinen Prinzen mit dem Fuchs macht das Kennenlernen zum Thema. Der Fuchs möchte vom kleinen Prinzen gezähmt werden, was nichts anderes heißt als sich vertraut zu machen. Dafür reicht der erste Eindruck nicht aus und der kleine Prinz darf lernen, wie das Zähmen geht. Vor allem braucht es Zeit, um sich zu erleben, sich anzuschauen und gegenseitig von sich zu erzählen. In den Erzählungen von geistlich Lehrenden lassen sich ebenso Geschichten finden, die nicht den ersten Eindruck zum Maßstab machen, sondern zum gemeinsamen Gehen eines Weges ermutigen, um einander kennenzulernen. Gilt diese Erfahrung auch für unser Leben mit Gott oder Gottes Leben mit uns? Im ersten Johannesbrief wie auch im Johannesevangelium, lesen wir vom „Bleiben". Das „Bleiben" wird zum aufschließenden Wort, wenn es um das Leben aus dem Glauben und das Glauben im Leben geht.

BLEIBEN

Schnelllebigkeit, Veränderung und Unübersichtlichkeit prägen das Leben vieler Menschen in unserer Epoche. Berufliche Abläufe und Aufgaben ändern sich, Schule und Lehrer wechseln, Wohnorte wechseln und auch die Beziehungen sind häufig nicht von Dauer. Es fällt sowohl Kindern als auch Erwachsenen schwer, zur Ruhe zu kommen oder sich auf eine bestimmte Sache zu konzentrieren. Der ständige Blick auf das Smartphone ist zum alltäglichen Lebensrhythmus geworden. Gleichzeitig gibt es den Wunsch nach Beständigkeit oder eine tiefe Sehnsucht nach dem Guten, das verlässlich ist und bleibt. Das Leben mit dem Corona-Virus hat uns im Frühjahr 2020 und im Herbst und Winter 20/21 ausgebremst und zum Bleiben gezwungen (hier ist die aktuelle Situation zu berücksichtigen). „Bleibt zu Hause!", hieß es vom Gesetzgeber und die Verordnung zur Eindämmung der Infektionen wurde zur großen Solidaritätsbekundung zwischen den Generationen. Mir ist klar und bekannt, dass für viele Menschen, gerade die Alleinlebenden, die Bewohnerinnen und Bewohner in Pflegeeinrichtungen oder auch für die Erkrankten in den Kliniken diese Zeit sehr schwer zu ertragen war. Gleichzeitig habe ich von Familien und Lebensgemeinschaften gehört, die zu einem intensiveren Miteinander gefunden haben. Beieinanderzubleiben, im Gespräch zu bleiben und im wohlwollenden Blick zu bleiben ist nicht konfliktfrei, aber lässt uns gegenseitig besser kennenlernen und vertrauter werden. Die Jünger fragten Jesus, wo er wohne, im griechischen steht dort, wo er bleibe. Jesus bietet den Jüngern und allen Menschen eine Bleibe an, nämlich eine bleibende Beziehung, die nicht konfliktfrei ist, aber verlässlich und vertrauensvoll. Das Bleiben bei und mit Jesus führt zum Kennenlernen und die ersten Christen hatten erkannt, dass Jesus Christus nicht nur ein guter Freund und Lehrmeister war, sondern Gottes Sohn. Wer mich sieht, sieht den Vater, hatte Jesus zu Philippus gesagt. Der Herr und Bruder hat uns gezeigt, wie Gott ist oder andersherum, Gott hat sich durch seinen Sohn gezeigt, als der bleibend gute Gott. Wer an Jesus nicht vorbeieilt oder nur kurz grüßt, sondern beginnt, ihm zu vertrauen, die oder der hat die Zusage, dass Gott in ihr oder ihm bleibt und sie oder er in Gott.

LIEBEN

Das Bleiben als Bleiben kann sehr schrecklich sein. Ein Bleiben im Ärger, Groll, Neid oder Hass. Das Bleiben im Streit und in der Verwundung. Bleibende Strukturen, die zur Armut führen und Ungerechtigkeit zulassen. Ein solches Bleiben gibt es auch und ist nicht erstrebenswert. Der Verfasser des Johannesbriefes schreibt deshalb, dass Gott Liebe ist, weil es um die bleibende Liebe Gottes zu den Menschen geht. Seine Liebe meint nicht die Liebe als Gefühl oder Romantik – so schön wie Gefühl und Romantik auch sind – es geht um Treue. Gottes Liebe hat sich im Leben Jesu gezeigt. Sie hat sich als eine treue und verlässliche Liebe offenbart. Als Jesus sterbend am Kreuz hing, riefen ihm Menschen zu, dass er sich selbst retten solle. Vermutlich hätte er es gekonnt oder zumindest organisieren können, aber er hat es nicht gemacht, weil er in seiner Verlassenheit treuliebend bleiben wollte und geblieben ist. Wer dieser Liebe traut und wer aus der Liebe, die Gott zum Menschen hat, lebt, wird weiterhin in weniger als einer Sekunde einen ersten Eindruck und ein Empfinden zu Dingen und zu Personen haben. Der erste Eindruck wird aber mehr und mehr zu einem Ausgangspunkt eines Miteinanders und nicht unverzüglich zu einem Schlusspunkt werden. Wo Menschen einander eine Chance geben, wo Menschen in der Not beieinander bleiben, wo Menschen zur Versöhnung finden, wo offene Fragen gehalten werden und Ungeklärtes mitgetragen wird, da wird erlebbar, was es bedeutet, wenn Gott in dir und du in Gott bleibst.

Dirk Salzmann

7. Ostersonntag · Zu Joh 17,6a.11b–19 (B)

Der Name Gottes ist Heil und Leben

In diesen Tagen zwischen Christi Himmelfahrt und Pfingsten führt uns das Evangelium des heutigen siebten Sonntages der Osterzeit noch einmal zurück in den Abendmahlssaal. In den Abschiedsgebeten vor seinem Sterben und Auferstehen bringt unser Herr Jesus Christus seine Jünger – und das heißt auch uns alle und mich persönlich – betend und bittend vor den Vater. Es sind Worte aus seinem Herzen, in ihnen vermögen wir den Herzschlag Gottes zu vernehmen. Ein Herzschlag der Liebe und Hingabe für die Menschen! Alles Reden und Handeln Gottes ist ein Erweis seiner Liebe zu uns Menschen, zu einem jeden Einzelnen von uns. Lassen wir diese österlichen Worte deshalb noch ein wenig als eine Art „Liebeslied" in uns nachklingen.

GROSSE WORTE DES GLAUBENS

Zunächst ein Nachklang im Großen! Das Gebet Jesu ist ein eindrucksvoller Ausdruck der unvergleichlichen Beziehung zwischen Gott-Vater und Gott-Sohn. In ihm begegnen uns große Begriffe des Glaubens. Da ist beispielsweise von der Freude die Rede. Es gibt keinen Glauben an Gott ohne die Freude, denn Glaube ist Vertrauen und Übereignung in das Wort des Heils, das uns in Jesus Christus geschenkt ist. Zu wissen, dass Gott unser Heil will und erwirkt hat, entzündet in uns Freude und Dankbarkeit. Folglich ist die Freude ein Kennzeichen des Christen. Und um diese „Freude in Fülle" seiner Jünger bittet Jesus den Vater. Da ist zudem die Rede von der Welt, die uns als Schöpfung Gottes, ebenso aber auch als Raum des Bösen vor Augen gestellt wird: „Ich bitte nicht, dass du sie aus der Welt nimmst, sondern dass du sie vor dem Bösen bewahrst" – so spricht unser Herr. Ja, als Christen sind wir in die Welt gestellt und in sie gesandt. Gleichzeitig bedarf es einer gewissen Distanz zu ihr, wenn ihre Maßstäbe nicht im Einklang mit denen Gottes, ihres Schöpfers, stehen und uns aus der Verbundenheit mit Gott herausführen könnten. Als Christen in der Welt bedürfen wir daher von Zeit zu Zeit einer „Ent-Weltlichung" (Benedikt XVI.), wohl wissend, dass dies nicht Weltflucht, sondern entschiedene Sendung als Jünger des Auferstandenen in der Welt bedeutet. Und schließlich tauchen im Gebet Jesu große Worte wie Wahrheit und Heiligkeit auf: „Und ich heilige mich für sie, damit auch sie in der Wahrheit geheiligt sind". Hier erahnen wir, wer die Wahrheit und die Heiligkeit in Person ist: Gott selbst, Jesus Christus als menschgewordener und auferstandener Sohn Gottes! Wer also in der Wahrheit steht, wer im Einklang mit Gott lebt, der ist heil und heilig. Zu dieser Heiligkeit sind wir in unserer Taufe von Christus berufen worden und doch wissen wir sehr genau, dass wir unser ganzes Leben lang auf die Vollendung der Wahrheit und der Heiligkeit in uns unterwegs sind. Ohne unseren Herrn Jesus Christus vermögen wir dies aber nicht zu tun. Er schenkt uns alles, damit wir heil und heilig werden können. Der hl. Augustinus hat dies einmal so formuliert: „Wenn ohne Christus nichts, dann mit Christus alles!"

Aber lassen wir die Worte Jesu auch im Kleinen nachklingen, indem wir auf ein Wort und einen damit verbundenen Gedanken in besonderem Maße hören. Jesus Christus spricht vom Namen Gottes, den er den Menschen geoffenbart habe und er bittet den Vater, sie in diesem Namen zu bewahren, „damit sie eins sind wie wir". Mit diesem Wort verbindet sich wie von selbst die Frage, wie dieser Name Gottes lautet. Das Alte Testament ist durch eine große Ehrfurcht vor dem Namen Gottes „JHWH" gekennzeichnet. Den Namen Gottes wagt man nicht auszusprechen, geschweige denn aufzuschreiben. Vor dem Namen Gottes schweigt der Mensch und staunt. Mit der Menschwerdung Gottes in Jesus Christus wird uns dieser Name vollends offenbar. Der Name, den der Erzengel Gabriel der Jungfrau Maria in Nazaret im Auftrag Gottes verkündet (Lk 1,31), ist „Jesus" und dieser Name bedeutet übersetzt so viel wie „Gott rettet", „Gott heilt". In diesem Namen Gottes kommt folglich sein ganzes Wesen zum Vorschein. Und Jesus bittet, dass der Vater die Menschen in diesem Namen bewahrt. Wer zu Jesus gehört, wer als Christ seinen Namen trägt, steht und lebt im Heil, in der Rettung, im ewigen Leben Gottes. Das ist wahrlich ein Grund zu österlicher Freude, die uns als Christen kennzeichnen soll.

Doch diesen Namen zu kennen und zu tragen, bedeutet noch mehr. Unser emeritierter Papst Benedikt XVI. hat einmal in der Deutung des Namens Gottes auf die Tatsache verwiesen, dass im letzten Buch der Heiligen Schrift, in der Offenbarung des Johannes, das Tier als Gegenspieler Gottes nicht einen Namen, sondern eine Nummer trägt. Es ist die Zahl 666 (Apg 13,18). Das bedeutet: Der Widersacher Gottes, den die Heilige Schrift den Teufel nennt, ist eine Nummer und macht die Menschen zu Nummern. Denken wir nur an das diabolische Handeln von Menschen, die in Konzentrationslagern die Namen von Menschen durch Nummern austauschten. Bei Gott ist das anders! Gott hat einen Namen und Gott ruft uns Menschen mit Namen. Er hat ein liebendes Herz und sucht durch Liebe unser Herz, um es zu entzünden. Für Gott sind wir also nicht funktionierende Maschinen, sondern geliebte Geschöpfe, die seinen Namen tragen und denen in diesem Namen Heil und ewiges Leben geschenkt wird. Jesus – Gott heilt, Gott rettet! In seiner hebräischen Form enthält der Name „Jesus" das Wort „JHWH". Der Gott, der sich Mose im brennenden Dornbusch als „Ich bin, der ich bin" mitteilt, wird in Jesus Christus ganz erkennbar als der, der sich in seiner Mitteilung als rettender Gott erweist – oder wie es Papst Benedikt ausdrückt: „Sein Sein ist Heil".

Die Worte Jesu im Evangelium laden uns daher an diesem Sonntag zu großer Dankbarkeit und froher Zuversicht ein. Wir tragen als Christen Gottes Namen. Gott selbst will uns in diesem Namen, der Heil und Leben ist, bewahren. Gott selbst ist dieses Heil, das wir auch in dieser Eucharistiefeier in Tod und Auferstehung Jesu Christi dankbar vollziehen. Bitten wir deshalb den Herrn: „Ja bewahre uns in deinem Namen, den du uns gegeben hast, damit wir eins sind in dir und eins bleiben als Zeugnis für die Welt".

Christoph Ohly

7. Ostersonntag · Für Kinder (B)

In den Fußstapfen der Apostel

Vorbemerkung: Für jedes Kind werden zwei Fußabdrücke aus Papier vorbereitet und zwei Becherkerzen bereitgestellt. Jeweils auf einen Fußabdruck wird der Name eines Apostels geschrieben, auf den anderen Fußabdruck während der Katechese dann der Name eines Kindes. Die Kinder legen nach der Katechese die Fußspuren im Mittelgang aus und stellen die Lichter darauf. Während dessen kann das Lied „Tragt in die Welt nun ein Licht" gesungen werden.

Lesung: Apg 1,15–17.20a.c–26

NACHFOLGER FÜR DAS APOSTELAMT GESUCHT

Die Apostelgeschichte erzählt aus der Zeit nach Ostern und erklärt, wie sich die Frohe Botschaft Jesu immer weiter ausbreitet. Heute haben wir davon gehört, wie die Apostel einen Nachfolger für Judas suchten, der Jesus an seine Feinde verraten hatte. Da sie sich nicht zwischen den beiden Kandidaten Josef und Matthias entscheiden konnten, losten sie aus, wer das Apostelamt von Judas übernehmen sollte. Die Wahl fiel auf Matthias, dessen Grab heute in der alten Römerstadt Trier verehrt wird.

WAS IST EIGENTLICH EIN APOSTEL?

Das Wort Apostel kommt aus der griechischen Sprache. Es bedeutet zunächst einmal Bote oder Gesandter. Ein solcher Gesandter hat früher eine sehr wichtige Aufgabe erfüllt. Wenn man nicht selbst irgendwo hinreisen konnte, sendete man einen Stellvertreter dorthin. Das war eine ehrenvolle Aufgabe. Wer jemanden als seinen Gesandten auf den Weg schickte, hatte großes Vertrauen in diesen Menschen. Und wenn ein Gesandter an seinem Zielort sprach, so wusste man, dass es fast so ist, als würde die aussendende Person selbst sprechen.
Heute erinnern sich die meisten wahrscheinlich vor allem an den Kreis der Zwölf, wenn sie das Wort Apostel hören. Nach der Auskunft der Apostelgeschichte waren es Männer, die Jesus seit dem Tag seiner Taufe im Jordan begleitet hatten und selbst Zeugen seiner Auferstehung waren. Weil sie das Leben mit Jesus geteilt haben, hörte man besonders auf das, was sie von ihm erzählten. Für diejenigen, die Jesus nicht mehr zu Lebzeiten begegnet sind, waren die Apostel eine direkte Verbindung zu ihm, denn sie feierten ja sogar mit Jesus das letzte Abendmahl. Zum Kreis der zwölf Apostel zählen Petrus (Sprecher), Andreas (Erstberufener), Jakobus, Johannes, Philippus, Bartholomäus, Matthäus (Zöllner), Thomas (Zweifler), Jakobus, Simon, Thaddäus und Matthias.
Als Apostel werden in der Bibel aber auch alle bezeichnet, die zur Verkündigung des Evangeliums berufen sind und ihr Leben dieser Ausgabe widmen, wie zum Beispiel Paulus.

DIE SPUREN DER APOSTEL ENTDECKEN

Man sagt auch, dass die Apostel die Säulen der Kirche sind (vgl. Gal 2,9). Die Säulen eines Gebäudes halten es zusammen und tragen das Dach. So wie die Säulen ein Gebäude zusammenhalten, wird unsere Gemeinschaft durch das Zeugnis der Apostel zusammengehalten.

Hier, in der Pfarrkirche N.N., sind an den Säulen sogar besondere Kerzenleuchter befestigt. Weil diese Kerzenleuchter jeweils den Namen eines Apostels tragen, heißen sie auch Apostelleuchter. Um ihre besondere Bedeutung zu zeigen, werden sie nur an großen Festtagen angezündet und erhellen dann den Raum. So wie es in der Bibel geschrieben steht: Euer Licht soll vor den Menschen leuchten, damit sie die guten Werke sehen und Gott loben (vgl. Mt 5,16).

EUER LICHT SOLL DEN MENSCHEN LEUCHTEN

Wenn ihr euch aufmerksam umschaut, könnt ihr noch weitere Spuren der Apostel in diesem Raum entdecken. (–) Auf dem Boden liegen Fußspuren aus Papier. Auf den Fußspuren stehen die Namen der Apostel geschrieben und daneben eine Kerze. Aber da sind ja noch andere Fußspuren, auf denen noch kein Name geschrieben steht. Habt ihr eine Idee, was das bedeuten könnte? (–) Heute ist es unsere Aufgabe, das Licht zu den Menschen zu bringen, damit sie die guten Werke sehen und Gott loben. Wir treten in die Fußstapfen der Apostel. Als Zeichen dafür werden wir gleich eure Namen auf die Fußspuren schreiben. Jede*r von euch bekommt dann nach dem Gottesdienst eine Apostelfußspur mit einer Kerze und eine Fußspur mit dem eigenen Namen und einer Kerze. In den nächsten Tagen könnt ihr dann überlegen, wem ihr eine Fußspur und ein Licht schenken möchtet. Vielleicht helfen euch beim Überlegen auch die Fürbitten, die wir gleich gemeinsam beten.

FÜRBITTEN

Der Herr Jesus Christus kennt die Herzen aller. Wir öffnen ihm heute unser Herz und bitten ihn:

- Für alle, die für uns da sind und auf vielfältige Weise für uns sorgen ...
- Für alle, die für andere ein Vorbild sind ...
- Für alle, die sich nach Licht und Wärme sehnen ...
- Für alle, in die besonderes Vertrauen gesetzt wird ...
- Für alle, an die wir in diesem Augenblick besonders denken ...

Herr Jesus Christus, dich bitten wir und danken dir.

Florian Kunz

22. Mai 2021 · Zur Liturgie

Pfingsten – Am Vorabend

LIEDVORSCHLÄGE

Gesänge zur Eucharistiefeier
Eröffnungsgesang: Komm herab o Heiliger Geist (GL 344); *Gloria:* Dir Gott im Himmel Preis und Ehr (GL 167); *Antwortgesang:* Jubelt dem Herrn alle Lande (GL 643) mit den Psalmversen; *Ruf vor dem Evangelium:* Halleluja (GL 175,4) mit dem Vers; *zur Gabenbereitung:* Komm, Schöpfer Geist (GL 351); *Sanctus:* Heilig bist du großer Gott (GL 198); *Danklied:* Komm, Heilger Geist, der Leben schafft (GL 342).

Gesänge zur Wort-Gottes-Feier
Lichthymnus: O Licht der wunderbaren Nacht (GL 334); *Predigtlied:* Komm, Schöpfer Geist (GL 351).

ERÖFFNUNG

Liturgischer Gruß
Jesus Christus, der seiner Kirche den Heiligen Geist als Beistand verheißen hat, er sei mit euch / ist mit uns allen.

Einführung
Herzlich begrüße ich Sie zu unserem Gottesdienst am Vorabend des Pfingstfestes. Die biblischen Texte sprechen von der kommenden Sendung des Heiligen Geistes. Beten wir gemeinsam darum, dass Gottes Geist unser Herz und unseren Verstand berührt, dass wir uns von ihm verändern lassen und als geisterfüllte Menschen leben.

Kyrie-Litanei
Herr, Jesus Christus, du hast versprochen, immer bei deiner Kirche zu sein. Herr, erbarme dich.
Wir hoffen auf den Heiligen Geist, den du uns verheißen hast. Christus, …
Lass uns, von deinem Geist erfüllt, deinen Willen tun. Herr, …

Tagesgebet
Allmächtiger Gott,
der Glanz deiner Herrlichkeit strahle über uns auf,
und Christus, das Licht von deinem Licht,
erleuchte die Herzen aller Getauften
und stärke sie durch den Heiligen Geist.
Darum bitten wir durch Jesus Christus,
deinen Sohn, unseren Herrn und Gott,
der in der Einheit des Heiligen Geistes lebt und herrscht in Ewigkeit.

ZU DEN SCHRIFTLESUNGEN

1. Lesung: Joël 3,1–5
Gott wird seinen Geist ausgießen über das Volk. Jeder, der sich zu ihm bekennt, wird Rettung erfahren.

2. Lesung: Röm 8,22–27
Die Gemeinde lebt aus der Hoffnung auf Heil. Auch in der Bedrängnis kann sie die Hoffnung bewahren, denn der Geist Gottes ist ihre Stütze.

Evangelium: Joh 7,37–39
Der Geist war noch nicht vergeben, weil Jesus noch nicht verherrlicht war.

FÜRBITTEN

Gottes Geist wirkt in der Gemeinschaft der Kirche und in jedem und in jeder einzelnen der Glaubenden. Voll Vertrauen bitten wir:
V: Guter Gott. *A:* Sende aus deinen Geist.

- Ermutige alle, die sich für ein gutes Miteinander der christlichen Kirchen und Gemeinschaften engagieren.
- Stärke alle, die sich in Politik und Wirtschaft um Menschlichkeit und Gerechtigkeit mühen.
- Leite alle, die sich für die Bewahrung der Schöpfung und die Würde menschlichen Lebens einsetzen.
- Tröste alle, die sich um Schwerkranke sorgen und um Verstorbene trauern.
- Segne alle, für die wir besonders beten wollen und alle, die niemanden haben, der an sie denkt.

Herr und Gott, im Heiligen Geist bist du den Deinen nahe. Höre unsere Bitten und sende uns deinen Geist, damit wir deinen Willen für unser Leben entdecken. Dir sei Lob, Herrlichkeit und Ehre in Ewigkeit.

ELEMENTE FÜR DIE EUCHARISTIEFEIER

Zum Vaterunser
Wo Gottes Geist wirkt, da wird der Wille Gottes in die Tat umgesetzt. Um diesen Geist und das tägliche Brot beten wir mit den Worten Jesu:

Zum Friedensgebet
Der Geist des Herrn ist der Geist des Friedens. Er führt zu Versöhnung und Gemeinschaft, deshalb bitten wir:

Kommunionvers
Auf Hoffnung hin sind wir gerettet. Empfangt im Brot des Lebens unsere Hoffnung auf Rettung und Heil.

ELEMENTE FÜR DIE WORT-GOTTES-FEIER

Lichtdanksagung am Beginn der Feier
Beim Einzug wird die brennende Prozessionskerze mitgetragen. Der Einzug erfolgt in Stille oder wird von leiser Instrumentalmusik begleitet.

Lichtruf
L: Im Namen unseres Herrn, Jesus Christus: Licht und Frieden.
A: Amen.

Es folgt der Lichthymnus (s. o.)

Lichtdanksagung
L: Wir danken dir Herr, unser Gott,
du bist voll strahlendem Glanz
und wo du bist, ist keine Dunkelheit.
Wir stehen an der Schwelle des Abends
und sehnen uns nach deinem Licht.
Wir erwarten das Kommen des Hl. Geistes,
der unsere Herzen erreichen
und unseren Verstand erhellen will.
Voll Freude und Hoffnung preisen wir deine Güte,
die stärker ist als alles Dunkel.
Wir loben dein Erbarmen,
das uns Leben in Fülle schenkt
und zu Kindern des Lichtes macht.
Dir sei Lob und Ehre in Ewigkeit.
A: Amen.

Nach dem Gebet nimmt die Gemeinde Platz. Die Feier wird mit der Verkündigung des Wortes Gottes fortgesetzt.

Zum Predigtlied
Wir erwarten Gottes Heiligen Geist, der jede und jeden von uns und die ganze Kirche erfüllen will. Voll Freude dürfen wir auf diesen Geist hoffen und ihn bitten, uns zu stärken, zu erbauen und zu verändern.
Es folgt das Predigtlied (s. o.).

Christoph Heinemann

Pfingsten – Am Vorabend · Zu Röm 8,22–27

Hoffnung für die Kirche?

Pfingsten ist der Geburtstag der Kirche. Herzlichen Glückwunsch! Oder wäre „Mein herzliches Beileid" nicht vielleicht passender in diesen Tagen? Wer mit Realismus und Nüchternheit auf die Situation der Kirche in Deutschland blickt, bei dem kommt auch am Pfingstfest nicht gerade freudige Stimmung auf. Die Kirchenaustrittszahlen steigen von Jahr zu Jahr, während die Zahl der Gottesdienstbesucher immer weiter sinkt. Die Diskussionen nehmen kein Ende und die Themen scheinen immer wieder die gleichen zu sein. Vom Wirken des Geistes, so kann man leicht den Eindruck gewinnen, ist in diesen Tagen nicht wirklich viel zu spüren. Wer will da schon ernsthaft mit der Kirche Geburtstag feiern?

Gibt es also noch Hoffnung für die Kirche? Oder besser: Hast du noch Hoffnung für die Kirche? Paulus schreibt in seinem Brief an die Gemeinde in Rom sehr deutlich, was es für uns als Christen bedeutet, zu hoffen: „Hoffnung", so Paulus, „die man schon erfüllt sieht, ist keine Hoffnung. Denn wie kann man auf etwas hoffen, das man sieht? Hoffen wir aber auf das, was wir nicht sehen, dann harren wir aus in Geduld" (Röm 8,24–25). Würden wir als Christen in Deutschland darauf hoffen, was wir sehen, dann wäre es nur überaus verständlich, dass es wenig oder gar keine Hoffnung gibt. Paulus zeigt auf, dass es darum geht, auf etwas zu hoffen, was wir nicht sehen, auf jemanden zu vertrauen, der weitaus größer ist als all unser Realismus und unser nüchternes Urteil über die Situation, die wir mit unseren Augen wahrnehmen. Es geht darum, in Geduld auszuharren und auf das zu hoffen, was wir eben (noch) nicht sehen. Und das kann unsere menschliche Kraft weit übersteigen. Daher schreibt Paulus: „So nimmt sich auch der Geist unserer Schwachheit an. Denn wir wissen nicht, was wir in rechter Weise beten sollen; der Geist selber tritt jedoch für uns ein mit unaussprechlichen Seufzern. Der die Herzen erforscht, weiß, was die Absicht des Geistes ist. Denn er tritt so, wie Gott es will, für die Heiligen ein" (Röm 8,26–27).

Als Christen sind wir dazu berufen, Gottes Geist zu vertrauen, geduldig zu sein, ihn in uns und für uns wirken zu lassen, offen zu sein für das, was Gott in unseren Herzen, in unserem Leben, in unserer Kirche wirken möchte. Der Geist tritt für uns ein! Gottes Geburtstagsgeschenk an uns, an seine Kirche, ist sein Heiliger Geist. Gott selbst will in uns und durch uns die Christenheit erneuern. Dazu brauchen wir Geduld und Vertrauen, aber wir dürfen gewiss sein, dass Gott uns, seine Kirche, nicht verlässt. Er führt und leitet uns durch seinen Geist und schenkt uns ein Herz, welches lernt, über alle Schwierigkeiten, Sorgen und Probleme hinauszusehen. Hab keine Angst! Der Geist tritt für dich ein! Herzlichen Glückwunsch zum Geburtstag, liebe Kirche!

André Kulla

Pfingsten – Am Vorabend · Zu Joh 7,37–39

Wenn die Wüste zu blühen beginnt

Wasser ist Leben. Ohne Wasser verdorrt und vertrocknet alles, ist kein Leben möglich. Kein Wunder, dass das Wasser in der Bibel vom Alten Testament bis zum Neuen Testament das Symbol für Gottes Leben schaffende Kraft ist. So hat am Anfang alles angefangen: Gott schafft Licht über der Urflut und scheidet Wasser und Land. Mose schlägt in der Wüste aus einem Stein sprudelndes Wasser. Der Prophet Ezechiel schaut in einer Vision, wie unter der Tempelschwelle Wasser hervorquillt und überall, wohin es kommt, beginnt die Wüste zu blühen. Ganz besonders im Johannesevangelium ist Wasser ein starkes Symbol: gegenüber der Frau am Jakobsbrunnen spricht Jesus davon, dass er lebendiges Wasser geben kann und offenbart sich ihr als erster als „der Gesalbte". Und wenige Kapitel später dann die Erzählung, die wir heute im Evangelium gehört haben: Jesus, der beim Laubhüttenfest am Teich Schiloach steht und ausruft: „Wer Durst hat, komme zu mir und es trinke, wer an mich glaubt! Wie die Schrift sagt: Aus seinem Innern werden Ströme von lebendigem Wasser hervorfließen!" Der Evangelist Johannes kommentiert und erklärt dieses Wort Jesu: „Er meinte damit den Geist, den alle empfangen sollten!" Damit sind wir dann bei Pfingsten.

WASSER MACHT DIE WÜSTE BLÜHEN

Ich selbst habe zu diesem eigenartigen Wort Jesu in Israel erstmals einen persönlichen Zugang gefunden. Jahrelang war ich immer nur im Hochsommer dort, wenn alles braun und vertrocknet ist. Dann aber war ich einmal im Frühling, im Februar im Heiligen Land, und besuchte in Banias, dem alten Cäsarea Philippi und in Dan, der nördlichen Grenzstadt, die beiden Quellorte des Jordanflusses. Gerade Dan ist ein unglaubliches Paradies, teilweise wie im Dschungel. Im Frühling quillt das Wasser dort buchstäblich unter jeder Felsritze hervor, scheinbar aus dem Innern der Erde. Hier begegnete mir dieses Wort Jesu zum ersten Mal mit existentieller Wucht: „Aus seinem Innern werden Ströme von lebendigem Wasser hervorfließen!" Unbeschreiblich, was für einen Reichtum das Wasser dort schafft, an Blumen, an Wald, an Tieren, an Vögeln. Wirklich lebendiges Wasser, das die Wüste blühen macht. Ja, so ist Jesus für mich: das Wasser, das die Wüsten meines Lebens, meines Innern, meine Sorgen, meine Müdigkeit, meine Enttäuschungen, meine Verzagtheit, meine Begrenzungen plötzlich und mit Wucht aufblühen lässt. Ich weiß nicht, ob ich Ihnen diese Erfahrung auch nur annähernd vermitteln kann: aber mich hat das unglaublich berührt, bewegt. Gerade wo Wüste mir begegnet, gerade, wenn ich auch an Menschen denke, in deren Leben viel Wüste, Einsamkeit, Verzweiflung ist, Angst vor Krankheit, davor, niemanden zu haben – da weiß ich: Wer mit dem lebendigen Wasser in Berührung kommt, der blüht neu auf! Wer mit Jesus in Berührung kommt, der empfängt Kraft, neues Leben. Der empfängt lebendiges Wasser, das in ihm zur sprudelnden Quelle wird. Der wird nie mehr Durst leiden.

EIN KANAL, DER DIE QUELLE ZU DEN MENSCHEN BRINGT

Eine ähnliche Erfahrung ist es, wenn man in Jerusalem am Teich Schiloach steht, dort, wo Jesus beim Laubhüttenfest dieses Wort sagte. Der Teich Schiloach ist ein Auffangbecken, in den das Wasser der Gihon-Quelle fließt: eine ergiebige, das ganze Jahr sprudelnde Quelle, die aber den Nachteil hatte, dass sie außerhalb der Stadtmauer lag. Vor einer Belagerung im Jahr 701 vor Christus lässt der König Hiskija in größter Bedrängnis deshalb in einer für die damalige Zeit unglaublichen Ingenieursleistung einen unterirdischen Kanal graben, mehr als einen halben Kilometer lang. Von beiden Seiten graben die Bauleute sich durch den Fels und treffen sich schließlich in der Mitte. So wird das Wasser der Quelle innerhalb der Stadtmauer umgeleitet. Beim Teich Schiloach schließlich kommt es aus dem Kanal plötzlich wieder ans Tageslicht. Wasser, das aus dem Innern der Erde hervorsprudelt und Leben schafft! „Wer Durst hat, komme zu mir!" ruft Jesus: er ist selbst die Quelle, das lebendige Wasser, das unsere Wüsten erblühen lässt.

DEN KANAL GRABEN, DASS DAS WASSER ZU DEN MENSCHEN KOMMT

Gottes Geist bringt das Vertrocknete, das Tote, Verdorrte wieder zum Blühen – das ist die Botschaft. Das ist die Erfahrung des Pfingstfestes. Pfingsten gilt als das Geburtsfest der Kirche. Keine Frage: in den Augen vieler Zeitgenossen ist die Kirche heute eher auf dem absterbenden Ast, selbst verdorrt, vertrocknet. Manch einer hat die Hoffnung längst aufgegeben, dass sich da noch einmal etwas ändern könnte. Manch einer ist tief enttäuscht im Blick auf die Hoffnungen, die sich mit dem Synodalen Weg verknüpft haben. Oder im Blick auf den gerade zu Ende gegangenen Ökumenischen Kirchentag. Viel Aufwand für nichts, sagen manche. Ein Event, das gleich wieder verpufft, nicht nachhaltig ist. Was uns die Texte heute sagen, was uns das Pfingstfest zuruft, ist: Die Kirche wird nicht erneuert durch Reformen, die wir in Konferenzen, Workshops, Foren verhandeln. Natürlich ist der Dialog, das mühsame Ringen um den richtigen Weg der Kirche wichtig. Aber wirklich belebt und erneuert wird die Kirche, wo sie sich dem Geist Gottes öffnet, wo sie darauf vertraut, dass Gott seinen Geist über uns ausgießt. Wer einmal erlebt hat, wie im Frühling im Wüstenland Israel plötzlich das Wasser an den Quellorten des Jordan aus jeder Ritze emporsprudelt, der kann auch glauben, dass so plötzlich und unerwartet wie die Feuerzungen und das Sturmesbrausen an Pfingsten Gottes Geist auch heute über uns kommen kann, Christus wieder neu zur Quelle wird, aus der wir lebendiges Wasser trinken können. Unser Job ist es, wie König Hiskia den Kanal zu graben – das ist oft mühsam. Unsere Berufung als Kirche ist es, das lebendige Wasser, den Geist, der über uns ausgegossen ist, zu den Menschen zu leiten, damit sie davon trinken können. Aber das Wasser, der Geist, der alles blühen lässt, der kommt nicht von uns. Den schenkt Gott ganz umsonst.

Tobias Schäfer

23. Mai 2021 · Zur Liturgie

Pfingstsonntag (B)

LIEDVORSCHLÄGE

Gesänge
Eröffnungsgesang: Nun bitten wir den Heiligen Geist (GL 348,1–5); *Antwortgesang:* Sende aus deinen Geist (GL 312,2) mit den Psalmversen; *Ruf vor dem Evangelium:* Halleluja (GL 175,2) mit dem Vers; *Pfingstsequenz:* Komm herab, o Heiliger Geist (GL 344); *zur Gabenbereitung:* Atme in uns, Heiliger Geist (GL 346,1–3); *Danklied:* Jesus Christus, guter Hirte (GL 366,1–3); *zur Entlassung:* Halleluja … Ihr seid das Volk (GL 483,1–5).

ERÖFFNUNG

Liturgischer Gruß
Der Geist des Herrn erfüllt den Erdkreis. Seine Gnade sei allezeit mit euch / ist mit uns allen.

Einführung
Mächtig und gewaltig – das ist die Kraft, die diesen Pfingstsonntag prägt, liebe Brüder und Schwestern. Wir feiern das Wirken Gottes in unserer Welt. Sein Geist ist es, der alles belebt. Wir feiern Gottes Taten in der Geschichte der Menschen. Sein Geist hat Jesus, den Gekreuzigten, von den Toten auferweckt. Wir feiern Gottes Kommen in unser eigenes Leben. Sein Geist will uns mitreißen hinein in die Sendung Jesu, damit wir seine Zeugen sind. Lasst uns mit der ganzen Kirche das große Loblied auf unseren Gott singen.

Tagesgebet
Allmächtiger, ewiger Gott,
durch das Geheimnis des heutigen Tages
heiligst du deine Kirche
in allen Völkern und Nationen.
Erfülle die ganze Welt
mit den Gaben des Heiligen Geistes,
und was deine Liebe
am Anfang der Kirche gewirkt hat,
das wirke sie auch heute
in den Herzen aller, die an dich glauben.
Darum bitten wir durch Jesus Christus,
deinen Sohn, unseren Herrn und Gott,
der in der Einheit des Heiligen Geistes
mit dir lebt und herrscht in alle Ewigkeit.

ZU DEN SCHRIFTLESUNGEN

1. Lesung: Apg 2,1–11
Das sichere Haus, in dem die Jünger Jesu ihren Rückzugsort haben, wird aufgesprengt vom Einbruch der göttlichen Kraft. Der Geist bewirkt, dass sie als Zeugen des Evangeliums auftreten, die man nicht mehr überhören kann. Die Botschaft wird entgrenzt. Alle können sie in ihrer eigenen Sprache verstehen.

2. Lesung: 1 Kor 12,3b–7.12–13
Der Geist Gottes wirkt in den Menschen mit den Gaben, die er schenkt. Erste und allen gemeinsame Gabe ist der Glaube an Jesus, den Herrn. Wenn auch die Gaben des Geistes verschieden verteilt sind, in der Nachfolge Jesu wirken sie zusammen, zum Nutzen aller.

Evangelium: Joh 20,19–23
In der Auferstehung Jesu wird die Kraft des Geistes offenbar. Der Herr teilt sie den Jüngern mit und rüstet sie so für ihre Sendung in seinem Namen aus.

FÜRBITTEN

Wir feiern Gottes Wirken in unserer Welt. Sein Geist bewegt uns, alle Menschen als Schwestern und Brüder zu lieben. Lasst uns Fürbitte halten.
V: Gott, unser Vater. A: Wir bitten dich, erhöre uns.

- Für die Glaubensboten bei allen Völkern. V: Gott, ...
- Für alle, die in dieser Osterzeit durch die Taufe, die Erstkommunion, die Firmung und die Konfirmation der Gemeinschaft der Kirche verbunden wurden. ...
- Für Frauen und Männer, die als Übersetzer der Verständigung unter den Menschen dienen. ...
- Für Eltern, Lehrer und Erzieher, die dafür sorgen, dass Kinder und Jugendliche ihre Gaben entdecken und entfalten können. ...
- Für politisch Engagierte, die unter Lebensgefahr Neuaufbrüche vorbereiten. ...

Dein Wort hat am Anfang die Welt erschaffen und du erhältst alles in deiner Liebe. Wir danken dir im Geist deines Sohnes und loben dich durch ihn, Christus, unseren Herrn.

ELEMENTE FÜR DIE EUCHARISTIEFEIER

Zum Vaterunser
Durch den einen Geist wurden wir in der Taufe alle in einen einzigen Leib aufgenommen. So lasst uns gemeinsam zum Vater beten.

Zum Friedensgebet
Am Ostertag trat Jesus in die Mitte seiner Jünger und sprach den Friedensgruß. Wir bitten:

Kommunionvers
Gottes Liebe ist ausgegossen in unsere Herzen.

ELEMENT FÜR DIE WORT-GOTTES-FEIER

Zum Friedenszeichen
Schwestern und Brüder, wir hören und staunen auch heute noch über die Jünger, die geisterfüllt alle Sprachbarrieren überwanden, ohne jede Mühe. Sprachlosigkeit und Nichtverstehen schafft Distanz. Heute ist ein Tag, an dem wir glauben können: Jesus hat alle Unterschiede überwunden. In ihm sind alle miteinander verbunden. Heute ist ein Tag, an dem wir aufeinander zugehen können, weil der Geist uns ergreifen will. Geben wir uns nun einander ein Zeichen der Gemeinschaft, die uns im Herrn geschenkt ist.

Segensbitte
Am Pfingsttag macht der Geist die Gemeinschaft der Jünger zur Kirche, die gesandt ist zu allen Völkern. Sie gingen hinaus in die ganze Welt. Über unzählige Generationen ist ihr Wort auch zu uns gekommen. Und auch in unserer Gemeinde will Gott Begeisterung wecken und Freude aus dem Glauben. Wir bitten ihn:

L.: Vater im Himmel, segne uns mit allem Guten, dass wir dir mit frohem Herzen die Ehre geben.
A.: Amen.
L.: Herr Jesus Christus, erhalte in uns dein Wort lebendig, dass wir eifrig werden in der Verkündigung deines Evangeliums.
A: Amen.
L.: Heiliger Geist, erfülle uns mit Kraft und mit Liebe, dass wir leidenschaftlich deine Gaben zum Wohl aller gebrauchen.
A: Amen.

L: Und der Segen des allmächtigen Gottes, des Vaters und des Sohnes und des Heiligen Geistes komme auf uns herab und bleibe ewiglich.
A: Amen.

Ruth Lazar

Pfingstsonntag · Zu Joh 20,19–23 (B)

Geist des Friedens von Pfingsten

Was verstehen Sie unter „Frieden"?
Die wahrscheinlich einfachste Erklärung ist: Frieden ist da, wo kein Krieg ist. Wenn wir das Wort „Frieden" in der deutschen Sprache genauer anschauen, dann stammt es seinem Ursprung nach von dem Wort „pri" ab, was „lieben" bedeutet. Gewissermaßen lässt sich daher sagen, dass „Frieden" im deutschen „Freundschaft" bedeutet. Das englische Wort „peace" kann Unterschiedliches bedeuten, nämlich „Abwesenheit von Krieg, öffentliche Ordnung und innere Ruhe". „Pax" ist der lateinische Begriff für Frieden, der seinen Ursprung in der „Pax Romana" hat, dem römischen Frieden, der in der Ordnung regiert und gleichzeitig kein Krieg ist.
Wenn man sich wissenschaftlich „Frieden" nähern will, dann kommt man um den norwegischen Friedensforscher Johan Galtung nicht herum. Er hat den sog. „positiven und negativen Frieden" unterschieden. Der „negative" Frieden war bei ihm ein Zustand, indem kein Krieg herrscht, also ein „Nicht-Krieg" ist und die Waffen schweigen. Der „positive Frieden" geht bei ihm in seiner Definition viel weiter und umfasst deutlich mehr als nur einen bloßen „Waffenstillstand". Er meint damit einen Zustand, in dem Gerechtigkeit herrscht, es keine offene oder unterschwellige Unterdrückung und Ausgrenzung mehr gibt, in dem der Hunger besiegt ist und alle in Freiheit leben dürfen.
Als Jesus am Pfingsttag in die Mitte seiner Jünger getreten ist, hat er zu ihnen „Friede sei mit euch!" gesagt und dies gleich zweimal: „Friede sei mit euch!" Dieser Friede hat somit eine besondere Bedeutung für ihn.
Pfingsten ist, wenn man sich die Ausgangslage ansieht, das Fest der Befreiung von Angst, Abschottung und Isolation hin zu einem Aufbruch einer Botschaft für die ganze Welt aus einem Geist des Friedens heraus. Dieser von Jesus zugesagte Friede umfasst mehr als nur den Wunsch, friedlich zusammen zu leben. Der österliche Friede verweist vielmehr auf den himmlischen Frieden, der dort herrschen soll, wo Menschen sich in Jesu Namen versammelt haben. Das Reich Gottes wird dort sichtbar und spürbar, wo dieser Friede verwirklicht wird. Klar wird hierbei, dass dieser Friede die ganze Wirklichkeit des Menschen umfasst. Sowohl innerer, äußerer, gesellschaftlicher und sozialer Friede als auch ein Friede im Hinblick auf die ganze Schöpfung ist gemeint, in der Mensch und Natur in Eintracht miteinander verbunden sind.
„Friede sei mit euch!", gilt Mensch, Tier und der ganzen Schöpfung. Das Reich Gottes, das durch das Wirken Jesu seinen Anfang genommen hat, soll durch das friedvolle Handeln seiner Jüngerinnen und Jünger immer weitere Kreise ziehen. Und um dieses Werk immer wieder angehen zu können, sendet uns Jesus auch am heutigen Pfingstfest seinen Geist des Friedens, der uns in der heutigen Zeit Mut, Kraft und Zuversicht schenken will.

Thomas Stephan

Pfingstsonntag · Zu Apg 2,1–11 (B)

So begann die Kirche

Heute schildert Lukas uns den Anfang der Kirche. Die Beziehung zum jüdischen Pfingstfest ist unüberhörbar. Nach einer alten Legende soll sich die Stimme Gottes am Sinai in 70 Sprachen auf die damals existierenden Völker verteilt haben, sodass jedes Volk die Zehn Gebote Gottes in seiner Sprache verkünden konnte. Jetzt waren „alle" zusammen, gemeint sind wohl die zwölf Apostel und die Vielen, die offen für die Botschaft sind – Männer und Frauen. Die Gründung der Kirche geschieht nicht in einem gottlosen oder begrenzten Raum, sondern hat einen Weltbezug. Die Bemerkung des Lukas, „ein heftiger Sturm erfüllte das ganze Haus, in dem sie saßen", weist in diese Richtung. Das „ganze Haus" ist wohl die ganze Welt, für die die Kirche geschaffen wurde. Und jetzt verrät Lukas, dass dieser Sturm der Heilige Geist ist. Er durchweht das All, heißt es in der Liturgie. Bis heute gilt: Wir schwimmen im Meer des göttlichen Geistes. Neben dem Brausen, das sie hören, sehen sie einen unfassbaren Vorgang: „Zungen wie von Feuer", die sich auf „jeden" niederlassen. Die Zungen weisen auf Sprachen hin. Die vielen Sprachen, die die Menschen sprechen, erreichen alle Völker und können ihnen die großen Taten Gottes verkünden. Sie haben aber auch einigende Kraft, sodass alle sich verstehen können. „Die Menschen waren fassungslos vor Staunen". Es gab viele Sprachen, und doch verstanden sich alle. Ein Wunder des göttlichen Geistes. Gibt es das heute noch? Ist der Heilige Geist noch der Lenker der Kirche? Haben die Menschen, die sich zur Kirche bekennen, noch eine einheitliche Sprache, die sie verbindet?

WIR BRAUCHEN EINE MUTTERSPRACHE

Die Lesung spricht von den Muttersprachen der Menschen. Uns ist in unserer mobilen Welt diese Vokabel nicht fremd. In vielen Städten leben Menschen aus über hundert Nationen. Meistens sind es Gastarbeiter, die ihre eigene Sprache mitbringen. Wenn sie in ihrer neuen Heimat Fuß fassen wollen, müssen sie die Sprache ihres Gastlandes erlernen. Oft sprechen sie am Arbeitsplatz eine andere Sprache als zu Hause in ihrer Familie. Sie wollen ihre Heimatsprache nicht aufgeben. Sie bindet sie an ihr Herkunftsland, sie erinnert an ihre Kindheit; die Fremden leben aus ihrer Kultur, die sie lieben und sie träumen in ihr. Ihre Muttersprache ist ein Stück Heimat, in die sie vielleicht auch wieder einmal zurückkehren möchten. Durch ihre Muttersprache sind sie mit allen ihren anderen Volksgenossen verbunden. Das gibt ihnen Halt und macht sie stark. Aber jeder kennt nur seine eigene Muttersprache. Gibt es auch eine Muttersprache, die alle verstehen? Gibt es eine Muttersprache der Kirche? Zunächst ist es die Botschaft Jesu. Er ist auf dieser Erde Mensch geworden, um das Reich Gottes, die Gottesherrschaft aufzubauen. Sie sollte sich als ein Reich der Liebe und des Friedens über die ganze Welt erstrecken. Dadurch sollte es den Menschen in allen Völkern gut gehen. Sie sollten sich von dem leiten lassen, was Jesus uns gelehrt und was er uns vorgelebt hat. Der mit Gott aufs

Tiefste verbundene Jesus sollte der Maßstab des Menschen sein. Nur an ihm und seiner Botschaft sollten wir uns orientieren. Bei den vielen Sprachen dieser Welt, die die Menschen auch sprechen müssen, darf die Muttersprache des Evangeliums nicht verloren gehen. Sie ist die Grundlage aller Sprachen, die Orientierung und Halt geben kann. Die Botschaft Jesu ist eine Botschaft der Liebe. Auch zwischen Menschen, die in derselben Muttersprache sprechen, kann es Streit geben. Interessen können sich unterscheiden, Fehleinschätzungen sich entwickeln, Nöte zu Verzweiflungstaten drängen. Und doch will Gott immer wieder an die Muttersprache der Liebe erinnern. Dazu ist der Geist auf jeden Einzelnen herabgekommen.

EINE MUTTERSPRACHE, DIE DIE KIRCHE LERNEN MUSS

Die Kirche hat einen langen Weg vor sich. Ein Blick in die Geschichte der Kirche zeigt uns, mit welchen Schwierigkeiten und Gefahren die Kirche zu tun hatte. Immer entstehen neue Probleme, neue Entwicklungen, neue Gefahren, neue Erfindungen. Wer hilft jetzt? Wo sind die Zungen? Wo bleibt die Muttersprache der Botschaft Jesu, wo bleibt die der Liebe?

Die Welt ist kein totes Gebilde, das immer so bleibt, wie sie geschaffen ist. Sie ist wie ein lebendiger, wachsender Baum, der laufend neue Blüten treibt. Sie steht unter dem Gesetz der Evolution, die die Welt immer weiterentwickelt und die Menschen vor immer neue Fragen stellt. Viele Probleme von heute hat es früher nie gegeben. Auf diese Entwicklung muss die Kirche mit ihrer Botschaft reagieren. Papst Paul VI. hat bitter beklagt, dass die Kirche den Anschluss an die Entwicklung der Welt verloren hat und nicht mehr in der Lage ist, auf Augenhöhe mit ihr zu sprechen. Auch Jesus hat um diese Entwicklung gewusst und deshalb den Aposteln verheißen, dass noch vieles zu sagen wäre, aber der Geist Gottes würde sie in die ganze Wahrheit führen. Dazu hat der Heilige Geist eine weitere Muttersprache geschaffen, die die Entwicklungen in der Welt aufgreift und sie für die Menschen sichtbar macht. Die großen Päpste Johannes XXIII. und Paul VI. nannten sie die Zeichen der Zeit. Die Kirche sollte auf die für die Menschen wichtigen Entwicklungen in der Welt aufmerksam machen und sie im Lichte des Evangeliums deuten. Es ist nicht der oberflächliche Zeitgeist gemeint, den es immer in der Welt gibt, sondern es handelt sich um Ereignisse, durch die sich Gott in die Geschichte hinein vernehmbar macht. Diese neue Muttersprache kommt nicht von oben, nicht von den Kirchenleitungen und Generalvikariaten, sondern von unten, vom Volke Gottes, in dem der Geist Gottes wirkt. Durch diese neue Muttersprache werden nicht alte verstaubte Antworten auf die neuen Fragen der Menschen – etwa das Geheimnis der einen Welt, ihre Zusammengehörigkeit, die Bewahrung der Schöpfung, die Verhinderung der Kriege, die Beherrschung atomarer Kräfte, die Fluchtbewegungen – gegeben, sondern sie erwachsen aus der Vorstellungswelt und der Sprache der heutigen Zeit. In diesen Zeichen der Zeit ist der Geist Gottes am Werk. Der geplante Synodale Weg der Kirche in Deutschland wird nach diesen Wegen suchen. Nur so bleibt die Kirche ein lebendiger Organismus, in dem die Christen, auf denen sich die Zungen wie von Feuer niedergelassen haben, die großen Taten Gottes zeitgemäß und geisterfüllt verkündigen können.

Paul Jakobi

Pfingstsonntag · Zu Joh 20,19–23 (B)

Pfingsten anders erzählt

Wenn uns jemand bitten würde, ihm die Geschichte von Pfingsten zu erzählen, dann würden wir ihm vermutlich die Erzählung wiedergeben, die wir aus der Apostelgeschichte kennen. Wir haben sie gerade in der ersten Lesung gehört. Wir würden ihm erzählen von den Aposteln, die sich nach der Himmelfahrt Jesu mit Maria und den Frauen im Obergemach versammeln, um gemeinsam zu beten. Wir würden ihm erzählen vom Sturm, vom Brausen und von den Feuerzungen, die sich auf die Jünger niederlassen. Das Evangelium, das wir heute am Pfingstfest gehört haben, würde uns dagegen vermutlich nicht so schnell in den Sinn kommen. Es scheint auf den ersten Blick eine ganz andere Geschichte zu sein. Wenn wir aber genau hinschauen, dann erkennen wir, dass unser Evangelium sehr viel mit der Pfingstgeschichte zu tun hat. Man kann sagen: das Evangelium, das wir gerade gehört haben, erzählt ebenfalls die Pfingstgeschichte, aber auf eine andere Weise. Beide Erzählungen stehen in einem tiefen inneren Zusammenhang. Und so kann uns das Evangelium auch dabei helfen, die Pfingsterzählung, die wir aus der Apostelgeschichte kennen, besser zu verstehen und zu deuten. An drei Begriffen aus dem Evangelium wird das besonders deutlich.

FRIEDEN

„Jesus trat in ihre Mitte und sagte: Friede sei mit euch!" (Joh 20,19). „Friede sei mit euch" – das sind die ersten Worte, die der Auferstandene an seine Jünger, seine Freunde richtet. Im Pfingstbericht der Apostelgeschichte taucht das Wort „Frieden" zwar nicht auf. Wenn wir aber genau hinschauen, wird deutlich, dass „Frieden" ein wesentlicher Teil der Pfingstbotschaft ist. Der Friede ist nämlich nach dem Apostel Paulus eine der Früchte des Heiligen Geistes, der am Pfingsttag über die Jünger ausgegossen wird (vgl. Gal 5,22). Wo der Heilige Geist weht, da wirkt er den Frieden. Das beginnt mit dem Frieden im eigenen Herzen und geht bis hin zum Frieden zwischen den Völkern. Im Versöhnungshochgebet heißt es: „Dein Geist bewegt die Herzen, wenn Feinde wieder miteinander sprechen, Gegner sich die Hände reichen, und Völker einen Weg zueinander suchen." Das Pfingstwunder ist sozusagen ein Wunder der internationalen Völkerverständigung: Alle konnten die Apostel in ihren Sprachen reden hören und verstehen (vgl. Apg 2,7).

SENDUNG

„Wie mich der Vater gesandt hat, so sende ich euch" – das sind die nächsten Worte, die Jesus im Evangelium zu seinen Jüngern spricht. Jesus macht seine Jünger damit zu „Gesandten" – zu Menschen, die anderen Menschen eine Botschaft zu überbringen haben. Im Pfingstbericht der Apostelgeschichte wird klar herausgestellt: es ist der Heilige Geist, der die Jünger dazu befähigt, ihre

Sendung zu erfüllen. Jesus hatte sie ihnen vor seiner Himmelfahrt aufgetragen: „Ihr werdet meine Zeugen sein in Jerusalem und in ganz Judäa und Samarien und bis an die Grenzen der Erde." Mit dem Pfingstereignis, mit der Sendung des Heiligen Geistes, beginnen sie, ihre Sendung zu leben: Sie bezeugen Jesus als den Gesandten Gottes und sie bezeugen seine Auferstehung. In der Kraft des Heiligen Geistes finden sie den Mut und die Kraft, hinauszugehen in alle Welt. Dieser Zusammenhang zwischen Sendung und dem Empfang des Heiligen Geistes wird auch im Evangelium sehr deutlich gemacht, wenn es gleich nach den Sendungsworten Jesu an seine Jünger heißt: „Dann hauchte er sie an und sagte: Empfangt den Heiligen Geist!" (Joh 20,22). Wir sehen also: wen Gott sendet, den rüstet er aus mit dem Heiligen Geist.

VERGEBUNG

Wozu sendet Jesus seine Jünger? Was ist das Ziel ihrer Sendung? Am Ende der Pfingstpredigt des Petrus heißt es: „Kehrt um und jeder von euch lasse sich auf den Namen Jesu Christi taufen zur Vergebung eurer Sünden; dann werdet ihr die Gabe des Heiligen Geistes empfangen" (Apg 2,38). Die Pfingstpredigt des Petrus macht es schon deutlich: Die Vergebung der Sünden ist aufs engste verbunden mit dem Wirken des Heiligen Geistes. Unser Evangelium wird da noch deutlicher: Die Vergebung der Sünden geschieht in der Kraft des Heiligen Geistes, den die Apostel empfangen. „Jesus hauchte sie an und sagte zu ihnen: Empfangt den Heiligen Geist! Denen ihr die Sünden erlasst, denen sind sie erlassen; denen ihr sie behaltet, sind sie behalten" (Joh 20,22f). Bis heute hält die Kirche an diesem Zusammenhang zwischen dem Heiligen Geist und der Vergebung der Sünden fest. Im Ritus der Beichte sagt der Priester vor der Lossprechung: „Gott, der barmherzige Vater, hat durch den Tod und die Auferstehung seines Sohnes die Welt mit sich versöhnt und uns den Heiligen Geist gesandt zur Vergebung der Sünden."

EIN AUFTRAG FÜR HEUTE

Das Pfingstfest gilt als der „Geburtstag der Kirche". Es führt uns zurück an den Ursprung unserer Glaubensgemeinschaft. Es zeigt uns, wozu die Kirche von ihrem Ursprung her da ist. Wenn wir also ernstnehmen, was wir im heutigen Evangelium gehört haben, dann müssen auch heute die drei Worte „Frieden", „Sendung" und „Vergebung" unser Selbstverständnis als Kirche prägen. Dann verstehen wir uns als eine Glaubensgemeinschaft, die nicht für sich selber lebt, nicht um sich selber kreist, sondern gesandt ist. Gesandt in eine oft friedlose und zerstrittene Welt, um den Menschen Gottes Frieden zu verkünden. Gesandt in eine oft unbarmherzige und gnadenlose Welt, um den Menschen die Vergebung Gottes zu verkünden und diese Vergebung in der Kraft des Heiligen Geistes zuzusagen. Bitten wir heute am Pfingstfest darum, dass der Heilige Geist die Kirche in diesem Sinn erneuert.

Sebastian Büning

Pfingstsonntag · Für Kinder (B)

Besser als Kopfkino!

Lesung: Apg 2,1–11

Heute lade ich euch alle ins Kino ein! Im Kino laufen immer spannende Filme, es gibt Popcorn und es herrscht eine ganz besondere Stimmung. Also los geht's! Aber Achtung: Wir gehen ins Kopfkino! Augen zu und Vorhang auf für den spannenden Film: Pfingsten!
Schon beginnt der Vorspann: Wir sehen eine Pfingstrose im Garten, einen Tag von den Pfingstferien und könnt ihr den geschmückten Pfingstochsen sehen? Pfingstochsen kommen von einem alten Brauchtum. Es ist ein Ochse mit bunten Bändern und Blüten am Kopf, der traditionell an Pfingsten die Herde anführt, die zum ersten Mal nach dem Winter auf die Weide darf.
Oh stopp, ich glaube wir sind im falschen Film. Macht die Augen wieder auf, wir müssen erst den richtigen Film einlegen!

PFINGSTEN, 50 TAGE DANACH!

Pfingsten! Was soll man sich darunter vorstellen? Ein lustiges Wort, das seinen Ursprung im Griechischen hat und so viel wie „50 Tage" bedeutet.
50 Tage waren vergangen, seit Jesus von den Toten auferstanden war. Und nun war der Pfingsttag gekommen, so heißt es in der Lesung. Drehort: Jerusalem, Schauplatz ein Haus, wo die ganze Crew, also die Apostel und Maria zusammengekommen waren. Special Effect: „Es erschienen ihnen Zungen wie von Feuer." Es wird heiß! Der Sound wird in vielen verschiedenen Sprachen übertragen, alle verstehen alles: „... denn jeder hörte sie in seiner Sprache reden!" Unglaublich.
Bei einer Bildbeschreibung des Pfingstbildes eines berühmten Malers (El Greco, Die Ausgießung des Heiligen Geistes, um 1604–1614) sagte ein Mädchen aus der 6. Klasse im Reliunterricht: „Da ist eine Taube zu sehen, die lässt Feuer fallen, Feuer!" So, jetzt will ich nicht wissen, was gerade in eurem Kopfkino los ist. Ich musste zugeben, dass es schwer ist, die Herkunft dieser Feuerzungen zu bestimmen, die auf dem Bild über den Köpfen der Apostel zu sehen sind und von denen die Lesung spricht. Wie ist das möglich?

IN DER HAUPTROLLE: DER HEILIGE GEIST

Bis jetzt haben wir noch gar nicht den Hauptdarsteller des Pfingstfestes benannt. Darf ich vorstellen: der Heilige Geist! Er kommt mit einem Brausen und einem heftigen Sturm vor Ort an und erfüllt jeden Einzelnen der Anwesenden. Also ganz großes Kino!
Und was ab da geschieht, lässt jeden bis zur damaligen Stunde bekannten Film reißen. Der Heilige Geist, der direkt von Gott gesandt wurde, übersteigt alles, was das Kopfkino der Menschen sich damals hätte ausdenken können. Erfüllt

vom Heiligen Geist begannen Menschen zu sprechen, die keine Ausbildung und kein Studium der heiligen Schriften besaßen, ja sie hatten noch nicht mal einen Predigerkurs besucht. Sie machten sich für die Sache Jesu stark, taten Wunder durch den Heiligen Geist und erlebten sozusagen live und in Farbe die Geburtsstunde der Kirche!

ÜBER UNSERE VORSTELLUNG HINAUS

Reden wir jetzt hier von einem „alten Schinken", wie man alte Filmklassiker nennt, die man schon auswendig kennt, weil man sie so oft gesehen hat?
Ja, alt ist der Geburtstag der Kirche wohl, vielleicht hat man auch die Lesung vom Heiligen Geist schon oft gehört. Aber wer kann behaupten, das Drehbuch zu kennen?
Im Laufe der Kirchengeschichte ging es auf und ab, oft geht es um ewiges Leben oder Tod, um Untreue und Lügen, aber eben auch immer wieder um die ganz große Liebe! Sie steht auf jeder Seite des Drehbuchs. Es gibt ein Happy End, das Gute hat gesiegt, Jesus ist von den Toten auferstanden, soviel steht fest. Aber bis es soweit ist, müssen wir aus dem gemütlichen Kinosessel aufstehen und selbst Teil des Films werden.
Der Heilige Geist steht uns da zur Seite, er will uns mit seinem Feuer erfüllen, wie die Apostel und die Mutter Jesu, Maria. Er zieht uns mit, in dem er uns Liebe, Freude, Friede, Langmut, Freundlichkeit, Güte, Treue, Sanftmut und Selbstbeherrschung schenkt.
Große Worte! Manchmal scheint es schwer zu sein, mit dem Freund oder der Freundin immer freundlich umzugehen. Manchmal hängt der Frieden daheim auch ganz schön schief und es gibt Streit. Dann probiere wirklich mal Folgendes aus: Schließe deine Augen und ruf den Heiligen Geist um Hilfe, rufe ihn, wie es dir in den Sinn kommt. Du kannst z. B. sagen: Komm heiliger Geist, komm in mein Herz und hilf mir! Ich brauch dich! Aber mach dich auf seine Wirkung gefasst! Denn er kommt mit Sturmgebraus und wird dich überraschen. Trauer verwandelt sich in Freude, Trost und Friede werden in dein Herz kommen. Es wird besser sein als jedes Kopfkino, denn es ist ein Geschenk des allmächtigen Gottes höchstpersönlich. Und das ist echt! Gott ist ja bekanntlich viel größer als alles, was wir uns vorstellen können. Aber eben genau darum ist es so überwältigend, dass er in unseren Herzen Wohnung nehmen möchte.

Lade ihn ein und feiere Pfingsten, die Ankunft des Heiligen Geistes in deinem Leben!

Kathrin Vogt

24. Mai 2021 · Zur Liturgie

Pfingstmontag (B)

LIEDVORSCHLÄGE

Gesänge
Eröffnungsgesang: Atme in uns, Heiliger Geist (GL 346); *Gloria*: Preis und Ehre Gott dem Herren (GL 171); *Antwortgesang:* Der Name des Herrn sei gepriesen von nun an (GL 616,3) mit den Psalmversen; *Ruf vor dem Evangelium:* Halleluja (GL 175,2) mit dem Vers; *zur Gabenbereitung:* Nun singe Lob, du Christenheit (GL 487); *Danklied:* Lasst uns loben, freudig loben (GL 489); *Mariengruß:* Maria, breit den Mantel aus (GL 534).

ERÖFFNUNG

Liturgischer Gruß
Jesus Christus, der uns seinen guten Geist als Kraft und Stärke sendet, sei mit euch / ist mit uns allen.

Einführung
Mit dem fünfzigsten Tag nach Ostern, dem hohen Pfingstfest, ist der österliche Festkreis geschlossen. Das heißt nicht, dass nun alles vorbei ist, sondern dass hier ein Anfang markiert ist. Die Kraft des Geistes soll unser Leben durchdringen und uns im Glauben und der Liebe wachsen lassen. Wenn wir den Pfingstmontag als zweiten Feiertag feiern können, dann soll uns noch mehr bewusst werden, dass wir gestärkt unser Leben im Glauben gestalten können.

Kyrie-Litanei
Herr Jesus Christus, du stärkst und begleitest uns durch den Heiligen Geist. Herr, erbarme dich.
Du bist bei uns alle Tage bis an das Ende der Welt. Christus, erbarme dich.
Du schenkst uns den Geist der Liebe. Herr, erbarme dich.

Tagesgebet
Gott und Vater unseres Herrn Jesus Christus,
im Neuen Bund berufst du aus allen Völkern dein Volk
und führst es zusammen im Heiligen Geist.
Gib, dass deine Kirche ihrer Sendung treu bleibt,
dass sie ein Sauerteig ist für die Menschheit,
die du in Christus erneuern
und zu deiner Familie umgestalten willst.
Darum bitten wir durch ihn,
der in der Einheit des Heiligen Geistes
mit dir lebt und herrscht in alle Ewigkeit.

ZU DEN SCHRIFTLESUNGEN

1. Lesung: Apg 8,1b.4.14–17

In der Nachfolge Jesu verkündeten seine Jünger die heilbringende Botschaft von dem gekreuzigten und auferstandenen Messias. Philippus verkündete die Frohe Botschaft in Samaria. In Samaria war es Philippus, der das Evangelium predigte. Als die Apostel Petrus und Johannes erfuhren, dass die Menschen das Wort Gottes angenommen hatten, kamen sie, um den Heiligen Geist auf sie herabzurufen. Es erinnert an die Firmung, wo der Heilige Geist den Menschen im Glauben Stärkung schenkt.

2. Lesung: Eph 1,3a.4a.13–19a

In der Person Jesu ist die geheimnisvolle Liebe Gottes sichtbar geworden. Seine Liebe führt zur Wahrheit des Lebens. Durch Glaube und Taufe werden wir untrennbar Gottes besonderes Eigentum. Der Heilige Geist ist die Kraft der Liebe, wodurch der Mensch spüren kann, dass er Teilhabe am Leben Gottes hat. Welch ein Geschenk für den einzelnen Menschen, der bereit ist, Gottes Liebe anzunehmen!

Evangelium: Lk 10,21–24

Gott ist Beziehung. Jesus ist im Vater, der Vater in seinem Sohn und der Heilige Geist im Vater und Sohn. Unser Gott ist ein dreifaltiger Gott, ein Gott in drei Personen. Jesus öffnet uns Menschen den Weg zu seinem Vater. Der Mensch, der ein klares Auge hat und sein Herz öffnet, erkennt die Liebe Gottes. Jeder Mensch kann sich entscheiden: für oder gegen Gott. Ein Grund zu danken für die Menschen, die bereit sind, Jesu Botschaft anzunehmen, die in die Klarheit und Wahrheit des Lebens führt.

FÜRBITTEN

Christus hat uns gerufen, dass wir in Freude und Dankbarkeit das Pfingstfest feiern. Ihn bitten wir in unseren Anliegen:

- Sende aus deinen Geist und erneuere unsere Erde. *A:* Wir bitten dich, erhöre uns.
- Stärke unsere Jugend auf ihrem Weg, dich zu suchen. *A:* Wir bitten ...
- Wandle durch deinen Geist allen Hass in Liebe, alles Leid in Freude und jeden Krieg in Frieden! ...
- Erfülle unsere Herzen mit der Kraft des Glaubens, der Hoffnung und der Liebe! ...
- Schenke unseren Verstorbenen die Fülle deiner Liebe. ...

Gott, unser himmlischer Vater, höre auf unser Gebet. Dein Geist wirkt in uns, damit wir zu dir beten können. Dir sei Lob und Ehre durch Christus, im Heiligen Geist.

ELEMENTE FÜR DIE EUCHARISTIEFEIER

Kommunionvers
Wenn der Geist der Wahrheit kommt, wird er euch in die volle Wahrheit einführen. Halleluja.

Zur Besinnung
Bitte um den Geist

Komm, Herr Jesus, und lebe in mir,
in der Fülle deiner Kraft,
in der Lauterkeit deiner Wege,
in der Heiligkeit deines Geistes,
und bezwinge alle böse Macht
durch deinen Geist –
zur Ehre des Vaters. Amen.
(Condren, um 1630)

ELEMENTE FÜR DIE WORT-GOTTES-FEIER

Zum Schuldbekenntnis
Immer wieder laden wir Schuld auf uns. Bewusst oder unbewusst. Darum beten wir in Reue und vertrauen auf das Schuldbekenntnis:
Ich bekenne Gott, dem Allmächtigen,
und allen Brüdern und Schwestern,
dass ich Gutes unterlassen und Böses getan habe.
Ich habe gesündigt in Gedanken, Worten und Werken:
durch meine Schuld,
durch meine Schuld,
durch meine große Schuld.
Darum bitte ich die selige Jungfrau Maria,
alle Engel und Heiligen
und euch, Brüder und Schwestern,
für mich zu beten bei Gott, unserem Herrn.

Zum Friedenszeichen
Gerade in einer friedlosen Welt brauchen wir den Heiligen Geist, der die Menschen zum Frieden bewegen kann. So beten wir: Herr Jesus Christus, schau nicht auf unsere Sünden, sondern schau auf den Glauben deiner Kirche, auf die Liebe deiner Gläubigen. Der Friede des Herrn, sei allezeit mit euch.
A: Und mit deinem Geiste.
P: Gebt euch ein Zeichen des Friedens und der Versöhnung.

Dominik Schmitt

Pfingstmontag · Zu Lk 10,21–24 (B)

Was verändert Glauben?

Wissen Sie eigentlich, warum Sie hierhin gekommen sind? Ich meine, was bringt es Ihnen persönlich, wenn Sie, statt gemütlich im Kreis der Familie beisammenzusitzen und zu frühstücken, den Gottesdienst besuchen?
Man könnte jetzt antworten, dass es einfach zum Feiertag dazugehört. Ich liebe Dinge, die einfach dazugehören. Sahne zum Kuchen. Keks zum Kaffee. Muskelkater nach dem Sport. Aber nur, weil das dazugehört, wäre eine recht dünne Antwort. Also nochmal unter uns: Was verändert sich eigentlich durch Ihren Besuch hier? Ist es nicht total egal, ob Sie hierherkommen, allein zu Hause glauben oder gar nicht glauben? Was würde sich denn ändern, wenn Sie den Gottesdienst nicht besuchen würden?
Ich gebe zu, die Frage ist provokant, wenn sie im Gottesdienst gestellt wird und sie ist auch nicht leicht zu beantworten. Das heutige Evangelium macht es uns da auf den ersten Blick auch nicht viel leichter.
Stellen wir uns die Situation einmal vor. Die Verse, die Lukas vor unserem Evangelium aufgeschrieben hat, berichten, dass die Jünger von einem erfolgreichen Missionsauftrag zurückkommen. Sie erzählen, dass selbst die Dämonen auf sie gehört haben. Ein voller Erfolg, daher ist es auch nicht verwunderlich, dass Jesus zum Lob ausholt. Wenn man genau hinsieht, entdeckt man, dass in dieser Lobrede eine mögliche Antwort auf meine Anfangsfrage liegt. Die Antwort lautet: „Selig sind die Augen, die sehen, was ihr seht." Diese besondere Art zu sehen bekräftigt er noch einmal, in dem er sagt, dass viele Propheten und Könige ebenfalls so sehen wollten. Nicht die Dämonen auszutreiben, ist das Besondere. Nicht das Werk. Sondern einen Blick zu haben für das, was diese Welt übersteigt: dass Jesus Christus Gottes Sohn ist.
Denn genau in dieser Erkenntnis übersteigt der Glaube den Nicht-Glauben: Das Gott sich in einem Menschen als Gott ganz und gar offenbart hat. Das ist der entscheidende Unterschied, die Welt zu sehen.
Also nochmal gefragt: Wissen Sie eigentlich, warum Sie hierhin in den Gottesdienst gekommen sind?
Eine Antwort könnte lauten: Ja, weil ich an Gott glaube. Weil mir ohne Glaube, ohne meine Beziehung zu Gott, ein zweiter Blick auf mein Leben und die Welt fehlen würde. Ich bin außerdem überzeugt, dass nach dem Leben noch etwas kommt, dass der Mensch zur Ewigkeit berufen ist. Der Gottesdienstbesuch ist eine Gelegenheit für mich, mir das vor Augen zu führen, mich immer wieder daran zu erinnern, dafür zu danken und Kraft daraus zu schöpfen.

Tobias Sauer

Pfingstmontag · Zu Ez 37,1–14 (B)

Der Ewige möge Kraft geben

Wie kaum ein anderes Volk weiß sich das auserwählte Volk Gottes durch sein religiöses Bekenntnis zu JHWH begründet und herausgefordert. Der Glaube an den Ewigen, der zugleich als Herr und Gott der ganzen Schöpfung bekannt wird, bildet seit Jahrhunderten den Boden, auf dem sich die Geschichte des Volkes Gottes entfaltet hat. Auf dem Weg durch die Zeit erlebten unsere älteren Geschwister im Glauben eine wechselvolle Geschichte, die bis hinein in die Gegenwart mit teils erschütternden Erfahrungen von Umbrüchen, Not und Verfolgung geprägt ist.

KRISENZEIT DES BABYLONISCHEN EXILS

Die Lesung aus dem Buch Ezechiel führt zurück in das 6. Jahrhundert vor Christus. Der Prophet Ezechiel spricht seine Worte in die Krisenzeit des babylonischen Exils, in der viele soziale und religiöse Traditionen ihre bisherige Selbstverständlichkeit verlieren. Nachdem nämlich die Babylonier Jerusalem im Jahr 597 v. Chr. ein erstes Mal eroberten, verbannten sie einen Großteil der führenden Bevölkerung nach Babel und nur zehn Jahre später lässt Nebukadnezzar Jerusalem ein zweites Mal belagern. Mit der Zerstörung des Tempels und dem Ende des davidischen Königtums brechen schließlich zentrale Institutionen weg, die über Jahrhunderte hinweg dem Glauben Israels Gestalt und Identität verliehen und die gewohnte Glaubenspraxis geprägt haben.
Der Prophet Ezechiel gehört vermutlich zu dem deportierten Personenkreis. Er kennt die Verzweiflung und Resignation, die sich unter der Bevölkerung breit macht. Mit eindringlichen Worten und erschreckenden Bildern schildert Ezechiel, wie sein Volk am Boden liegt. Vom früheren Leben ist nichts mehr übrig. Der Zersetzungsprozess ist schon so weit vorangeschritten, dass die ursprüngliche Gestalt nicht mehr zu erkennen ist. Nur noch die vertrockneten Gebeine liegen verstreut auf der Ebene herum und hinterlassen ein Bild des Todes. Von Geist und Atem verlassen ist das Ende gekommen.

EZECHIEL – „GOTT MÖGE KRAFT GEBEN"

Ezechiel, dessen Name in unsere Sprache mit „Gott möge Kraft geben" übersetzt werden kann, setzt seine Hoffnung in dieser schier ausweglosen Situation auf das rettende Eingreifen Gottes. Er verkündet seinem Volk trotz allem eine heilvolle Zukunft in der Erneuerung der Beziehung zu JHWH, der Israel neues Leben verheißt: „Ich gebe euch ein neues Herz und einen neuen Geist gebe ich in euer Inneres. Ich beseitige das Herz von Stein aus eurem Fleisch und gebe euch ein Herz von Fleisch" (Ez 36,26). Der Ewige haucht den Gebeinen seines Volkes neuen Odem ein und erneuert in gewisser Weise seinen Schöpfungsakt: „Da formte Gott, der Herr, den Menschen aus Staub vom Erdboden, und blies in seine Nase den Lebensatem. So wurde der Mensch zu einem lebendigen Wesen" (Gen 2,7). Nach biblischer Überzeugung ist es allein der Atem des Ewigen, der das Tote zum Leben erwecken kann. Sein Geist ist die Antwort auf den Lebenshunger der Menschen.

HOFFNUNG AUF DIE ANDERE WIRKLICHKEIT GOTTES

In der wohligen Festtagsatmosphäre, in der wir heute die Vision des Propheten Ezechiel gehört haben, lässt sich die bedrängende Situation seiner Zeitgenossen wohl nur erahnen. An der Bedrängnis lässt sich nichts mit frommen Sprüchen, billigem Trost und eigenem Machbarkeitswahn beschönigen. Wer die Katastrophe ernstnimmt, kann aber auch das erlösende Potenzial des Lesungstextes spüren. Der Prophet Ezechiel schmettert den Krisenerfahrungen unserer Gegenwart die Hoffnung auf die andere Wirklichkeit Gottes entgegen, der Herr ist und lebendig macht.

VON GEIST UND ATEM VERLASSEN?

Die Worte des Propheten Ezechiel sind gewiss ein guter Anlass, individuell und gemeinsam darüber nachzudenken, was heute an der Zeit ist. Wo fühle ich mich, wo fühlen wir uns heute, von Geist und Atem verlassen, dem Ende nahe? Am Pfingstmontag lohnt es sich gewiss, die Frage zu stellen: Wo bedürfen wir hier in unserer Gemeinde des Atems des Ewigen, seiner Antwort auf unseren Lebenshunger? Spätestens seit der Mitte des letzten Jahrhunderts hat sich erst langsam, dann aber doch immer schneller, die Glaubenspraxis in unseren Breitengraden gravierend gewandelt. Im Laufe der vergangenen Jahre haben zentrale Institutionen dramatisch ihre identitätsstiftende Funktion eingebüßt, die über Jahrhunderte hinweg die gewohnte Glaubenspraxis geprägt haben. Selbst wenn man sich mit aller Macht gegen diese Entwicklung stemmte, wird man vielfach wohl am Ende doch nichts anderes erreichen als Erschöpfung, Verzweiflung und Resignation. Die vielerorts geführten Debatten um kirchliche Strukturreformen sind ein beredtes und oft unerquickliches Zeugnis dafür. Und tatsächlich scheinen viele Strukturen nun mehr wie die vertrockneten Gebeine in der Vision des Propheten Ezechiel zu sein. So notwendig Gespräch und Diskussionen sind, hinterlassen doch manche Debatten ein Bild des Todes: von Geist und Atem verlassen, ist das Ende gekommen. Ezechiel weiß darum, dass sich sein Volk nicht mehr allein aus eigener Kraft aus der Krisensituation befreien kann. Er realisiert: Ausgetrocknet sind unsere Gebeine, unsere Hoffnung ist untergegangen, wir sind verloren. Er setzt seine Hoffnung auf die Beziehung zu JHWH, von dem her die Rettung kommt: Ich hauche euch meinen Geist ein, dann werdet ihr lebendig. Es ist der Glaube an den Ewigen, der zugleich als Herr und Gott der ganzen Schöpfung bekannt wird, der seit Jahrtausenden den Boden bildet, auf dem sich die wechselvolle Geschichte des Gottesvolkes entfaltet. Der Ewige möge uns die Kraft geben unterwegs zu bleiben.

Florian Kunz

Pfingstmontag · Zu Lk 10,21–24 (B)

Pfingstliche Gemeinschaft

Alle hohen Feiertage im Kirchenjahr feiern wir zwei Tage lang: Weihnachten, Ostern und Pfingsten. Das verdanken wir „unseren älteren Geschwistern im Glauben". Weil so viele Juden außerhalb Palästinas – in der weiten Diaspora bis nach Kleinasien hin – wohnten, war es erforderlich, die unregelmäßigen Feiertage durch Hörner oder Lichtzeichen von einem hohen Berg zum nächsten bekanntzugeben.

ZENTRUM UND PERIPHERIE IN JEDER GLAUBENSGEMEINSCHAFT

In dieser Praxis können wir den Zusammenhang spüren, der sich zwischen dem Zentrum und der Peripherie ergibt, zwischen dem Mittelpunkt und der weiten Fläche im Umfeld. Wenn in Jerusalem der Festtag begann, bedurfte es schon einer klugen Logistik, von einer Berghöhe zur nächsten Reisigbüschel anzuzünden, damit möglichst rasch z. B. auch die Gemeinde in Tarsus in der heutigen Türkei durch Lichtzeichen informiert wird. Wegen der großen Entfernungen der Gemeinden untereinander konnten entlegene Diasporagemeinden oft nicht am gleichen Tag erreicht werden, sondern erst tags darauf. Das war Grund genug, in Jerusalem und Umgebung auch den zweiten Tag zu feiern. Es wäre unpassend, gar lieblos, den Feiertag im Zentrum schon zu beenden und zum Alltag zurückzukehren, wenn an der Peripherie die Glaubensgeschwister gerade erst den Festtermin erfahren haben. Diesen Brauch haben die Jesus-Anhänger beibehalten. Und da sollte es uns heute wichtig bleiben, den zweiten Feiertag zu pflegen. Manchmal muss man den Eindruck gewinnen, dass unsere Gewerkschaften diesen Tag ernster nehmen als die Christen selbst.
Zwei Anstöße aus dem heutigen Evangelium werden uns eine tiefe pfingstliche Frohbotschaft bleiben.

VERTRAUEN UND EHRFURCHT – DIE PFEILER DES GEBETS

Wir stellen uns vor: Die Jünger kommen wieder zusammen und berichten von ihrem Tun. Zutiefst sind sie erfreut, dass „sogar die Abergeister", alle Formen von Besessenheit, sich Jesu Namen unterwerfen. In dieser Stunde der Rückkehr der Zweiundsiebzig – so der Beginn des heutigen Evangeliums – frohlockt Jesus. Jesus, der Heilbringer, ist vom Geist erfüllt und ruft im Heiligen Geist: „Vater, dich preise ich, Herr des Himmels und der Erde." In einzigartiger Intimität mit dem Vater im Himmel redet Jesus ganz vertraulich – wie ein Kind lallend – Papa, Abba! Gleich fügt er respektvoll an: Du Herr des Himmels und der Erde! Das sind die beiden wichtigen Eckpunkte unseres Sprechens mit Gott: Vertrauen auf der einen Seite und Ehrfurcht auf der anderen.
Unter dem Wirken des Heiligen Geistes steht das Gebet Jesu. Voll Heiligen Geistes beten alle Menschen im Lukasevangelium. Das ist geradezu ein Leit-

faden für Lukas. „All das," gemeint ist das Wirken Gottes, seine Wirkkraft, das Reich Gottes, wo Gott also uneingeschränkt zur Geltung kommt und sich uneingeschränkt anerkannt weiß. „All das hast du, Vater, mitgeteilt, offenbart, deutlich spüren lassen – den „Kleinen", Namenlosen, Unmündigen, Unverständigen, Namenlosen, aber nicht den Großen, Schriftgelehrten, den Großkopferten, Wissenden und Weisen. Nein: Den Ungebildeten, denen keine Gotteserkenntnis zugetraut wird. Den „Armen" wird die Frohbotschaft verkündet. Nehmen wir das eigentlich ernst, wenn wir über unsere Gemeinden nachdenken – von Rom bis in unseren Ort, von unseren galant auftretenden Bischöfen bis zu den Unbeholfenen im kirchlichen Leben?!

SELIG DIE AUGEN, DIE SEHEN, WAS IHR SEHT! SELIG DIE OHREN, DIE HÖREN, WAS IHR HÖRT!

Den Jüngerinnen und Jüngern hat Jesus vermittelt, wer der Vater ist. In sein persönlich einzigartiges Verhältnis zum Vater hat Jesus seine Anhänger eingeweiht. Selig seid ihr! Gemeint sind du und ich. Die Kleinen. Denen, die nicht mitgerechnet werden, ist der Anbruch des Heils mitgeteilt. Spüren wir den Jubel derjenigen, die von der Freude des geschenkten Glaubens erfüllt sind? Richtig können wir Jesus nur dann sehen, wenn wir auch hören, was die Offenbarung über ihn sagt. Das gibt uns Christen die frohmachende Erkenntnis. In jedem Gottesdienst sind wir eingeladen, hinzusehen und aufmerksam zu werden, wie Jesus uns in seine Gemeinschaft mit dem Vater hineinnimmt. Die einzigartige, wechselseitige Gemeinschaft zwischen Jesus und dem Vater ist geradezu eine Perle unter allen Aussagen über Jesus Christus. Mit dieser Sicherheit gehen wir von Pfingsten aus weiter in alle Tage und Wochen, die vor uns liegen.
Lassen wir uns bestärken, wach hinzusehen und auch einander respektvoll zuzuhören – auch in unserem alltäglichen Leben. Gerade in der Hektik nehmen wir oft nur wahr, was wir ohnehin schon wissen und wovon wir überzeugt sind. Unser Miteinander – pfingstlich bestärkt – wird jedoch eine ganz neue Tiefe gewinnen, wenn wir genau hinzusehen einüben, wenn wir einander zu zuhören praktizieren. Auch aus ganz alltäglichen Erfahrungen können wir dann staunend beten: „Vater, ich preise dich!"

Konrad Schmidt

Pfingstmontag · Für Kinder (B)

Ist die Party gut, feiert man auch länger

Evangelium: Lk 10,21–24 *(später verkündigen)*

Bestimmte Tage im Jahr werden mit vielen Menschen gefeiert. Jedes Jahr, am selben Tag, dasselbe Fest.
Euer Geburtstag ist so ein ganz besonderes Fest. Jedes Jahr, am selben Tag. Es ist ein großartiges Fest, denn es sind eure Freunde da und Menschen, die ihr liebt und die euch lieben. Ihr werdet an diesem Tag ein Jahr älter und es gibt Geschenke. Dieser Tag ist auch ein wichtiges Fest für eure Mama oder euren Papa. Denn das Leben von eurer Mama und eurem Papa hat sich mit eurer Geburt komplett geändert. Auch das wird an eurem Geburtstag gefeiert. Euer Geburtstag ist für euch und eure Familien ein Feiertag, denn an diesem Tag seid ihr auf die Welt gekommen. Aber an wie vielen Tagen feiert ihr eure Geburtstagsparty? (–) An einem Tag? Normalerweise. Dann gibt es aber auch Kinder, die feiern an mehreren Tagen Geburtstag. Einmal mit ihren Freundinnen und Freunden, einmal in der Kindergartengruppe oder Schulkasse und einmal mit Oma, Opa und Mama und Papa. Eine Party an einem, an zwei oder sogar an drei Tagen.

PFINGSTEN – GEBURTSTAG DER KIRCHE

So ist das auch mit den ganz wichtigen Festen bei uns in der Kirche, z. B. der Geburtstag Jesu wird an zwei Tagen gefeiert. Das nennen wir Weihnachten. Auch die Auferstehung Jesu wird an zwei Tagen gefeiert. Am Ostersonntag und am Ostermontag. Und heute ist Pfingstmontag. Das ist der zweite Feiertag vom Pfingstfest. Was wird denn am Pfingstmontag gefeiert? Ein besonderer Geburtstag? Dazu hören wir jetzt einen Abschnitt aus der Frohen Botschaft:
(Evangelium jetzt verkündigen)

Komisch. Im Evangelium wird gar nichts von einer Geburtstagsfeier erzählt! Keine Party, keine Torte, keine Geschenke. Jesus freut sich stattdessen riesig über seine Freunde. Doch was haben die getan?
Die Jünger, seine Freunde, haben angefangen, wie Jesus zu leben. Sie helfen den Alten. Sie kümmern sich um die, die alleine sind. Die Jünger sammeln Geld und Essen und geben es denen, die nichts haben. Sie hören Menschen zu und erleichtern damit deren Sorgen und Nöte. Sie machen das zu zweit, zu dritt oder mit mehreren in einer Gemeinschaft.
Die Freunde Jesu hören auf ihr Herz und verstehen, was wertvoll ist im Leben. Sie lernen, was ihnen und anderen gut tut. Sie empfinden Dankbarkeit, wenn sie helfen. Sie ziehen sich auch zurück, ruhen und beten.
Jesus freut sich genau darüber. Das Wohlwollen Gottes wird im Leben seiner Freunde sichtbar. Die Liebe zu den Menschen. Darüber freut sich Jesus. Er jubelt darüber. So großartig findet er seine Freunde.

SEHEN UND VERSTEHEN

Warum machen die Freunde Jesu das? Jesus hat ihnen gezeigt und sie gelehrt, wie Gott die Menschen liebt. Sie erleben mit Jesus, wie gut Gott ist und wie gut er es für uns will. In Jesus wird diese Liebe Gottes zu uns Menschen sichtbar. Und die Freunde Jesu machen das nach. Sie ändern ihr Leben. Sie erzählen über diesen Jesus und wie wichtig er für ihr Leben ist. Sie fühlen sich stark und mutig. Sie wollen die Menschen lieben, ihnen helfen, ihnen beistehen, fair und gerecht miteinander umgehen.
Alleine und vor allem mit anderen, in Gemeinschaft und mit der Kraft des Heiligen Geistes.
Aus dieser Freude und den Freunden Jesu ist die Kirche entstanden und deshalb feiern wir heute den Geburtstag der Kirche, das heißt, der Menschen, die aus dem Glauben an Gott leben. Herzlichen Glückwunsch an uns alle.

FÜRBITTEN

Gott ist ein Freund der Menschen. Ihm dürfen wir unsere Bitte anvertrauen:

- Wir beten für alle, die in diesen Tagen Geburtstag haben. *A.:* Guter Gott, wir bitten dich, erhöre uns.
- Wir beten für alle, die in ihrer Gemeinschaft unzufrieden sind ...
- Wir beten für alle, die nicht wissen, wie es weitergeht. ...
- Wir beten für alle Kinder, die traurig sind und leiden. ...
- Wir beten für uns, dass wir erfahren dürfen, dass Gott unser Freund ist. ...

Gott, wir danken dir, dass du unser Freund sein willst. Wir loben und preisen dich in Ewigkeit.

DANKGEBET

Wir beten gemeinsam: Guter Gott, gib uns den Mut, anderen Menschen von Jesus und unserem Glauben zu erzählen, damit auch sie erleben können, wie schön deine Liebe ist.

Daniel Bidinger

GOTTESDIENSTMODELLE

Bußgottesdienst in der österlichen Bußzeit · Zu Lk 13,10–17

Du stellst meine Füße auf weiten Raum

Vorbereitung: Eventuell hängt im Gottesdienstraum das Hungertuch von MISEREOR. Wenn nicht, kann das Bild über einen Beamer gezeigt werden, oder ein kleines Hungertuch (ca. 120 x 85cm) wird an geeigneter Stelle aufgehängt. Zusätzlich erhalten alle Teilnehmenden ein Bildblatt des Hungertuches.
Einen Link zur Bestellung des Hungertuches und der Bildblätter (50er Pack) sowie die Bilddatei zum Beamen finden Sie auf www.hungertuch.de.
Das Schuldbekenntnis wird für alle auf ein Blatt kopiert.

ERÖFFNUNG

Zum Einzug
Orgelspiel oder Lied: Herr, dir ist nichts verborgen (GL 428).

Liturgischer Gruß und Einführung
V: Im Namen des Vaters und des Sohnes und des Heiligen Geistes. A: Amen.
V: Unsere Hilfe ist im Namen des Herrn.
A: Der Himmel und Erde erschaffen hat.
V: Die österliche Bußzeit lädt uns dazu ein, unser Leben neu auf Gott auszurichten. Menschen können uns dafür ermutigende Vorbilder sein – nicht nur Frauen und Männer, die wir Heilige nennen, sondern auch die Menschen, die wie wir, ihren Alltag aus dem Glauben heraus gestalten. Menschen, die in oft bedrückenden Lebensumständen leben, die mit Krankheit und Beschwerden des Alters kämpfen, die unter Ungerechtigkeit und Armut leiden – die jedoch nicht um sich selbst kreisen, sondern offen sind für Gott und die Welt!
Diese Offenheit gelingt uns nicht immer. Wir hadern mit den Bedingungen, die unser Leben bestimmen und einschränken. Wie oft gelingt es uns nicht, den ersten Schritt zu tun, um einen Konflikt aufzulösen. Wie schnell verhärten wir uns und sind blind für die Nöte und Bedürfnisse unserer Mitmenschen. Besinnen wir uns in dieser Stunde neu auf Gottes liebevolle Zuwendung. Er nimmt uns mit unserer Unzulänglichkeit an und ist bereit, unsere Schuld zu vergeben. Vertrauen wir unser Leben seiner Barmherzigkeit an!

Gebet
Du Gott des Lebens:
Immer wieder stoßen wir an unsere Grenzen.
Immer wieder nehmen wir uns selbst wichtiger als alles andere.
Wie oft beanspruchen wir mehr, als wir wirklich brauchen;
wie oft verschwenden wir deine guten Gaben!
Wir bleiben hinter unseren Möglichkeiten zurück.

Wir haben keine Zeit für dich und blenden dich aus unserem Leben aus.
Du Gott der Liebe: Schau auf uns!
Wir fühlen uns oft kraftlos.
Unser Leben verläuft nicht immer geradlinig – da ist so manches krumm, es fehlt an einer klaren Ausrichtung und Orientierung.
Wir schaffen nicht immer das, was wir uns vornehmen.
Wie oft versäumen wir es, ein gutes Wort zu sprechen und eine hilfreiche Hand auszustrecken!

Du Gott der Freiheit:
Wir bewegen uns oft in engen Räumen.
Wir wagen es nicht, etwas Neues anzufangen, einen Streit zu beenden, einen abgerissenen Kontakt wieder aufzunehmen.
Wir regen uns auf über den Zustand der Welt – aber was tun wir, um die Welt zum Besseren zu verändern?
Was tun wir, um die Schönheit und Unversehrtheit der Schöpfung zu bewahren?
Wir stehen heute mit gesenkten Augen vor dir – doch du kannst uns aufrichten.
Du willst unsere Hände stark machen und unsere Herzen öffnen.
Dank sei dir dafür!

Kyrie
Gesungen oder gemeinsam gebetet: Meine engen Grenzen (GL 437).

Evangelium: Lk 13,10–17
Die Heilung einer Frau am Sabbat.

FEIER DES WORTES GOTTES

Impuls
Das wünschen wir uns: befreit und aufrecht zu leben. Der kranken Frau war es verwehrt. Ihr Rücken war schon seit 18 Jahren verkrümmt. Ihre Krankheit war sicher mit großen Schmerzen verbunden. Vor allem konnte die Frau anderen Menschen nicht normal, sozusagen auf Augenhöhe, begegnen. So litt sie nicht nur unter ihrer Krankheit und Behinderung. Sie fühlte sich ausgeschlossen, weil sie nicht am Leben der anderen teilhaben konnte.
Auch wir fühlen uns oft belastet, geradezu niedergeschlagen – durch widrige Lebensumstände, oft aber auch durch unsere eigene Mutlosigkeit, unsere Verkrampftheit, unsere Fixierung auf uns selbst – und vielleicht durch eine Schuld, die uns bedrückt.
Schauen wir auf das Bild, das MISEREOR-Hungertuch: Lilian Moreno Sánchez, eine in Deutschland lebende chilenische Künstlerin, hat es geschaffen. Nehmen wir uns ein wenig Zeit, das Bild zu entdecken. – *(Kurze Stille)*
Wir erkennen die Umrisse eines Fußes, scheinbar wirre Linien; Falten und Nähte; goldfarbene Blumen; Staub... Als Grundlage ihres Bildes hat die Künstlerin das Röntgenbild eines vielfach gebrochenen Fußes verwendet. Der Fuß

gehört zu einem Menschen, der bei den Herbst-Demonstrationen 2019 in Santiago de Chile schwer verwundet wurde. Die Proteste waren gegen die soziale Ungerechtigkeit im Land gerichtet. Über 1000 Menschen wurden bei den Unruhen verletzt, rund 7000 wurden verhaftet.

Für das als Triptychon angelegte Bild hat die Künstlerin Bettlaken aus einem Krankenhaus und einem ehemaligen Frauenkloster verwendet, um die körperlichen und die seelisch-spirituellen Aspekte von Krankheit und Heilung anzusprechen. Auf dem Platz der Protestkundgebungen in Santiago de Chile hat sie Erde und Staub eingesammelt und in den Stoff gerieben. Er wurde nicht glatt und makellos, sondern mit eingebügelten Falten und Verwerfungen auf die Keilrahmen gespannt. Feine eingenähte Goldfäden erinnern an Wundnähte, die nach dem Abheilen einer Verletzung sichtbar bleiben. Die zum Schluss aufgebrachten goldenen Blumen greifen das Muster der Kloster-Bettwäsche, eingewebte Blüten, auf. Während das Röntgenbild deutlich die Verletztheit der Knochen und Gelenke zeigt, symbolisieren die Blumen Schönheit und Kraft – das unbesiegbare und neu erblühende Leben.

Neues Leben wurde auch der gekrümmten Frau geschenkt. Trotz ihrer Behinderung war sie in die Synagoge gekommen, um Jesus zu sehen. Sie wagte nicht, ihn anzusprechen, doch er erkannte ihre Not. Im wahrsten Sinn des Wortes richtete er sie auf! Auch wir sind gerufen, nicht im Leid zu verharren, sondern „Wege ins Weite" zu suchen – das ist die Botschaft des Bildes, das an einen Vers des 31. Psalms anknüpft: „Du stellst meine Füße auf weiten Raum" (vgl. Ps 31,9). Ist es überhaupt möglich, mit verwundeten und gehemmten Füßen zu gehen? Das Bild sagt: Ja – denn die mit Zeichenkohle nachgezogenen Linien des Röntgenbildes vermitteln trotz allem einen Eindruck von Leichtigkeit, sie scheinen sogar fast zu tanzen. Leben ist ein Prozess, der immer weitergeht, wenn wir auf die Kraft vertrauen, die Gott schenkt – die Kraft der Heilung und Versöhnung, die Kraft des Wandels.

Das Bild entstand in der Zeit der beginnenden Corona-Pandemie im Augsburger Atelier der Künstlerin. Auch ihr Heimatland Chile wurde schwer von der Corona-Krise getroffen. Existenzängste und die Überforderung des Gesundheitssystems verschärfen dort die bestehenden politischen und sozialen Probleme. Doch gerade, wenn menschlich gesehen alles hoffnungslos erscheint, zeigt Gott uns Auswege.

Wir müssen nur bereit sein, die Chance anzunehmen. Erinnern wir uns an den Synagogenvorsteher: Er war empört darüber, dass Jesus die gekrümmte Frau am Sabbat heilte. Er sah nur auf den Buchstaben des Gesetzes, der vorschreibt, dass man am Sabbat keinerlei Arbeit tun darf. Es ist dieser verengte Blick, es ist diese Verhärtung des Herzens, die auch uns oft daran hindern, das Geschenk der Heilung und Befreiung anzunehmen. *Kurze Stille – Musik*

FEIER DES ERBARMENS GOTTES

Überleitung zum Schuldbekenntnis

Wir sind hier, weil wir darauf hoffen, durch Jesus – das heißt, durch das Handeln Gottes – aufgerichtet zu werden. Wir wollen Gott, den Herrn, um Vergebung bitten, um die Kraft, etwas Neues zu beginnen, Scherben zusammenzufügen und zerrissene Fäden wieder neu zu knüpfen. Nicht nur für uns selbst – sondern für alle Menschen, die gebeugt, verkrümmt, verkümmert und verhärtet sind!

Schuldbekenntnis
V.: Du Gott der Weite, wir sind hier, weil wir schuldig geworden sind vor dir und voreinander.
A.: Wir bekennen, dass wir das Gute versäumt haben. Dass wir geschwiegen haben, wo unser Wort gefragt war. Dass wir uns weggedreht haben, wo wir hätten helfen müssen. Dass wir unseren Besitz, unsere Zeit, unsere Privatsphäre gehütet haben, statt mit anderen zu teilen.
V.: Wir bitten dich: Schau nicht auf unser Versagen, sondern auf unseren guten Willen, auf unsere Bemühungen, auch wenn sie Stückwerk geblieben sind. Du Gott des Lebens, richte uns auf und hilf uns, neue Wege zu gehen. Vergib uns unsere Schuld! Darum bitten wir durch Jesus, unseren Bruder und Herrn.
A.: Amen.

Friedenslied
Manchmal feiern wir mitten im Streit (GL 472,3+4).

FÜRBITTEN UND VATERUNSER

V.: Gott versöhnt sich mit uns durch seinen Sohn, unseren Bruder Jesus Christus. Ihn wollen wir bitten:
um Brot und mitmenschliche Hilfe, wo Not herrscht.
Um Entlastung und Ermutigung, wo Sorgen drücken.
Um Heilung, wo Krankheit quält.
Um Zuflucht und Schutz für die Heimatlosen.
Um Trost für die Trauernden und Leben für die Verstorbenen.
Alles, was wir Gott anvertrauen wollen, alles, was uns auch persönlich bewegt, wollen wir hineinnehmen in das Gebet, das Jesus uns geschenkt hat:
A.: Vater unser ...

ABSCHLUSS

Segensbitte und Entlassung
V.: Gott führt uns hinaus ins Weite. Mit ihm überwinden wir Mauern (vgl. Ps 18,20.30). Dass wir bereit sind, sein Geschenk anzunehmen, dazu segne uns der gütige Gott: der Vater und der Sohn und der Heilige Geist.
A.: Amen.
V.: Im Frieden Jesu Christi wollen wir leben und lieben.
A.: Dank sei Gott, dem Herrn.

Schlusslied
Gott gab uns Atem (GL 468). *Petra Gaidetzka*

THEMATISCHE REIHEN

Predigtreihe: Elemente der Eucharistiefeier, Teil 3

Das Gloria

Anmerkung: Es ist sinnvoll, die Predigt ausnahmsweise vor dem Gloria zu halten. Mit einem kurzen Hinweis lässt sich diese Ausnahme der Gemeinde gut verständlich machen.

Worüber haben Sie sich in den letzten Tagen besonders gefreut? Da gibt es doch bestimmt das eine und andere. Das ist eine erfreuliche Alternative zu der Lust am Untergang, die in unserem Land verbreitet zu sein scheint. Untergangsszenarien – für die Welt, für Deutschland, für die Kirche – stoßen bei vielen auf mehr Interesse als realistische Darstellungen und konstruktive Vorschläge.
Wagt es jemand, auf erfreuliche Gegebenheiten hinzuweisen, bekommt er/sie sofort mit einem „Ja, aber ..." zehn Probleme um die Ohren gehauen.
In solch einem seelischen Klima hat Jesus es schwer mit seiner Botschaft: „Eure Trauer wird sich in Freude verwandeln" (Joh 16,20). „... und niemand nimmt euch eure Freude" (Joh 16,22).
Und Verkünder des Glaubens können Mühe haben mit dem Hinweis auf Freude über die Erlösung, Freude am Glauben, Freude an der gemeinsamen Feier des Glaubens.
Das Gloria der sonntäglichen und festlichen Messfeier ist ein Lied der Freude. Es ist einer der ältesten Gesänge der Kirche. Wahrscheinlich sang man es so oder ähnlich schon in der alten Kirche. Schon im 4. Jahrhundert stand dieser schöne Hymnus in hohem Ansehen.

EHRE GOTT IN DER HÖHE

„Ehre Gott in der Höhe." Diese Worte greifen den Gesang der Engel auf, wie er uns im Lukasevangelium überliefert ist. Sie stellen zunächst etwas fest: In seiner Welt lebt Gott in seiner Herrlichkeit. Die Engel sagen und singen es aus: Gott ist Herrlichkeit, er hat alle Ehre. Das Wort „Herrlichkeit" kommt übrigens nicht von „Herr", sondern vom germanischen „hehr" = „erhaben, hervorragend". Ebenso ist der zweite Teil eine Aussage: „Friede ist bei den Menschen seines Wohlgefallens". In der Geburt Jesu offenbart Gott seine Größe, sieht er die Menschen mit neuem Wohlwollen an und schenkt ihnen seine Huld – das ist doch Grund zu großer Freude!
Diese Einleitung des Liedes mit seiner Verkündigung der Ehre Gottes und des Friedens für uns Menschen führt weiter zum Lobpreis Gottes. Wenn wir von etwas besonders begeistert sind, sprechen wir immer neu davon, finden immer andere Worte. So auch hier: „Wir loben dich, wir preisen dich, wir beten dich an, wir rühmen dich und danken dir, denn groß ist deine Herrlichkeit" – wir könnten auch sagen, deine Erhabenheit, deine Größe. So singen Begeisterte!

Dann wird der genannt, dem dieser Überschwang gilt: „Herr und Gott, König des Himmels, Gott und Vater, Herrscher über das All."

Dieser große Gott ist in der Gestalt Jesu erschienen, als Mensch, mit einem Leidensweg, dann durch die Auferweckung an die Seite des Vaters erhöht. So wird nun dieser erhöhte Herr besungen: „Herr, eingeborener Sohn, Jesus Christus.

Herr und Gott, Lamm Gottes, Sohn des Vaters." Die Formulierung „Lamm Gottes" nimmt die Botschaft des Johannesevangeliums auf, besonders aber das Bild Christi in der Apokalypse, als Lamm, wie geschlachtet und doch lebendig und stark. Dieses Zitat weist in die Zukunft und bezieht die Endzeit mit ein: Wir sind jetzt schon der endzeitlichen Liturgie verbunden. Was wir jetzt feiern, wird im Gotteslob der vollendeten Welt mit allen Engeln und Heiligen seine Erfüllung finden.

Jesus ist der Mittler vom Vater, für uns die Quelle unseres Heiles und unserer Erlösung. Die Freude darüber ist dem Text mit seinen biblischen Bildern anzumerken: „Du nimmst hinweg die Sünde der Welt: erbarme dich unser; du nimmst hinweg die Sünde der Welt: nimm an unser Gebet; du sitzest zur Rechten des Vaters: erbarme dich unser".

DU ALLEIN BIST DER HERR

Das Lied endet mit einem machtvollen Bekenntnis zur Einzigartigkeit Christi: „Denn du allein bist der Heilige, du allein der Herr, du allein der Höchste: Jesus Christus". Beachten wir, dass hier Einzigartigkeit und Göttlichkeit von Jesus wie vom Vater ausgesagt werden. Ganz entsprechend biblischen Texten besteht eben kein Gegensatz zwischen Gott, dem Vater, und Jesus Christus. Darin wird am Schluss auch der Heilige Geist einbezogen. „Mit dem Heiligen Geist, zur Ehre Gottes, des Vaters", so endet der Hymnus. Man kann das Gloria auch ein großes „Ehre sei dem Vater und dem Sohn und dem Heiligen Geist" nennen.

Dreimal, am Anfang, im ersten Drittel, und am Schluss kommt das Wort „Ehre" vor, beim zweiten Mal übersetzt mit „Herrlichkeit" = Erhabenheit/Größe.

Erfreulicherweise haben wir schöne Melodien, die uns mit Schwung die Ehre Gottes singen lassen. Und wenn wir beim Lied Nr. 170 (Allein Gott in der Höh sei Ehr) alle drei Strophen singen, dann tun wir das, um auch in der dritten Strophe Jesus Christus in dieses Lob einzubeziehen, wie es ja dem Sinn und Text des Gloria entspricht.

Unser christlicher Glaube ist ein Glaube des „Trotz" und des „Dennoch": Das Leben ist sinnvoll trotz allen Schrecklichen; das Leid kann bestanden werden trotz aller Schmerzen im Vertrauen auf den leidenden und auferweckten Christus; in aller Not kann man sich dennoch in Gottes Hand geborgen wissen. Ich lade Sie ein – trotz allem Schweren, aller Not und aller Besorgnis auch im eigenen Leben – dem Vertrauen auf Gott und der Freude an der Gegenwart Jesu Raum zu geben: jetzt, wenn wir das Gloria singen, und dann auch in ihrem Alltag.

Martin Birk

Predigtreihe: Elemente der Eucharistiefeier, Teil 4

Das Tagesgebet

„Lasst uns beten." Diese Aufforderung ist ernst gemeint. Die ganze versammelte Gemeinde ist zum Beten eingeladen. Dafür sollte sie auch Zeit bekommen. Das heißt, der Aufforderung „Lasset uns beten" hat eine deutliche Stille zu folgen, damit jede*r sich in der Gemeinde in seinem Herzen und aus seinem Herzen an Gott wenden kann. Der Priester fasst diese persönlichen Gebete in einem laut gesprochenen Gebet zusammen, das auch auf den Sonntag oder Festtag Bezug nimmt.

Im Allgemeinen richtet sich dieses Gebet an Gott, den Vater. So hat ja Jesus uns beten gelehrt: „Vater unser". Er hat auch gesagt: „Niemand kommt zum Vater außer durch mich" (Joh 14,6). Er ist also unser Mittler zum Vater hin. So beten wir durch Jesus zum Vater im Heiligen Geist. Entsprechend lautet im Normalfall der Schluss des Tagesgebetes: „Durch unseren Herrn Jesus Christus, deinen Sohn, der mit dir lebt und herrscht in der Einheit des Heiligen Geistes, Gott, von Ewigkeit zu Ewigkeit". Dieser Schluss bekennt also den Glauben an den Dreieinen Gott.

So mancher stößt sich an dem Wort „herrscht". Das klingt einigen zu gewalttätig. Ihnen wäre es etwas sanfter lieber, z. B. „der mit dir lebt und wirkt" oder „der mit dir lebt und uns liebt" in Ewigkeit. Das ist verständlich. Gottes Macht ist nur eine seiner Eigenschaften. Es gibt keine Notwendigkeit, allein die Macht zu betonen.

Doch damit ist das Thema „Gottes Macht" nur freundlich umschrieben, eben sanfter ausgedrückt, nicht gelöst.

ES GIBT KEINEN MACHTFREIEN RAUM

Aber, ob es uns passt oder nicht: Einer/eine herrscht immer. Es gibt nirgendwo einen machtfreien Raum. Der existiert nicht im gesamten Universum, wo die Größe der Galaxien und das Gewicht der Himmelskörper ihre Macht bezeichnen; auch nicht bei den Lebewesen, vom kleinsten angefangen bis zum größten. Jedes will leben, beansprucht Platz und Nahrung. Bei aller Harmonie und allem Zusammenleben gibt es auch den Kampf, fressen oft genug die Größeren die Kleineren. Machtfreie Räume finden wir auch nicht bei uns Menschen. Bei denjenigen, die uns diese Möglichkeit vorträumen, ist genau hinzusehen, wie das in der Praxis funktioniert.

Machtlosigkeit gibt es nicht einmal bei Jesus. Er verzichtet nur auf die Anwendung seiner Möglichkeiten. So sagt er bei seiner Gefangennahme, als Petrus das Schwert zieht und ihn verteidigen will: „Oder glaubst du nicht, mein Vater würde mir sogleich mehr als zwölf Legionen Engel schicken, wenn ich ihn darum bitte?" (Mt 26,53). Er hätte die Macht, verzichtet aber darauf. – Bei der Fußwaschung sagt er nichts von Machtlosigkeit, sondern spricht im vollen Bewusstsein seiner Stellung und Überlegenheit von der Überwindung beider durch die Liebe: „Ihr sagt zu mir Meister und Herr und ihr nennt mich mit

Recht so; denn ich bin es. Wenn nun ich, der Herr und Meister, euch die Füße gewaschen habe, dann müsst auch ihr einander die Füße waschen" (Joh 13,13f). Vielleicht kommt die Allergie gegen das „herrscht" von persönlichen schlechten Erfahrungen mit Macht. Womöglich ist jemand in jungen Jahren in seiner Persönlichkeit nicht geachtet worden. Oder er dachte an die vielen Beispiele für Machtmissbrauch im staatlichen, gesellschaftlichen und kirchlichen Bereich. Er hat also gute Gründe für sein Gefühl. Das ändert aber eben nichts an der Tatsache, dass es kein Machtvakuum gibt, dass immer Macht im Spiel ist. Vielleicht steckt auch noch etwas anderes dahinter, nämlich unser menschlicher Stolz. Denn bei vielen kann sich die Ur-Versuchung regen: sein wollen wie Gott; sich von niemandem etwas sagen lassen müssen; sich vor niemandem beugen müssen; selbst die letzte und oberste Instanz sein wollen. Und wer weiß, wie sehr moderne Formulierungen vom „autonomen Menschen", von der „freien Entscheidung", von der „Selbstverwirklichung" nicht auf kaum bemerkte Weise von dieser Ur-Sehnsucht nach absoluter Größe genährt sind und sie unterstützen. Es kann bitterer Erfahrungen, beschämender Einsichten und schmerzlicher Eingeständnisse bedürfen, um festzustellen und sich zuzugeben: „Ich bin doch nicht der/die Größte im Weltall".

KEIN MENSCH IST WIE GOTT

Nein, kein Mensch ist Gott. Das bedeutet: von dem Tyrannen abgesehen, vor dem ein ganzes Volk zittert, hat jeder eine größere Autorität über sich.
Die Allermeisten haben also nicht die Wahl, ob jemand mehr Macht hat als das eigene Ich, sondern nur, wer größer sein darf als ich, wen ich als mächtiger anerkenne. Dazu ein Beispiel aus dem Alten Testament. Als König David die Volkszählung veranstaltet hatte, wurden ihm drei Möglichkeiten der Strafe dafür vorgelegt. Seine Antwort ist bezeichnend: „Ich habe große Angst. Wir wollen lieber in die Hand des Herrn fallen, denn seine Barmherzigkeit ist groß, den Menschen aber möchte ich nicht in die Hand fallen" (2 Sam 24,14).
Salopp formuliert: Gott ist immer noch der bessere Chef. Genau das meint Psalm 23, wenn er – für uns heute missverständlich – von JHWH als dem Hirten spricht: „Der Herr ist mein Hirt".
Dieses Vertrauen wünsche ich uns allen: dass wir uns bei Gott als Herrscher besser aufgehoben wissen als bei jedem menschlichen Machthaber. Und ich wünsche uns, dass unser Gefühl da nachkommt und wir Gott auch die Macht zubilligen können. Seit Jesus wissen wir, dass Gottes Macht eine liebende Macht ist, die durch alle Tiefen und Schwierigkeiten hindurch uns zu unserem wahren Wohl führen möchte. Im Glorialied (170,2) singen wir: „Wir loben, preisen, anbeten dich; für deine Ehr wir danken, dass du, Gott Vater, ewiglich regierst ohne alles Wanken. Ganz ungemessen ist deine Macht, allzeit geschieht, was du bedacht. Wohl uns solch eines Herren!"
So wünsche ich uns, dass wir mit Freude und Stolz „Amen" sagen können zu dem Tagesgebet, das sich an Gott richtet, durch unseren Herrn Jesus Christus – der ganz Liebe für uns ist – und der „in der Einheit des Heiligen Geistes ... lebt und herrscht in alle Ewigkeit."

Martin Birk

ZU BESONDEREN GELEGENHEITEN

Fastenpredigt · Thematisch

Was für ein Vertrauen?!

Mit einer Performance des Aktionskünstlers Raafat Hattab möchte ich in die heutige Predigt einsteigen. Ich habe sie auf einer Kunstausstellung in Berlin gesehen. Das kurze Video zeigt einen Mann, der im Zentrum von Tel Aviv einen alten Olivenbaum pflegt, das Sinnbild der Palästinenser für ihr Heimatland. In beeindruckender Weise schöpft der palästinensische Künstler und Fotograf Raafat Hattab Wasser aus einem Brunnen, geht ganz bewusst, fast schon meditativ zu einem Olivenbaum, wässert und pflegt ihn, berührt behutsam seine Früchte. Zu dem Lied eines libanesischen Sängers folgt die Kamera dem Künstler wenige Minuten. Es ist eine an Metaphern reiche Szene, mit Elementen aus der Natur wie Baum, Blätter und Wasser und der betonierten Stadtlandschaft, wo ein Baum eigentlich gar nicht gedeihen kann, ein Symbol für den nicht endenden Konflikt zwischen Israel und Palästina.

TROTZ ALLEM

Auf die Frage „Wozu lebe ich?" antwortet der Künstler: „Ich will allem zum Trotz etwas kontinuierlich pflegen und erhalten. Der Olivenbaum steht für mein Volk, für meine Träume. Auch wenn in schwierigen Situationen alles hoffnungslos erscheint, setze ich meine Hoffnung auf die Zukunft, auf das Wachstum der Pflanze, die ich wässere und hege. Darauf vertraue ich. Der Olivenbaum ist ein Bild für die Gegenwart und die Zukunft. Er steht symbolisch für Verwurzelung, Beheimatung, Wachstum, Heranreifen, für einen neuen Anfang und für das Leben überhaupt." Was für ein Vertrauen! Angesichts der politischen Situation, dass nach wie vor Krieg zwischen Palästina und Israel herrscht. Nie war die Region ein Friedensgebiet, sondern seit Jahrtausenden umkämpft, immer wieder von verschiedenen Großmächten besetzt und geplündert. Warum setzt dieser Mensch ein so großes Vertrauen in einer Konfliktsituation, die doch in unseren Augen aussichtslos erscheint? Unglaublich, dass jemand ein solches Vertrauen haben kann, gegen allen Augenschein und offensichtlich gegen jede Vernunft. Er will dem Baum eine Chance geben, allen Hindernissen zum Trotz. Mag die Situation noch so schwer sein, unablässig kämpft er um das Wachstum. Er traut es dem Baum zu, alle Widrigkeiten überwinden zu können, ausgerechnet in dieser zubetonierten Welt. Er traut seiner Vision. Was für ein Vertrauen! Allen Gegenstimmen trotzend, die ihm davon abraten wollen: „Lass es bloß! Es hat keinen Zweck! Du kommst nie dahin! Das ist aussichtslos, da wird nichts draus! Das ist doch nur ein Traum. Das hat bisher noch keiner angefangen! Lass doch den alten Baum!" Der Palästinenser ist von Hoffnung getragen.

VERRÜCKT

Woher hat dieser Mann das Vertrauen? Oder ist dieser Mensch verrückt geworden? Ich glaube nicht! Seine innere Stimme sagt ihm: „Es ist möglich. Ich tue es, egal was andere sagen. Ich gebe die Hoffnung nicht auf. Ich bin zuversichtlich. Ich gehe nicht ins Leere. Der Einsatz all meiner Kräfte wird sich eines Tages lohnen." Dass der Baum Frucht bringt, das ist für ihn eine realistische Perspektive, so soll es auch mit dem Frieden zwischen den Gegnern bestellt sein. Selbst wenn dies im Moment völlig illusorisch erscheint und jeden, der eine solche Hoffnung äußert, dem Verdacht aussetzt, naiv und weltfremd zu sein. Haben Sie vielleicht selber schon solche Situationen erlebt, die zunächst aussichtslos erschienen, in die Sie trotzdem hineingegangen sind mit der Hoffnung auf eine Wende? Oder sind Sie eher ängstlich und bleiben lieber draußen, ergreifen keine Initiative, denn sonst wären Sie ja exponiert? Lasse ich mich eher von anderen beeinflussen und bremsen, als dass ich selbst aktiv werde?

NOCH EINE CHANCE

Nur im Lukasevangelium findet sich folgendes Gleichnis Jesu, eine deutliche Parallele zu der Geschichte aus Tel Aviv (*verlesen von Lk 13,6–9*).
Möglicherweise sind wir manchmal auch wie der Gärtner, der nicht einfach aufhört mit seinen Bemühungen, der den harten Boden auflockert, Nahrung und Dünger heranführt an den Baum, noch einmal alle Mittel anwendet, um Wachstum und Fruchtbarkeit zu fördern. Er gibt dem Baum noch einmal die Chance, wo der Besitzer längst abholzen will. Er handelt so, weil er das große Vielleicht sieht, weil er Vertrauen hat, es könnte ja doch noch sein, dass der vertrocknete Baum neu ausschlägt und Früchte trägt. Ein Mensch der Hoffnung, des Vertrauens, dass auch aus scheinbar Vergeblichem noch etwas werden kann.
Wir wissen, wie sehr in der frühen Kindheit ein Urvertrauen nötig ist, um wachsen und blühen zu können. Ein stark entwickeltes Urvertrauen ist eines der größten und wichtigsten Geschenke, die Eltern ihrem Kind machen sollten. Das Vertrauen darin, dass das Leben und die Menschen gut sind, wird in den ersten Lebensjahren entwickelt und ist die Basis für ein gesundes Selbstbewusstsein und ein glückliches Leben. Es begründet ein grundsätzliches Vertrauen des Menschen in andere und eine positive Lebenseinstellung. Ein starkes Urvertrauen ist die Grundlage dafür, dass ein Mensch vertrauen kann – in sich selbst und in die eigenen Fähigkeiten, die Entwicklung von Selbstwertgefühl und Liebesfähigkeit in Bindungen zu anderen Menschen, in Liebesbeziehungen, in Freundschaft, darin, dass das Leben grundsätzlich „gut" ist. Trotzdem entwickelt sich jedes Kind nach seinen ureigenen Gesetzen. Manche Kinder benötigen mehr Zeit zur Entwicklung im körperlichen, seelischen und geistigen Bereich. Gerade diese Kinder brauchen günstige Bedingungen zum Wachsen. Mit Hilfe einer Extraportion an Zeit, Geduld und Liebe von ihren Eltern, Lehrern und ihrer gesamten Umwelt können sie sich in ihrem eigenen Tempo entwickeln und auf eine ganz einzigartige, besondere Weise erblühen.

Klaudia Maria Dederichs

Fastenpredigt · Thematisch

Vertrauen – trotz Gegenwind

Ein Bild möchte ich Ihnen nahebringen, das in Münster vor der Hauptabteilung Schule und Erziehung im Großformat zu sehen ist mit dem Schriftzug „Damit der Mensch sein Ziel erreicht". Ich würde ihm jedoch den Titel geben: „Was für ein Vertrauen, einen solchen Aufstieg zu wagen!" Anlässlich der Documenta 1992 installierte der amerikanische Maler, Bildhauer und Graphiker Jonathan Borofsky seine Skulptur: „Man walking to the sky". Die übrigen Kunstwerke wurden am Ende der Documenta an alle möglichen Orte gebracht. Einzig der „Himmelsstürmer" blieb in Kassel stehen. Die Bürger wollten ihn unbedingt in ihrer Stadt behalten. Die Großplastik besteht aus einem 25 Meter langen silbrigen Stahlrohr mit einem Durchmesser von 30 cm. Es ragt steil in den Himmel. Ein sommerlich-lässig gekleideter Mann bewegt sich mit sicheren und weit ausholenden Schritten auf dem langen, schmalen Rohr mutig aufwärts. Kein Geländer gibt ihm Halt, kein Netz fängt ihn auf, sollte er fallen. Beeindruckend: Einen Teil der Strecke hat er schon zurückgelegt. Er schaut nicht ängstlich nach unten in die Tiefe, sondern schreitet mutig und entschlossen weiter in die Höhe. Die Vernunft müsste ihm sagen, dass das Unternehmen von vornherein zum Scheitern verurteilt ist. Die Skulptur führt etwas eigentlich Unmögliches vor Augen. Der Mann will nach oben, allen Hindernissen zum Trotz. Mag der Weg noch so steil sein und Gegenwind ihn erschweren, unablässig geht er aufrecht, fast beschwingt in die Höhe. Als sei es das Selbstverständlichste der Welt. Er vertraut auf seine Kräfte, mehr noch auf das anziehende Ziel, das sein Leben erfüllt.

HIMMELSSTÜRMER

Was für ein Vertrauen! Allen Gegenstimmen trotzend, die ihm davon abraten wollen: „Lass es bloß! Es hat keinen Zweck! Du kommst nie dahin! Das ist aussichtslos! Deine Reserven werden nicht reichen! Das hat noch keiner geschafft! Bleib lieber unten!" Was für ein Vertrauen, einen solchen Aufstieg zu wagen. Anerkennung kann daraus sprechen, Bewunderung, vielleicht sogar heimlicher Neid: Donnerwetter, was für ein Vertrauen! Stark. Das hätte ich auch gern, aber ich weiß nicht wie. Ich kann das nicht. Ich traue mir das nicht zu. Ich habe Angst vor dem steilen Aufstieg. Ich begnüge mich lieber mit meinen Sicherheiten hier unten und absehbaren Erfolgschancen, mit kurzfristigen Perspektiven.

TROTZ GEGENWIND

Woher hat dieser Mann das Vertrauen? Oder ist dieser Mensch schlichtweg übermütig geworden? Äußerlich betrachtet ist es unmöglich, aber der offene Himmel gibt dem Mann Kraft und Mut für seinen steilen Weg. Er riskiert etwas. Er weiß nicht, wie weit er kommt. Er lässt sein bisheriges Leben hinter sich, um sich himmelwärts ein Stück von der Erde fortzubewegen. Er vergisst, was hinter ihm liegt und streckt sich nach dem aus, was vor ihm liegt.

Kenne ich in meinem eigenen Leben solche Aufstiege, dass ich trotz Gegenwind hinaufgeklettert bzw. losgegangen bin, in der Hoffnung, ein Ziel zu erreichen? Oder bin ich eher ängstlich und bleibe lieber unten stehen, ergreife keine Initiative, denn sonst wäre ich ja exponiert? Lasse ich mich eher von anderen beeinflussen und bremsen, als dass ich selbst aktiv werde bzw. losgehe? Habe ich Angst davor, das allzu Sichere, die täglichen Gewohnheiten zurückzulassen? Bin ich nicht mutig genug für Unbekanntes und Ungewöhnliches?

AUSSTEIGEN

Eine biblische Wundererzählung passt zu dem Bild „Himmelsstürmer". Sie ist eine konträre Geschichte zu der Installation. Ich lese aus dem Matthäusevangelium (14,22–33). Versetzen wir uns in die Situation: Es ist dunkle Nacht, der Sturm tobt immer noch, die Wellen schlagen hoch. Die Wellen des Lebens schaukeln das Boot gewaltig hin und her. Da geht ein Phantom übers Wasser, sie erkennen den nicht, mit dem sie schon so lange gemeinsam unterwegs waren. Ein Auf- und Umbruch wird den Jüngern zugemutet. Sie meinen, Jesus zu kennen und finden sich doch allein. Die Angst dominiert. Er sagt zwar: „Traut euch, fürchtet euch nicht. Ich bin es!"

Jesus fordert Petrus direkt auf, auf dem Wasser zu ihm zu kommen. Auf dem Wasser zu gehen, das ist schon bei ruhiger Wellenlage unmöglich. Kein Wunder, dass Petrus Angst hat. Im Boot ist es trocken, bequem und sicher. Im gefährlichen Wasser hingegen könnte er ertrinken. Seine Freunde an Bord wollen ihn womöglich vor dem sicheren Untergang bewahren. Sie jedenfalls bleiben in der scheinbaren Sicherheit des Bootes sitzen. Petrus aber traut sich. Er steigt aus dem Boot.

Wer auf dem Wasser gehen will, muss zuerst einmal aus dem Boot steigen. Wer nicht aussteigt, wird niemals auf dem Wasser gehen. Das Boot steht für Sicherheit und Bequemlichkeit, die wir nicht aufgeben wollen, erst recht nicht, wenn das Leben stürmisch wird. Es loslassen zu müssen, wäre eine stark angstbesetzte Herausforderung. Wir haben Angst vor Imageverlust, vor unangenehmen Konsequenzen, vor Blamage, vor dem Verlust des Abgesichertseins und dem Aufgeben von Liebgewordenem. Wenn wir das Boot nicht verlassen, verspielen wir unsere Chance des Außergewöhnlichen.

Petrus wagt das Unmögliche und tatsächlich – das Wasser trägt. Das kann doch gar nicht sein! Aber er kann darauf laufen, als ob es fester Boden wäre. Solange Petrus vertraut, kann er unbesorgt voranschreiten. Den, dem ich mich anvertraue, nicht aus dem Blick zu lassen, das ist die zentrale Perspektive des Matthäusevangeliums. Das Chaos greift gerne um sich und gewinnt dann Macht, wenn ich nur auf Stürme und Wassermassen achte, mich auf die Gefahren und das Destruktive konzentriere.

Klaudia Maria Dederichs

Zur Goldenen Hochzeit · Zu Röm 12,1–2.9–13; Mt 19,3–6

Glück mit Gottes Hilfe

Es ist schon eine beachtliche Lebensleistung, die Sie beide heute hier vor dem Altar abliefern. Ein solches Fest, das Sie beide heute feiern, ist eines der höchsten und größten aller Feste, die zwei Menschen miteinander begehen können. Wir leben heute ja in einem sogenannten Event-Zeitalter. Unter diesem englischen Wort versteht man ein kurzfristiges Ereignis, eine Aktion, eine Veranstaltung von kurzer Dauer. Die jungen Menschen und die unterschiedlichsten Institutionen feiern permanent solche Events. Sogar der Beruf des Eventmanagers hat sich in den letzten Jahren hierfür herausgebildet. Ihr heutiges Fest ist alles andere als ein Event, es ist nicht irgendeine Veranstaltung, es ist kein kurzfristiges Ereignis und keine vergängliche Aktion und Sie beide brauchen auch weder für die vergangenen 50 Jahre noch für diese Stunde Ihrer Goldenen Hochzeit einen Manager.

Ihr Tag heute, der ist erfüllt und vor allem ausgefüllt von einem Geheimnis und einem Gesetz, das Liebe heißt, und diese Liebe ist grenzenlos. Es ist Ihre Liebe, die Sie sich beide vor 50 Jahren, genau auf den Tag heute und an dieser Stätte hier, als junge Menschen einander zugesagt und versprochen haben. Diese Liebe gehört nur Ihnen beiden und sie ist grundgelegt und getragen von Gottes Liebe und Güte. Sie beide haben sich an dieses einmalige und unwiderrufliche Versprechen gehalten und es wahr werden lassen, nämlich, dass Sie beide einander lieben und treu bleiben, bis der Tod Sie scheidet.

Das ist Grund und Anlass, ein solches Fest heute in großer Freude und in großer Dankbarkeit auch mit so vielen Menschen festlich zu feiern.

IM VERTRAUEN AUF GOTT EINE FAMILIE GEGRÜNDET

Sie beide haben sich für diesen heutigen Tag einen Abschnitt aus dem Brief des Apostels Paulus ausgewählt (vgl. Röm 12,1–2.9–13), der uns hinter die Kulissen Ihres Lebens und Ihrer Ehe blicken lässt und uns das Erfolgsgeheimnis Ihres ehelichen und familiären Glücks erfahren lässt.

Wer Sie beide ein wenig oder auch näher kennt, der weiß, dass Sie beide als Menschen alles andere als oberflächlich sind, sondern dass Sie in Ihrem Glauben und in Ihrer gesamten Lebensphilosophie fest verwurzelt und auch geerdet sind. Aufgrund Ihrer Geburtsjahrgänge gehören Sie einer Generation an, die nach dem 2. Weltkrieg auch die Nachwehen dieser schrecklichen Epoche miterleben mussten. Sie haben am wirtschaftlichen Aufschwung unseres Landes aktiv mitgewirkt und Sie wissen um die oft harten und unbarmherzigen Gesetzmäßigkeiten des Lebens. Ihr christlicher und Ihr katholischer Glaube haben Sie stets miteinander verbunden und in dieser Haltung wie auch im Vertrauen auf Gottes Liebeszusage konnten Sie Ihre Familie gründen und mit Hoffnung und Mut in Ihre Zukunft gehen. Ihre beiden Kinder N. und N. sowie Ihr kleiner Enkel N. sind als sichtbare Früchte daraus hervorgegangen.

VERSPRECHEN ZUR MITVERANTWORTUNG EINGELÖST

Es war für Sie sehr wichtig, dass Sie beide, so wie Sie es in Ihrer Trauung damals versprochen hatten, Verantwortung in der Welt und in der Kirche übernommen haben. Beruflich haben Sie in der gleichen Einrichtung gearbeitet und dabei immer für Menschen, für Kinder gearbeitet und gesorgt, um ihnen ein gutes und angenehmes Leben zu ermöglichen: der eine im Gemüse-, die andere im Kindergarten.

Sie, liebe Frau N. haben sich neben Ihrem beruflichen Dienst als Kindergärtnerin bzw. auch nach Beendigung Ihres Dienstes in unserer Pfarrgemeinde engagiert: in unserem Frauenbund, dessen Vorsitzende Sie lange Jahre gewesen sind und auch Leitungsverantwortung innehatten, lange Jahre in unserem Pfarrgemeinderat, als Lektorin in den Gottesdiensten und auch als Verantwortliche für die Wegekrippe im Advent; und dann auch in unserem Taizé-Projektchor, der sich in dieser Stunde Ihnen beiden durch die musikalische Mitgestaltung verbunden fühlt.

Und Sie, lieber Herr N., haben in unserer Gemeinde beinahe 60 Jahre lang die Fronleichnamsaltäre mitaufgebaut und die Adventskränze gebunden, um den Gläubigen sichtbar zu machen, dass unser Glaube auch von Zeichen lebt, die liebevoll Gottes Gegenwart und Ankunft sichtbar machen. Immer waren und sind Sie heute noch zur Stelle, wenn starke Männer gebraucht wurden und werden. In unserer Stadt waren Sie zudem noch bei der Freiwilligen Feuerwehr und haben Hilfe geleistet, wo Sie zum Einsatz kamen, um Not und Leid zu lindern bzw. abzuwenden.

EINANDER IN LIEBE ZUGETAN

Bei unserem Gespräch vor einigen Tagen, als wir über diesen Tag und auch über die vergangenen Jahre miteinander gesprochen hatten, sagten Sie mir einige Dinge, die davon zeugen, dass Ihre Ehe von Glück und Freude erfüllt und getragen ist, nämlich, dass Sie in Ihrem Leben und in Ihrer Ehe Glück hatten mit und durch Gottes Hilfe.

Ihr gemeinsames Motto „Geht nicht, gibt's nicht!" hat wohl immer dazu beigetragen, dass Sie beide es nicht nur miteinander wagen und angehen konnten, sondern auch durch manche Ungewissheit oder auch durch das ein oder andere Lebenstief gehen konnten.

Sie haben die Worte des Apostels Paulus an seine Gemeinde in Rom zu Ihren Worten und Ihren Taten gemacht, denn Sie haben sich nicht auf ein Event eingelassen und Sie haben sich nicht dieser Welt und dem Zeitgeist dieser Welt angepasst. Sie haben vielmehr auf Gottes Willen geschaut, Sie haben ihm vertraut und erkannt, was gut und was vollkommen ist. Ihre Liebe konnte dabei ohne Heuchelei sein und Sie haben sich am Guten orientiert. Sie waren beide einander in Liebe zugetan und haben an dieser Liebe in Treue und in gegenseitiger Achtung und Barmherzigkeit festgehalten. In Freude und in Leid gingen Sie miteinander durch Ihr gemeinsames Leben und haben alle Probleme und Bedrängnisse miteinander getragen und gelöst. Die Not und die Nöte Ihrer Mitmenschen waren und sind Ihnen nicht egal, so dass Ihre Herzen und

Ihre Hände immer offen sind, anderen zu helfen, wann immer Ihre Hilfe gebraucht wird.

DAS GEHEIMNIS DER LIEBE LIEGT ALLEIN IN GOTT BEGRÜNDET

Wir alle, die wir diesen Tag heute mit Ihnen und Ihren Kindern in festlicher Freude feiern, sind froh und dankbar, dass es Sie gibt.
Wir sind froh und dankbar, dass Sie beide uns Zeugnis davon geben, dass Ehe und Familie auch im 3. Jahrtausend kein kurzfristiges Event, sondern ein Leben lang lebbar sind und gelingen können.
Wir sind froh und dankbar, dass es Sie hier in der Pfarrgemeinde und in der Stadt N. gibt, denn Sie sind hier nicht mehr wegzudenken.
Wir danken mit Ihnen an diesem Tag heute Gott, der Ihnen Ihre Liebe, Ihre Treue und Ihre Familie geschenkt hat, und bitten aber auch gleichzeitig mit Ihnen, dass er Ihnen noch viele schöne und frohe, vor allem gesunde und glückliche Jahre mit Ihren Kindern und Ihrer Familie schenken möge.
Die folgende kleine Geschichte mit dem Titel „Geheimnis der Liebe" möge Sie beide, liebes Jubelpaar, begleiten und uns allen sagen, dass das Geheimnis der Liebe allein in Gott begründet liegt.
In der Natur ist ein Geheimnis der Liebe eingebaut. Ich finde es fantastisch: das Klopfen meines Herzens, hundertdreitausend Mal am Tage, gratis. Es ist nicht zu glauben, ich atme jeden Tag zwanzigtausend Mal und für die 137 m^3 Luft, die ich dazu nötig habe, wird mir keine Rechnung ausgestellt. Die wesentlichen Dinge des Lebens sind umsonst: Sie werden dir gratis gegeben.
Ich frage mich, wie viele Flüge von wie vielen Bienen nötig waren für das kleine Löffelchen goldgelben Honigs zu meinem Frühstück. Und wie viele Blumen dazu blühten. Und wer die Sonne scheinen ließ, denn wenn es regnet, fliegen sie nicht. Der herrliche Apfel, woran ein Apfelbaum die ganze Saison gearbeitet hat. Für jedes Stück Brot, das ich esse, hat jemand ein Saatkorn in die Erde gelegt. Ein Wesen, größer als der Mensch, hat in das Saatkorn den Überfluss blühenden Getreides gelegt. Ich liebe das Saatkorn, das in der warmen Umarmung der Muttererde empor wächst, um Scheunen voll Getreide zu geben für das Brot der Menschen. Ich liebe das Brot, das der Bäcker mit Liebe backt. Das Brot ist eine Gabe von Himmel und Erde, durch Gott an die Menschen und durch die Menschen an Menschen gegeben.
Ich fühle mich geliebt bis in meine Zehenspitzen. Ich möchte danken, aber sag mir, wem ich danken muss! Keinem Präsidenten oder General, keinem Professor oder Technokraten, keinem Manager und keinem Computer – Gott will ich danken! Gottes Gesetze sind Gesetze der Liebe.

Klaus Leist

Der Tod ist ein Doppelpunkt

In Eichstätt gibt es ein Kloster am Rande der Stadt, im sogenannten Rosental. Oberhalb des Klosters, ca. 300 m entfernt, liegt der ordenseigene Friedhof im Wald. Der Friedhof ist offen für alle und nicht mit einem Zaun umgeben. Am Eingang steht auf einer großen Mauer in großen Buchstaben: „Hier leben die Oblaten des heiligen Franz von Sales." Das ist bewusst so geschrieben: „leben" und nicht: „ruhen". Dadurch wird deutlich, dass die Verbindung mit unseren Verstorbenen durch den Tod nicht abgebrochen ist. Nur das Leben hat sich gewandelt.

Ist es nicht tröstlich, wenn wir auch von N.N., heute und in Zukunft an seinem Grab sagen und glauben dürfen: „Hier lebt der Mensch und Christ N.N."? Sein unerwarteter Tod, der Sie, liebe Angehörige, und uns alle sehr erschüttert hat, ist kein Schlusspunkt, sondern ein Doppelpunkt. Sein Tod ist nicht das Ende, sondern die Vollendung. Es folgt noch etwas, etwas Besonderes. Das Grab ist der Ort, der auf dieses Größere verweist. Auch wenn wir seinen Leib heute im Friedhof am Rande unserer Stadt beerdigen, gilt: Er bleibt mitten unter uns gegenwärtig. Wir dürfen und sollen uns gerne und dankbar an ihn erinnern, von ihm erzählen und auch weiterhin mit ihm das Leben teilen. Denn nichts von dem, das sein Leben hier auf Erden so reich und gut gemacht hat, geht in seinem neuen Lebensstatus verloren. Im Gegenteil. Es wird mit hineingenommen in die Verwandlung und Vollendung seines Lebens.

AUF EWIGKEIT AUSGELEGT

Wir sollen und dürfen uns an N.N. erinnern! Da komme ich zunächst auf das soeben gehörte Evangelium zurück. Da spricht Jesus zu den Menschen wie ein kompetenter Statiker, der sich darum sorgt, dass ihr Leben ein tragfähiges Fundament bekommt. Und er vergleicht dabei denjenigen, der seine Worte hört und danach handelt, mit einem klugen Mann, der sein Haus auf Fels baute. Und da bin ich wieder bei N.N. Er war so ein kluger und tüchtiger Mann, der viele Baumaßnahmen solide und kompetent durchgeführt hat. Er war vor allem aber auch ein Mann, der sein eigenes Lebenshaus ganz im Sinne des Evangeliums auf Fels gebaut hat, auf die fundamentalen Werte Glaube, Hoffnung, Liebe, Verantwortung und Treue. Ein derart gebautes Lebenshaus bringt nichts zum Einsturz, auch der Tod nicht. Denn so ein Lebenshaus ist auf Ewigkeit ausgelegt. Der einzig dafür kompetente Statiker, Jesus Christus, bürgt zuverlässig für die Richtigkeit dieser, allem menschlichen Können, Wissen und Wirken entzogenen und in Gottes Weisheit verborgenen, ganz anderen und neuen Lebensaussicht nach dem Tod.

Ich lade Sie auf diesem Hintergrund ein, dass wir jetzt in Liebe und Dankbarkeit einen Blick in das Lebenshaus von N.N. werfen. *(Hier können einige biographische Punkte eingefügt werden)*

EIN LEBENSHAUS MIT SOLIDEM FUNDAMENT

N.N. liebte seinen Beruf und ging darin auf. Wir würden ihm aber nicht gerecht, würden wir sein Leben auf die berufliche Komponente reduzieren. Er war vor allem auch ein liebender und liebenswerter Ehemann, Vater und Opa, der sich um seine Liebsten reichlich sorgte und stets für sie da war. Mit seiner geliebten Frau durfte er viele Jahre in Liebe, Treue und Verantwortung ein reich erfülltes Ehe- und Familienleben genießen. Seinen Kindern war er ein guter und verständnisvoller Vater. Die Enkelkinder hat er freudig in sein Herz geschlossen; sie mochten ihn, ihren Opi, wie sie ihn zärtlich nannten, und er mochte sie. Das gute Leben in und mit seiner Familie war ihm stets von großer Wichtigkeit und hoher Bedeutung; denn es war die stabile Grundfeste seines vielfältigen Engagements in Beruf und Gesellschaft.

N.N. engagierte sich auch stark im Vereinsleben. Ich sehe sein Engagement als Äußerung seiner eigenen Lebensfreude, aber auch als Zeichen seines Interesses an einer aktiven Bürgergesellschaft und der Übernahme von gesellschaftlicher Verantwortung. Seine Mitgliedschaft in zahlreichen Vereinen und Gremien kann ich an dieser Stelle nur kurz erwähnen. Seine Dienste und Verdienste wurden und werden durch die jeweiligen Verantwortlichen in angemessener Weise gewürdigt.

Eines ist mir noch wichtig zu erwähnen: N.N. war ein großer Förderer unserer Pfarrgemeinde. Mit seinem kompetenten und geschätzten Rat konnte ich bei baulichen Problemen an Gebäuden unserer Pfarrei immer ruhig schlafen. Und wenn ich anrief, um ihn zu Rate zu ziehen, war er immer schnell und äußerst hilfsbereit zur Stelle. Auf diese Weise hat er seiner Pfarrgemeinde wirklich treu gedient. Ich sage ihm ein herzliches „Vergelt's Gott" hinüber in sein neues Leben. Er wird immer im Herzen unserer Pfarrgemeinde seinen gebührenden Platz haben.

Für alle Bereiche des Lebenshauses von N.N., für Familie, Beruf und öffentliches Engagement gilt: Es hatte ein gutes Fundament. Er war ein lieber und guter Mensch, er war ruhig, besonnen, souverän. Man konnte mit ihm gut reden. Sein Umgang mit den Menschen war von natürlicher Autorität und einem respektvollen Umgang gekennzeichnet. Er war zielorientiert und trotzdem gesellig und unterhaltsam, einfach ein Liebhaber des Lebens.

Hans Amann

Zum Karfreitag · Zu Joh 18,1–19,42

Das Scheitern wird zur Heilsgeschichte

Wir sind still am Karfreitag. Aber so richtig traurig sind wir eigentlich nicht. Es strahlt in diesen Tag ein Licht, das einen Weg aus der Dunkelheit des Todes erkennen lässt. Es ist so, als wäre dieser Tag nach vorne zum Leben offen. Wir wissen schon, dass wir nicht im Tod stecken bleiben. Der gekreuzigte Christus ist in all seiner Erniedrigung, in aller Grausamkeit des Leidens und Sterbens für uns zu einer Frohbotschaft geworden. Er trug unsere Sünden an das Holz des Kreuzes. Er gab sein Leben für seine Freunde. Aber es bleiben auch immer noch Fragen und Rätsel.

Es gibt Leute, die sagen: Das ist eine schöne Erinnerung an einen netten Menschen. Aber wenn er so endet, war's das dann auch. Daraus kann man keine lebenstauglichen Erwartungen machen. Und mit Vertrauensseligkeit in moderne Medien wird noch hinzugefügt: Wenn diese Kreuzigung eine besondere Bedeutung hätte haben sollen, dann hätte man mehr Reklame dafür machen müssen. Aber in zeitgenössischen Geschichtszeugnissen finden sich so gut wie keine Erwähnungen. Der Gekreuzigte von Golgota war nur irgendeiner von vielen. Das sieht man schon daran, dass er zwischen zwei anderen gekreuzigt wurde. Aber wie kommt es, dass wir heute den Eindruck haben, dass er der Wichtigste unter allen Gekreuzigten gewesen ist?

Weil er nicht im Tod geblieben ist. Er hat sich als der Lebende denen gezeigt, die in der Katastrophe der Auslieferung, des Leidens und Sterbens zumeist davongelaufen waren. Die Begegnungen mit dem Auferstandenen weckten Erinnerungen an die Worte Jesu, in denen er riet, über bestimmte Dinge wie zum Beispiel die Verklärung oder das Leiden besser zu schweigen. Man würde es nicht verstehen. Und die Jünger haben es ja auch nicht verstanden. Von Auferstehung hatten sie auch keine Ahnung. Leiden und Kreuz behielten den Charakter des Scheiterns und der Sinnlosigkeit.

Aber dann kam die große Wende und alles erschien in einem anderen Licht. Nach der Auferstehung wurde das Kreuz zum Zeichen des Sieges über den Tod. Die Leidensgeschichte wurde zur Heilsgeschichte, die bis in alle Einzelheiten aufgezeichnet wurde. In der Leidensgeschichte wird die Keimzelle gesehen, aus der sich die Frohbotschaft entwickelt hat, wie sie uns in den Evangelien und biblischen Schriften überliefert wurde. Jetzt war es reizvoll, zurückzuschauen und das Leben und Wirken Jesu zu schildern, denn es war nicht die Geschichte eines Gescheiterten. Es war und ist die Geschichte des menschenfreundlichen und liebenden Gottes unter uns.

Mit dieser Glaubensfreude schauen wir auf Jesus am Kreuz. Wir beugen die Knie und sind dankbar für seine Erlösungstat. Aber wir wollen auch die nicht vergessen, die das Kreuz abhängen wollen, weil sie nur einen gequälten und gescheiterten Menschen sehen, der im Tod steckengeblieben ist. Mit ihnen mag uns verbinden, wenn wir trotz Glaube an den Auferstandenen mit Fragen vor dem Kreuz stehen. Da wird nicht vorschnell Halleluja gesungen.

Jürgen Jagelki

5. Ostersonntag · Zu 1 Joh 3,18–24 (B)

Schlüsselworte

Der entscheidende Dialog, die entscheidende Erkenntnis, das entscheidende Wort. Es gibt solche Schlüsselszenen in Kinofilmen, in epischen Romanen und spannenden Krimis: Manchmal entscheidet sich in wenigen Szenen und in kurzen Momenten die Geschichte, nimmt eine neue Wendung, führt zum Ziel. Schlüsselszenen. Schlüsselworte. Darauf kommt es an. Man muss manchmal aufpassen, dass man sie nicht verpasst, um den Zusammenhang zu verstehen. Die Lesung von heute ist auch so eine Schlüsselszene in der Bibel. Vielleicht eine von vielen. Aber eine, die – obwohl sie nicht in einem der Evangelien steht – ganz dicht und mit wenigen Worten das auf den Punkt bringt, worauf es im Glauben ankommen kann: Schon der einleitende Satz ist eine Zusammenfassung: „Meine Kinder, wir wollen nicht mit Wort und Zunge lieben, sondern in Tat und Wahrheit." Unser Glaube ist nicht nur eine Aneinanderreihung von schönen Sätzen, die man auswendig lernt, um sie dann fromm aufzusagen. Liebe – und darum geht es – erschöpft sich nicht in Worten; ist mehr als ein Lippenbekenntnis. Liebe ist mehr – „Tat und Wahrheit".

Aber wie geht das? Vielleicht hilft es schon, wenn wir einfach die Nomen, die Hauptwörter, aus dem nachfolgenden Text vor dem geistigen Auge – oder auch ganz konkret – markieren, damit sie noch sichtbarer werden: Da stehen Worte wie „Wahrheit" – „Gegenwart"– „Großherzigkeit" als Eigenschaft Gottes – „Zuversicht" – „Gebote" (nicht Verbote!) – „Namen" – „Jesus Christus" – „Gott" – „Geist". Nochmal: „Wahrheit" – „Gegenwart" – „Großherzigkeit" – „Zuversicht" – „Gebote" – „Namen" – „Jesus Christus" – „Gott" – „Geist". Ist das nicht eine schöne Zusammenfassung für unseren Glauben? Eckpunkte, Schlüsselworte, manches mal als Synonyme, gleichbedeutend: Gott (Jesus Christus, Geist) ist Liebe; ist Zuversicht; hilft uns als namentliches Gegenüber mit den Geboten – und gerade nicht einschränkend mit Verboten – zu einem guten Leben in Wahrheit und Wahrhaftigkeit, ein Leben in Fülle; Gott öffnet das Herz weit für uns Menschen der Gegenwart; damit wir Zuversicht für das Kommende haben; er öffnet sein Herz größer und weiter, als wir uns das vorstellen und uns gegenseitig zugestehen in den Alltäglichkeiten, die unser Herz eng machen. So gelingt Leben, so wird Liebe konkret, als Kinder Gottes – miteinander und getragen von ihm: Das ist die Zuversicht aus der Kraft des Glaubens, die auch den Rückenwind für unsere Verkündigung in der Welt von heute mit sich bringt: „nicht mit Wort und Zunge, sondern in Tat und Wahrheit".

Und deshalb noch ein drittes Mal – nur die Hauptwörter aus dem Lesungstext, damit wir sie uns – ganz wörtlich – auf der Zunge zergehen lassen können; weil sie dann nicht nur Worte bleiben, sondern das Herz treffen und zur „Tat und Wahrheit" werden, wie es im ersten Satz der Lesung von heute heißt. Es sind wirklich Schlüsselworte, die unser Herz aufschließen können: „Wahrheit" – „Gegenwart" – „Großherzigkeit" – „Zuversicht" – „Gebote" – „Namen" – „Jesus Christus" – „Gott" – „Geist" – In Gottes Namen. Amen.

Michael Kinnen

Zur Gestaltung von Wort-Gottes-Feiern mit GWiK

Die Gestaltung der Wort-Gottes-Feiern in GWiK orientiert sich am Werkbuch für die Wort-Gottes-Feier an Sonn- und Festtagen.

LIEDVORSCHLÄGE

Mit den Gesängen zur Eucharistiefeier lassen sich auch Wort-Gottes-Feiern gestalten. Dabei sind die der Eucharistiefeier vorbehaltenen Lieder einfach wegzulassen. Sollten andere Lieder nicht zur Wort-Gottes-Feier passen, wird ihnen eine Alternative angeboten. Sonn- und festtägliche Lobpreise sind dem Werkbuch zur Wort-Gottes-Feier zu entnehmen. Zudem wird hin und wieder ein Vorschlag für einen Hymnus gemacht, der den Lobpreis abrundet. Außerhalb der Fasten- und Adventszeit ist das in der Regel das Glorialied.

ERÖFFNUNG

Der Eröffnungsteil ist für Eucharistiefeier und Wort-Gottes-Feier gleichermaßen geeignet. Der liturgische Gruß ist so formuliert, dass er von Klerikern und Laien gesprochen werden kann.

ZU DEN SCHRIFTLESUNGEN

Der zweite Gliederungspunkt „Zu den Schriftlesungen" bezieht sich ebenfalls auf beide Gottesdienstformen. Von den Predigten bietet sich besonders die Kurzpredigt als Lesepredigt für die Wort-Gottes-Feier an.

ELEMENTE FÜR DIE WORT-GOTTES-FEIER

Die hier angeführten Elemente beziehen sich im Regelfall auf die „Antwort der Gemeinde" auf das gehörte Wort Gottes. Dazu kann auch eine zu bestimmten Sonn- und Festtagen gehörende Segnung zählen, etwa die Segnung des Adventskranzes. Segnungen setzen eine Beauftragung durch den Bischof voraus.
Die „Antwort der Gemeinde" auf die „Verkündigung des Wortes Gottes" mündet im sonn- oder festtäglichen Lobpreis.

FÜRBITTEN

Die Fürbitten sind für beide Feiern gedacht. Bei der Wort-Gottes-Feier entfällt das abschließende Gebet. Hier wird direkt das Vaterunser eingeleitet.

Anschriften der Mitarbeiterinnen und Mitarbeiter dieses Bandes

Amann, Dekan Hans, Marktplatz 15, 92421 Schwandorf – **Barton,** Pfr. Stefan, Offenbacher Str. 5, 63128 Dietzenbach – **Bätzing,** Bischof Dr. Georg, Bistum Limburg, Bischöfliches Ordinariat, Roßmarkt 4, 65549 Limburg – **Bidinger,** Dipl. Rel.-päd. Daniel, Rotkehlchenweg 22, 55126 Mainz – **Birk,** P. OSB Martin, Abtei, 97359 Münsterschwarzach – **Bitter,** Prof. Dr. CSSP Gottfried, Tannenweg 2, 53424 Remagen – **Büning,** P. Sebastian, Brüder-Grimm-Straße 1, 36037 Fulda – **Busse,** P. Elmar, Klosterstraße 5, 56428 Dernbach – **Buysch,** Dr. Theol. Dipl. Theol. Christoph, Sandberg 139b, 47809 Krefeld – **Dederichs,** Dipl. Theol. OStRiK Klaudia Maria, Im großen Esch 27, 48653 Coesfeld-Lette – **Gaidetzka,** Dipl. Theol. Petra, Im Purweider Feld 14, 52070 Aachen – **Geist,** Domkap. em. Dr. Heinz, Kettengasse 26, 97070 Würzburg – **Goßmann,** Brigitte, Zweitorstr. 25a, 41748 Viersen – **Günther,** P. OSFS Hans-Werner, Salesianum-Rosental, 85072 Eichstätt – **Hardt,** Elisabeth, Rubensallee 48, 55127 Mainz – **Hartmann,** Spiritual Dr. Wolfgang, Bischöfliches Priesterseminar der Diözese Fulda, 36037 Fulda – **Heinemann,** P. Christoph OMI, Merkurweg 21, 55126 Mainz – **Heizmann,** Pastoralreferent Klaus, Herrenhausstraße 16, 55291 Saulheim – **Hieke,** Prof. Dr. Thomas, Sägemühle 7, 91275 Auerbach-Michelfeld – **Hirt,** Beate, Rheinallee 1c, 55116 Mainz – **Hörnemann,** P. Dr. Daniel OSB, Abtei Gerleve, 48727 Billerbeck – **Jagelki,** P. Jürgen OMI, Merkurweg 21, 55126 Mainz – **Jakobi,** Dompropst i. R. Paul, Pauline-von-Mallinckrodt-Platz 8, 32243 Minden – **Jauch,** P. OFM Robert, Laubenweg 1, 63637 Jossgrund-Burgjoß – **Kast,** Pfr. Hermann, Ludwig-Uhland-Straße 3, 67346 Speyer – **Katzer,** P. Josef OMI, Klosterstr. 5, 36088 Hünfeld – **Kayenburg,** Dipl. Theol. Katrin, Eichhornstraße 11, 41239 Mönchengladbach – **Kersten,** Dipl. Theol. Stephanie, Nansenstraße 4, 12047 Berlin – **Kinnen,** Dr. Michael, Ernst-Heilmann-Str. 3, 55413 Niederheimbach – **Klinger,** Dipl. Theol. Norbert, Bahnhofstr. 18, 63457 Hanau – **Klosterkamp,** P. Dr. Thomas OMI, De Mazenod Residence, 7707 Madonna Drive, San Antonio TX 78216 – **Knobloch,** P. Prof. Dr. OFM Cap Stefan, Fürstenzellerstr. 29a, 94036 Passau – **Konrad,** Pfr. Markus W., Augustinerstr. 34, 55116 Mainz – **Kowalski,** Prof. Dr. Beate, Nachtigallenweg 1, 44225 Dortmund – **Kreiss,** Clemens, Grüne Gasse 10, 48143 Münster – **Kruse,** Br. Karsten-Johannes OMI, Ellewick 14, 48691 Vreden – **Kunz,** Dipl. Theol. Dipl. Rel.-päd. Florian, Orli-Torgau-Str. 7, 54294 Trier – **Kulla,** fr. André OMI, Kloster Mariengarden, Vennweg 6, 46325 Borken-Burlo – **Lauber,** Pfr. Prof. Dr. Stephan, Theologische Fakultät Fulda, Eduard-Schick-Platz 2, 36037 Fulda – **Lazar,** Schwester OSB Ruth, Abtei St. Gertrud, Alexanderdorf, Klosterstraße 1, 15838 Am Mellensee – **Leist,** Pfr. Klaus, Fruchtmarkt 19, 66606 St. Wendel – **Lehnertz-Lütticken,** Marlies, Händelstr. 8, 54294 Trier – **Lerchl,** Pfr. Markus, Basilikastraße 1, 55411 Bingen – **Miorin,** Pfr. Albert L., Scheyerer Straße 4, 85276 Pfaffenhofen/Ilm – **Modenbach,** P. Siegfried SAC, Propsteihof 4, 44137 Dortmund – **Molzberger,** Agnes, Frankfurter Str. 6, 65239 Hochheim – **Nitsche,** Dr. Martin, Fb Katholische Theologie, Goethe-Universität Frankfurt a. M. – **Ohly,** Pfr. Prof. Dr. Christoph, Lichhof 1, 50676 Köln – **Rauh,** Franziska, Am Mainzer Weg 2, 55127 Mainz – **Rieth,** Pastoralreferentin Stephanie, Schultheißweg 17, 55252 Mainz-Kastel – **Roos,** Pfr. Michael, Am Markt 7, 67593 Westhofen – **Roth,** Prof. Dr. Cornelius, Eduard-Schick-Platz 5, 36037 Fulda – **Rottmann,** Br. Burkhard OMI, Klosterstr. 5, 36088 Hünfeld – **Salzmann,** Pastor Dirk, Schledebrückstr. 33, 33332 Gütersloh – **Sauer,** Tobias, Saarstraße 99, 54290 Trier – **Schäfer,** Pfr. Tobias, Lutherring 9, 67547 Worms – **Schmidt,** Pastoralreferentin Brigitte, Gerastr. 41, 53125 Bonn – **Schmidt,** Msgr. Dr. Konrad, Im Wienig 3, 59846 Sundern Stockum – **Schmitt,** Kpl. Dominik, Hindenburgstraße 3, 66709 Weiskirchen-Konfeld – **Schöning,** Dipl. Theol. Benedict, Sömmeringstraße 14, 55118 Mainz – **Solis,** Pastor Dr. Robert, Hindenburgstr. 2, 21335 Lüneburg – **Stephan,** Pastoralreferent Thomas, Mozartstr. 7, 76863 Herxheim – **Surmund,** Pfr. Dr. Heinz-Georg, Katthagen 41, 48143 Münster – **Tillmann,** Pfr. Dr. Norbert, Friedensstr. 11, 49492 Westerkappeln – **Trostheide,** Carolin, Alte Holzstraße 3, 59302 Oelde – **Vogt,** Sr. Kathrin OMI, Grünstraße 11, 46325 Borken – **Watteroth,** P. Jens OMI, Brüder-Grimm-Str. 1, 36037 Fulda – **Wedon,** P. Dr. Athanasius OMI, Maria Taferl 1, 3672 Maria Taferl, Austria – **Wilczek,** P. Norbert OMI, Klosterstr. 5, 36088 Hünfeld – **Worbs,** Prof. Dr. Marcin, ul. Partyzancka 8, PL 45-850 Opole.